旅游城市

包括城市解读、旅游片区、旅游资讯三大板块。

旅游片区

每个城市划分为若干旅游片区，全面介绍，同时突出重要旅游点。

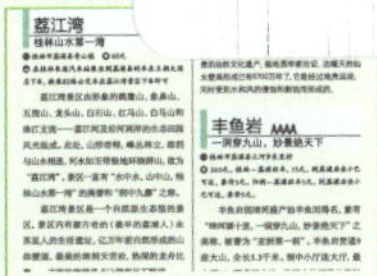

旅游景点

每个旅游景点包括介绍、攻略、链接等版块。力求景点收录全面。

旅游资讯

每个城市旅游资讯板块，包括住宿、就餐、购物、娱乐等内容。

如何使用本书

1 多角度解读

全书从地理、历史、文化等多个角度解读广西。通过主题地图、分类景观、精美图片等形式，力图呈现给读者一个更直观、丰富的广西。

主题地图 精美而实用的地图，是了解广西的最好窗口。书中还有大量的区域旅游地图、景区导览图。

分色标签 每个城市都有一个特定的检索色，便于翻阅。

2 专题知识

对于认识广西具有重要意义的关键词条，书中特设专题，图文并茂，让读者迅速掌握要点。

3 精华景点

三维立体图引导读者更深入地鉴赏那些特别重要的必游的景点。

4 攻略

大部分景点配有位置、交通、门票、链接等丰富的实用攻略。

5 资讯

每个城市都介绍交通、美食、住宿、购物、娱乐等资讯。

发现者旅行指南

广西

（第2版）

北京·旅游教育出版社

目录
CONTENTS

地图目录

专题目录

手绘广西

▶ 贝江

贝江全长146千米，穿流于峰峦之间，蜿蜒曲折，竹木夹岸，风光旖旎。

▶ 龙脊梯田

地处崇山峻岭深处，以磅礴的气势、流动的线条、变幻的神韵和独特的民俗风情而享誉中外。

▶ 环江喀斯特

为世界自然遗产，其特殊的生态环境与丰富的生物多样性融为一体，使这里的喀斯特森林生态系统充满生机，极富活力。

▶ 月亮山

是阳朔境内的奇景，因山顶有一个贯穿的大洞，酷似一轮皓月而得名。

▶ 大明山

是广西弧形山脉的组成部分，山地景观多姿多彩。

▶ 十万大山

属桂西南山地，因山脉连绵，峰峦重叠，点不清数不尽而得名。

▶ 立鱼峰

柳州著名的山川，因唐代文学家柳宗元称其“山小而高，其形如立鱼”，故得名。

▶ 三娘湾

中华白海豚之乡，集自然景观和人文景观于一体，是大自然鬼斧神工造就的一幅神奇而瑰丽的画卷。

广西山水

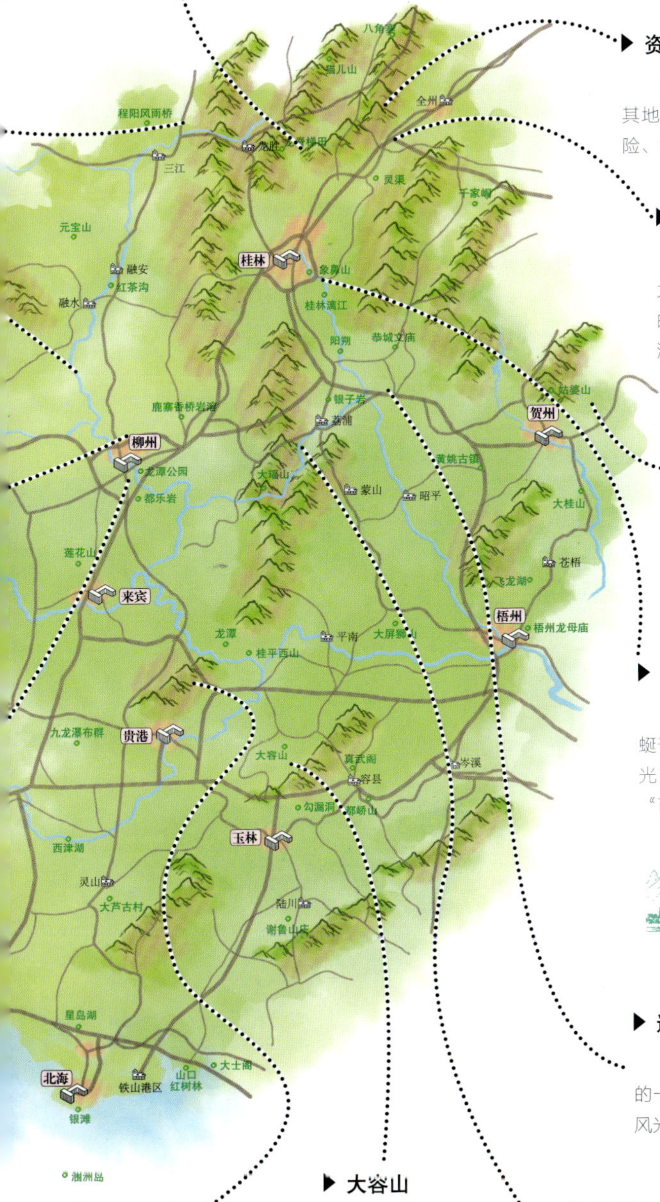

▶ 猫儿山

华南第一峰，因山顶峰形似蹲伏的猫儿而得名。

▶ 资源丹霞国家地质公园

以丹霞地貌为特点，其地貌景观具有“雄、奇、险、幽、秀”等特征。

▶ 资江

桂林资源县境内最大的河，既有别具一格的雄伟险峻，又有桂林漓江的清纯秀丽。

▶ 姑婆山

峰高谷深，森林繁茂，瀑飞溪潺，被誉为“南国天然氧吧”、“瀑布森林公园”。

▶ 漓江

漓江酷似青罗带，蜿蜒于万点奇峰之间，沿江风光旖旎，碧水萦回，人称“百里漓江，百里画廊”。

▶ 遇龙河

是漓江在阳朔境内最长的一条支流，两岸一派田园风光，被誉为“小漓江”。

▶ 桂平西山

是我国著名的七大西山之一，以“石奇、树秀、泉甘、茶香”著称。

▶ 大容山

被誉为“南方西岳”，自然景色秀丽迷人，是原生态旅游、度假和养生胜地。

▶ 大瑶山

其主峰圣堂山是广西中部的最高峰。这里丹峰碧水，朱崖绿树，风景秀丽。

手绘广西

▶ 侗族的楼和桥

侗族的建筑艺术被誉为“凝固的诗，立体的画”。三江侗族自治县的风雨桥是闻名全国的木建筑，是侗族的象征。吊脚楼、鼓楼、凉亭、寨门、水井亭等几种木结构建筑，都是独具特色的侗族建筑。

▶ 仡佬族

主要分布在广西隆林县，有富于民族特色的“八仙”乐曲、“牛筋舞”和民间故事。特色民族节日有“拜树节”和“祭祖节”。

▶ 那坡黑衣壮

黑衣壮是壮族的一个支系，被人类学家称为“活化石”。黑衣壮至今仍然保留着穿黑色衣服的传统，保留着典型的壮族舞蹈。

▶ 壮族的歌

壮族人民善于以歌来表现自己的生活和劳动，抒发感情，因此广西又被称为“歌的海洋”。每到春秋两季，男女青年盛装打扮汇集到特定的场所对歌，这种歌会形式称为“歌圩”，亦称“歌节”。

▶ 京族

中国唯一一个海滨渔业少数民族，主要聚居在广西防城港市，京族人喜欢的“唱哈”（意为唱歌）、竹竿舞、独弦琴，被誉为京族民族文化的三颗“珍珠”。

广西民族风情

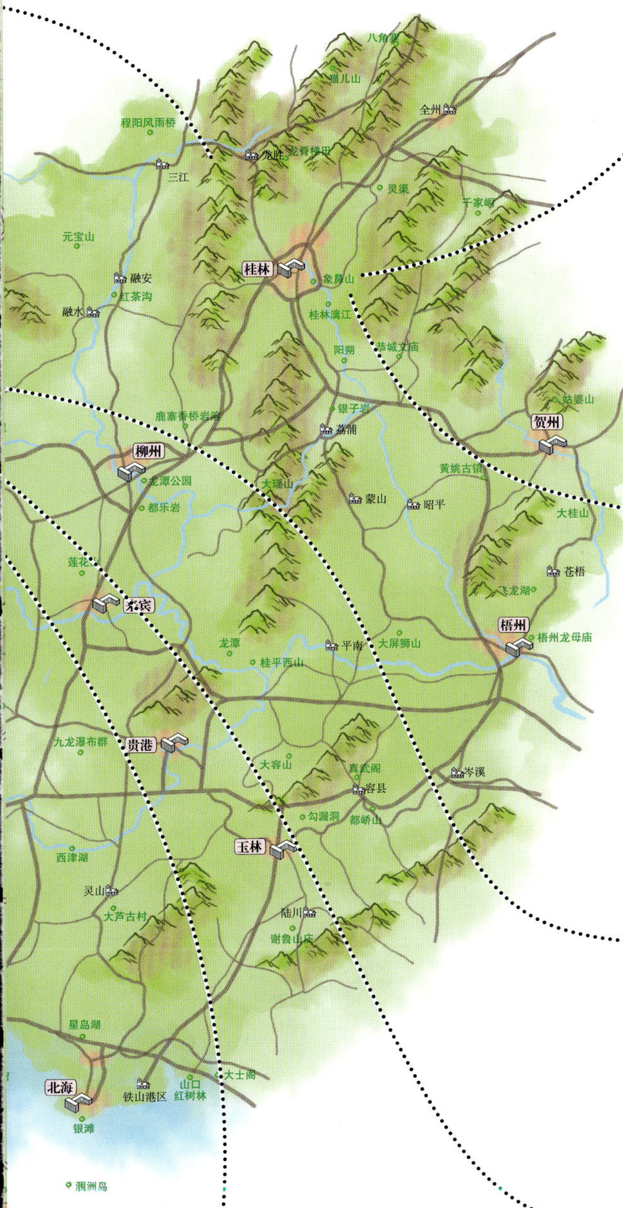

▶ 苗族的节

苗族以节日多、场面大而出名。广西融水苗族自治县每年有苗年节、芦笙节、拉鼓节、芒歌节、新禾节、斗马节等众多节日，以纪念丰收、祭祀等。

▶ 瑶族的舞

广西金秀的瑶族善舞蹈，有18种舞蹈，尤以长鼓舞、捉龟舞、黄泥鼓舞、八仙舞、蝴蝶舞等最为盛行。每年在瑶族节日期间皆可看到各种瑶舞的表演。

▶ 罗城仫佬族

罗城是全国唯一一个仫佬族自治县，保留着仫佬族的很多特色民族风俗，依饭节为仫佬族独有的节日，舞草龙、抢粽粑、仫佬竹球都是极具仫佬族风情的活动。

▶ 水族

广西的水族主要聚居在南丹、河池等县市，水族的斗角舞、铜鼓舞具有独特的民族风格和浓厚的生活气息。

▶ 环江毛南族

环江是少数民族聚居地，在环江能代表毛南族特色的数“傩文化”和“花竹帽文化”。

手绘广西

▶ 柳州螺蛳粉

螺蛳粉是柳州最负盛名的小吃，具有酸、辣、鲜、爽、烫的独特风味。

▶ 荔浦芋扣肉

肉质细腻，熟后松软芳香，具有补气益肾、健脾胃之功效。

▶ 柳州牛鲜子

是柳州风味小吃中历史悠久的一种清真小吃，状如汤圆，制作讲究，层次分明。

▶ 巴马香猪

是河池难得的美食，以上好的鲜嫩的小香猪为原料，烤熟后颜色金黄，香味扑鼻。

▶ 武鸣柠檬鸭

是南宁武鸣一带的特色菜肴。鸭肉酸酸辣辣，鲜美可口，不软不腻，带有一股特别的柠檬香气。

▶ 南宁老友粉

南宁最为著名的美食，老友粉把酸和辣巧妙地结合在一起，形成了南宁小吃的独特风味之一。

▶ 南宁邕城脆皮鸡

以当地的三黄鸡为主料，是一道皮脆肉嫩、外香内鲜的炸制型菜式。

广西美食

▶ 桂林米粉

桂林米粉以其独特的风味远近闻名，其卤水制作最为讲究，由各式作料熬煮而成，香味浓郁。

▶ 阳朔啤酒鱼

是阳朔当地的名菜，选用阳朔漓江里鲜活的大鲤鱼烹炸红焖而成，香酥鲜嫩，风味独特。

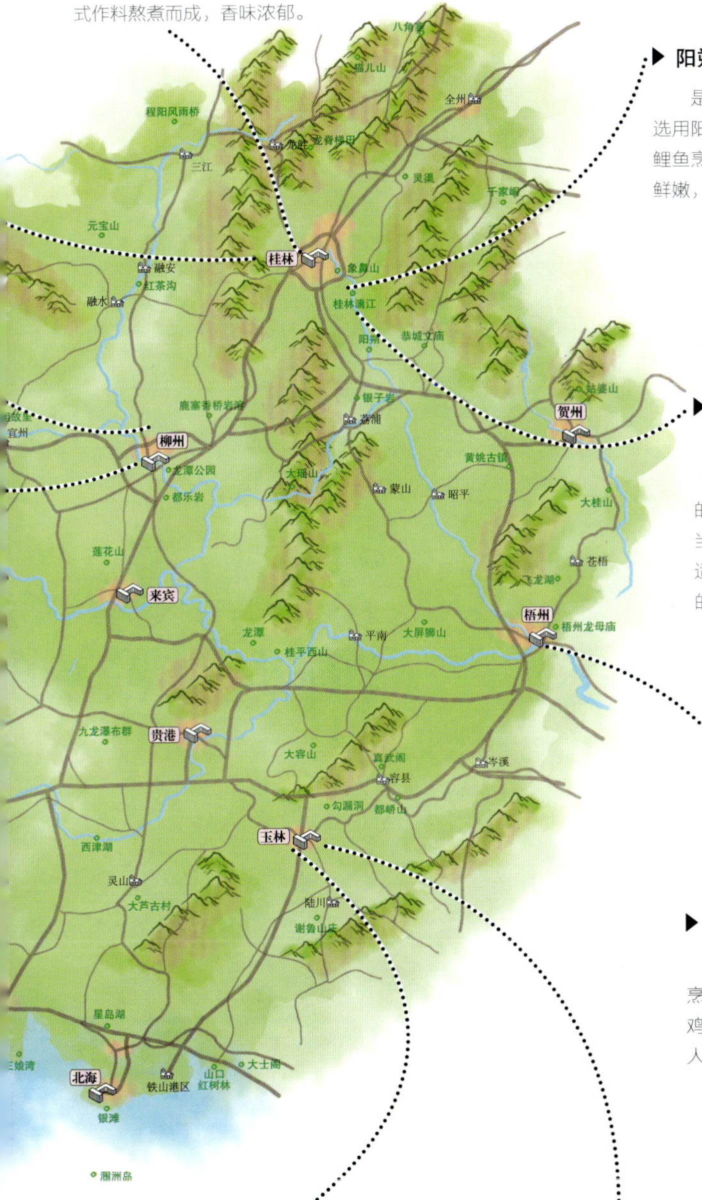

▶ 阳朔田螺酿

是阳朔著名的“十八酿”中最有名的一种，只有调味适当，瓤制得法，火候适度，才能做出地道的田螺酿。

▶ 梧州纸包鸡

已有70多年的烹制历史，梧州纸包鸡色泽金黄，香味诱人，食后口齿留香。

▶ 玉林牛巴

是玉林传统风味名吃，以“打棒肉”为主料，肉质细而有嚼劲，吃后满口生香，堪称地方一绝。

▶ 酥肉地豆

是玉林十大特色小吃之一，油炸而成，金黄诱人，外酥里嫩，甘香可口。

手绘
广西

长洲乡
金牙瑶族乡
岩溶国家地质公园
凤城镇
凤山县
鸳鸯洞
中亭乡
平乐瑶族乡
208
都
阳
山
三门海
弄占乡
袍里乡
韦拔群牺牲地
江洲瑶族乡乡
仁乡瀑布
百魔洞
平洞乡
红七军二
十一师师
部旧址
水晶宫
长寿村
坡月养生示范村
那社乡
命河
巴盘屯
松吉世外桃源
西山乡
西山红色旅游区
水波天窗
甲篆乡
坡纳乡村自驾游度假基地
盘阳河风光
交乐天坑
河道景观
好龙天坑
龙田石林

巴马周边

位于广西北部的巴马瑶族自治县，自然环境得天独厚，民风淳朴，寿星人口比例高居世界长寿之乡之首，被誉为“世界长寿之乡·中国人瑞圣地”。每年都吸引众多养生者慕名前来。

手绘广西

▶ 看演出

《印象·刘三姐》是全国第一部全新概念的“山水实景演出”。演出以漓江山水的自然造化为实景舞台，以12座山峰和广袤无际的天穹为背景，以“印象·刘三姐”为总题，再现刘三姐传奇的一生。

▶ 九马画山

位于漓江东岸画山村附近，它五峰连属，临江石壁上，青绿黄白，浓淡相间，宛如一幅神骏图，因而得名。

▶ 望夫石

位于漓江西岸，山腰有一石，如身背婴儿凝望远方丈夫的[妇女，因名望夫山，]亦名望夫石。

▶ 象鼻山

象鼻山是喀斯特地貌的代表，是桂林旅游的标志性景点，远远看去真如一头大象把鼻子伸入水中。

▶ 黄布滩

漓江山色美，美在倒影中，黄布滩便是最美丽的漓江倒影。

▶ 大圩古镇

为广西四大古镇之一。古镇商业文化积淀深厚，是百里漓江和漓江东线旅游的一个重要人文景观。

▶ 浪石村

位于鲤鱼挂壁的对岸，因村前有一片凸显的礁石激起阵阵浪花而得名。

▶ 半边奇渡

位于杨堤漓江岸边的山下，因横路被峭壁深潭阻隔，行人须乘渡船才能前行。由于同岸设渡，故叫半边渡。

漓江风光

纵贯桂林南北的漓江，自古就有“山水甲天下”的美誉。流淌千年的漓江水，滋润养育了一方人民，飘扬着传唱至今的动人歌声，那处处动人的山水，更是让过往的游人恋恋难忘。

▶ 兴坪镇

在漓江东岸的兴坪镇，是古代漓江沿岸最大的城镇，有1300年历史。漓江流经兴坪，形成“S”形河湾，是漓江风光的荟萃之地。这里山水相依，景点密集，兼有奇、险、秀、美、趣的特点。

▶ 冠岩

位于风景秀丽的漓江中段，也是百里漓江精华段。其自然景观、田园风光及风土人情独具特色。

▶ 鲤鱼挂壁

位于杨堤码头下游，横于江头，壁纹形似一条逆水而上的大鲤鱼，生动传神。

▶ 杨堤

江段曲折蜿蜒，碧水萦回，民风淳朴，最能让人领略“江作青罗带，山如碧玉簪”的妙处。

▶ 古东景区

景区以地下涌泉汇集形成的多级串联瀑布群为主要景观，其中九级瀑布形态各异，甚为壮观。

▶ 朝板山

是一座与江面垂直的孤峰，似古代朝臣手持的“朝笏”，故称朝笏山，俗名朝板山。

桂林博物馆
西山公园
刘三姐景观园
秀峰区政府
法藏禅寺
玉柴大厦
老人山
桂湖饭店
甲山路
环城北路
西山路
环城西二路
微笑堂商厦
八桂大厦
榕湖饭店
桂林市政府
清真寺
清真古寺
李宗仁官邸
中山大酒店
丹桂大酒店
桂林
汽车总站
舍利塔
象山景区
桂林三花
酒陈列馆
新桂大酒店
桂花香大酒店
桂林火车站
新凯悦大酒店
京都大酒店
安新北路
上海路
黑山
中山南路
平桂大酒店
南溪山公园
桂林海洋世界

桂林城区

北极广场
虞山景区
虞山
漓
江
观音阁
李济深故居
木龙塔
木龙洞石塔
叠彩山
叠彩路
八路军桂林办事处纪念馆
伏波山
凤北路
基督教堂
独秀峰
伏波山酒店
广西师范大学美术店
靖江王城
中华路
天主教堂
环球大酒店
环城北二路
金嗓子大酒店
栖霞路
展览馆
六合路
栖霞寺
中日友好书法碑林馆
七星景区
桂海碑林博物馆
龙隐路
骆驼山
桂山大酒店
桂星酒店
国际会展中心
三里店广场
漓江路
金龙大酒店
体育馆
穿山公园
穿山东路

手绘
广 西

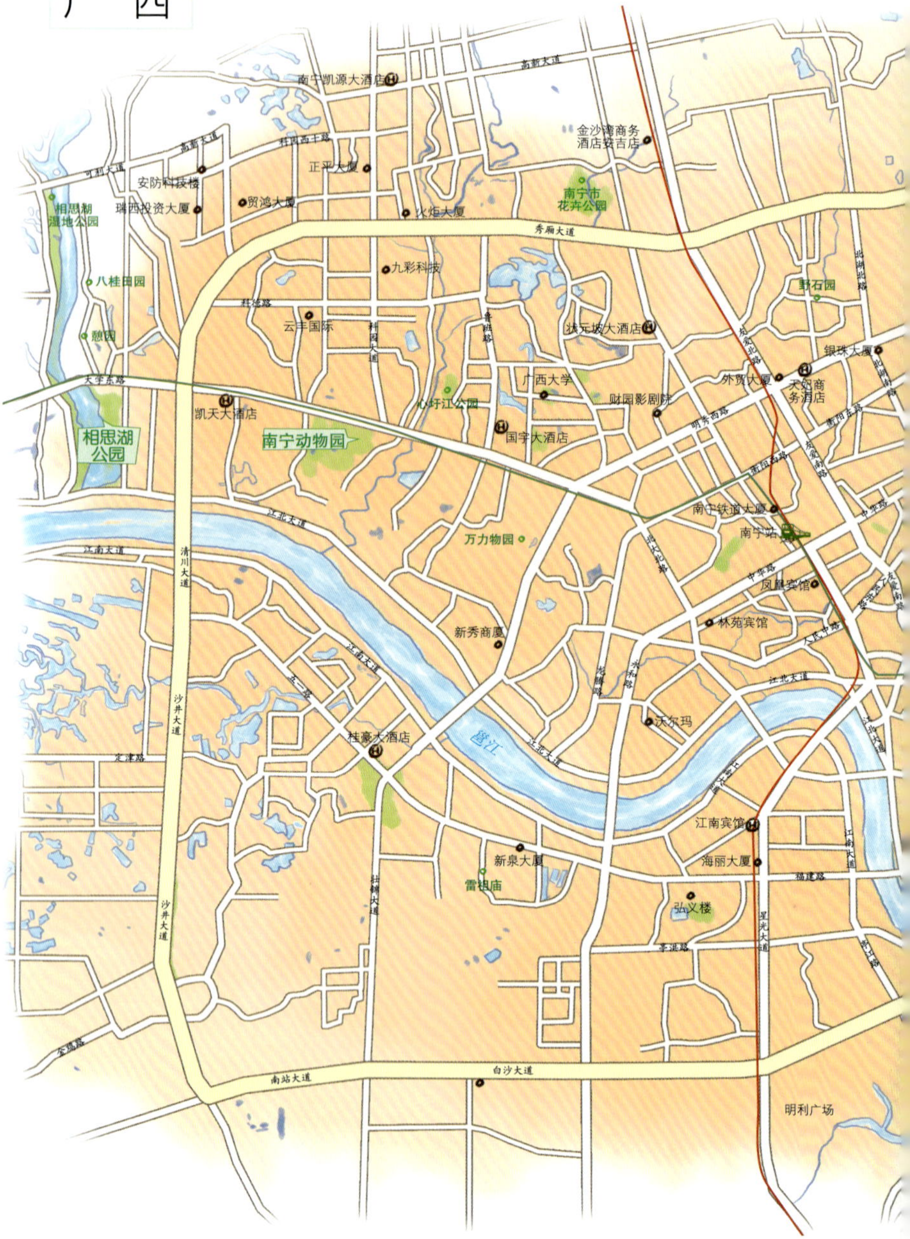
南宁凯源大酒店
高新大道
金沙湾商务
酒店安吉店
正平大厦
安防科技楼
瑞西投资大厦
贸鸿大厦
火炬大厦
南宁市
花卉公园
秀厢大道
相思湖
湿地公园
八桂田园
九彩科技
野石园
云丰国际
状元坡大酒店
憩园
银珠大厦
广西大学
外贸大厦
天如商
务酒店
凯天大酒店
心圩江公园
财园影剧院
相思湖
公园
南宁动物园
国宇大酒店
明秀西路
南宁铁道大厦
南宁站
万力物园
江北大道
江南大道
清川大道
凤凰宾馆
林苑宾馆
新秀商厦
沙井大道
桂豪大酒店
沃尔玛
邕江
江南宾馆
新泉大厦
海丽大厦
雷祖庙
弘义楼
白沙大道
南站大道
明利广场

南宁城区

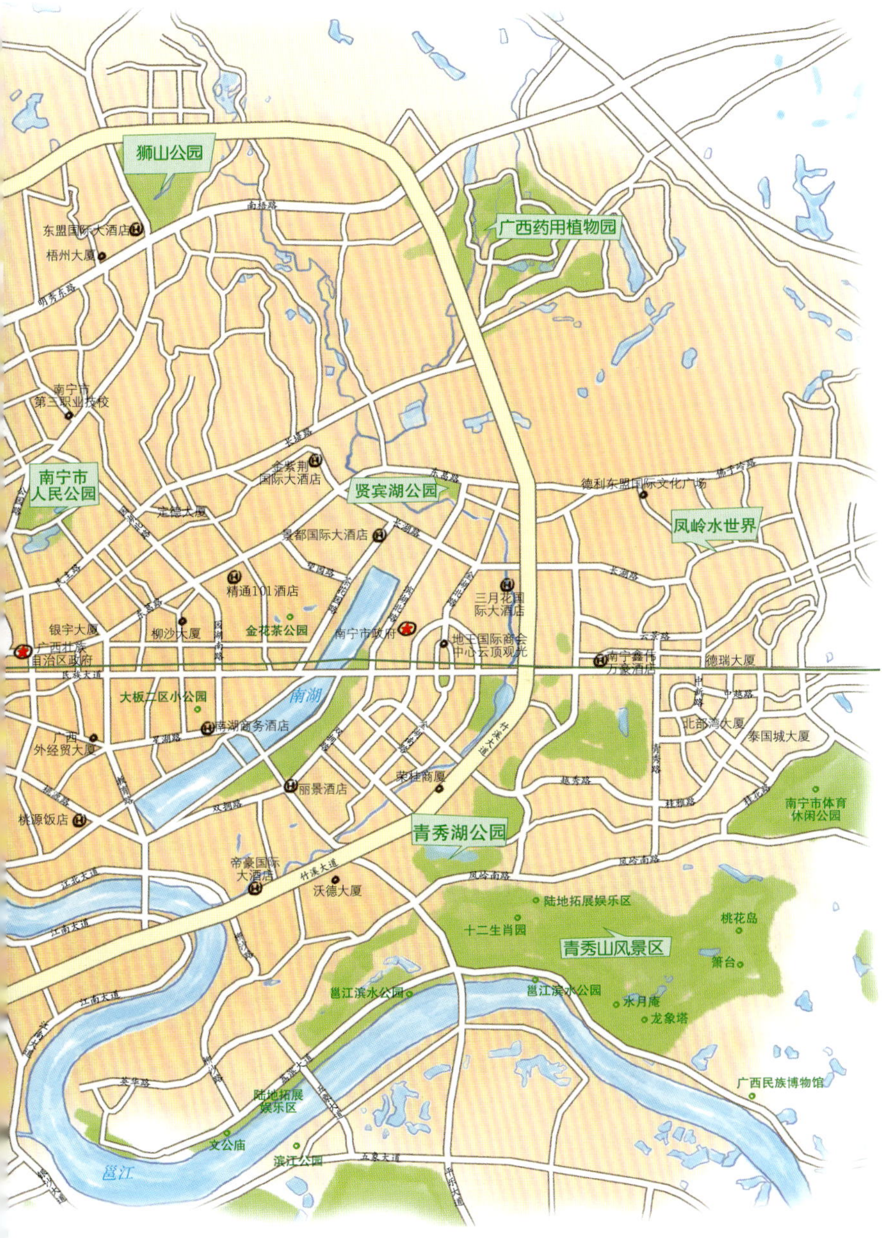
狮山公园
南梧路
东盟国际大酒店
梧州大厦
明秀东路
广西药用植物园
南宁市
第三职业技校
长堤路
金紫荆
国际大酒店
南宁市
人民公园
贤宾湖公园
东葛路
德利东盟国际文化广场
凤岭水世界
定德大厦
景都国际大酒店
长湖路
精通101酒店
三月花园
国际大酒店
银宇大厦
柳沙大厦
金花茶公园
南宁市政府
地王国际商会
中心云顶观光
广西壮族
自治区政府
民族大道
南宁鑫伟
万豪酒店
德瑞大厦
大板二区小公园
南湖
南湖商务酒店
北部湾大厦
泰国城大厦
广西
外经贸大厦
丽景酒店
荣桂商厦
竹溪大道
越秀路
南宁市体育
休闲公园
桃源饭店
双拥路
青秀湖公园
帝豪国际
大酒店
沃德大厦
凤岭南路
江北大道
陆地拓展娱乐区
十二生肖园
青秀山风景区
桃花岛
箫台
江南大道
邕江滨水公园
水月庵
龙象塔
广西民族博物馆
陆地拓展
娱乐区
文公庙
滨江公园
五象大道
邕江

摄影
广 西

柔情漓江山水

“江作青罗带，山如碧玉簪”，漓江——这条萦绕在祖国南疆的秀丽江水与奇峰秀石书写成一幅诗意无限的水墨山水画。漓江所到之处的一山一水一洞都尽显广西山水的柔情。

摄影
广西

梯田上的光影流转

关于梯田，无论你印象深刻还是记忆模糊，但只要你还没见过龙脊，那就都不重要，因为，所有的印象才刚刚开始。春天，满水的它层层映衬天光；夏日，禾苗油油翻卷出绿波；金秋，漫山金色如矗立万座金塔；当然，还有隆冬，银装素裹、冰雕玉砌的童话世界触手可摸。

WOODFIRED
PIZZA
柴火烤比萨
WOODFIRED PIZZA 柴火烤比萨

阳朔西街的闲然

这是一条古色古香浓缩着岭南文化的历史古街，这是一条充满异域风情的“洋人街”，西街在厚重的历史古韵中，到处洋溢着温暖的小资情调。

养生候鸟的聚集地

巴马被认为是世界五大长寿乡之首，被誉为“世界长寿之乡·中国人瑞圣地”。巴马成为许多养生人士的首选之地。负离子含量极高的空气、特殊的阳光、小分子水、各种长寿食物……走进巴马，养生的秘籍会被你一步一步揭开。

涠洲岛的海岛风情

涠洲岛是中国最大、地质年龄最年轻的火山岛，也是中国最美的海岛之一。众多的旅游景点，明媚的海岛风光，让你忘记时间、忘记杂念；涠洲岛的美无法用语言来描述，只能用心去体会！

摄影
广 西

热情欢乐的节日盛会

广西人是幸福的，因为他们可以开心地问起身旁的人：你说，三月三我们去哪？广西人也是热情的，你看那些卖力舞龙的小伙，虽然被爆竹崩，却依旧满脸洋溢笑容。身着盛装的广西人，在他们的节日上总是会让你想起一些欢乐的日子。

印象
广　西

壮族风情

刘三姐

刘三姐，是壮族民间传说中的传奇人物，她聪慧机敏，歌如泉涌，有“歌仙”之誉。有关她的故事与记载很多，壮族人会在每年农历三月三日纪念她。

绣球

绣球乃壮族人民的定情物和吉祥物，多以红、黄、绿三色做底及面料。绣球大多为12瓣，每瓣皆绣上龙、凤、春燕等各式吉祥物。

三月三歌圩

歌圩是壮族民间传统文化活动，以山歌对唱为主。壮族青年们以歌传情、以歌会友，内容丰富多彩，气氛热闹欢乐。

壮锦

壮锦，与云锦、蜀锦、宋锦并称中国四大名锦，它图案生动，结构严谨，色彩斑斓，充满热烈、开朗的民族格调，体现了壮族人民对美好生活的追求与向往。

铜鼓

铜鼓是壮族古代的一种具有特殊社会意义的铜器，它原是一种打击乐器，后演变为权力和财富的象征。

布洛陀

《布洛陀》是壮族的一部古老而内容丰富的创世史诗。里面的主人公布洛陀是壮族先民口头文学中的神话人物，是创世神和道德神。

印象
广 西

民族风物

毛南族肥套

毛南族肥套是毛南族传统还愿活动，初为毛南族借助傩舞祭祀天地自然万物的仪式，后融合毛南族口头文学、山歌、舞蹈、音乐等艺术元素成为内容丰富的民俗活动。

瑶族盘王节

盘王节是瑶族祭祀祖先盘瓠的重大节日。每年农历十月十六，瑶族男女老少都要穿上自己民族的节日盛装，聚集在一起唱歌、跳舞，欢度盘王节。

三江侗族大歌

侗族大歌起源于春秋战国时期，至今已有2500多年的历史，是中国侗族地区一种多声部、无指挥、无伴奏、自然和声的民间合唱形式。

京族哈节

哈节是京族最具代表性的传统民俗歌节，主要流行于广西的京族居住地区。哈节期间，庆祝活动通宵达旦，歌舞不息。

侗族风雨桥

风雨桥是侗族独有的桥，由桥、塔、亭组成，全用木料筑成，桥面铺板，两旁设栏杆、长凳，桥顶盖瓦，形成长廊式走道。因为行人过往能躲避风雨，故名风雨桥。

印象 广西

喀斯特

环江

环江境内有九万山久仁和木论喀斯特两个国家级自然保护区以及广西第二大文雅天坑群，是世界自然遗产“中国南方喀斯特”的重要组成部分。

桂林山水

桂林山水是典型的喀斯特地貌，那里山清水秀，洞奇石美，包括山、水、喀斯特岩洞、石刻等景观，其中以漓江流经阳朔的那一段最为美丽。

乐业天坑

乐业天坑是一种世界罕见的地质奇观——喀斯特漏斗群，其典型特色是地质构造独特，生物种类繁多。代表景观为大石围。

三门海

三门海生态旅游区是世界喀斯特地貌典型的核心地带，景区中喀斯特地貌的层层峰峦，山脚悬崖下一汪碧蓝波光，远看似一块凝固的碧玉，到了眼前才发觉是水波正托着点点落叶碎红缓缓向远处流去。

巴马水晶宫

广西巴马瑶族自治县有一个神奇美丽的岩洞，洞中到处可见奇形怪状、洁白清亮、闪闪发光的钟乳石，这就是“巴马水晶宫”。

银子岩

银子岩溶洞是典型的喀斯特地貌，贯穿十二座山峰，洞内汇集了不同地质年代发育生长的钟乳石，晶莹剔透，色彩斑斓，宛如夜空的星河倾泻而下，璀璨夺目。

印象
广　西

山水古村

黄姚镇和姚江

黄姚古镇依傍着秀美的姚江水，繁衍生息了近千年，镇内有“六多”，山水岩洞多、亭台楼阁多、寺观庙祠多、祠堂多、古树多、楹联匾额多，成为古镇独特的风景。

白沙镇和遇龙河

白沙镇旅游资源丰富，素有“小漓江”之称的遇龙河贯穿全境，境内秀峰林立，河流延绵不断，景致如画。

兴坪镇和漓江

兴坪素以山水秀丽、景甲天下而著称，世界著名的漓江蜿蜒流于该镇西南部，两岸群峰连绵，奇特怪异，绿水萦回，青山环列，倒影幢幢，相映成趣。

秀水村和秀水河

秀水村有着岭南特有的秀美风光，静美的秀水河蜿蜒而过，村内还有毛氏宗祠、状元楼、进士门楼、古戏台、石板街巷等历经千年的古建筑。

硕龙镇和德天瀑布

硕龙镇旅游资源丰富，境内的德天跨国大瀑布是中国最美的六大瀑布之一，其他的主要景点还有沙屯叠瀑、黑水河风光、千年蚬木王、靖边炮台等十多处。

扬美镇和左江

扬美古镇位于三江交汇之上游，左江清水环绕而过，风景清幽秀丽。古镇内保留有诸多明清古建筑，并以老街、碧水、金滩、奇石、怪树而著称。

印象
广 西

海滨风情

江山半岛

江山半岛状似龙头，古名白龙半岛，是广西最大的半岛，三面环海，78千米长的海岸线蜿蜒绮丽，原始而淳朴，被誉为“北部湾最美海岸”。

北海银滩

北海银滩面积辽阔，由高品位的石英砂堆积而成，并以“滩长平、沙细白、水温净、浪柔软、无鲨鱼”等特点，被称为“中国第一滩”。

三娘湾

三娘湾地理位置优越，拥有丰富独特的旅游资源，这里不仅以白海豚闻名于世，而且还有神奇、壮丽的大潮。

涠洲岛

涠洲岛有着“蓬莱岛”之称、地质年龄最年轻的火山岛，也是中国最美的十大海岛之一，岛上有众多名胜风景区，包括天主教堂，客家风情十分浓厚。

京岛

京岛是指京族唯一聚居地的三个小岛——巫头、山心、尾岛，常统称为“京族三岛”。三个岛原来是分开的，现三岛间的海滩、海峡早被填起，已与内陆连成一片。

北部湾

北部湾旅游资源丰富，拥有享有中国“绿城”美誉的首府南宁、赢得“中国第一滩”美誉的北海银滩，还有钦州三娘湾、防城港京岛风景名胜区、上思十万大山国家森林公园等。

自驾 广西

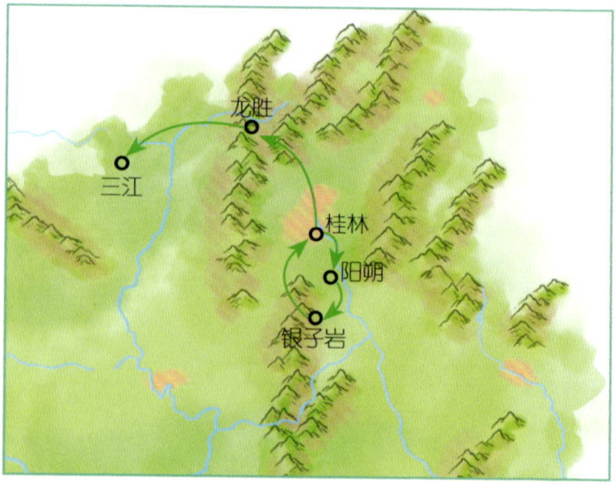

线路 1

桂东北

桂林山水和民族风情之旅

桂林 漓江

阳朔 阳朔西街

荔浦 银子岩

桂林 象山景区

龙胜 龙脊梯田

三江 程阳风雨桥

这一条是游览桂林山水、喀斯特地貌和侗族风情的最佳线路。桂林山清水秀，洞奇石美；阳朔风景秀丽，如诗如画；银子岩有绚烂五彩的溶洞，龙胜有迤逦大地的龙脊梯田，三江县境内处处能看到独特的侗族风情。这些美妙的景致一定会让你过目难忘。

第一站 ▌桂林。坐船游漓江，赏秀甲天下的桂林山水。漓江是桂林的灵魂，它的山水都是桂林风光的精华，两岸风景，奇峰、飞瀑、碧水、溪流，气象万千。

第二站 ▌阳朔。由桂林沿G65向南前往阳朔，坐船游遇龙河之美景，闲逛阳朔西街，顺带游览杨堤、十里画廊、大榕树等著名景点。

第三站 ▌银子岩。银子岩景区遍地皆绿，被人誉为“桂林山水的代表”。这里也是典型的喀斯特地貌，可以看见奇异绝美的溶洞奇观。

第四站 ▌桂林。由银子岩回到桂林，游玩象山景区，景区因有一座象鼻山而得名，它是桂林的标志及象征。

第五站 ▌龙胜。由桂林向北沿G321前往龙胜，游玩龙脊梯田，它主要由平安梯田和金坑梯田组成。两处梯田有鬼斧神工的造型和如诗如画的意境，被誉为“梯田世界之冠”。

第六站 ▌三江。由龙胜出发，沿着G321向西前往三江。三江是侗族自治县，县内的程阳风雨桥和马胖鼓楼都是富有侗族特色的传统古建筑，值得游览。

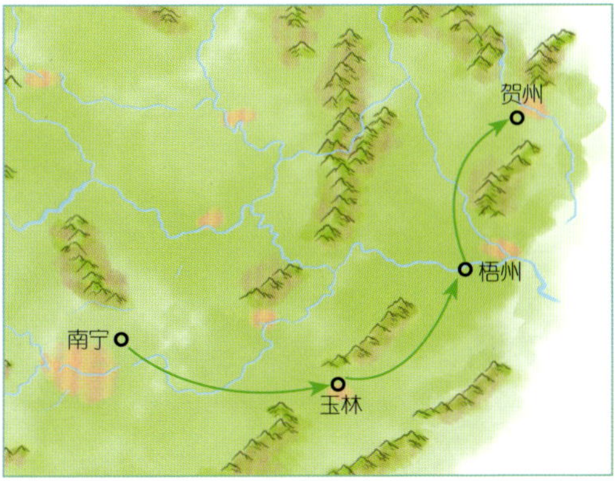

线路 2

桂东南
历史古迹之旅

南宁 青秀山

这一条线路可以游览广西东南部的自然风光与人文风光。南宁的青秀山苍翠秀丽，各大公园湖光山色，花若织锦，玉林的大容山云雾缭绕，层峦叠嶂；而梧州的骑楼城和贺州的黄姚古镇，称得上是人文风光中的美景，能将游客们引入历史的静谧古朴之中。

玉林 大容山森林公园

第一站 南宁。青秀山是南宁很适合踏青郊游的城市公园，来这里可以散步、呼吸新鲜空气、亲近大自然；而后游览广西药用植物园，园内林木苍翠，藤蔓纵横。另外南湖公园、大明山也值得一玩。

第二站 玉林。先游览大容山森林公园，景区内有优美的山林风景，也有草坪、湖水等典型的欧洲风情。之后可游览玉林云天宫，云天宫是台湾商人在广西兴建的一座浓缩古今中外传统文化和著名建筑风格、用以展现中国历史文化的巨型仿古建筑。

梧州 梧州骑楼城

第三站 梧州。先游览梧州骑楼城，它位于梧州河东老城区，现存骑楼建筑 560 幢，规模之大、数量之多，国内罕见。接下来可游览石表山，景区内包含了丹霞地貌、瀑布、沙滩等多种景观。天龙顶国家公园及白云山也都是不错的旅游去处。

贺州 贺州客家围屋

第四站 贺州。游览有着近千年历史的黄姚古镇，它与很多江南小镇一样，有小桥、流水、人家，有精雕细刻的檐梁壁画，有屋檐上诗文画壁的古宅民居。然后游览贺州客家围屋，围屋富丽堂皇，是典型的客家建筑文化艺术结晶，素有江南"紫禁城"之美称。

自驾
广 西

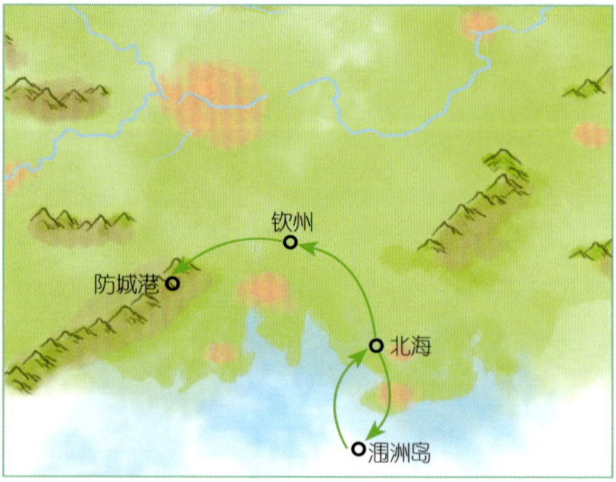

线路 3

桂南
北部湾海滨风光之旅

银滩 北海

涠洲岛 涠洲岛

三娘湾 钦州

江山半岛 防城港

这条线路游览的是广西沿海北部湾地区。美丽的北海银滩浪花奔涌，秀美的涠洲岛植被丰茂，烟波浩渺，天水一色；此外还有三娘湾、江山半岛、白浪滩等景区，日升月落，星辰大海，那里浓郁的海滨风情能带给你无与伦比的惬意享受。

第一天 游玩北海银滩，银滩海域纯净，周围群山环绕，空气清新；晚上去北海老街闲逛吃美食，霓虹初上，欣赏老街两旁古老骑楼的美丽身影。

第二天 驾车至北海国际客运码头，坐船前往涠洲岛，涠洲岛是广西最大的海岛，岛上景观资源丰富，先游览鳄鱼山公园，晚上住在涠洲岛。

第三天 游玩涠洲岛上的天主教堂和圣母堂，天主教堂外有小集市，村民在此摆摊卖当地的特色小吃，如凉粉、糍粑、红薯糕等，另外在岛上一定要品尝物美价廉的海鲜。

第四天 驾车沿 G65 前往钦州，游玩钦州南侧海岸的三娘湾，这里一定要看栖息在附近海域的众多中华白海豚，除了观海豚外，三娘湾的淳朴渔村生活也值得体验。

第五天 沿钦防高速前往防城港市，游玩江山半岛，那里海岸绵长，林带葱郁，是滨海旅游度假的理想场所。

第六天 沿 S325 前往野人谷。它是广西独具魅力的原生态漂流胜地。景区里溪流纵横交错，怪石嶙峋，周围群山郁郁葱葱，映衬景区里木结构的瑶族风情木屋，一阵阵清凉的感觉，真是暑天度假的好去处。

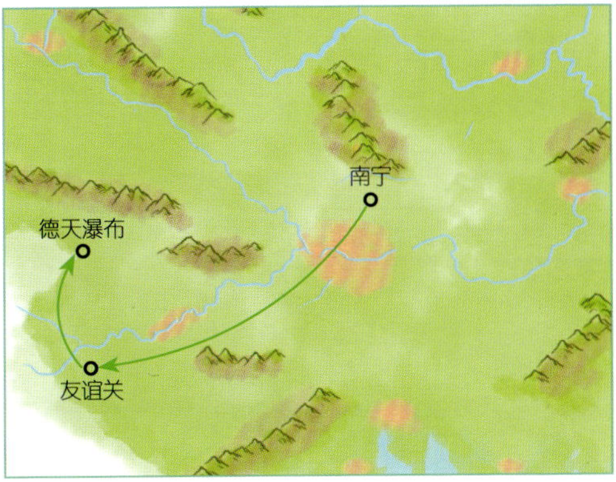

线路 4

桂西
中越边境风光之旅

南宁 青秀山

这条线路游览的是广西西部中越边境地区，沿线途经许多秀美的风光，扬美古镇古朴宁静，明仕田园山水如画，友谊关谱写厚重的历史，一路上自然美景与人文风光兼容并蓄，最后的德天瀑布是此条线路的重要景点，飞瀑直流，隆声震耳，令人震撼。

宁明 宁明花山

第一天 游玩南宁常年苍翠的青秀山风景区，它俗称青山，由青山岭、凤凰岭等 18 座大小岭组成，被誉为“南宁市的巨肺”。

第二天 驾车前往扬美古镇。扬美古镇始建于宋代，是座美丽的千年古镇。整个古镇共有200多座古建筑和8条古街，徜徉在古镇的长街短巷中，追寻历史的印记。

凭祥 友谊关

第三天 驾车沿G7211行驶至宁明县城西南的花山岩画，这里有一座断岩山，岩壁内留存有大批壮族先民骆越人绘制的赭红色岩画，十分古老神秘。

第四天 从宁明县顺着 G7211 驶向凭祥市，游览友谊关，这是我国九大名关之一，与越南公路相接，是通往越南的重要陆路通道和国家一类口岸。

大新 德天瀑布

第五天 驾车前往明仕田园。那里独特的喀斯特地貌，山势俊秀，周围又有流水环绕，景色极为漂亮。

第六天 抵达德天瀑布，它横跨中国和越南两个国家，流入越南又流回广西，经过大新县德天村，最后从 60 余米高的断崖三级跌落，形成了德天瀑布的磅礴景观。

解读广西

地理

广海海滨

面积和区划

广西壮族自治区，简称桂，位于中国华南地区西部，南濒北部湾、面向东南亚，西南与越南毗邻，从东至西分别与广东、湖南、贵州、云南四省接壤。总面积约24万平方千米。

广西辖南宁、来宾、柳州、河池、桂林、贺州、梧州、玉林、贵港、钦州、北海、防城港、崇左、百色共14个地级市，下设40个市辖区、8个县级市、51个县、12个民族自治县。自治区首府南宁。

人口和民族

截至2018年末，广西壮族自治区常住人口达4926万人。

广西壮族自治区是一个多民族和谐相处的地方，区内聚居着壮族、瑶族、侗族、苗族、仫佬族、毛南族、回族、京族、水族、彝族、仡佬族等少数民族，少数民族人口约占自治区内总人口的38%。其中壮族是自治区内人口最多的民族，也是广西的世居民族，主要分布于南宁、百色、河池、柳州等地。

全自治区设有12个自治县，分别是柳州市融水苗族自治县、三江侗族自治县、桂林市龙胜各族自治县、恭城瑶族自治县、河池市都安瑶族自治县、罗城仫佬族自治县、巴马瑶族自治县、环江毛南族自治县、大化瑶族自治县、贺州市富川瑶族自治县、来宾市金秀瑶族自治县、百色市隆林各族自治县。

龙脊梯田

地形

广西地貌总体是山地丘陵性盆地地貌，盆地大小相杂。西、北部为云贵高原边缘，东北为南岭山地，东南及南部是云开大山、六万大山、十万大山。盆地中部被广西弧形山脉分割，形成以柳州为中心的桂中盆地及周边众多中小盆地，呈现大小盆地相杂的地貌结构。

自治区最主要的地貌特征是喀斯特广布，约占广西总面积的37.8%，集中连片分布于桂西南、桂西北、桂中、桂东北。其发育类型之多为世界少见，同时造就了广西绝美风光。

自治区南临北部湾（属于南海），沿海有697个岛屿，总面积约84平方千米，其中最大的涠洲岛面积约28平方千米。广西近海滩面积广大，达1005平方千米。

气候

广西壮族自治区气候类型多样，北半部属中亚热带气候，南半部属南亚热带气候；而桂南又具有温暖湿润的海洋气候特色。广西冬短夏长，年均气温16℃~23℃，自治区内大部分地区冬季不到两个月，而沿海地区几乎没有冬季。

广西是全国降水量最丰富的地区之一。其地域分布具有东部多，西部少；丘陵山区多，河谷平原少；夏季迎风坡多，背风坡少的特点。

中国式喀斯特——桂林山水

中国是喀斯特地貌分布面积最大的国家，从热带到寒温带，从湿润区到干旱区，各种喀斯特地貌类型齐全。可以说中国是名副其实的“喀斯特王国”。而在中国这个巨大的“喀斯特”王国中，广西桂林山水更是其中一个非常重要的成员。

研究喀斯特地貌几十年的著名学者朱学稳教授说，桂林是世界喀斯特峰林、峰丛地貌发育最典型、最精彩、最具观赏性的地区。山峰如塔似林，相隔耸立在平整的大地上，构成清秀而又壮丽的画面。喀斯特山峰构成的峰林平原是桂林山水中最优美迷人的

遇龙河

部分，而中国南方喀斯特地区的峰林平原与它的孪生姐妹峰丛洼地因面积广阔、分布集中而被称作“中国式喀斯特”。

桂林山水之所以美，是因为这里是峰林和峰丛演绎的完美的双人舞。峰林的疏，峰丛的密；峰林的塔，峰丛的锥；峰林的润，峰丛的燥，这二者合则美，离则伤。桂林漓江流域中的峰林和峰丛分布区几乎是平分秋色。

然而它们不是泾渭分明地一半对一半地分布，而是疏密有致，均衡交错，镶嵌式地展开。峰丛不是单一的样式，而是有几丛团聚形呈岛状，或排列有序呈条带状。峰林中的石峰也非仅为塔状，亦有锥状；有的如刀似刃，有的像柱若桶。总之，桂林拒绝单调，拒绝重复，是一与多、有与无、虚与实的多样性统一。

峰林与峰丛并不仅意味着地面上的喀斯特，它们的地下部分，也是喀斯特地貌的大舞台。峰丛中的漏斗可以演化成深邃的竖井、巨大的天坑，地下河可以演化成溶洞，溶洞中可以发育各种石钟乳和石笋等沉积物。

桂林山水以“山清、水秀、洞奇、石美”著称。桂林的石峰，“无峰没有洞”，几乎每一个石峰都有溶洞，而且有的石峰有多个洞穴。看一下《徐霞客游记》就知道了，徐霞客来到桂林后，除了游漓江、攀山峰外，主要就是钻溶洞了。

统计显示，桂林漓江流域有几千个溶洞，除市内早负历史盛名的七星岩、芦笛岩外，尚有冠岩、穿山岩、莲花岩、丰鱼岩、水仙岩、罗田大岩、白云岩、太平岩等。洞穴内多洞室大厅，并发育有石钟乳、石笋、石柱、石幔等，内容丰富，千姿百态，争妍斗艳，各具特色。

十 广西母亲河——红水河

红水河发源于云贵高原，因流经红色砂页岩层，水色红褐而得名。红水河是珠江流域西江水系的干流，常常被人们称作广西的母亲河。红水河上游称南盘江，与北盘江汇合后始称红水河。河全长659千米，流域面积3.3万平方千米。

红水河至天峨县接纳格凸河，折而向南进入广西，至象州石龙镇与柳江汇合后改称黔江，与郁江汇合称为浔江，浔江过梧州改称西江。红水河流经广西的乐业、天峨、南丹、东兰、大化、都安、马山、忻城、来宾等县（自治县），至象州县石龙镇三江口为止。

红水河流经高原、低山和丘陵，其上游为三叠纪的砂页岩，中下游为石炭纪、二叠纪的石灰岩。沿途群峰夹谷，风景十分秀丽。沿着红水河，嫩山、木生牵山、坡豪湖、石牛洞、埃及遗梦、红水河第一湾、兰阳泉、情侣山、观音山……每一个景点，都是一颗熠熠生辉的明珠。尤其是红水河第一湾，这是一个“U”形的大峡谷，河道狭窄，两岸高山耸立，直插云天，与水面高差数百米，峡谷间云雾缭绕，蔚为壮观。

红水河

喀斯特地貌成因

喀斯特即岩溶，是水对可溶性岩石进行以化学溶蚀作用为主，流水的冲蚀、潜蚀和崩塌等机械作用为辅的地质作用，以及由这些作用所产生的现象的总称。由喀斯特作用造成的地貌，称喀斯特地貌（岩溶地貌）。

喀斯特地貌在碳酸盐岩地层分布区最为发育。该区岩石突露、奇峰林立，常见的地表喀斯特地貌有石芽、石林、峰林、喀斯特丘陵等喀斯特正地形，溶沟、落水洞、盲谷、干谷、喀斯特洼地等喀斯特负地形；地下喀斯特地貌有溶洞、地下河、地下湖等；以及与地表和地下密切相关的竖井、芽洞、天生桥等喀斯特地貌。

喀斯特地貌

峰丛　其山峰近似圆锥状，且山与山之间有凹坑或石灰洞，基部完全相连成簇分布，它是峰林地形的早期发育阶段。

地表水　在地上流淌的河水，之后会渗入地下，并汇入地下水系。

峰林　是基部断续相连，群峰林立的石灰岩区地貌形态。峰林是由峰丛进一步溶蚀发展而来的，它主要分布于岩溶盆地的边缘。

溶沟和石芽　地表水沿岩石表面流动，由溶蚀、侵蚀形成的许多凹槽称为溶沟。溶沟之间的突出部分叫石芽。石林是一种高大的石芽，高20~30米，密布如林，故称石林。

天坑　又称落水洞，是岩溶区地表水流向地下或地下溶洞的通道，它是岩溶垂直流水对裂隙不断溶蚀并坍塌而形成的。

溶洞　又称洞穴，它是地下水沿着可溶性岩石的层面、节理或断层进行溶蚀和侵蚀而形成的地下孔道。溶洞中的喀斯特形态主要有石钟乳、石笋、石柱、石幔、石灰华和泉华。

广西的自然景观

国家级自然保护区

大明山国家级自然保护区
花坪国家级自然保护区
猫儿山国家级自然保护区
千家洞国家级自然保护区
合浦营盘港——英罗港儒艮国家级自然保护区
山口红树林国家级自然保护区
北仑河口国家级自然保护区
防城金花茶国家级自然保护区
十万大山国家级自然保护区
九万山国家级自然保护区
木论国家级自然保护区
岑王老山国家级自然保护区
金钟山黑颈长尾雉国家级自然保护区
雅长兰科植物国家级自然保护区
大瑶山国家级自然保护区
弄岗国家级自然保护区
崇左白头叶猴国家级自然保护区
大桂山鳄蜥国家级自然保护区
邦亮长臂猿国家级自然保护区
恩城国家级自然保护区
元宝山国家级自然保护区
七冲国家级自然保护区
银竹老山资源冷杉国家级自然保护区

国家地质公园

资源国家地质公园
百色乐业大石围天坑群国家地质公园
北海涠洲岛火山国家地质公园
凤山岩溶国家地质公园
鹿寨县香桥国家地质公园
大化七百弄国家地质公园
桂平国家地质公园
宜州水上石林国家地质公园
浦北五皇山国家地质公园
都安地下河国家地质公园
罗城国家地质公园

国家森林公园

十万大山国家森林公园
元宝山国家森林公园
太平狮山国家森林公园
龙胜温泉国家森林公园
平天山国家森林公园
桂林国家森林公园
龙滩大峡谷国家森林公园
大瑶山国家森林公园
良凤江国家森林公园
龙潭国家森林公园
姑婆山国家森林公园
八角寨国家森林公园
三门江国家森林公园
大容山国家森林公园
大桂山国家森林公园
黄猄洞天坑国家森林公园
红茶沟国家森林公园
飞龙湖国家森林公园
阳朔国家森林公园
九龙瀑布群国家森林公园

红水河

历 史

灵渠

一条运河一统百越——灵渠

秦始皇于公元前221年一统中原之后，分天下为三十六郡。但是，在五岭（大庾岭、骑田岭、萌渚岭、都庞岭和越城岭）以南的地区，包括今广东和广西大部、越南北部、福建南部等广大的地域，仍属于古代百越民族的聚居地，尚未归于秦朝的统治之下。

秦始皇为了将岭南百越地区纳入中国版图，便派屠睢为主帅，率50万大军南征百越。但秦朝的大军一出发即遭到百越的顽强抵抗，加之岭南山路崎岖，粮饷转运困难，以致秦军受到重创，战事处于胶着状态，三年兵不能进。

为了解决秦军的后勤补给问题，公元前218年，秦始皇命史禄督率士卒在今广西兴安县境内修建一条人工运河，转运粮饷。公元前214年，运河凿成，也就是今天的灵渠。它连接了湘漓二水，沟通了长江和珠江水系，连通了南中国的水运网，使秦军得到了源源不断的粮草补给和兵源补充，秦军迅速统一了岭南。之后，秦始皇在今广东、广西和越南北部一带分别设立三郡：南海、桂林、象郡。

两千多年来，灵渠这一集航运、灌溉、观光功能于一体的伟大水利工程，为中国的统一，为沟通中原汉文化与岭南百越文化，促进岭南地区政治、经济、文化的发展，发挥了不可磨灭的作用，至今仍焕发出勃勃生机。

南越国覆灭——丞相叛变

公元前210年，秦始皇病逝，秦二世继位。陈胜吴广起义，楚汉争霸，中原陷入了一片混乱状态。此时，时任南海郡尉的赵佗起兵兼并桂林郡和象郡，在岭南地区建立南越国，并自称为帝。之后汉朝一统中原，面对汉朝的强大势力，赵佗决定去除帝号归复汉朝，仍称“南越王”。一直到汉景帝时代，南越国都与汉朝和睦相处。

历史大事记

远古时期

距今70万年以前，广西就有原始人类在此劳作生息。距今10万~2万年前，在桂西、桂南、桂北山区活动着的古人类“柳江人”已进入母系氏族社会初期。

距今2万~1万年前，以生活在广西的人类“麒麟山人”为代表，已学会制造和使用钻孔与磨尖的石器。桂林甑皮岩人遗址则说明距今1万至6000年前，广西古人类已开始从事原始的农业、畜牧业和制陶业。

秦汉时期

秦始皇统一岭南后，今广西地域主要分属于桂林郡、象郡、南海郡，这是广西最早纳入中央王朝统一的版图。因广西大部分地区属于桂林郡，广西称“桂”便由此而来。

直到南越国赵兴为王和汉武帝执政时期，这个格局才发生了变化。这还要从南越国的丞相吕嘉说起。吕嘉曾经辅助过三位南越王，深得南越人的信任，甚至超过赵兴的威望，是南越国的实权掌握者。吕嘉多次反对内属汉朝，但赵兴一直未理，使吕嘉产生了背叛的念头，吕嘉和他弟弟领兵攻入王宫，杀害了赵兴、樛太后。

吕嘉杀死赵兴之后，立赵婴齐和南越籍妻子所生的长子赵建德为新的南越王。汉武帝得知之后，非常愤怒。公元前112年秋，汉武帝调遣罪人和江淮以南的水兵共10万人，兵分五路进攻南越。

这场战争十分激烈，持续了一年，一直到公元前111年的冬天，楼船将军杨仆率领精兵，抢先攻下寻峡，然后攻破番禺城北的石门，缴获了南越的战船和粮食，乘机向南推进，挫败南越国的先头部队，率领数万大军等候伏波将军路博德的军队。

伏波将军路博德到达之后在城西北安营扎寨，派使者招降南越人。南越人久闻伏波将军路博德的威名，于是纷纷投奔路博德的旗下。黎明时分，城中的南越守军大部分已向路博德投降。吕嘉和赵建德见形势不妙，在天亮之前率领几百名部下出逃，乘船沿海往西而去。

最后，赵建德被路博德的校尉司马苏弘擒获，而吕嘉被原南越国郎官孙都擒获。吕嘉和赵建德被擒之后，南越国属下各郡县包括苍梧王赵光，桂林郡监居翁，揭阳县令等

洪秀全像

皆不战而下，纷纷向汉朝投降。

就这样南越被平定了。汉武帝在平定南越后，将原来的南越国属地置为九郡，直接归属汉朝。这样，由赵佗创立的南越国经五代南越王之后，共93年，最终不复存在。

金田起义

清道光二十三年（1843年），洪秀全和同乡冯云山、洪仁玕在广东花县（今广州市花都区）首创拜上帝教，次年春入广西传教，积极宣传组织农民群众。

1849年前后，广西连年闹灾，天地会纷纷起义，举行起义的时机已经成熟。1850年7月，洪、冯密藏在花洲山人村部署起义工作，下达团营令，要求各地拜上帝教会员变卖田产到金田集中。团营指挥部设在金田村，由杨秀清、韦昌辉、石达开主持。指挥部在金田、花洲、奇石、陆茵等处秘密打造武器。韦

秦汉时期

秦始皇还开凿了灵渠，把长江与珠江两条水系连接起来，促进了广西与中原经济和文化的交流。
汉代，苍梧、布山、合浦就有了商贸集市，合浦成为海外贸易港口。

唐朝时期

唐咸通三年（862年），分岭南道为岭南东道和岭南西道，升邕管经略使为岭南西道节度使，这是广西最早成为一级独立政区的历史记录。唐代开始在广西少数民族聚居区设置羁縻州县，任用当地民族首领世袭管理。

五代十国时期

五代十国时期，楚与南汉长期争夺广西，宋分广南路为广南东路和广南西路，广南西路简称为广西，广西之名始于此。

昌辉、胡以晃、石达开、周胜坤、余廷樟等献出全部家资充起义经费。

各地拜上帝会认真操练、筹足钱粮，先后会集金田的男女老少共计2万人左右。人们携带钱物概交“圣库”，衣食全由“圣库”供给。按军制把前来团营群众组织起来，实行男女别营，进行军事训练，准备武装起义。不久，在思旺圩和蔡江村，先后击溃前来镇压团营的清军。1850年12月25日，总兵周凤歧派兵进犯金田，会众奋力反击，毙敌300余，杀死清江协副将伊克坦布。

1851年1月11日，洪秀全38岁诞寿，举行隆重的祝寿庆典，万众齐集犀牛岭，誓师起义，向清王朝宣战。建号太平天国，起义军称为太平军，封五军主将。1月13日全体将士蓄发易服，头裹红巾，从金田东山大湟江口，开始了轰轰烈烈规模空前的太平天国农民战争。因金田起义发生在广西，故有大量壮族人民参加了金田起义，北王韦昌辉，西王萧朝贵，北伐主将林凤祥、李开芳等，皆为壮族人。从此震撼中外的太平天国革命拉开序幕。

黑旗军

黑旗军原是太平天国革命期间，活跃于我国广东、广西边境的一支农民起义军，首领为刘永福。1851年，刘永福参加广西农民起义，1865年率部加入以吴亚忠为首的天地会起义军。其军在归顺州（今百色市靖西市内）安德北帝庙前举行祭旗仪式，以七星黑旗为军旗，故称黑旗军。黑旗军的基本成员是贫苦农民，多是归顺、龙州、上思、宁明和钦廉人。

辛亥革命

孙中山在领导民主革命的过程中，非常关注广西。而广西在孙中山领导的民主革命中，也有着极其重要的地位和作用。同盟会成立后，孙中山即着手策划反清起义，他尤其重视会党这支下层民众的武装力量。

同盟会刚成立，就选定两广作为同盟会武装起义的基地，1905年至1908年举行的数次会党起义中，广西就有钦廉防起义、镇南关起义、钦廉上思起义。三次起义均由孙中山、黄兴等人直接领导指挥。

辛亥革命前夕，广西新军已基本被同盟会控制。在辛亥革命爆发时，由广西陆军小学堂126名肄业生组成的“广西学生军北伐敢死队”尤为引人注目。此外，广西巡抚沈秉堃，副都督王芝祥、陆荣廷在广西同盟会成员劝导下，为大势所趋，宣布广西脱离清朝而独立。广西人民为辛亥革命做出了重大贡献。

孙中山像

宋元时期

宋代邕州横山寨（今田东县平马镇）、永平寨（今宁明县）及钦州三大博易场成为西南民族集市或与交趾等地贸易的国际市镇；有色金属锡、铅的产量居于全国前列。

元朝统治广西基本上着重于军事控制，在各主要隘口附近派驻屯兵，实行军事性质的屯田；元朝，广西属湖广行中书省。至正二十三年（1363年），设置广西行中书省，为广西建省之始。

明清时期

明太祖洪武九年（1376年），元朝的行省之名被撤销，设广西承宣布政使司，“广西”名称由此固定下来。明代，广西土司制度发展到了最鼎盛的时期，实行土司制度的地区占到了一半以上，土官在辖境内拥有统兵治民的大权，无异于土皇帝。

百色起义

1929年6月，新桂系军阀在蒋桂战争中失败。广西左派军人俞作柏、李明瑞分别担任广西省政府主席和广西编遣特派员，掌握广西军政大权。他们要求与中国共产党合作，共产党随即派邓小平、张云逸、陈豪人、叶季壮等一批共产党员到广西，以邓小平为中央代表，负责共产党在广西的工作。

邓小平等到南宁后，对俞作柏、李明瑞进行了卓有成效的统战工作，在俞、李新建的广西警备第四、第五大队担任大队长。同年9月，在南宁津头村召开中共广西省第一次代表大会，决定开展土地革命，武装农民，加强城市工人运动，准备武装暴动夺取政权。正当广西革命形势好转的时候，俞、李急于公开宣布反蒋，结果不战而败。

在此风云突变之时，邓小平等领导人当机立断，决定把自身掌握的武装斗争拉到左右江地区，与韦拔群、黄治峰等领导的农民运动结合，开展武装斗争。10月22日，邓小平、张云逸、陈豪人率领警备第四大队和教导总队，携带南宁军械库的枪炮弹药等军用物资到百色，并立即筹划武装起义。

百色起义纪念馆

11月上旬，共产党中央批准了左右江地区举行武装起义，创建红军和革命根据地，批准建立前敌委员会（简称前委），统一党的领导。前委委员7人中，邓小平、张云逸、陈豪为常委，邓小平任前委书记。中央还颁了红七军、红八军的番号，并任命了红七军、红八军的领导干部。按照中央指示，邓小平立即召开前委会议，传达、贯彻中央指示精神，决定于12月11日宣布武装起义。

刘三姐

刘三姐是广西地区家喻户晓的传奇人物，曾活跃在广西柳江流域，她是个优秀的民歌手。三姐17岁这年在对歌时，认识了一位青年，在对歌中，两人情投意合，互相爱慕，于是私订了终身。

但村里恶霸对三姐垂涎多时，见她与小伙子情投意合，大发雷霆，决意把三姐抢到手。一天晚上，三姐正和小伙子坐在柳河边的岩石上看月亮，忽然火把晃动，人声鼎沸，原来是恶霸抢人来了，三姐和小伙子望望无路可走的山，又望望柳河。两人决定要生在一起，死在一道，不求今生，只求来世，于是手拉着手双双跳进柳河滚滚的波涛里。

人们怀念这个民间音乐家、歌手，因而每年三月三这天会到柳河边上赛歌，悼念“刘三姐”。

明清时期

清代，广西土司制度已趋腐朽。雍正年间，朝廷进行了大刀阔斧的“改土归流”；复设广西省，省会驻桂林府（今桂林市）。

1851年，金田起义爆发。作为中国近代史上一次伟大的反封建反侵略的农民运动，加速了清王朝和整个封建制度的衰落和崩溃，打破了西方侵略者把中国迅速殖民地化的企图。

1883年，刘永福率领黑旗军取得抗法战争的胜利。

1885年，冯子材率领军队取得了镇南关大捷，战胜了法军。

近现代时期

1928年，广西最后几个土司“改土归流”，自明代以来五百多年的土司制度完全终结。

1929年，邓小平在百色举行百色起义，创建了红七军和右江革命根据地。

人物档案

中文名称：刘三姐

出 生 地：广西

性　　别：女

主要成就：深受壮族百姓们的热爱

职　　业：古代民间歌手

出生日期：公元618（隋大业十四年）

三月三对歌大会

为了纪念刘三姐，壮族人民每年“三月三”会举办对歌大会。届时方圆数十里的男女青年，都兴高采烈地穿上节日盛装赶来参加，人们沉浸在歌的海洋中。歌节一般会持续两三天，附近的群众为前来赶歌会的人提供住宿和饮食，无论相识与否，都热情接待。

1929年12月11日，由邓小平、贺昌、陈豪人、张云逸等同志在广西百色组织领导武装起义并取得了胜利。起义建立了中国工农红军第七军，这是在南昌起义、秋收起义、广州起义的影响和鼓舞下，中国共产党在广西少数民族地区实行“工农武装割据”的一次光辉实践。

十 广西历史名人

广西历史悠久，人杰地灵，数千年来涌现出了众多的人才。广西是英雄的故乡，从早期的侬智高、瓦氏夫人到近现代的石达开、刘永福、冯子材、陆荣廷、李宗仁等叱咤风云的英雄辈出。除了英雄，石涛、黄现璠、王力等不同领域的名人，也让广西的历史更加丰富多彩。

侬智高（1025—1055）：北宋时期安德州（今百色靖西市）人，成年后与其父长期活动在广源州，故被一些学者误认为他出生广源州。宋代农民起义领袖，在壮族历史上，依

近现代时期

1949年12月11日，中国人民解放军攻占全广西，设广西省。

1958年，广西省改为“广西僮族自治区”，省一级的“广西僮族自治区”成立。
1965年，经国务院批准，“广西僮族自治区”改名为“广西壮族自治区”。

1983年起，广西试行市管县和整县改市的体制，广西区划今日初貌开始逐步形成。

当代

2004年，中国—东盟博览会举办地永久落户广西首府南宁，广西迅速向国际化发展。
2013年，桂林至北京的高铁畅通，广西自此进入高铁时代，实现与全国高铁大动脉互联互通。

智高是受壮族人民世代尊崇的英雄。

石涛（1642—约1707）：清代画家、中国画一代宗师，法名原济，广西全州（今桂林全州县）人，晚年定居扬州。明靖江王后裔，幼年遭变后出家为僧，半世云游，以卖画为业。早年山水师法宋元诸家，画风疏秀明洁，存世作品有《搜尽奇峰打草稿图》《山水清音图》《竹石图》等。

冯子材（1818—1903）：字南干，号萃亭，祖籍博白，生于钦州沙尾村，客家人，清朝名将。65岁高龄时亲率大军，在镇南关击败入侵法军，取得著名的镇南关大捷，为中法战争的胜利立下了赫赫战功，极受当地百姓拥戴。

岑毓英（1829—1889）：字颜卿，号匡国，广西西林人，壮族历史上第一位总督，晚清抗法民族英雄。岑毓英早年参加镇压金田起义，成功谈判回民军，之后又参加中法战争抗法援越，是广西清末重要的将领。

萧朝贵（约1820—1852）：客家人，广西武宣罗渌垌人。金田起义的核心领导人之一，太平天国运动初期的重要领袖。官封西王，位居洪秀全、杨秀清之下，冯云山、韦昌辉、石达开之上。

石达开像

石达开（1831—1863）：绰号石敢当，广西贵县（今贵港）客家人，太平天国名将，16岁“被访出山”，19岁统领千军，20岁封王，英勇就义时年仅32岁。有关他的民间传说遍布他生前转战过的大半个中国，是太平天国最富有传奇色彩的人物之一。

刘永福（1837—1917）：字渊亭，汉族客家人，广东钦州（今属广西）人，祖籍博白东平，清朝军事人物，原是反清的黑旗军将领，1883年率黑旗军参加中法战争，屡次大败法军。

陆荣廷（1859—1928）：字干卿，原名亚宋，壮族，武鸣垒雄村人。旧桂系领导，手握两广军政大权，称雄西南一方，与当时奉系军阀领袖张作霖及代理总统冯国璋并称“北张南陆”，成为中国历史上风云一时的人物。

李济深（1885—1959）：字任潮，原名李济琛。1885年出生，广西梧州苍梧人，曾任黄埔军校副校长，高级将领，民革中央主席，中国国民党革命委员会主要创始人和领导人之一。

李宗仁（1891—1969）：字德邻，广西桂林临桂区人。著名抗日英雄。中国国民革命军陆军一级上将，中国国民党内“桂系”首领，他是北伐战争中有着重要影响的一位人物。

白崇禧（1893—1966）：字健生，广西桂林人，回族。毕业于保定陆军军官军校第三期，是中国近代军事领袖，著名抗日英雄，亦属桂系首领，有“小诸葛”之称。

韦拔群（1894—1932）：曾用名韦秉吉、韦秉乾、韦萃。河池市东兰县人。韦拔群于1921年开始领导农民闹革命，由于深受各族人民的敬爱，人民群众亲切地称他为“拔哥”。

广西的人文景观

世界遗产

桂林喀斯特	环江喀斯特

▼ 全国重点文物保护单位

南宁市：昆仑关战役旧址、顶蛳山遗址、智城城址、伏波庙、南宁育才学校旧址

桂林市：靖江王府及王陵、甑皮岩遗址、桂林石刻、八路军桂林办事处旧址、灵渠、李宗仁故居（包括李宗仁官邸）、秦城遗址、江头村和长岗岭村古建筑群、燕窝楼、恭城古建筑群、湘江战役旧址、晓锦遗址、湘山寺塔群与石刻、永宁州城城墙、百寿岩石刻

柳州市：白莲洞遗址、鲤鱼嘴遗址、柳侯祠碑刻、胡志明旧居、程阳永济桥、岜团桥、马胖鼓楼、和里三王宫、柳州旧机场城防工事群旧址

百色市：百谷和高岭坡遗址、中国工农红军第七军和第八军军部旧址、右江工农民主政府旧址、感驮岩遗址、布兵盆地洞穴遗址群（旧石器时代）、那赖遗址、西林岑氏家族建筑群

梧州市：李济深故居、太平天国永安活动旧址、梧州中山纪念堂、中和窑址、梧州近代建筑群

北海市：大士阁、合浦汉墓群、北海近代建筑、连城要塞遗址、大浪古城遗址、草鞋村遗址、惠爱桥

崇左市：花山岩画、友谊关、越南共产党驻龙州秘密机关旧址

钦州市：刘永福和冯子材旧居建筑群、越州故城、大芦村古建筑群

河池市：广西农民运动讲习所旧址、红军标语楼、凤腾山古墓群、会仙山摩崖石刻

玉林市：经略台真武阁、容县近代建筑、谢鲁山庄

贺州市：临贺故城、马殷庙、富川瑶族风雨桥群

来宾市：莫土司衙署

贵港市：金田起义遗址

▼ 国家历史文化名城

桂林	柳州	北海

▼ 中国历史文化名镇

柳州市鹿寨县·中渡古镇
桂林市兴安县·界首古镇
桂林市灵川县·大圩古镇
桂林市阳朔县·兴坪古镇
贺州市昭平县·黄姚古镇
贺州市八步区·贺街古镇
桂林市恭城县·恭城古镇
桂林市阳朔县·福利镇
防城港市防城区·那良镇

▼ 中国历史文化名村

钦州市灵山县·佛子镇大芦村
南宁市江南区·江西镇扬美村
桂林市阳朔县·白沙镇旧县村
桂林市灵川县·青狮潭镇江头村
桂林市兴安县·漠川乡榜上村
桂林市灌阳县·文市镇月岭村
贺州市富川县·朝东镇秀水村
贺州市富川县·朝东镇福溪村
玉林市玉州区·城北街道办事处高山村
梧州市岑溪市·筋竹镇云龙村
钦州市灵山县·新圩镇萍塘村
玉林市福绵区·新桥镇大楼村
玉林市玉州区·南江街道岭塘村(硃砂垌)
玉林市陆川县·平乐镇长旺村
玉林市兴业县·石南镇庞村
玉林市兴业县·石南镇谭良村
玉林市兴业县·葵阳镇榜山村
玉林市兴业县·龙安镇龙安村
贺州市平桂区·沙田镇龙井村
贺州市富川瑶族自治县·古城镇秀山村
贺州市钟山县·回龙镇龙道村
贺州市钟山县·公安镇荷塘村
贺州市钟山县·公安镇大田村
贺州市钟山县·清塘镇英家村
贺州市钟山县·燕塘镇玉坡村
河池市天峨县·三堡乡三堡村

文 化

刘三姐彩调剧

余音绕梁的歌仙文化

刘三姐传说，是我国南方著名民间传说之一，唐朝以来，刘三姐文化遍及广西、广东地区，影响周边各省，这位壮族“歌仙”的山歌，绵延千百年。传说中的刘三姐，在对歌中以歌多、歌巧、歌美博得众人钦慕。广西河池市宜州区是历史上歌圩分布密集的地区，歌圩上的壮汉文化交流、碰撞和交融表现突出，被认为是刘三姐的故乡。

新中国成立之初，在抢救祖国民族文化遗产的号召下，刘三姐在全国性搜集民间文学的群众运动中被挖掘出来。宜州最早把歌仙刘三姐的形象和刘三姐的歌谣编成彩调剧并搬上舞台，从而掀起了20世纪50年代的“刘三姐”热。

生长发源于广西的山水村寨，经历了20世纪50年代的辉煌，遭遇了10年浩劫，沐浴了改革开放的春风，通过歌舞剧、彩调剧、电影、山水实景演出等表现形式，在普通劳动人民创造的沃土里，“刘三姐”这位壮族歌仙已成长为一张优秀民族文化名片。

走遍广西的山山水水，无数个土生土长的“三姐”、民间自封的“歌王”成为丰富当地群众文化生活的带领者和创造者；办歌圩、赛山歌，几乎是广西每个地方常年进行的活动。从少数民族村寨的歌圩，到南宁国际民歌艺术节的舞台，再到远隔重洋的欧洲、美国，刘三姐的歌谣，一次又一次被唱起。2006年，刘三姐歌谣被列入国家首批非物质文化遗产保护名录。

“如今广西成歌海，都是三姐亲口传”，壮乡广西，千百年前出了个以歌艺传世的刘三姐。尽管“倚歌择配”的历史背景早已变迁，承载着娱乐、宣泄、传艺、劝勉社会功能的三姐歌谣，却传唱至今，与桂林山水一样世界闻名。千年荏苒，沧海桑田，不变的是三姐歌谣。

广西卷轴

《徐霞客游记》徐霞客：徐霞客是第一个系统地考察研究广西喀斯特地貌的学者。其中《粤西游日记》占了《徐霞客游记》篇幅的约1/3，是研究广西地质地貌重要的资料。

《桂林老板路》朱孟芳：本书是一部有关老桂林的史料读物。它以写实文学的形式，比较全面、真实、形象、生动地再现了老桂林的一些历史旧貌和风土民情。

《我的人生笔记：前世的黄金》林白：此书用忧郁奇幻的笔调写到了玉林鬼门关以及作者的故乡北流。

《桂林轶事》赵平：“老桂林”赵平先生深谙桂林历史文化掌故，以流畅平实的手笔梳理、勾画出了文化名城桂林的历史沿革、考古惊奇、名人轶事、桂系秘闻等诸多散失的史事。

风格迥异的南宁古戏剧

邕剧是广西地方戏的一种，于明朝时已经产生，距今已有四百多年的历史。旧时习称之为广戏、老戏、本班戏、本地班、五六腔等，因活动中心在邕州（南宁的古称）一带，且用邕州官话演唱，新中国成立后定名为邕剧。

邕剧在其发展过程中，与祁剧、桂剧、丝弦剧、粤剧等剧种有着密切又错综复杂的关系。后在外来戏曲文化的刺激和当地民间音乐、风土民情和桂西南官话的熏陶影响下，逐步与祁剧、桂剧、丝弦剧等剧分离，邕剧的特色渐见鲜明。

邕剧有自己独特的表演程式，如“甩发”“宫仔”“孖宫仔”“马步”“跳台”“过山”等，并有诸多绝活特技令人叹为观止，如“吐血”“十八罗汉架”“气功变脸”“獠牙功”“阴阳眼”“莲花座”等。可惜绝技多不轻易相传，即使师父愿传，要修炼成功亦非朝夕之功。所以许多绝技已经失传，当年的神奇绝技我们只能在老艺人的描述中去想象了。

邕剧的表演风格古朴、粗犷，其文戏表演细腻，注重人物内心感情的抒发。武打则

邕剧

广西影像

《刘三姐》（1960年）：是由彩调剧改编而来的经典电影，影响了几代广西人。

《少林小子》（1984年）：20世纪80年代非常火的一部电影，李连杰在美丽的漓江沿岸，演绎着高超的武艺。

《围屋里的女人》（2004年）：将贺州市沙田镇龙井村作为外景拍摄地，这里特有的围屋建筑让人们第一次看到了另外一个世界。

《星战前传3》（2005年）：特有的喀斯特地貌第一次被搬上了西方荧幕，即影片中那个叫卡西柯的星球，优美的桂林风景变成了迷幻的外星风景。

《面纱》（2006年）：影片取景宜州祥坝，在导演的镜头中“S”形的湾河实在美得让人心醉。

粗犷激昂，表演夸张、泼辣，讲究硬桥实马，拳、刀、枪、叉、棍、䥽各有套路，与其他剧种迥异，而许多身段、造型以及出手、投足等都来源于桂西南一带壮、汉两族人民共同喜爱的民间舞姿、武技和美术造型，在某些方面体现了壮族的雄浑粗犷的民族风格。

壮族服饰

壮族妇女擅长纺织和刺绣，所织的壮布和壮锦，均以图案精美和色彩艳丽著称，还有风格别致的“蜡染”也为人们所称道。在服饰上男子与汉族无多大区别，女子则多姿多彩。

壮族服饰

上衣着藏青或深蓝色短领右衽偏襟上衣。

腰间系着精致的围裙。

下穿宽肥黑裤，裤脚膝盖处镶上蓝、红、绿色的丝织和棉织阑干。

服饰以蓝黑色衣裙、衣裤式短装为主。

布袋上用五色丝线绣上花纹、鸟兽、花卉，五花八门，色彩斑斓。

银饰

种类主要有银梳、银簪、耳环、项圈、胸排、戒指、银镯等。土官时代，壮族妇女最多戴4个银项圈，10多个戒指（有的一指几个）。

发式

壮族女子头上喜欢包着彩色印花或提花头巾，已婚者结髻，梳顺后由左向右绕，扎头巾；少女梳一条长辫加刘海；中老年结髻，垂于脑后，或扎深色头巾。

花鞋

鞋头有钩，像龙船，鞋底较厚，多用砂纸做成。在色彩上，喜用亮底起白花，常用石榴红、青黄、绿等艳丽色，纹样有龙凤、蝶花、雀等。

广西天籁

《山歌好比春江水》：出自经典电影《刘三姐》。这首歌展现出了广西民歌的淳朴自然，给人一种置身于大自然的感觉。

《大地飞歌》：由著名民族歌手宋祖英演唱，在南宁国际民歌节上一炮而红。如今《大地飞歌》已经红遍大江南北甚至被唱到国外。

《壮乡美》：是广西著名音乐家范西姆根据那坡县壮族高腔山歌改编创作的民歌，被圈内“惊为天籁”，成为广西黑衣壮的一张音乐名片。

《山歌年年唱春光》：是一首广西那坡县原生态的山歌，这首歌以层次丰富、旋律优美和浓重的大石山气息打动了歌迷和广大听众。

《绿水青山都是歌》：这是一首盛赞南宁的歌曲，将南宁的山清水秀用唯美动听的歌声传达出来。

侗族鼓楼

鼓楼是侗乡具有独特风格的建筑物，流行于湖南、贵州、广西壮族自治区交界地带，它是侗族特有的民族文化象征和标志，高高的鼓楼耸立于侗寨之中，巍然挺立，气概雄伟，用途多样，具有十分重要的历史、艺术价值和民族文物价值。

鼓楼为侗寨古时放鼓之楼。凡有重大事宜商议，起款订约，抵御外来官兵骚扰，均击鼓以号召群众。由寨中“头人”登楼击鼓，咚咚鼓声响彻村寨山谷，就能迅速把人集中起来。无事是不能随便登楼击鼓的。

采茶园内的彩调情

彩调，是广西各族人民喜闻乐见的地方戏曲。它起源桂北，分布甚广。各地名称不一：桂林、柳州、河池等地区称“调子戏”“采茶”“哪嗬嗨”；左右江的宁明、百色等地叫“大采茶”“嗬嗨戏”；平乐、荔浦等地叫“山花灯”“彩灯”“采茶戏”……但以称“调子戏”“采茶戏”最为普遍。1955年，统一定名为“彩调剧”。

彩调剧演出采用桂林话，本区内各民族不但都能听懂，还有本民族的彩调剧演员。清末，彩调发展成戏后就有了《王三打鸟》《三

侗族鼓楼

楼檐上彩绘或雕塑着山水、花卉、龙凤、飞鸟和古装人物，云腾雾绕，五彩缤纷。

飞檐翘角层层而上呈宝塔形，气势雄伟。

楼体以杉木凿榫衔接，顶梁柱拔地凌空，排枋纵横交错，上下吻合，采用杠杆原理，层层支撑而上。

楼梯全是木质结构，不用一钉一铆，由于结构严密坚固，可达数百年不朽不斜。

底层呈方形，四周置有长凳，中间有一大火塘，楼门前为全寨逢年过节的娱乐场地。每当夏日炎炎，男女老少至此乘凉；寒冬腊月则来这里围火，唱歌弹琵琶、讲故事。

为了装饰、防腐，在鼓楼的外额上抹粉描绘或白灰泥塑龙凤鸟兽、古今人物，以及侗族生活风情的油饰图案。琳琅满目，栩栩如生。

看新》《娘送女》《双打店》《王二报喜》等。

彩调唱腔属联曲体，分板、腔、调三大类，如以角色行当定腔，则有小生腔、旦角腔、丑角腔、摇旦腔、老生腔等。按人物身份、职业而分的有相公腔、化子腔、媒娘腔、和尚腔等。调有比古调、走马调等。此外，彩调还吸收流行于江南一带的民间小调，如鲜花调、十月花等。

自明初起即有“林家采茶班”、柳城靖西“八仙班”、柳江简都“谭家班”、柳州市郊区“黄村调子”“长塘调子”“群乐园”“艺乐堂”“同乐茶社调子班”“桂乐调子班”等彩调戏班。新中国成立后，彩调剧进入城市安家落户，在城镇的发展也较为迅速。

近年来，除著名的《刘三姐》外，彩调工作者还创作了《隔河看亲》《二女争夫》《王三打鸟》《王二报喜》《梦里听竹》等脍炙人口的优秀剧目。1994年广西彩调剧团创作并演出的《哪嗬咿嗬嗨》被专家誉为广西戏曲艺术上继《刘三姐》之后的第二个里程碑！

十 一面铜鼓一种文化

广西是铜鼓的故乡，广西大地孕育了灿烂的铜鼓文化，铜鼓凝聚了古代壮族及南方其他少数民族的智慧。

广西是古代生产和使用铜鼓的重要地区之一，铜鼓的历史已有2000余年，壮族先民“濮人”是铜鼓最先的铸造者和使用者。在花山壁画中，图中人物举手向上敲打铜鼓的图案出现多处，说明铜鼓早已在壮族先民的心目中有了重要的地位。

在古代，铜鼓多用于祭神或节日喜庆活动。在祭神时，铜鼓是神圣的法器，有专门的鼓手和专门的鼓点。在节日里，铜鼓是打击

铜鼓

铜鼓铸造需要高超的技术和复杂的工艺，集冶炼、合金、制范、灌注、雕塑、调音于一体，早在3000年前，就有如此高超的技术，不能不让人为之惊叹。

全鼓由面、胸、腰、足、耳等5部分构成。

鼓胸略为外凸，形成一定球状弧度，胸下内收成腰，腰下外撇成足，胸腰之间对称嵌置两对鼓耳。

鼓面中心一般都有微微隆起的太阳纹光芒，太阳纹是铜鼓的基本纹饰之一，由光体与光芒构成，像一轮光芒四射的太阳。

鼓面最外一晕塑有青蛙、鸟、龟、骑士等立体饰物。

历史上铜鼓用于祭祀、战争、集会、贮藏财货、随葬、娱乐等。大约在明朝以后，铜鼓逐渐成为壮族等广西少数民族的一般娱乐乐器，凡婚嫁、宴饮、斗牛、节日等都以击鼓为乐。

乐器，铿锵的鼓点激起人们的节日热情。征战时，铜鼓是号令士兵的指挥工具，是振奋士气的精神支柱。

古时铜鼓还用以占卜。在东兰、巴马、凤山等地，流行过铜鼓青蛙卜：将铜鼓埋于坑里，鼓面放一只青蛙尸骨，一年后挖出来看，如铜鼓和青蛙的骨头都呈金黄色，就预示着当年风调雨顺，五谷丰登。如呈黑色、灰色，则有旱、涝灾害。

据统计，全世界现有古铜鼓1600多面，中国已发现的有1400多面，其中在广西出土的就有500多面。广西博物馆现收藏铜鼓343面，为世界铜鼓藏量最多的博物馆，目前世界上最大的“铜鼓之王”就收藏在这里。

广西米粉甲天下

米粉是用大米制成的一种食物。就像北方人钟爱包子一样，身处南方的广西人尤爱米粉。广西的米粉，几乎每个地方都能发展出一种粉类。广西人可能一辈子都离不开吃粉了，早餐、中餐、晚餐，甚至连吃夜宵都能以吃粉解决。

广西米粉

广西人对米粉情有独钟。从粉的形状来分，有圆粉、有扁（切）粉；从粉的制作工艺来分，有卷筒粉、榨粉、剪刀粉；从粉的吃法来分，有煮粉、烫粉、干捞（凉拌）粉、炒粉……而且各地有各地不同的吃法。

若从不同的地域来分，则南宁有老友粉、生榨粉、卷筒粉、猪脚粉、八仙粉、宾阳酸粉；崇左有鸡肉粉；桂林有桂林米粉、马肉米粉；柳州有螺蛳粉；玉林有牛巴粉；梧州有牛腩粉；北海有烧鸭粉；百色有羊肉粉；河池有烧肠粉；还有全州的红油米粉、钦州狗肉粉、融水绿豆粉、罗城大头粉、贵港罗秀米粉……各地米粉各具风格，各有特色，形成了别具一格的广西“米粉文化”。

广西的文化景观

▼ 国家级非物质文化遗产

民间文学： 布洛陀（田阳、都安）、刘三姐歌谣（宜州）、壮族嘹歌（平果）、壮族百鸟衣故事（横县）

传统音乐： 侗族大歌（柳州、三江）、那坡壮族民歌（那坡）、壮族歌圩（南宁）、壮族嘹歌（平果）、瑶族蝴蝶歌（富川）、壮族三声部民歌（马山）、京族独弦琴艺术（东兴）、广西八音（玉林）、壮族七十二巫调音乐（凌云）

传统舞蹈： 瑶族长鼓舞（富川）、瑶族铜鼓舞（田林、南丹），藤县狮舞（藤县）、田阳壮族狮舞（田阳）、黄泥鼓舞（金秀）、瑶族金锣舞（田东）

传统戏剧： 粤剧、桂剧、桂南采茶戏（博白）、彩调、壮剧、邕剧（南宁）、广西文场（桂林）、侗戏（三江）

曲艺： 广西文场（桂林）、桂林渔鼓（桂林）

传统美术： 毛南族花竹帽编织技艺（环江）

传统技艺： 壮族织锦技艺（靖西）、侗族木构建筑营造技艺（柳州、三江）、陶器坭兴烧制技艺（钦州）、黑茶制作技艺（苍梧）

传统医药： 壮医药线点灸疗法（广西中医学院）

民俗： 京族哈节（东兴）、瑶族盘王节（贺州）、壮族蚂拐节（河池）、仫佬族依饭节（罗城）、毛南族肥套（环江）、壮族歌圩（南宁、武鸣）、苗族系列坡会群（融水）、壮族铜鼓习俗（河池）、瑶族服饰（南丹、贺州、龙胜）、宾阳炮龙节（宾阳）、布洛陀（田阳）、壮族霜降节（天等）、钦州跳岭头、资源河灯节

行走 广西

带什么

旅行者

常规必带

服装、背包、鞋袜

广西年平均气温在16℃~23℃，全区大部地区气候温暖，干湿分明，季节变化不明显，日照适中，冬少夏多，所以一般选择适合时令的服装即可。但是广西总体多雨、潮湿，最好所带的衣服是比较容易干的，可选一些防潮衣物。冬季广西比较湿冷，最好多带几件保暖衣物。

在够用的前提下，旅行携带的行李背包应越少越好。一般45升以下的背包就足以应付，如果参与一些野外徒步野营活动，那么一大一小两个背包也就足够。

既然是旅行，首选运动鞋和中低帮登山鞋，在广西绝大地区一双舒适结实的运动鞋即可。袜子方面，选择弹性较好、排汗良好的运动袜即可。

药品、食品

常规旅游准备一些感冒药品、胃肠类药品和一些祛热止痛的药品就可以了。

广西旅游业发达，美食也很多，路上简单携带一些喜欢的食品即可，纯净水、功能饮料可视消耗情况，随时补充储量。

洗漱用品

毛巾、牙膏、牙刷、香皂、护肤霜、洗发水、梳子、剃须刀，手纸、湿纸巾等。

防护用品

户外旅行，拥有一双始终保持双手干爽的手套，可大大加强旅行的安全性；在北海等沿海城市旅行，防晒霜可以减少紫外线的伤害，避免被晒得脱皮；一副好的太阳镜和一顶有檐的帽子也起着相同的作用。

➕ 特殊选带

服装、背包、鞋

到北海、涠洲岛等沿海城市应该带上泳衣泳裤，去参加漂流等活动应该带上防水衣。而在巴马、德天等地区，因这些地方温差比较大，最好厚薄衣物都准备。

背包应越少越好，前往凤山—乐业地质公园，携带一个45~60升的背包（最好有防雨罩）即可，可以不带的东西尽量不带。

建议选择符合中量级标准的高帮登山鞋，携带一罐足底清爽喷雾（屈臣氏有售），对足底杀菌除臭很有帮助。

药品、食品

对于完全背包客、徒步、探险之类的自助旅游，最好备些以下药品：

常备药物：牛黄解毒片、黄连素、牙周宁、息斯敏、乘晕宁；

外用药：云南白药、万花油、创可贴、清凉油、风油精、伤湿止痛膏、眼药水、药棉、纱布、绷带、白胶布；

维生素类：金施尔康、善存片及其他维生素片；

驱蚊药水：广西等多地比较潮湿、夏天蚊虫也较多，应自备驱蚊药水。

食物方面，首选巧克力、牛肉干、水果糖、榨菜、饼干等高热量的食物。

帐篷、睡袋、旅行水壶、指南针

若是前往阳朔，徒步漓江野外露宿时，需要携带防雨帐篷和睡袋。户外探险随身带个水壶对于饮水来说十分方便；万一迷了路，指南针能够给你指引前进的方向。

摄影器材

旅游和摄影向来是不分家的。前往风情多彩的广西也是如此，相机是一件必不可少的装备。普通旅游，家用卡片机基本满足需要。若是想拍摄高质量的自然美景和少数民族的风土人情，镜头中带上一支广角镜头和一支中焦变焦镜头基本满足需要，一支轻便的三脚架也十分有必要。多带几个电池和几张容量大点的SD卡是明智之选，此外偏振镜、UV镜、清洁套装、防尘防雨塑料袋等设备也十分有用。

何时去

遇龙河

广西最佳旅行时间是3—4月和11—12月。每年4—10月，桂林山清水秀，是游山玩水的最佳时节。最主要的是，漓江的丰水期是每年的4—11月，此时江水充盈，可能更为舒适。此外，还可以观赏到龙胜梯田奇观。

每年4—11月的海水年平均温度较高，都可以游泳，这期间阳光充足，海水温暖，海风微拂，清爽宜人，是到广西北海的最佳时节。银滩游人无数、乐趣无穷；涠洲岛上更是赏日出、观海景、游海岛的最佳时节。

广西民族众多，各民族节庆的时间也是旅游的重要参考标准。每年10月末11月初，南宁会举办一年一度的国际民歌艺术节等大型旅游活动，期间游客可以参与南宁最具地方特色的节日，并欣赏大型民歌、民族活动演出。抛绣球、板鞋舞、抢花炮、踩风车以及多彩的民间舞蹈精彩纷呈。4月初的龙胜红衣节、十月苗年，各种节日众多，各有热闹与精彩。中秋之夜的象鼻山“漓江双月”更是如梦似幻，吸引了不少游客。

一年四季，不同的季节，广西给您带来不同的美。

月份	节日	
1月	宾阳炮龙节	
2月	融水芒蒿节 隆林苗族跳坡节	天峨蚂拐民俗文化节 侗族花炮节
3月	青秀山桃花节 恭城桃花节	三堡桐花节 龙岩烟花节
4月	壮乡歌圩节 武鸣骆越祈丰狂欢节	布洛陀民俗文化旅游节
5月	龙胜瑶族红衣节 壮族牛魂节 瑶族文化节	贺州牛节 彝族跳弓节
6月	环江毛南族分龙节 大化布努瑶族祝著节（瑶年） 玉林荔枝狗肉节	
7月	灵山荔枝节 隆林彝族火把节	三娘湾观潮节
8月	资源河灯歌节 桂林国际旅游博览会	黄姚龙灯节
9月	红水河文化节 北海国际珍珠节	防城港京族哈节 隆林仡佬族尝新节
10月	南宁国际民歌艺术节 桂林山水国际旅游节 柳州国际水上狂欢节	容县沙田柚节 中越边境旅游节
11月	中国—东盟博览会 宜州刘三姐文化旅游节 罗城仫佬族依饭文化节	梧州国际宝石节 瑶族盘王节
12月	融水芦笙斗马节 阳朔漓江渔火节	来宾红水河文化艺术节 北海国际海滩旅游文化节

吃什么

酿豆腐

广西的美食非常多，不管是地道的广西菜还是美味的当地小吃都可以让前往广西的游客大快朵颐一番。广西比较湿冷，所以偏好酸辣食物，尤其喜欢烹食狗肉。不喜酸辣的游客到了广西可以让饭店少放酸与辣；而对于狗肉，则根据自己的心理承受能力选择是否去品尝。

老友粉

老友粉以其独特的酸、辣、香的口味扬名于一方水土，是广受欢迎的地方风味小吃。

桂林米粉

桂林米粉在历史上就享有盛名。卤菜甘香和卤水鲜甜才是桂林米粉的特色。

螺蛳粉

螺蛳粉是广西柳州市最出名也最受大众欢迎的小吃，具有辣、爽、鲜、酸、烫的独特风味。

阳朔啤酒鱼

阳朔啤酒鱼是阳朔有名的地方特色菜，鱼肉鲜辣可口，无一丝鱼本身的腥味。

巴马香猪

巴马香猪举世闻名，皮薄肉细，味美甘香，营养丰富。烹调时不添加任何作料也香气扑鼻，素有“一家煮肉四邻香，七里之遥闻其味”之美称。

清蒸漓江鳜鱼

漓江是桂林的主要河道，常年清澈见底，出产的鳜鱼，向来以肥、嫩、鲜、滑著称。

梧州纸包鸡

梧州纸包鸡开包时色泽金黄，油润明亮，气味芳香。食用时鲜嫩甘滑，原汁原味，醇厚不腻。

羊瘪汤

羊瘪汤是居住在大石山地区苗族人家利用山羊的内脏制作的一道风味独特的美食。

百色脆皮狗

脆皮狗经稻草熏、吊炉烤，再经油锅过油，整只狗通体呈红色，皮薄而脆。

住哪儿

青年旅舍

广西的旅游业十分发达，住宿选择相对来说也十分广泛，像南宁、桂林、柳州、北海等城市，无论是青年旅舍，还是宾馆、酒店，都随处可见，十分便利；若是前往众多颇具民族风情的县城及城镇，也有一定数量的小宾馆方便入住；也可野外露营或是住在当地人家中。

星级酒店

南宁、桂林等地的星级酒店不仅数量众多，服务也十分优质，由于入住客人的需求较高，这些地区的星级酒店在交通、娱乐等设施方面也十分完善，您可放心选择入住。

快捷连锁酒店

城市快捷酒店像如家、汉庭等酒店在绝大多数的地级市区及各县区均有分布，各处著名的景区也有分布，需注意的是无论淡旺季，都往往需要您提前预订。

普通宾馆及客栈

广西各个大城市及县城广有宾馆分布，除去旅游旺季，价格较为合理，但住宿条件各有不同。此外，像阳朔客栈、民居也十分众多，不仅风格各具特色，服务也十分周到，价格跨度也较大，可选择入住。

青年旅舍

在广西南宁、涠洲岛等地都有青年旅舍，价格低廉的普通床位足以满足探奇为主的青年们的需求，而且还提供做饭、洗衣等设施。具体可参见YHA的中国官网：www.yhachina.com。

野外露营

您若是酷爱户外旅行的旅行者，广西对您来说简直是天堂，不仅天气条件较好（除去每年的雨季），而且丰富的民族风情和自然风光更会让您流连忘返。一般情况下，只需携带适合春夏秋季的野外露营帐篷、睡袋和衣物即可。

当地人家

若是您十分想零距离地体验少数民族的生活，可以考虑向当地人家借宿。可以在旅途中向少数民族人家提出请求，容他们考虑同意后入住。最好自带睡袋、防潮垫，可避免农家被褥不够，席地而睡。同时也要注意尊重当地少数民族的风俗习惯，避免有冒犯风俗禁忌的举动。当您在体验过他们的日常生活劳作后，打算离开时，请适当给予物质表达感谢。

怎么走

南宁火车东站

前往广西的交通方式有多种，十分方便。在广西旅行时，选择不同的交通方式，看到的广西风貌有所不同，带给我们的人生体验与感受更大不相同。

在广西坐火车旅行是最为经济安全的选择，而且普通列车价格诱人，高铁动车速度理想，广西的铁路交通还是比较便利的。

广西的主要城市都有机场分布，游客可更为便捷地进出旅游目的地，但主要客流集中在南宁的吴圩国际机场、桂林的两江国际机场和柳州的白莲机场。

乘坐汽车或自驾游广西，较为便利，游客可根据实际情况选择。广西壮族自治区内的公路交通中，中东部地区便捷，但总体发展较为成熟。

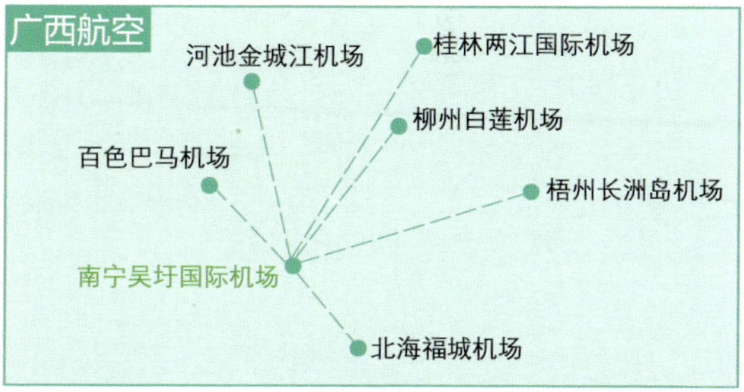

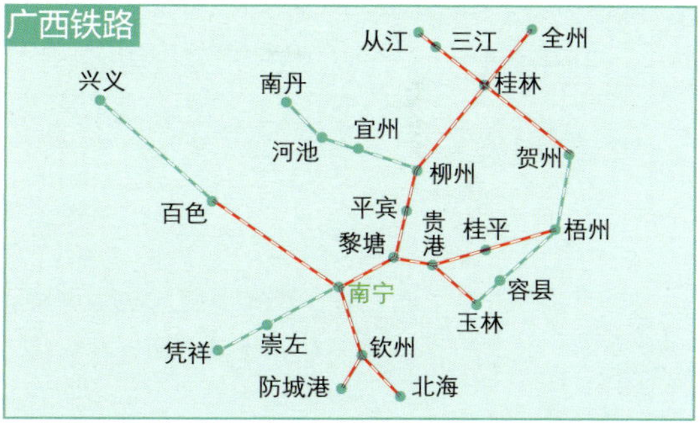

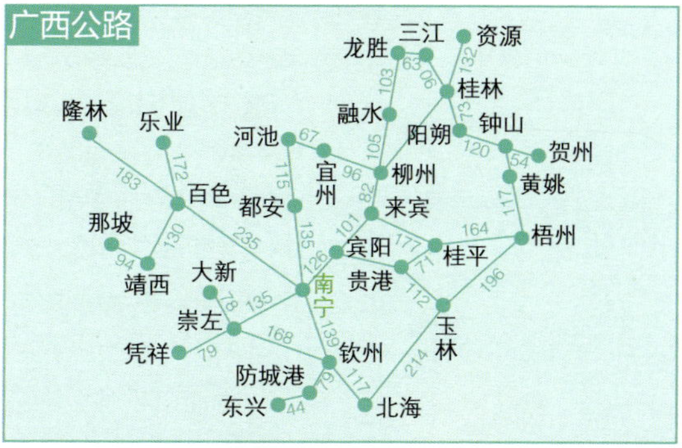

有用信息

旅游通信

广西话十句

广西话	普通话含义
一张纸	10元
逗子鬼	小孩子
老盖	父亲
吃芒芒	吃饭
狗肉	好朋友、哥们儿
扯板路	聊天
咪咪摸摸	动作慢、磨蹭时间
克那凯	去哪儿
靓水	漂亮
公的	空的

通信

广西全境基本都通手机，信号覆盖全面广泛，从信号强度上来说，三家运营商的信号均表现良好，偏远地区则是移动最强，电信次之，联通最弱。除非进入深山老林之中，否则无须担心通信问题。

银行

广西的众多城市，商业银行设施齐备，一般持具有银联标志的银行卡即可使用。但在小城镇，多是农业银行、邮政储蓄及农村信用合作社等机构，若是持有农行银联卡或是邮政绿卡前往，则较为便利。

节约技巧

住宿：选择入住品牌连锁酒店时，除了订房网站外，不妨到团购网站和酒店官网看看，往往有更多惊喜；在南宁等地，数量众多的客栈及青年旅舍，往往是比较实惠的选择。

软件：要善于利用淘宝、大众点评及各种团购APP应用，不仅能吃到美味，还能得到众多优惠。

行程：合理安排行程，不仅可节省时间，还能减少交通费用，可参考第一步的行程攻略。

交通：在城市内，尽量选择公共交通。

淡季出行：淡季不仅门票价格减半，而且避开众多的游人，可以欣赏到别样的风光。

纪念品：在广西购买旅行纪念品，大可不必非去商业街区的各种店铺。在当地人开的店铺或是从村民手中，不仅能买到理想的纪念品，而且对当地人的生活有实际的帮助。

风俗禁忌

壮族：壮族是稻作民族，十分爱护青蛙，有些地方的壮族有专门的“敬蛙仪”，所以到壮族地区，严禁捕杀青蛙，也不要吃蛙肉。

苗族：在融水、龙胜等苗族人聚居地，忌吃“豆腐酒”。在苗族人家做客，切记不能去夹鸡头吃。客人一般也不能夹鸡肝、鸡杂和鸡腿，鸡胆、鸡杂要敬老年妇女，鸡腿则是留给小孩的。当你离开苗族主人家时，一定要有礼貌地说声“哇周”，意为“谢谢”，感谢苗家对你的盛情款待。此外苗家也不欢迎粗话、脏话。

侗族：到侗族家里做客，食用腌鱼时，主人将一堆酸鱼块放入客人碗中，但客人最好不要吃光，留一两块，以表示“有吃有余”。

瑶族：在金秀，瑶族对吃饭座次非常讲究：老人和尊贵的客人须坐上座。瑶族在向客人敬酒时，一般都由少女举杯齐眉，以表示对客人的尊敬；也有的以德高望重的老人为客人敬酒，被视为大礼。崇拜盘王的瑶族过去普遍禁食狗肉。

仫佬族：到罗城仫佬族人家，进门时不能踏门槛；忌食猫肉、蛇肉，有的地方还忌食狗肉和猪心。

毛南族：广西毛南族人家在正月初一这天不能骂人或说粗话；家有病人时把两根棍子放在门口，外人不得进入；不能用脚踏灶，烧柴时必须把粗的那头先送进灶内。

仡佬族：仡佬族人平时不能站立或坐在家门口；有分娩或有丧事的人家，外人不得入内；仡佬族热情好客，亲戚朋友相聚，都要以酒为礼，遇到喜庆或节日，酒必不可少。

突发状况

旅途中总是会出现一些不希望发生的情况，但只要做到“事前认真准备，事后冷静处理”，一切都会迎刃而解的。

汽车抛锚：开车自驾游之前您应当掌握一些简单基本的维修技术，若是途中出现汽车抛锚，先依据经验，判断是否可以自己解决。不能解决或无法判断，则要打电话给保险公司。

钱物丢失：在旅途中钱物丢失是一件十分重要的事，无论损失大小，总会给美好的旅行蒙上一层阴影。为避免财物损失，应以预防为主。最好做到少携带现金，把现金放到贴身衣物中，只把零钱放在包里；银行卡不要与身份证放在一起。若是钱物丢失，马上联系可以联系的朋友及时进行帮助，并尽快找到丢失地点。

水土不服、食物中毒或生病：因为水土不服、食物不洁或者天气因素，生病也是会发生的事情。特别是一个人的话，更是需要时刻注意。因此，旅途中应带足相关药品（如感冒类、胃肠类药品等），出行时要保护自己，不随便吃东西、避免在太阳下暴晒、少在雨里蹚行等。不幸生病的话，要及时吃药或到医院就诊，若是严重的话要联系朋友及家人。

美在广西，带走美丽回忆

广西是一个温暖的山清水秀的地方，我们前往广西获得了旅行带来的快乐，也有义务承担带去的影响。每个人都应做到不随便破坏或是占有当地的动植物资源，旅途中尽量减少垃圾的产生，更不能乱丢垃圾，尤其是在偏远地区，应将其带回城市中，进行回收处理。美丽的广西，我们带走回忆的同时，也应带走垃圾。

漓江

发现者旅行指南

南宁

概览

亮点

青秀山风景区

青秀山因林木青翠，山势秀拔而得名。景区内植被茂密、四季常绿，花卉常开，空气清新，素以“山不高而秀，水不深而清”著称。

广西民族博物馆

是广西迄今展示面积最大、设施较为齐备的民族文化专题博物馆，尤以收藏铜鼓而闻名。

大明山

大明山自然景色秀美，生态环境良好，是中国乃至世界不可多得的养生胜地。

九曲湾温泉

九曲湾温泉是纯生态地热矿水，水质晶莹滑爽。而且景区风景优美，空气清新，是旅游度假的一个好去处。

扬美古镇

是南宁保存最完好的古村，坐落在左江沿岸，风景优美，镇内明清古建筑林立，别有一番韵味。

必逛街道

中山路：有着南宁城市历史的深厚积淀，人气至今居高不下。中山路是南宁的不夜城，在这汇聚了各色小吃和热带水果。

水街：是南宁美食的发源地之一，蕴含百年祖传的老字号，独特手工艺的传统小吃。老甘粉饺、黄阿婆粉虫、肥伯观音莲花糕、九记伦教糕等，都是水街的经典美食。

线路

南宁市内二日游

第一天，上午参观广西民族博物馆、南湖公园等地，下午前往九曲湾温泉、八桂田园，晚上可以到中山路、水街品尝美食。第二天，上午乘车前往青秀山风景区，下午乘车前往扬美古镇、下楞村、广西药用植物园。

南宁郊县三日游

第一天上午前往“茉莉花之都”横县，到石井农业区赏茉莉；下午前往金龟湾，然后到沙江民族风情旅游区体验民族风情。第二天，乘车前往上林县，到三里洋渡风景区和大龙湖，下午前往马山县，游览原始石漠溶洞——金伦洞和被称为“八十里画廊”的红水河风景区。第三天，上午前往武鸣区的大明山吸氧养生，下午可到附近的伊岭岩、灵水游玩。

隆安县二日游

第一天上午游览龙虎山自然保护区，漫步于雁山古镇，下午绿水江激情漂流。第二天，上午参观峨山、大龙潭石铲文化遗址，下午游览仙缘谷、布泉乡山水生态旅游区。

为何去

绿城，是南宁的别称。这座城的人民，似乎爱极被绿意包围的感觉，在城里栽树，在公园里栽树，在步行道上栽树，满目都是青翠，槟榔、棕榈等亚热带风景树到处都是。人们盛赞这座城市的生态绿，说它是“半城绿树半城楼”。南宁也就此捧得许多世界最佳居住地的称号。

南宁鲜花

何时去

南宁优越的气候条件使得这里终年常绿，四季花开，一年四季皆宜旅游。

南宁聚居着众多的少数民族，丰富多彩的民俗节日接连不断，每年10月末11月初，南宁会举办一年一度的国际民歌艺术节等大型旅游活动，这期间游客可以参与南宁最具地方特色的节日，并欣赏大型民歌、民族活动演出。抛绣球、板鞋舞、抢花炮、踩风车以及多彩的民间舞蹈更是精彩纷呈。

大明山全景

需要注意的是，南宁夏季炎热潮湿，尤其是七八月，平均最高温度达到30℃~38℃，且降雨量大。此时在南宁游览一定要备好太阳镜、遮阳帽和相应的雨具等。

南宁旅游示意图

区域解读

区号：0771
面积：约22 112km²
人口：约786万人
主要少数民族：壮族

地理 GEOGRAPHY

区划

南宁市是广西壮族自治区的首府，南宁市辖7区（青秀区、兴宁区、江南区、良庆区、邕宁区、西乡塘区、武鸣区）、5县（横县、隆安县、马山县、上林县、宾阳县）。

地形

南宁市地处两广丘陵西部，西与云贵高原相邻，邕江贯穿全境，形成了以邕江广大河谷为中心的盆地形态。南、北、西三面均为山地围绕，开口向东。南宁北部为高峰岭低山，南有七坡高丘陵，西有凤凰山（西大明山东部山地），位于武鸣和马山两地交界处的大明山主峰龙头山，海拔高度1760米，为南宁境内最高峰。于是形成了西起凤凰山，东至青秀山的长形河谷盆地。盆地中央成为各河流集中地点，右江、左江、良凤江、心圩江分别从西北、西南、南、北而来，组成向心水系。

气候

南宁位于北回归线以南，是典型的亚热带季风气候，夏天闷热。正因如此，南宁大街小巷各式“凉茶”众多，喝凉茶“降火”也已成为南宁人生活的一部分。相信不少外地人来到南宁之后，也会爱上这种南宁的“流行饮品”。

南宁，一座舒服的绿色家园

对于曾在南宁停留过的人来说，这是一座“很舒服”的城市，总感觉这个词语形容得不到位，却又找不到更好的来表达内心的感受。

南宁是一座绿色的城市。地处亚热带的南宁，气候湿润，雨量充沛。得天独厚的自然条件，令南宁满城皆绿，四季常青。树在城市里自由地生长，将整座城市融入绿色的影像中。绿的街道、绿的楼宇，抬头是绿、脚边是绿，放眼是绿的世界、闭眼是绿的遐想……绿色成为这座城市的主色调，这座“中国绿城”显然已经将绿色融入了血脉之中。

青山绿水皆常在。已经很“绿”的南宁，自然想用“水”让这满城的绿色“灵、活”起来。如今，南宁市“一江、两库、六环、十八内河”的城市水网结构，让“中国水城”的“绿水梦想”又前进了一步。2010年，南宁市荣获中国社会环境最高奖——中华宝钢环境奖。

南宁还是一座宜居之城。气候条件的优越，生态资源的丰富，使南宁常年绿意盎然、花果飘香。自然的厚爱给了南宁独特的韵味，也让南宁人对自然、对绿色产生深厚的情结。

南宁市区

经过长期努力，南宁形成了“青山环城、碧水绕城、绿树融城”的城市风格，在城市生态环境和人居建设方面的成效显著。“全国卫生城市”“国家园林城市”“首届中国人居环境奖”“迪拜国际改善居住环境良好范例城市”……这一系列头衔在南宁的身上都显得自然平和。

南宁更是一座休闲之都。北连桂林、南接北海的南宁，旅游资源十分丰富，不仅是广西黄金旅游带中的重要一环，区内的大明山、青秀山、大龙湖等一批精品景区，更是为游客提供了养生休闲的去处。壮丽的边关风采、浪漫的海滩风貌、迷人的异国情调，星罗棋布的灵山秀水、古朴悠远的古迹故址，山、水、人、情构成了南宁多层次的旅游景观。

2012年，南宁获得了“休闲养生之都”称号；2013年，在“中国休闲城市发展综合评价”活动中，南宁在10个“中国最佳休闲城市”中紧随杭州、成都，位列第三。以南宁旅游景区为核心吸引力的“南宁国际都市休闲旅游区”，也正逐渐凸显南宁作为养生休闲的宜游城市的功能与优势。

自然与人居的和谐令人心醉。在翠绿如玉的南湖泛舟、在绿树成嶂的青秀山休闲，即使漫步街头，也可与果树丰实的诱人芳香邂逅。南宁就是这样一座舒适的城。

历史 HISTORY

历史大事记

●秦汉时期

这一时期，百越族分支瓯骆部落在广西南部一带活动，它们是壮族的先民。

秦末，赵佗在岭南建立南越国，将中原的先进技术传入百越地区，促进了当地铜鼓、壮锦艺术的发展。

西汉元鼎六年（公元前111年），汉武帝派伏波将军路博德率军平定赵信的南越国后，在岭南设9郡，南宁属郁林郡领方县辖地。

●三国两晋时期

三国时期，南宁属吴国辖地。吴把领方县改名临浦县，并从原属交州改属广州。这样，南宁便属广州郁林郡临浦县，一直延续到西晋。

东晋大兴元年（318年），置晋兴郡，同时置晋兴县。以晋兴县城（今南宁市）为郡治所在地，南宁建制从此开始，至今已有近1700年。

●隋唐宋元时期

隋开皇年间，废晋兴郡为晋兴县。开皇十八年（598年）晋兴县改名宣化县，隶属郁林郡。宣化县治所宣化城（今南宁市）。

唐朝贞观年间，唐太宗将该地命名为邕州，设邕州都督府，这就是南宁简称“邕”的由来。

北宋皇佑四年（1052年），广源州侬族首领侬智高攻占邕州城，自立为大南国，号仁惠皇帝。

元泰定元年（1324年），元朝政府将邕州路改为南宁路，取其南疆安宁之意，“南宁”由此得名。

●明清时期

明洪武元年（1368年），征南将军廖永忠从广州率兵沿江西上，进兵南宁。元朝土浪屯田千户宋真执、守将平章咬住等遣使请降，南宁归明朝。废路设府，置南宁府，隶属广西布政使司。

鸦片战争之后，南宁“自开商埠”，这是中国近代内陆沿海城市第一个“自开商埠”。一时，邕江码头成为粤商云集之地。

清宣统三年（1911年）九月，桂系军阀陆荣廷宣布广西独立，并将省会由桂林迁至南宁，并由此引发了邕、桂两地长达数十年之久的省会争夺战。

●近现代

1929年邓小平、张云逸等共产党人在南宁开展士兵运动，组织革命武装力量，挥师左右江，相继举行百色起义、龙州起义，创立中国工农红军第七军、第八军。

1951年3月29日，南宁开展了一场声势浩大的全民植树活动，由此拉开了建设南宁“绿城”的序幕，直至今天。

1958年广西壮族自治区成立，南宁市成为自治区首府至今。

2004年，中国—东盟博览会举办地永久落户南宁，南宁迅速向国际化发展。

名单 南宁历史名人

太平天国靖王李开芳

旧桂系军阀首领陆荣廷

著名教育家雷沛鸿

辛亥革命先贤梁烈亚

右江革命根据地创建人雷经天

无产阶级革命家邓颖超

新中国中将莫文骅

雷经天像

千年昆仑关，兵家必争地

巍巍昆仑，千古雄关。昆仑关矗立在南宁市东北部兴宁区昆仑镇境内，是我国著名的关隘，为桂南地区通往桂中地区的咽喉。有“一关通鸟道，万仞锁螺峰”之说。

秦始皇统一岭南时设昆仑关，宋代始建关楼，后历代不断重修重建，为历代兵家所争之地。据史记载，昆仑关曾发生过数次大规模的战斗，其中，最著名的是宋狄青与侬智高之战和1939年中日昆仑关之战。历史上有不少名人和文人墨客为昆仑关题诗题联。

抗日战争时期的昆仑关战役是昆仑关发生的又一次惊天动地的战役，此次战役是中国军队首次以攻坚战打败日本“钢军”的光辉战例，在中国近代战争史上，这是浓重的一笔。

1939年12月，中日双方在这里展开大战，双方主战的都是善打硬仗的部队：日方主力是参加过台儿庄战役的坂垣旧部，被誉为“钢军”的第五师团；中方主力是当时装备最精良的、由杜聿明将军率领的第五军。中国军队在当地群众的支援下，血战十余天，终于收复了昆仑关。

此役日军第十二旅团长中村正雄临死前在日记本上写道：“帝国皇军第五师团第十二旅团，之所以在日俄战争中获得了‘钢军’的称号，那是因为我的顽强战胜了俄国人的顽强。但是，在昆仑关，我应该承认，我遇到了一支比俄国更强的军队。”

昆仑关战役是抗日战争期间继平型关、台儿庄作战胜利后的又一重大胜利。战后，人们在山下修建了一座三门四柱石碑坊，山顶建有抗日阵亡将士公墓、纪念塔、碑亭，从牌坊到山顶有一道331级的石级道。国民党军政要人蒋介石、李宗仁、李济深、白崇禧、杜聿明等人有题词、题联或书刻碑文纪念这一战役。每年清明节前后，都有许多学生、群众到这里凭吊、瞻仰和祭扫。

文化 CULTURE

三月三，赶歌圩

歌圩是壮家人的一种歌会或歌节，农历三月三是壮族歌圩的日子，有壮家人的地方就有三月三。这一天，是壮族最浪漫的盛会，山歌流光，绣球溢彩。男女老少均会盛装赴会，最少数百人，多的时候可达上万人。

歌圩的形式通常是以青年男女对唱山歌为主，同时还会举行抛绣球、碰彩蛋、放花炮等传统的娱乐活动。宋代《太平寰宇记》中关于歌圩曾这样记载:“谷熟时里閈同取，戌日为腊，男女盛服，推髻徒跣，聚会作歌。”

歌圩是壮族古老的风俗习惯，有着悠久的历史以及广泛的群众性，早在唐朝时就已经有了歌圩。武鸣区是壮族的发源地之一，被誉为“中国壮乡”，壮民族文化源远流长，壮语就是以武鸣方言为标准音。而每年在武鸣城区举办的中国壮乡•武鸣“三月三”歌圩活动也已成为中外民族文化交流的平台。

从1985年起，“三月三”歌节连续在武鸣区举办，至今已成功举办18届。2003年后，武鸣区将“歌节”更名为“歌圩”。2008年，武鸣“三月三”歌圩更是入选了第二批自治区级非物质文化遗产名录。

武鸣区被认为是骆越古国的中心所在地之一，为了保护和传承骆越文化，2011年，武鸣区将“三月三”歌圩活动的主题扩展为中国壮乡•武鸣“三月三”歌圩暨骆越文化旅游节。

壮家歌圩

南派武戏，邕剧一枝独秀

中国的戏剧种类十分多样，当你提着旅行包，在旅游目的地穿街逛巷时，总免不了听到一两句独具特色的当地戏曲。来到南宁，邕剧或许会让你的这种好奇心再次得到满足。

邕剧原名老戏、广戏、五六腔、本地班等，称呼不一，发展至今已逾百年，是南宁特有的剧种。邕剧的得名跟南宁有着莫大的渊源，南宁简称“邕”，邕剧又以邕州官话演唱，根据这些特点，邕剧在1951年正式定为现名。

邕剧是在宾阳戏及武鸣老戏的基础上发展而来，属于皮黄系统，其唱腔和剧目与桂剧接近，同时又融合了粤剧的一些艺术元素。第一次听到、看到邕剧，感觉会很不同。邕剧的表演风格极具特点，其文戏注重人物内心情感的抒发，表演极为细腻；而武戏则粗犷激昂，表演夸张，讲究硬桥实马，与其他剧种迥异，是南派武功和粤西风骨的结合。

邕剧的传统武功特技广受欢迎，“变脸”“耍獠牙”“砸烂台”等绝技令人叹为观止。可惜绝技多是不轻易相传的，即使师父愿传，要修炼成功亦非朝夕之功，演员在台上用明晃晃的真刀真枪对练，短兵相接，个个都得有过硬的武功底子。所以许多绝技已经失传，当年的神奇绝技我们只能在老艺人的描述中去想象了。

2007年，邕剧被列入国家级非物质文化遗产名录，昔日神色夕暮的邕剧也逐渐重焕荣光。位于解放路的新会书院如今是邕剧的传承基地，里面有关于邕剧的介绍及实物展示。运气好的话，还能碰到为数不多的邕剧剧目演出。

东方的狂欢盛会——宾阳炮龙节

每年的农历正月十一，宾阳炮龙节便会如约而至，此时世界上最热闹的地方恐怕就数宾阳了，这个被游客称为“东方狂欢节”的日子是宾阳独有的传统节日，已有千年历

宾阳炮龙节

史，民族色彩鲜明浓郁。千年之间的每个“今天”，都演绎着中国式的歇斯底里，人们为之尽情狂欢。

炮龙节原为当地人记忆中的丁酒节，是为了庆祝本年出生的男丁而举办的庆祝活动，炮龙则是丁酒节中的一项活动，后来为发展当地的旅游业，县政府突出了舞炮龙这一环节。越来越多的各地游客纷至沓来。

炮龙节发源地的宾阳南街上，依旧保留着不少古色古香的老房子，但老街一带比南街更为宽阔，成为观看舞炮龙的绝佳场地。炮龙路过这里时，各家各户都会焚香迎龙备炮。当晚7点整，各条炮龙将在庙宇或社稷之处开光，参与者会往开光后的炮龙头上投掷鞭炮，将龙头炸得只剩骨架，以求吉祥，而炮龙直至各家各户之炮燃尽，方可离去。

除此之外，彩架游行和“灯酒会”也是节日的重要内容。彩架游行中共有4台彩架，每台彩架由4人肩抬，台上孩童扮饰某一特定情景的造型，坐立于特制的手指或佩带的伞、扇、剑、弓、刀之类的小道具上，妙趣横生；灯酒会活动在午间举办，各条街道都大摆筵席，游客若是想亲身品尝美食，可前往南街参加百家宴，几十元的费用并不算高。

2008年，宾阳龙炮节被列入国家级非物质文化遗产保护名录，为当地更好地保护和传承这一文化遗产写下了浓重的一笔。

红豆生南宁，此物最相思

南宁的红豆树几乎是三步一棵、十步一行，随处可见。南宁，是红豆的故乡；红豆，是相思的化物。令人相思的红豆垂在羽状复叶、春来一穗的蕊枝间，在南宁市区的道路旁、庭院与修竹茂树相互掩映。

红豆，有着极其深厚的文化底蕴。真正的相思红豆，粒形特大，直径8~9毫米，大自然赋予它一种特质：质坚如钻、色艳如血、形似跳动的心脏，红而发亮，不蛀不腐，色泽晶莹而永不褪色。其外形及纹路，皆为“心”字形，可谓大心套小心，心心相印。

链接

相思豆的由来

相传，古时有位男子出征，其妻朝夕倚于高山上的大树下祈望；因思念边塞的爱人，哭于树下。泪水流干后，流出来的是粒粒鲜红的血滴。血滴化为红豆，红豆生根发芽，长成大树，结满了一树红豆，人们称之为相思豆。日复一日，春去秋来。大树的果实，伴着姑娘心中的思念，慢慢变成了地球上最美的红色“心”形种子——相思豆。

相思豆

红豆分红豆和相思豆两种，广西各族青年男女都爱采撷红豆和相思豆作为表达友谊和爱情的信物。在民间，相思红豆和玉一样，是有灵性的开运吉祥神物：定情时，送一串许过愿的相思豆，会求得爱情顺利；婚嫁时，新娘会在手腕或颈上佩戴鲜红的相思豆所串成的手环或项链，以象征男女双方心连心白头到老；结婚后，在夫妻枕下各放6颗许过愿的相思豆，可保夫妻同心，百年好合。

红豆如雨点落下，如此，接红豆，拾红豆，便成了人们乐不可支的情趣。唐朝著名诗人王维就曾为红豆留下著名诗句：“红豆生南国，春来发几枝，愿君多采撷，此物最相思。”到南宁游玩，可别忘了拾几颗红豆赠予自己亲爱的人。

景点推荐 南宁城区景点

青秀山风景区 AAAAA

绿城翡翠，壮乡凤凰

南宁市青秀区凤岭南路6号　¥ 20元　5560662

市内乘121、32、122、72路等公交可达

位于南宁市区东南方的青秀山风景区，坐落在蜿蜒流淌的邕江畔，景区内到处都是森林，满眼都是绿色。青秀山风景区内群山环绕，林木青翠，山内还有潺潺的流水，可谓泉清石奇、江环如带，难怪青秀山一直素以“山不高而秀，水不深而清”著称，被誉为“绿城翡翠，壮乡凤凰”。

青秀山风景区目前已建成了全国最大的蓖齿、德保、叉叶、隆林、石山苏铁迁地保护中心——苏铁园，以及独具南亚热带雨林特征的生态园林景观——雨林大观等知名景点，成为观光游览、休闲娱乐的旅游胜地。

玩家攻略

景区内有明代风格的龙象塔、别具异国风情

青秀山

的中泰友谊园、汇聚东盟各国国花国树和国际友好城市代表性雕塑的国际友谊园以及广西十二世居民族雕塑群、十二生肖文化园、青秀山长廊、十八童子情景雕塑、董泉、状元泉、香花园等50多个景点，不赶时间的游客可尽情游览。

玩家 行程

生态休闲之旅：西门—友谊长廊—十二生肖文化园—千年苏铁园—荷花池—环山秀坪—香花园—雨林大观—凤凰阁—桃花岛—种苗基地

广西民族博物馆 AAAA

展示广西民族文化的平台

南宁市青秀区青环路11号　9:30—16:30

市内乘49、w8、49、97路等公交可达

门票免费　2024599

广西多民族共存，民族特色非常明显。广西民族博物馆是一个收藏、研究和展示广西12个世居民族的传统文化的场馆，它坐落在美丽的邕江江畔，整个造型就是广西的铜鼓，非常有象征意义。在这里游客可以见识到各种奇特铜鼓，感受壮、瑶、侗、毛南族等多个少数民族的民情风俗，聆听优美的壮乡歌谣，广西民族博物馆非常适合喜欢民族风的朋友。

玩家 攻略

穿越时空的鼓声：广西民族博物馆常展之一。迄今，广西发现了从春秋晚期到清代末叶各个时期的铜鼓，种类齐全，数量达2000面以上，铜鼓拥有量为世界之最。源远流长的广西铜鼓文化，凝聚着广西各族先民的聪明智慧，闪烁着广西文明历史的光辉。

五彩八桂：以介绍广西12个世居民族的传统文化为主要内容，该陈列包括“序厅”和“家园”“霓裳羽衣”“匠心神韵”“和谐乐章”4个展区，分别介绍和展示了广西各民族基本情况、居住与环境、生产生活方式、染织与服饰、民间工艺、节日、人生礼仪、歌舞戏剧、宗教信仰等。

瓦窑艺术区
南宁的“宋庄”

南宁市青秀山风景区瓦窑村

市内乘97、w4、w8、33路等公交可达

现在很多城市都有自己的艺术区，像北京有宋庄、798，上海有莫干山、红坊，而在南宁也有一个艺术地正在发展起来，这就是瓦窑艺术村。离广西民族博物馆不远的瓦窑村已经成为慢慢被人知晓的艺术聚集区了。

2008年始，广西艺术学院教授、著名雕塑家张燕根、石向东，影像艺术家梁汉昌、吴启益、梁波，画家梁子建等30多位艺术家陆续进入瓦窑村建立工作室。如今，村里的栋栋民房，成了艺术家们的工作室、展示厅。艺术门类包括雕塑、绘画、书法、影像、音乐、工艺、设计、装置艺术等。

广西规划馆 AAAA
展示广西的城市未来

南宁市良庆区宋厢路8号 4952256

市内乘48、220、15路等公交可达

广西规划馆坐落在五象新区，展馆由展示区、公共活动区和主题广场等5个部分组成。展示区分为三层，其中一层为序厅、广西概况厅、广西规划厅、科普体验厅、友谊礼品厅及上海世博会广西馆；二层为核心模型厅、设区城市规划厅及广西农垦厅；三层为世界之窗与东盟合作厅、广西“十二五”经济社会发展规划展示厅、美在广西厅及未来影院。

广西规划馆是目前全国最大的规划馆，广西规划馆展示了广西未来的美好蓝图，让我们更好地了解广西。

玩家解说

广西概况厅：以“广西欢迎您”为主题，用现代技术巧妙展现广西总览、历史沿革、社会经济发展概况、历史建筑、地域文化等内容。

广西规划厅：展区由“广西规划历程”“城镇体系规划”“土地总体规划”“专项规划”“重大区域规划”“重要城市新区规划”和“城乡一体化”七个部分组成，从规划的角度，展示了八桂大地的城乡规划和美好未来。展示手法先进，展示内容丰富，深入浅出。

科普体验厅：采用各种活灵活现的高科技手法设置“虚拟单车自驾游”“高铁体验”“未来宜居”“小小规划师”等互动项目，寓教于乐，是最受游客欢迎的展厅之一。

核心模型厅：巨型沙盘模型结合舞台灯光、点阵式LED墙面影像、可开启式LED屏幕，动态多维展现广西行政区划、地形地貌、城镇布局等格局及两区一带、区域资源、旅游资源、交通布局及基础设施等发展规划。

美在广西厅：大量采用电子设备，结合部分实物营造光影氛围，展现广西“天绘山水之美”、“边关探秘之美”“滨海寻梦之美”“岭南风情之美”。

未来影院：采用先进的超大视野数字播放系统，以大气磅礴的画面和强烈的沉浸感向观众展示广西未来发展远景及美好家园，影片时长8分钟。

广西规划馆

邕江滨水公园
壮族风情浓郁的城市公园

南宁市青秀区柳沙路16号

市内乘94、118、26路等公交可达

邕江滨水公园颇具南国特色，公园景观引入了一种古老的壮族特色乐器——天琴。天琴图案印刻在蜿蜒而下的方砖步道上，形象逼真，风情独特，与奇石翠竹相映，让人遐想。

公园里还充满了浓郁的壮族风情，公园过道右侧一面挡土墙上，一排身穿壮族服装的少女浮雕颇为浪漫，浮雕上的少女有的吹着笛子，有的则随着笛声翩翩起舞，甚是欢快。

地王·云顶观光
登地王顶，赏南宁秀美风光

南宁市青秀区金湖路59号

50元

市内乘706、25、705路等公交可达

5537733

在南宁想要一览整个城市的风光，那就一定要去地王国际商会中心，地王国际一期共276米，58层，是西南第一高楼。观光层位于第58层，是集旅游、观光和休闲为一体的城市瞭望平台。

观光层高4.8米，360度环绕观景无遮拦，与南宁会展中心、南湖美景呼应成辉；凭栏远眺，绿城美景尽收眼底。

玩家 攻略

尽览邕城：58楼全视角观景台地王云顶，环城式高空观景平台，是在城市最高点领略绿城魅力的最佳场所。

时空飞梭：国内目前最高的两部直达式观光电梯，从负一层直达59层，垂直距离将近230米，透明玻璃幕墙，让游客随着电梯高度的不断变化领略不一样的城市景观，体验平步青云、节节高升的成功感受。

漫步云端：凌驾于223.8米高空的国内首个“云顶凌空踏步”透明玻璃走廊，被喻为“空中大峡谷”，让人体验脚底垂直悬空，身临万丈深渊的惊险和刺激。

南宁国际会展中心
南宁市的城市标志

南宁市青秀区民族大道106号　2092222

乘6路、76路公交车到民族会展路口下可达

南宁国际会展中心是集大型会议、展览、参观、游览等功能于一体的展览中心。被誉为南宁国际会展中心“灵魂”的大穹顶，以“朱槿花”为造型，由十二片花瓣组成，代表着世居在广西的十二个民族，结构新颖，造型独特。展馆每年都有几十场大型展览会举办，例如每年的中国—东盟博览会、南宁国际学生用品交易会等。

广西博物馆
以铜鼓收藏闻名的博物馆

南宁市兴宁区民族大道34号

市内乘704、30、34路等公交可达

广西壮族自治区博物馆是一家省（自治区）级综合性历史类博物馆，是目前广西唯一的国家一级博物馆。

广西壮族自治区博物馆馆藏丰富，达4万多件。主要有新石器器具、革命文物、古代铜鼓展、古旧字画以及各种传世文物。其中尤以收藏铜鼓而闻名，馆内收藏的雷纹铜鼓被誉为“铜鼓之王”。

延伸

民族文物苑

广西民族文物苑位于广西壮族自治区博物馆内，是一座地方性的独具特色的民族文物露天陈列馆。民族文物苑是把散居在广西各地的少数民族风情习俗集于一苑。这里有独特的民居建筑，例如壮族干栏、瑶族谷仓、苗族吊楼、侗族风雨桥和鼓楼、毛南族民居……建筑周围配以石林、水池和奇花名树，绿树成荫，风景秀丽。

广西博物馆

广西科技馆 AAAA

寓教于乐的科学世界

南宁市青秀区民族大道20号 2809428

9:30—17:00

乘公交车6路、33路、34路、39路、45路、205路至民族广场即可 常设科普展门票免费不免票，团体需预约 高科技影院门票 4D影院20元/人 球幕影院20元/人

广西科技馆位于南宁市民族大道，毗邻民族广场、广西人民会堂和广西博物馆。科技馆以“探索、科技、创新”为主题，涵盖科技发展的各方面。场馆规模适当、功能齐全，展区主题鲜明。

科技馆有很多新奇的科技作品，非常适合青少年前来参观。而且科技馆还对未成年人免费。

玩家 攻略

互动活动：科技馆内的常设展区设有许多可以让孩子参加的互动活动，如水上乐园、时光隧道、基因剧场、恐龙探秘等，都可以让孩子参与进去，亲身领略神秘的科学技术。

球幕和4D影院：科技馆内还设有球幕和4D的影院。球幕影院，兼有天象节目和球幕电影双重功能，参观者在剧场内可以欣赏到全新的球幕电影和许多罕见的星空运动及天文现象。4D影院，立体影像的运用与影院内的环境喷水、吹风烟幕等机关相配合，带给观众全新的视觉震撼和乐趣。

新会书院

邕剧表演的新舞台

南宁市兴宁区解放路42号

市内乘18、40、58路等公交可达

新会书院是南宁市迄今保存最完整、规模最大的古建筑。始建于乾隆元年（1736年），重修于道光二十三年（1843年）。整个书院建筑布局紧凑，高低错落，庄重古雅，具有岭南古建筑轻巧秀丽的风格。如今的新会书院已经成为国家级非物质遗产名录——南宁邕剧展示中心。书院内搭起了邕剧表演舞台，四周摆放着介绍邕剧的相关资料，可以说这里已经彻彻底底成为邕剧的表演舞台了。

玩家 解说

文献记载，清朝时，南宁商务已盛，各省商帮云集，新会书院是旅居南宁的广东新会籍人士集资兴建，作为商会及同乡聚会活动场所。之所以没有取名“新会会馆”，一则避免用字重复，二则因为广东商人此前已在附近兴建了一座“粤东会馆”，不宜再建新的会馆。所以新会书院并不是一个书院而是商用会馆。

粤东会馆

一座集历史、艺术、科学价值于一体的古建筑

南宁市西乡塘区壮志路22号 乘坐18路、40路、58路、78路、202路等公交车到人民永宁路口下

粤东会馆始建于清乾隆年间，由当时广东旅邕商贾集资兴建，是南宁会馆建筑中历史最久、规模最大、最堂皇、最雄伟的会馆。原会馆由前、中、后三进主厅和厢房、戏台等建筑组成，如今会馆只保留现有的门楼及两侧耳房。

整个门楼墙体大部分都是用花岗岩料石砌筑，四根檐柱亦采用整体的花岗岩雕琢而成，十分坚固。门前上的梁架及封檐板雕刻的人物故事，工艺极为精湛。现南宁市博物馆利用该会馆举办“南宁历史老照片展”，使广大市民及游客既可参观会馆的建筑艺术风貌，又可了解南宁历史。

广西药用植物园 AAAA

“立体的本草纲目”

南宁市兴宁区长堽路189号

5603072

市内乘20、28、42路等公交可达

广西药用植物园坐落在距南宁市区8千

广西药用植物园

米的东郊山峦，占地200多万平方米，是我国及东南亚地区最大的药用植物园之一。这里栽培药用植物2130多种，是李时珍《本草纲目》所载的两倍，被人们誉为“立体的本草纲目”。园内林木苍翠，藤蔓纵横，棚架点缀其间，小桥流水更添雅趣。

人民公园 AAAA

望仙怀古，景色宜人

南宁市兴宁区人民东路1号　乘坐14路、17路、38路、218路公交车可达，或朝阳广场步行10分钟可达

人民公园又称白龙公园，因园内有一约7万平方米的白龙湖而得名。公园大门正对面，是一座林木葱茏、端严秀整的山坡，这便是公园的主体——望仙坡。望仙坡是南宁的最高处，登上忘仙坡，南宁景色尽收眼底。

望仙坡的南麓，就是白龙湖了。白龙湖湖岸翠竹掩映，垂柳摇曳，湖的中心有一小岛，岛西面有九曲桥，岛北面有三孔月桥，把岛与湖岸连起来。游人可在湖面泛舟，亦可在桥上喂鱼，乐趣无穷。此外白龙公园中心还有一座全区规模最大、数量最多、品种较全的阴生植物园，是集科学性、知识性、艺术性、趣味性于一体的亚热带观赏植物园。

链接

古邕州八景

南宁早在宋代就有了自己的旅游名景——古邕州八景，即“望仙怀古、象岭烟岚、罗峰晓霞、青山松涛、马退远眺、弘仁晚钟、邕江春泛、花洲夜月”八大景观，其中“望仙怀古”指的就是人民公园的望仙坡。

链接

白龙湖的由来

据宋史《舆地纪胜》记载，宋代名将狄青将军曾率军队在此驻扎，某日看见湖边有一群白羊，好像一条游动的白龙，所以就给此湖起名白龙湖。由此可见，白龙湖得名已有上千年的历史了。

白龙湖

唐人文化园

老建筑下的文化艺术区

南宁市西乡塘区唐山西路36号

市内乘6、16、22路等公交可达

唐人文化园是利用20世纪70年代修建的原手扶拖拉机配件厂、汽车配件三厂和柴油机配件厂的厂房和库区新近才打造起来的文化艺术区。文化园主要经营古玩字画、根雕艺术、红木家具、瓷器古玩、金玉铜器、香茗咖啡、主题酒吧、摄影创作、主题园艺、水族花卉等。

唐人文化园的建设以红砖高墙、尖顶式特色瓦房的建筑为主，园内环境幽雅，树木葱茏，鸟语花香，不仅有着浓厚的历史建筑遗韵，还散发出优雅与宁静，无疑是一个得天独厚的文化休闲盛地。

黄家大院

保存完整的古民居

南宁市西乡塘区中尧南路88号

乘606路公交车可达

黄家大院建于清康熙十年(1671年)，是目前南宁市区古民居中保存最完整的清代民居建筑。电影《石达开》一些场景就在黄家大院拍摄。大院占地约3300平方米，有4排9进3廊大小共108间房。此外，还有神厅、花厅、道厅、厨房等。其中花厅是主人宴客会友的场所，是大院最为豪华和宽大的地方。神厅即祠堂，是家族举办重大活动和祭奠仪式的场所。

大院内两边的房间数量、番进、布局、面积大小一样，且相互对称，反映家族中平等的人际关系。房屋的屋檐和墙壁上，刻有许多龙凤花鸟等雕像，虽多已风化，但亦看出当时这座大院的高雅与富丽。这些建筑体现了当时人民的聪明才智和独特的民族建筑风格。

南宁动物园 AAAA

动物世界

南宁市西乡塘区大学东路3号 市内乘4路、33路、58路、66路、204路、605路等公交车可达 50元，儿童20元，1.2米以下儿童免费。加勒比水世界120元 3213932

南宁市动物园是集观赏、娱乐、保护、研究、繁育于一体的专业性动物园，园内有300多座动物馆舍，展出动物180多种，主要有广西特产动物黑叶猴、恒河猴、蟒蛇、瑶山鳄蜥等，以及海豚、海狮、亚洲象、非洲象、非洲狮、河马、斑马、红毛猩猩、泰国鳄鱼、山魈、黑天鹅、华南虎、东北虎、双角犀鸟等珍贵物种。

游客在南宁动物园能观赏各种珍禽异兽，亲身体验喂食鸵鸟、孔雀、山羊，逗钓鳄鱼、与动物合影等人与动物和谐相处的乐趣，还能观赏海豚、海狮、亚洲象、鳄鱼等动物的精彩表演。

延伸

加勒比水世界

“加勒比水世界”主题游乐园位于动物园内，主要由水上世界、水上拓展竞技区、集散广场等其他环境配套设施等组成，水上游乐项目有水上过山车、超级浪摆、飞天梭大旋涡、飞碟滑道、四组合螺旋滑道、欢乐儿童池、水上拓展区、SPA水疗区等10多项。“加勒比水世界”按功能分为海啸冲浪区、极速滑道区、特色SPA水疗区和欢乐儿童池等区域。

八桂田园 AAAA

全国农业旅游示范基地

南宁市西乡塘区相思湖东路19号

3279033

市内乘96、804、w5路等公交可达

八桂田园是全国农业旅游示范点、广西农业旅游示范点。八桂田园是由白花宫、百果园、民族村寨、植物迷宫、野菜馆、菌园等多个景点组成。在八桂田园现代农业观光园，游客在观光过程中了解现代农业设施与生产技术，寓教于乐。与此同时，游客可以放下都市生活的烦扰，回归到自然田园之中，享受绿色的空气，绿色的心情。

八桂田园

玩家 **攻略**

野菜瓜果采摘区：占地4万平方米的超大型“绿色超市”和80亩的露地栽培区，为游客提供50多种有机水果蔬菜，让游客自采自娱。

农业DIY体验区：占地2500平方米，让游客在自己认领的菜地里，享受劳作与收获的乐趣。

野菜馆：八桂田园推动健康饮食新潮流，最具田园特色的绿色消费，价格实惠，原汁原味体现了“返璞归真，重回自然”的健康饮食潮流！

更多本旅游区景点

南湖公园：位于南宁市青秀区双拥路1号，是一个融水体景观、亚热带园林风光于一体的公园。公园内的“百色起义陈列馆”，也值得参观。

石门森林公园：位于南宁市青秀区民族大道118号。是以森林游、休闲娱乐为主要功能的城市森林公园，被人们称为“城市之肺”。

金花茶公园：位于南宁市青秀区葛村路3～5号。是全国首家以种植“花族皇后”金花茶为主的茶花专类园。当然，公园内最值得一观的便是金茶花，茶花种类多样。

狮山公园：南宁市兴宁区秀厢大道92号，是集游览、观光、休闲、娱乐为一体的综合性游乐园。公园以植物造园为主，充分体现山林野趣风格。

新秀公园：位于南宁市西乡塘区明秀西路159号，是一个自然生态气息浓厚的公园，在夏季是亲子游乐的最好去处。

景点推荐

南宁郊区景点

良凤江森林公园 AAAA

放松身心的好去处

南宁市江南区友谊路78号　15元

在朝阳广场乘301路公交车直达

良凤江森林公园内山水环绕、林木繁茂、芳草茵茵、野花点点、鸟语虫鸣，到处是一派旖旎的自然风光。园中有亚热带树种及广西濒临灭绝的树种共122科1294个品种，属国家保护植物的85种。华南地区最大的金花茶种资源基因库也建在这里。

这里空气负离子含量高，从城市来到这里，精神顿时清爽，是名副其实的“森林浴室”。整个公园由三个景色各异的景区及游览区构成，分别是菩提大观园、植物王国、游乐世界。每一个游览区都会给游客不同的感受。

玩家 解说

良凤江国家森林公园就像南宁的后花园，来到这里可以完全抛开都市的烦扰，享受自然的山山水水，放松心情。

菩提大观园

菩提大观园园内有天下奇树——中国唯一阴阳合一的姻缘菩提树，此外这里还有与大自然结合得非常完美的星级度假山庄——菩提山庄。这里没有案牍劳形、没有噪音乱耳、没有家务缠身，只有轻松、自由，偌大的天然氧吧，让您呼吸着最清新的空气享受生命的分分秒秒。

植物王国

在良凤江森林公园里还有一个巨大的植物王国，植物王国里有1700多种千姿百态的树种，在良凤江边葱郁成林，可以说是华南地区最大的树木标本园。绿茵遍地、鸟雀飞鸣，在这里您可以欣赏到各种各样的森林奇观。植物王国俨然就是一个大型的森林浴场。穿行其中，得尽康乐养生的快意。

游乐世界

良凤江森林公园不仅有优美的自然景色，还有最新的美式森林野战，您可以“全副武装”在“枪林弹雨”中过把枪战瘾!可以乘木筏休闲河洲游，尽情地领略大自然的风光、欣赏各种珍奇的野生植物。也可以去多情谷探险，尽享“穿越丛林”“野外求生”带来的无穷乐趣。

扬美古村 村

如诗如画的江边古镇

南宁市江南区江西镇扬美村

10元

火车站斜对面的华强路198号原南宁交通局内，有专线旅游车前往扬美，行程约1个半小时

扬美古村始建于宋代，至今已有千年历史。因三面环江，独得水路之利，历史上曾一度繁华，是左江上有名的商埠，而且沿岸风景十分优美。明代著名的旅行家徐霞客曾从南宁乘船到过这里，盛赞扬美镇的沿江风光。

扬美古村有八大景点，分别是魁星楼、清代一条街、明清古建筑群、梁列亚(辛亥革命志士)故居等。每当夕阳西下的时候，江面波光粼粼，绿水翠竹映着古镇，格外优美。

玩家解说

扬美古村居民的建筑屋饰十分精美，屋檐、门窗有精美的花饰，吉祥动物图案。屋顶有游龙雕塑，有古石狗、古石礅等，给人一种古旧朴实的感观。扬美也有着丰富的古乐民间艺术，唱看春牛、师公戏、三月三划龙船等活动。

扬美古村

五象湖公园

永不落幕的园博会

南宁市良庆区玉洞大道中段

免费

市内乘12、21、117路等公交可达

五象湖公园是2013年第三届广西园林园艺博览会的园址，是利用低洼及水塘改造成的景观。园区坐落在五象岭东南，良庆河穿园而过，北部紧邻广西规划馆，广西美术馆等公共场馆，东靠广西体育中心。

五象湖是由“碧象、玉象、金象、银象、桂象”五个湖泊首尾相连而成的湖泊。放眼望去，目光所到处是宽阔的湖面，风景优美，空气清新，湖中半岛上的绿树环抱中露出楼亭建筑的画栋飞檐，而广西14个城市的特色园林建筑也分布园区各处。园博会过后，公园已成为南宁的一处综合性城市公园，为市民游客休憩游览、花卉园林文化展示提供了又一选择，成为“永不落幕的园博会”。

玩家攻略

吉象迎宾: 公园的东入口附近，配有声光电的五条形象的象鼻昂扬冲天，一副朝气蓬勃的样子。周围配以气泡状的绿岛、蜿蜒的园路及沙滩状的铺装，营造出喜迎宾客的热烈气氛。

象足跳泉: 位于南宁展园的门口，大小不一的大象“脚印”，告诉游客们象群曾欢快地从这里走过。自动感应式的喷泉会随着游人的节奏起舞，笑声、风声、水花声，声声入耳，让人心情舒畅。

欢乐五象:上半部分以抽象的飘带造型来代表壮锦，塑造出五象岭连绵起伏的山势地貌特征，下半部用写实的手法表现五只大象正在水中欢乐嬉戏的场景，大象寓意吉祥如意、永保平安。

五象湖日落

凤凰湖

畅游水上世界

📧 南宁市良庆区那马乡莲花村境内

🚌 在金朝阳门前乘坐前往大王滩水库的专线车即可

凤凰湖原名大王滩水库，是南宁市最大的人工湖泊。由南宁市驱车30分钟就能投身于这个“世外桃源”之中。到凤凰湖游览，一是游艇游湖，坐在艇上一面吹着习习凉风，一面欣赏湖光山色，甚为惬意；二是到湖中划定的游泳区游泳，那宽阔的水面任人自由伸展，那种感觉是人工游泳池所不能比拟的。凤凰湖风景区内还建有园林别墅式的度假村，非常适合假日休闲。

凤亭湖

风景独特的“千岛湖”

📧 南宁市良庆区大塘镇凤亭湖水库

🚌 在大沙田客运站乘私人中巴前往大塘镇，费用8元左右；再由大塘镇，乘坐面包车到凤亭湖，约24千米，需30分钟，费用5元左右

凤亭湖属于人工水库，由于筑坝蓄水淹没了一片原始森林，形成独特景观，仍处于未开发的状态。凤亭湖水波浩渺，纯净清澈，周围山峦雄奇峻拔，林茂谷幽，自然景观美不胜收。它像碧绿无瑕、晶莹剔透的绿宝石，镶嵌在十万大山北麓。

凤亭湖有“千岛湖”的美称，湖内有108座小岛，传说此乃梁山泊108将星，因接受朝廷招安、逆天而行而被天帝贬到此地为山。凤亭湖不仅有秀色可餐的湖光山色和附近人迹罕至的原始森林，还有世界30种濒危鸟类

玩家攻略

骑行：凤亭湖最好的旅游季节是夏季，游客三五好友结伴骑行前往凤亭湖，也是一件非常不错的事情。

游湖：凤亭湖岛屿众多，水面积很大，非常适合乘快艇，环绕风光旖旎的小岛，享受“天蓝蓝、水蓝蓝、一群白鹭空中翔”这样如诗如画的美景。

登山览湖：登上湖区岽尖山山巅，居高临下，有一种凌驾万物、飘飘欲仙的豪情。笔架山面湖的一边是缓坡，背湖的一边却是峭壁。从山巅俯视湖面，一览众山小，浮现于水面的108个岛屿形状各异，绿水青山，风光无限。

垂钓摄影：凤亭湖也是一个非常适合钓鱼的地方，因有美丽的自然环境，有许多人专门前来摄影。

凤亭湖

之一的海南虎斑鳽。

竹泉岛

美不胜收的田园风光

南宁市良庆区那马镇八尺江畔

市区乘501路公交车终点站下，转乘出租车或其他当地小车前往

竹泉岛距南宁市市区非常近，是一个环境优美的度假胜地。竹泉岛上的小木楼、水榭、竹排船、梯级的小溪，以及古朴的隐现于江边竹林中的乡村民居，充满诗情画意，构成一幅美丽的田园风光。从地层深处涌出的清泉，四季恒温，可饮可浴。岛内可烧烤、钓鱼、游泳、划船、举行篝火晚会和各种文娱体育活动。

延伸

龙泉湾和马场

与竹泉岛相邻的还有龙泉湾和马场，龙泉湾占地近200亩。在这儿游客可品尝到美味而健康的农家菜，以及进行跑马娱乐。马场占地120亩，500米的跑道，有30多匹马（本地马和良种马）及训练圈、四方圈各2个。除了进行刺激的跑马外，还可以划艇、射箭、攀岩、观看鸵鸟，是一个集休闲、娱乐、运动于一体的好地方。

乡村大世界 AAAA

人与自然和谐发展的生态旅游地

南宁市兴宁区三塘镇蒙村 2025358

市内乘b126、116、209路等公交可达

南宁乡村大世界是一个极具乡土风情的生态休闲度假村，园区内生态环境良好，负氧离子较高。大世界内三塘河与碧翠河自北向南

乡村大世界

流过，园内形成众多水塘，水塘水面达200余亩，形成溪流、水塘、湖泊、岛屿等多种水域景观。由于自然环境条件优越，这里也是广西第二大白鹭栖息地，园区内还有百亩的葡萄种植区和种有多种水果的百果园。游客来到乡村大世界可以赏美景，放松身心地亲近大自然。

玩家攻略

星空汽车电影院：乡村大世界拥有面积3000平方米的观影场，容纳50辆汽车近200人同时观影。乡村大世界星空汽车影院是全广西首家汽车影院，180平方米的广西最大的超大银幕镶嵌于天幕中，让您尽享电影的乐趣。

采摘：园区内引进了日本红提、甜杨桃、火龙果、木瓜、杨梅、桑果和中国台湾青枣等多种优质水果，供游客进行采摘以享受采摘乐趣。

越野车赛场：全国最好、最复杂、难度最大的赛场之一。2005年和2006年中国—东盟（10+1）国际汽车场地越野赛邀请赛、全国汽车场地越野锦标赛南宁站分赛和总决赛在乡村大世界举行。

九曲湾温泉度假村 AAAA

温泉养生基地

南宁市兴宁区昆仑大道三塘温泉路9号

成人168元，儿童88元，1.2米以下儿童免票

5821666

市内乘20、22、116路等公交可达

九曲湾温泉度假村坐落在风景秀丽的九曲湾农场，是一个以温泉生态旅游为主题，融游览、观光度假、休闲娱乐、康体疗养等项目于一体，具有浓郁民族风情和地方特色的温泉旅游度假胜地。

九曲湾温泉度假村有露天温泉浴池和室内多功能泡浴池，包括石板浴、温泉鲜花浴、啤酒浴、咖啡浴、木炭浴、芦荟浴、中药浴、矿砂浴池等，可同时容纳1000人泡浴。浴池内安装了目前国际最先进的水疗设备和自动恒温补水等装置，高科技的设施和独具特色的配方与优质的温泉热矿水相结合。温泉区内的康体保健中心，桑拿浴、蒸汽浴、光波浴、冰蒸浴等一应俱全，并配以壮、瑶中医

昆仑关

特色保健按摩理疗等项目，使温泉的医疗保健作用达到了最佳效果。

玩家 攻略

泡温泉：来到九曲湾就一定要泡温泉，游客可以根据自己不同的需要选择适合自己的温泉类型进行泡浴。

烧烤垂钓：九曲湾设有大型的烧烤场和垂钓亭，游客可以和亲友一起烧烤，垂钓，都非常有趣。

嘉和城温泉谷 AAAA

水中的度假生活

✉ 南宁市兴宁区昆仑大道995号

✆ 5805522

¥ 成人138元，儿童69元，1.2米以下儿童免票

🚌 市内乘d5、22、606路等公交可达

南宁嘉和城温泉谷是一家集多国风情的大型复合温泉休闲中心，让人们不出国门就能在家门口享受世界各地著名的顶级温泉。景区内有千年华夏、泰王国、东瀛、芬兰等各国的泡浴区，以及充满欢乐的玛雅水世界，包含加勒比海风、亚马孙、儿童天地、勇士地带、夺标、动感舞台、水上DISCO等。

此外嘉和城温泉谷还有活力SPA，温泉休闲泳池、雅苑、水岸食舫、摸鱼野溪和10万平方米音乐水景广场，游客来到这里可以尽情地和水亲密接触。

玩家 解说

嘉和城温泉谷的温泉水源自1300米深处的寒武系地层，历经12000多年深沉蕴藏，水质清澈透明，井下温度63℃~69℃，井口温度53.5℃~61℃，含有偏硅酸、钙、镁、硫化氢、二氧化碳、钠、钾、锶、铁、锂、硼等40多种微量元素和矿物盐，是优质偏硅酸医疗型热矿泉，堪称温泉中的极品。

昆仑关 AAAA 文

战争要塞，缅怀革命烈士

✉ 南宁市兴宁区昆仑镇

🚌 从宾阳汽车总站乘宾阳6路公交可达

昆仑关位于南宁市东北方59千米处，昆仑山东侧。它是邕柳（南宁—柳州）、邕梧（南宁—梧州）公路必经的隘口。昆仑山巍峨峻险，谷深坡陡，地势险要，是南宁东北面的自然屏障，有“南方天险”之称，历来为兵家必争之地，历史上曾发生过9次战役，最大而且十分惨烈的是抗日战争时期的“昆仑关之战”。

下楞村

集美景与古风于一体的沿江古村

✉ 南宁市西乡塘区坛洛镇

🚌 在市区北大客运中心乘坐南宁至金光农场班车可达

下楞是一个坐落在左江下游的民族文化内涵十分深厚的古老壮族村镇，集“古村、古街、古埠”为一体，含“民族、民俗、民居、风景”多种元素，素有“前河后溪，左狮右象”之称，也是“左江四大古埠”之一。

下楞不仅有着古镇的风韵，风景也尤为

链接

“一村两街八巷九码头”的下楞村

一村：即是下楞村，多为梁姓壮族人。

两街：即是明清老街和民国间骑楼新街。明清老街原为一条青砖古屋街，由于受到炮火和人为的两次大破坏，至今街已不成街，但行走其中，仍可拾取许多民族古风；新街百间骑楼保存完整，从中可以窥见近代南方骑楼街市的风情。

八巷：即是沿着明清老街从上而下所设置的那康街、正宁街、永康街、中华巷、祥集巷和大王三巷，每巷都设有一个古色古香的巷门。

九码头：亦即这些古巷跨过老街正对着左江的码头，外加新街码头和新村码头。最具壮族特色的码头是中华巷码头，全用坚硬的青砖砌成，人们无论是穿鞋、赤脚，或挑货担水行走其上，绝不会滑倒。一个小小的村镇，沿河竟有9座码头，足见下楞昔日之繁华。

下楞村

优美。下楞枕江傍岭，近山临水，绝壁垒垒，奇石处处，险滩环生，秀水黛染，红棉擎炬，绿竹摇风，风景委实瑰丽，更有神奇美丽的2000多亩宽的壶天岛连接村尾。

玩家攻略

下楞民族风俗尤为奇特，最具特色的是农历五月初五的逆水龙舟竞渡、五月初一（拟改为九月初九）的老人提篮节，还有正月十二的吃粽节和九月二十九的粽饭节，更有为节庆或祝寿而举行的“放河灯”和“上天桥”活动。下楞敬重文化，崇尚教育，节衣缩食送子女读书蔚然成风。

雷婆岭

珍贵的石刻保存地

南宁市邕宁区镇龙乡那蒙村之南

雷婆岭长约1000米，起伏绵延，形状独特，就像一个睡美人卧在松树茂密、苍郁翠绿的丘陵群山之中，逶迤俏丽。山北面自然形成一道长约150米、宽约10米、高约10米的望天岩。望天岩内有一道石壁长廊，从清朝嘉庆二年（1979年）起，古今文人墨客在长廊石壁上刻有近200幅石碑、石匾。

这些书法石刻形式有横幅、条幅、扇幅、圆形等多种。石刻边缘装饰考究，与现代书法的装裱艺术一脉相通，在国内石刻领域独具一格。雷婆岭，千百年来，深受当地百姓的崇拜，每年农历五月初五端午节，附近的群众三五成群登上雷婆岭烧香祈祷，在望天岩聚众举行舞狮舞龙、放花炮，唱采茶等活动，寻求观音菩萨保佑。

更多本旅游区景点

顶蛳山遗址：位于南宁市邕宁区蒲庙镇新村九碗坡。遗址面积5000平方米，是广西境内保存面积最大，出土遗物、遗迹最丰富，最有代表性的新石器时代的贝丘遗址之一。

北觥壮族古民居：位于南宁市邕宁区蒲庙镇东北3千米处。这里世世代代居住着壮族村民，目前留存的10幢古民居为比较平常的壮族平民房屋，是研究壮族大众化社会生活最好的历史资料。

金满园：位于南宁市西乡塘区坛洛镇、是集现代农业新技术展示、新品种示范种植、新成果推广、健康种苗繁育、培训教育、休闲观光于一体的综合性现代农业科技观光园。

天雹水库：位于南宁市西乡塘区相思湖新区。水库周围群山环抱，山上森林郁郁葱葱，湖水清澈纯净，蓝蓝的天空、白白的云彩映在水面，犹如一幅色彩明丽的水彩画。

景点推荐 武鸣-隆安旅游区

明秀园

广西三大古典名园之首

南宁市武鸣区西郊

在客运中心乘坐往武鸣方向的，每5分钟一趟，若抵伊岭岩提前下车，车票为3元/人左右。

明秀园曾是两广王、旧桂系军阀首领陆荣廷的私家花园，虽不能与苏州的拙政园、绍兴的沈园相提并论，但是在广西，武鸣“明秀园”的大名可谓是无人不知的，其与桂林的雁山公园、陆川的谢鲁山庄并称“广西三大古典名园”，并位列三大古典名园之首。

明秀园三面临水，呈半葫芦岛状。与其他的园林相比，明秀园之美贵在自然。精致雕琢中却少了几许人工的味道，野趣当中却有着画龙点睛之妙。明秀园兼采了苏州园林之淡雅，却配以天然奇景映衬，清静幽雅、返璞归真。即便在燥热的盛夏至此，也会感到飒爽清凉，暑意顿消。

玩家 解说

清道光元年（1821年），武鸣城西郊的乡宦屯举人梁生杞，出资让其子梁源洛、梁源纳负责在此处开辟营建一私人果园，名曰“富春园”。1919年，两广巡阅使、耀武上将军陆荣廷以3000元大洋买下梁氏的富春园。因当时陆荣廷是以其叔陆明秀的名义买下来的，因此将该园改为“明秀园”。

大明山 AAAA

北回归线上的绿色明珠

南宁市武鸣区东北部　¥ 100元　6096888

在朝阳广场乘直达大明山的旅游班车

大明山位于北回归线上，风景秀丽，旅

游资源丰富。具有雄、险、秀、幽等景观特色，古今许多文人墨客都咏诗称赞，人们称之为“广西庐山”。

大明山主脉群峰之顶有6片天然大草坪，草坪四周古木环绕，中间长草不长树，人称天坪山圩；此外深山中的瀑布是连冲三级，最大一级高约60多米，如龙尾摆动，故名为“三滩龙尾瀑布”，夏季还有瀑布穿过山崖石壁飞泻直下；如果冬季来大明山，这里还是一个非常好的赏雪之地。

伊岭岩 AAAA
溶洞美景，人间仙境

南宁市武鸣区210国道附近　20元，参观溶洞40元　乘南宁至武鸣的中巴，伊岭岩下车即可

“壮乡奇观壮文化，奇山秀水伊岭岩”。伊岭岩风景区风光独特亮丽，壮乡风情浓郁。伊岭岩是一座典型的喀斯特溶洞，洞内步步是景，美妙绝伦，素有“地下宫殿”之美誉，据地质学家推断，这个溶洞形成于100万年前。

岩洞地势上下盘旋，形似海螺，面积2.4万平方米，游程1100多米。洞内有洞，洞上有洞，洞泉相映。现开辟了八大景区共160个景点，许多景点在国内外已开放的岩洞中是罕见的。在洞内游览，使人宛如置身于人间仙境，美不胜收。除了溶洞，伊岭岩还有一个被誉为“活的”壮乡文化博物馆的壮乡风情长廊，游客可以在这里好好地领略壮乡风情。

玩家 攻略

跳竹竿：跳竹竿是壮族先民自娱自乐的一种体育活动，一般在庆丰收、歌圩、逢年过节时都有跳竹竿的习惯。在伊岭岩你可以参与跳竹竿的活动，体验其中的欢乐。

体验壮乡生活：伊岭壮乡作坊陈列着各种各样饱经岁月沧桑的铜鼓、石磨、犁、耙、纺丝等壮族生活用具、农具，您可以到同鼓楼击鼓祈福，可以亲手用竹磨磨谷子，用石碓舂打谷物，用粉磨磨米粉，还可以和壮家人一起做馍、蒸粉等，体验壮乡人神奇多彩的生活。

美食：在伊岭岩游客可以吃到特色的壮乡原味药膳，味道独特，品种丰富。在享受佳肴美味的同时也可以达到滋补保健、养生治疗的功效。

起凤山
凤凰于飞，美景难忘

南宁市武鸣区夏黄村香山河畔　在南宁市安吉祥客运站乘坐去武鸣的班车，到达武鸣车站后乘坐当地三轮车即可到达

起凤山因东西两峰于江边突起，形如凤凰腾空所以又名凤凰山。明代已辟为旅游地。起凤山以山奇洞幽、水秀、地灵人杰闻名于世。山上亭台楼阁、古寺庙宇之中，有历代文人墨客游山赋诗、题词刻字，尤以东峰“太极洞”中清朝阳知县王元仁在广西所书三个独体大字之一的巨刻“凤”字为代表，字高达4米，宽3米，素有“太极洞中藏大凤”的美称。

现有镇江岩、钓鱼台、合云峰等十多处游览点。西峰有清代建造的观音阁和文昌阁，青砖砌筑，砖木结构，雕梁画栋，墙内外均有饰画，荟萃了较高的历史人文和文物古迹精华，更有广德公主的史话流传民间。

黄道山

空灵神秘的道文化山脉

南宁市武鸣区城东镇六联村北部

黄道山因传说五代时期有一黄姓道人在此山一岩洞中潜心修炼、丹成羽化、得道升天而得名。黄道山山上怪石嶙峋，草木葱茏，清静幽雅，空灵神秘。

黄道山以道教文化闻名，现存古迹颇多，传说中的黄道仙岩位于山半腰，洞口开阔，可容数百人，洞壁“振衣岩”三个大字，为明代施恩知府张贯题刻。洞内深邃，路径上下起伏，陡峻异常；洞外建有庙宇、楼台亭榭，雕梁画栋，风景甚美。

链接

广德公主避乱下嫁

明朝永历皇帝朱由榔出榜招贤，23岁的黄景考上了举人被应招入朝，封为御史大夫，带兵进攻清军，后在十分混乱的战局中，辞官回到老家夏黄村。不久，清军进攻南宁，永历皇帝仓皇西逃，广德公主被冲走失散，由一名太监随行照料，历尽艰险，来到了武鸣夏黄村，投奔黄景家。

为安全起见，黄景用各种办法抚慰乡亲们，一面急忙把广德公主收藏在秘密住所，让她穿戴当地壮族服饰，打扮成壮族村姑。事有凑巧，这时候黄景的次子黄辛的原配丰氏病逝了，黄景不予发丧，叫家人深夜把丰氏抬到荒园埋葬，并严令家人不得泄密。从此，广德公主冒充黄辛原配夫人，从不跨出寝室门半步，黄辛也未见过公主一面。

罗波潭

宁静清冽的碧波潭

武鸣区罗波镇南端

罗波潭的潭水面积约2000平方米，潭水清冽，久雨不溢，久旱不涸，冬暖夏凉。整个潭分头潭、二潭、三潭三个水窝；又因水深不等而划分为三蓝，头潭颜色显深而称深蓝，二潭、三潭颜色较浅而称浅蓝、淡蓝。

潭的周围绿树成荫，潭中有石岛，长有树木，树木葱绿，石水相间，仿佛天然水石盆景。潭东北岸有清道光年间施恩知府李彦章所题的“小三山”三个崖刻大字，笔力遒劲，古风犹存。清光绪年间，头潭东岸建有“关岳庙”，俗称“罗波潭庙”，曾被损毁，现已修复，可供上香。

花花大世界 AAAA

花花大世界，一花一草皆有情

南宁市武鸣区双桥镇

在安吉客运总站乘125路公交可达

花花大世界是一个集农业观光、苗木花卉生产销售、动物养殖、展览展示、科普认

花花大世界

知、休闲会务为一体的大型园林产业示范园区。整个园区是典型的喀斯特岩溶地貌，区内拇指山、胜利山清秀挺拔，地下水灵气涌现，大树林气势磅礴。

园区已建成45平方千米花卉生产基地、3800亩苗圃、12平方千米阴生植物大棚以及苏铁园、棕榈园等十多个主题园区和一批动物馆舍，引进了美国山瑞鳖、鳄鱼、巴西龟、斑马、黑熊、梅花鹿、鸵鸟等动物种群。花花大世界是假日休闲的好去处。

玩家 指路

公共交通：在南宁市区北部的安吉公交站乘坐到景区的公交专线车，票价3元；或在安吉客运站内乘坐南宁至武鸣或甘圩的中巴，购票时说明到花花大世界，中巴车隔10分钟发车。

自驾：从安吉高速路口进入，往武鸣方向在伊岭出入口下，往前200米左边即到。

花花超市

花花超市与一般超市不同，这里充满了生命力，是一座设施完善、设备先进、科技含量高的全区最大的联体式温室大棚，主要生产兰科、天南星科、姜科、凤梨科、蕨类植物等阴生花卉和各种耐旱的沙漠植物。花花超市里还有很多造型小巧可爱的盆栽，不仅可以为您的生活增加一点色彩，还可以缓解眼睛的疲劳。

植物科普长廊

在我们的生活中，植物无处不在，可是人们对植物又了解多少呢？其实植物的世界看似无声无息，实则里面纷繁复杂，奇趣无穷。南宁花花大世界中富有民族特色的植物科普长廊让游客不仅可以学到植物学知识，还能了解我国的十大名花及各国国花。到这里走走，驻足小憩，聆听鸟啼虫鸣，欣赏满园的绿色，放松身心，品味生活中那份恬静与悠然。

龙虎山 AAAA
重要的动植物保护基地

南宁市隆安县屏山乡龙虎山

60元

在南宁北大客运中心搭乘旅游专线大新客运大巴，途经龙虎山

龙虎山自然保护区是自治区级森林和野生动物类型自然保护区，该保护区的主要保护对象为岩溶地区的珍贵药用植物和岩溶景观。植物种类1145种，其中药用植物713种。国家级保护植物有毛瓣金花茶、金丝李、蚬木、肥牛树等，还有多种国家级保护动物，如黑叶猴、猕猴、冠军犀鸟、蟒、穿山甲等。其中保护区的猴群，最值得一提，现有半人工饲养的猕猴2500多只，集散在路边、桥头及沿江，活泼可爱，能与游客嬉戏玩耍。

玩家 攻略

水上娱乐：龙虎山自然保护区内有多项水上活动项目，像漂流、水上单车，游客可以尽情地享受水上活动带来的乐趣。

观盆景：在龙虎山有一个天然的盆景园，里面有大大小小的、形态各异的天然盆景供游客欣赏。

虎山览胜：虎山上有多种国家重点保护的植物，登上虎山，可一览众山小，包括一览对面龙山的全貌，可以看到一幅“神龙见首不见尾”的景致。

灵水
风景优美的天然游泳池

南宁市武鸣区城南

从南宁安吉客运站坐车到武鸣，在武鸣总站坐开往灵水的车

灵水位于武鸣区城南沿，又称灵源、灵湖、灵犀水，是一条地下河出水口冒出形成的天然湖潭，湖面形如葫芦，有泉眼10余处，从湖底或湖边石壁的石缝、石洞涌出。泉水清澈见底，鱼虾可数。这里冬暖夏凉，而且一年四季流量一致，是天然的游泳池。

武鸣灵水风景区

泉中有一巨石，形如螃蟹，俗称螃蟹山，人们在游泳时，常以之为跳台；露出水面的一块巨石相叠九层，俗称“九层皮”。东岸石壁有古刻草书“龙津吐碧”四字，螃蟹山前壁刻有明代邑令郑学醇的手笔“灵源”二字。四周树木葱茏，湖边亭阁适布，风景十分秀美。湖水出口处汇入武鸣河，两水交汇处清浊分明，此景俗称“金银窝”。大小鱼类，喜欢在此找伴觅食，追逐跳跃，自成一景。

绿水江

惊险刺激的漂流地

南宁市隆安县屏山乡境内

从南宁北大客运中心乘大新的快班车，在屏山下，后转三轮车至绿水江

绿水江由西大明山碎岩地区地表水和石山地区地下河系汇流而成。境内奇山秀水，峻岭连绵，干栏错落。景区西面是一座奇妙的神山，山底部是仙痕洞。绿水江宛如一条青龙缓缓从洞中流出。洞内水面宽敞，足可泛舟。

仙痕洞上方是一座天然的石桥和石围天窗，天窗天桥旁边还有座狮子洞，洞中钟乳石形似一尊尊狮子，千姿百态，栩栩如生，令人叹为观止。当然，来到绿水江就一定要漂流，绿水江漂流起漂于龙虎山自然保护区上游6千米处，全长约15千米，河水时缓时急，两岸犹如画屏。

玩家攻略

绿水江东段是漂流河段，该河段全长6.8千米，全长水位落差115米，最大落差点为4.5米。漂流河段两岸青山翠竹，沟谷狭长。江上漂流，有惊无险，令人流连忘返。门票130元。

雁江古镇

依山傍水的百年古镇

南宁市隆安县雁江古镇

隆安县雁江古镇是一座具有200多年历史的古镇，古镇上阡陌纵横的古巷，形如群雁跃于右江中，“雁江”因此得名。古镇给后人留下了许多令人遐思的历史痕迹，其中最具特色的是四口孔明井和三条古街。

雁江孔明井相传是1700多年前，三国时诸葛亮领兵南征，因驻地原有水井、河流被敌兵投毒不能饮用而指示部下挖掘遗留下来的。古井井壁用樟木围成，形成无底水桶，常年净洁清澈。雁江三条古街均由青石板铺就，两旁是整齐的三层古楼房，楼房前面均建有骑楼，家家相通连成一体。古楼雕花刻龙，透露着古时繁华的景象。

雁江古镇依山傍水，右江穿城而过，上

溯百色，下达南宁、广州。通江达海，商贾云集，为右江沿岸交通枢纽和商品集散地，素有“小香港”“小上海”之称。两岸景色秀美，江中百舸争流，渔舟点点，又被誉为“雁江西湖”。现在随着隆安金鸡滩水电站的建成蓄水，雁江这座古老的城镇成了电站的主库区。古镇四面环水，更有“水上威尼斯”的美丽景象。

链接

雁江古镇的打铁技艺

雁江农具制造业历史悠久，农具制作精良，从明末清初起，形成独具特色的锻造农具和生活用具的传统手工工艺产业。其中雁江镇红良村成为广西有名的壮族打铁技艺第一村。时至今日，红良村洪造屯、那瓜屯仍保留以家庭作坊为单位，传统手工作坊“打铁世家”锻造的菜刀、锄头、码钉等农用铁器具，远销海内外。其中的雁江菜刀斩骨切铁不卷刃、不崩口，声如磬，利如锋，韧如钢，削铁如泥，素有雁江“金刚刀”的美誉。2009年，雁江的红良壮族打铁技艺被列入第二批南宁市非物质文化遗产名录。

布泉乡

风光迷人的“小桂林”

南宁市隆安县布泉乡

南宁北大客运站有至布泉的班车

布泉山水生态旅游区因布泉旖旎的山水风光和浓郁的民族风情而闻名，更有“桂林山水甲天下，布泉风景美如画”一说。在布泉乡，全长23.8千米的布泉河迤逦流淌，沿岸山清水秀，小桥流水，牛耕鹅戏，田园风光迷人，布泉乡也因此被称为“壮乡香格里拉”，成为不少驴友和自驾游客口耳相传的“世外桃源”。

布泉河的源头是位于布泉街的三个泉眼。但它的水源却来自天等县中西部的峰林、峰丛谷地，流至龙翔村全部转入地下，至布泉街的发达山下涌出地面，被一座大坝拦住，形成一幽蓝如碧的湖。景区有布泉河、龙抬头、大天坑、独秀峰、更望湖、月牙山、布泉溶洞等多个秀丽的景点，在当地素有“小桂林”之称，2012年入选50佳“中国最美的乡村（小镇）”。

玩家攻略

娱乐活动：游客来到布泉乡可以参加徒步、爬山、探险、露营、垂钓等多项娱乐活动。

美食：布泉乡有布泉酸鱼、布泉酸肉、布泉土鸡、布泉河鱼以及龙须菜等美食供游客品尝。

大龙潭石铲文化遗址

石铲主题的文化遗址

南宁市隆安县博浪村

大龙潭石铲文化遗址是20世纪80年代发现的，是目前发现的大石铲遗址中范围最大的。遗址内挖掘出来的基本都是石铲，完整者高达231件。

布泉乡风光

链接

楔形双肩大石铲

大龙潭石铲文化遗址挖掘出的楔形双肩大石铲，此铲长66.7厘米、宽27.2厘米、厚1.9厘米，采集于新石器时代末期的大龙潭遗址表层，其加工如此精美，鬼斧神工，令人叹服。该石铲现收藏于广西博物馆，它束腰而有棱肩，双肩对称，肩下逐渐内收成弧形，弧线柔和圆润，堪称石器中的艺术杰作。

楔形双肩大石铲

广西南部，以左右江汇合的三角地带为中心，分布着一种特殊的原始文化。其原始文化的代表性遗物就是形体硕大、棱角对称、打磨光洁的石铲。这种石铲主要集中于广西南部，以隆安、武鸣、扶绥、邕宁、南宁等5个县市交界处发现最多，桂南的近邻越南北部的广宁省等地也有零星的大石铲出土，学术界习惯称呼其为“桂南大石铲”。大龙潭石铲遗址是研究石铲原始文化的重要依据。

榜山文塔

隆安建筑的瑰宝

南宁市隆安县城东面

“隆邑蝶城千古秀，榜山文塔尤雅优”。此诗说的便是榜山文塔。榜山文塔为隆邑八景之一，是隆安建筑艺术宝库中一件难得的瑰宝。榜山文塔始建于清光绪二十二年（1896年），至今已有百余年的历史。

榜山文塔外观为三层，塔顶呈葫芦状。塔内为六层楼，八面呈梯形。各层楼的楼板和楼梯全为枧木。底层有拱门，塔门朝西，入内门两边写有对联。塔身外面原批石灰，并画有彩色的龙凤和树木花鸟，塔内第一层和第三层墙壁安有观音、孔子神像。由于年久失修，龙凤花鸟已经覆灭，楼板也多被人拆走，神像已被破坏，只剩“榜山文塔”四字和一边对联“榜山独占鳌人登甲第”，但塔身仍巍然屹立于东独秀山之巅。而蜿蜒曲折的右江在它的脚下盘旋而过。这里，江水、宝塔、蝶城相互映衬，协调组合，景美如画。

链接

榜山文塔修建的传说

对于此塔的建造，有这样几种传说：一是相传从县城往东瞭望，见到东独秀山露于乱岭之上，活像一只大虫，对着县城虎视眈眈，致使历任知县均任期不长。为镇好“风水”，知县褚兴周乃授意县绅发动仕民捐资建塔于此山之上；二是由于东独秀山能使那九村的人们笔杆尖，馋吃人，建塔其上像一支笔尖直指天空，他们再无法为非作歹；三是东独秀山位于雁江下游，又低又矮，雁江的财富都随右江流入东海，因此，雁江绅民要求建塔，刹住风水，留住财富。塔建成后，每年以榜山书院的田产收入设宴祭塔，邀约县内才子名贤参加，故名榜山文塔。

更多本旅游区景点

峨山：位于隆安县敏阳村。是纯天然的生态旅游区，峨山顶峰有天池温泉，东西南北有洞穴4个，洞中流水潺潺，石钟石乳千奇百怪，洞外林木葱茏，古树参天，藤蔓缠绕。

仙缘谷：位于隆安县屏山乡境内。景区为典型的喀斯特地貌，形似一个大葫芦。景区呈小盆地，三面环山，山清水秀，群峰叠翠，绿树葱茏，田园奇丽，野趣浓郁。

景点推荐 马山-上林旅游区

灵阳寺

规模宏大的岩溶洞穴寺院

南宁市马山县古零村北面约100米的荔枝岩

南宁安吉站乘南宁至古寨的班车，在古零村下车

灵阳寺始建于宋代元丰年间，是广西最大的岩洞式寺庙，其规模和影响力居广西第三位。寺内现供设有11尊佛像，均用名贵的汉白玉制成，从遥远的佛教之国缅甸运回来，价值之珍贵，规模之宏大，造型之精美为广西之最。每逢佳节假日，灵阳寺游客穿梭如云，常年烛光摇曳，香烟缭绕。

灵阳寺有别于其他寺庙之处，除了它修建于半山腰的峭壁之上外，最吸引人的还是它乃一座规模宏大的岩溶洞穴寺院。寺院的主殿就设在乾邓山上的一个岩洞内，号称是广西最大的岩溶洞穴寺庙。岩洞叫作“荔枝岩”，从山脚下沿着陡峭的阶梯拾级而上，爬上半山腰，绕过寮房和客房，便进入岩洞之内。荔枝岩洞穴内，亦有奇形怪状的钟乳石自然景观，极具观赏性。

弄拉自然风景区

中草药保护基地

南宁市马山县古零村

南宁安吉站乘南宁至古寨的班车，在古零村下车

弄拉自然生态旅游风景区位于古零镇，海拔500~700米，石多土少，土层浅薄，峰林连绵，峰丛间形成13个封闭的弄场洼地，经过几十年的艰苦营造，形成了“山顶林，山腰竹，山脚药果，地上粮，低洼桑”的生态山景，景区内有林面积达133.23公顷，种植有金银花、两面针、土党参、青天葵等210多种中草药植物，被定为国家级药物自然保护区。

金钗石林城堡

千姿百态的奇石馆

南宁市马山县金钗镇龙塘村

金钗石林城堡形成于2.8亿年前，是广西至今发现的最大石林城堡。这里的石林有的坐落有序、有的无序、有的相望、有的相连、有的独立，非常壮观，精美迷人。石林

占地不大，“棵”数也不很多，可石林超凡脱俗，与众不同，独具特色，堪称天下一绝！

金钗石景林就如同展厅里一颗颗耀眼的引人入胜的巨型奇石！真正的奇石有五个特点——瘦、皱、漏、透、丑，金钗石景林全都具备。最奇特的是，许多巨石都是独立的石上石，以底石分开，又以底石为座，兀立座上，就像那些在展厅里真正展出的一块块奇石，瘦得精神，皱得有线有角有型；漏得千疮百孔，而不露疤痕；透得泛白滑亮，犹经亿年洗磨；丑得玲珑可爱。

金伦洞

举世闻名的溶洞景观

南宁市马山县 30元 6890128

金伦洞因传说中的壮族英雄人物韦金伦曾在洞内读书遇仙获宝而得名。金伦洞被誉为世界第一流的岩洞，是世界十大名洞之一。岩洞穿过12座山腹，总游程达9千米多。洞内有一条长流河水，可在洞里逆水行舟，浏览洞景。

洞中钟乳石千姿百态。各种石柱、石花、石幔、石布、石灯、石盏、石瓜、石果、石禽、石兽难以胜数。由钟乳石组成的一组组洞景使人眼花缭乱，有反映现实生活的如“妇盼郎归”“老翁垂钓”，也有富于神话传说的如“观音探海”“玉柱擎天”，还有风光浩渺的“海底田园”等。金伦洞外也是青峰秀水，树木葱茏，芳草如茵，环境幽美。

玩家指路

公共交通：可乘南宁至马山的班车在金伦洞路口下车，车费25元，车程约2小时。

自驾：从南宁出发，沿210国道北行，至杨圩镇附近见到“金伦洞入口”标志牌拐进，前行200米即到。

红水河百龙滩

蜿蜒曲折的奇滩怪峡

南宁市马山县境内北部，距马山县城15千米

红水河百龙滩是由红水河蜿蜒流淌而成，悠悠红水河源远流长，万年长河突破崇山峻岭流淌在南国的峰丛峰林之间形成奇滩怪峡。两级河床两幅画，层次分明，错落有致，成为天下绝滩，更有多处沙洲，沙洁净而石玲珑，草青翠而竹环抱。

红水河河道曲折，有“八弯八滩”（定马、坡峦、镰刀、大黄牛、小黄牛、佛港、大弯、小弯等），岸上滩边草木生菲，悬崖险峻、秀美，河滩乱石嶙峋，千奇百怪。如神似仙，若禽似兽，绝壁上怪画斑驳，疑是九天鬼符。

马山红河画廊

秀美的“红河画廊”

南宁市马山县西北部红水河中段水域

马山红河画廊是自然生态旅游景区，也是原南宁地区的八大美景之一，被誉为红河

金伦洞

画廊。著名的红水河奔流于喀斯特地貌峰丛之间，水色碧绿，经千百年的急流冲刷，河床两岸怪石嶙峋，河中不时还可看到形状各异的奇石岛礁，形态奇特，河岸青山翠绿，竹林婆娑，绿树掩映。

尤其是每年4月，十里木棉竞相开放，争奇斗妍，仿佛谱写着一曲曲优美的英雄赞歌。在红水河上还有几座面积较大的岛屿，如百掌沙滩，岛呈狭长形，地形起伏不平，岛上环境清静，既有细软的沙滩，也有奇形怪状的岩石。景区内有亚洲第一石孔桥、高峡平湖、三山塞水口、跨越时空、佳宴迎宾、翩翩起舞、八戒照镜、兴科绝壁、指点江山、英雄赞歌、沙岛传情等多个景点都值得一看。

三里洋渡

风光秀丽的"小桂林"

南宁市上林县城的东北部，距离县城15千米

漂流15元　在南宁金桥汽车站乘车，到上林之后在澄泰乡转三轮即可

三里洋渡风景区凭借着秀丽的风光素有"小桂林"之美称。景区有秀美的岩溶峰林和秀丽的田园山水风光，还有浓郁的民俗风情及悠久的历史遗址。明代大地理学家徐霞客曾于崇祯十年（1637年）在三里洋渡一带游览山、岩、洞、亭、阁等23处，历时54天，留下多篇游记，将此地的奇山秀水概括得淋漓尽致。三里洋渡风景区还有多个旅游景点，如情侣山、神女峰、夫妻树、福寿桥、岭南第一碑等。

玩家 攻略

乘船观光：三里洋渡风光优美，最佳观光方式是乘游船游览，河水曲折蜿蜒，微风清凉拂面。你可远眺情侣山、神女峰，又可近观夫妻树、福寿桥。

七彩葵园：在三里洋渡的七彩葵花岛上引进和种植了不同色彩、不同品种的葵花。每年的12月，大片七彩的葵花盛开，这里便会举办澄泰旅游文化节。这个时候不仅非常适合赏葵花而且葵园岛有霞客迷宫寻宝，大型歌舞演出、青年文化交流会和摇滚音乐篝火晚会等活动。

链接

三里洋渡古今刻碑

智城碑：刻于唐朝神功元年（697年）。该碑内容是盛赞智城山及其一带风光形胜，颂扬韦敬办文治武功。该碑是1963年广西壮族自治区人民政府公布的第一批广西重点文物保护单位之一，排为岭南第二碑，对研究唐朝壮族发展史有着深远的意义。

六合坚固大宅颂碑：碑址在澄泰乡洋渡村麒麟山石牛洞。唐朝开耀二年（682年）刻成，是迄今发现的古代壮族地区最早的摩崖碑刻。碑刻上的碑文用汉文并采用汉语古诗形式写成，有叙述事实、描绘风物和抒发感情的特点，可谓广西最早的文人文学作品，是广西文人文学之始。

大龙湖

景色优美的湖光山色

南宁市上林县西燕镇

大龙湖是人工拦蓄地下水而成的人造高山平湖，是典型的喀斯特岩溶地貌高山平湖型自然景区。大龙湖以其优美的景致被游人

玩家 解说

明代著名旅行家徐霞客与上林县有着很深的渊源。上林县是徐霞客在全国旅行线路上考察时间最久的地方之一。

明崇祯十年（1637年），徐霞客从十二月进入上林县的思陇，到次年二月离开三里，从红水河登舟而去，他在上林县考察整整54天。《徐霞客游记》中记录上林县的有近1.4万字。徐霞客考察了上林县的地理、民族风情、历史等。他最感兴趣的是上林县三里洋渡一带的岩洞，他在三里洋渡一共考察了大约17个岩洞。

三里洋渡

赞为“水上桂林”。景区由大龙湖和大龙洞两部分组成，总库容为1.51亿立方米，湖的最深处达180多米。

湖中有4个岛屿点缀其中，波光粼粼，曲折回环；湖面碧水连天，四周群山环抱，石峰依肩并立，青山倒影浑然一体；湖水清、静、绿不逊于漓江水，湖中鱼群随波游动。依傍湖岸的大龙洞，洞中钟乳石林多姿多彩，美轮美奂，冬暖夏凉。

延伸

金莲湖

金莲湖原名木棉水库，是大龙洞水库的二级水库。“湖烟水茫茫，世外须弥山。群峰欲滴翠，万里莲花香。”诗中描写的美景正是金莲湖。金莲湖以佛教文化为主题，打造独具特色的标志性建筑，建有莲音寺、金珂曼荼罗文化中心、万佛谷、东盟十国祈福坛等六大景区。金莲湖已经成为休闲养生及修心悟道之净地。

上林不孤村

人杰地灵的状元村

南宁市上林县白圩镇

南宁至梧州二级公路（324国道）转上林至宾阳二级公路至白圩，沿白圩至覃排公路可达

不孤村始建于明代嘉靖年间，山清水秀，环境幽静雅致，村前百亩荷塘，幽香阵阵；千亩油葵，花海无边。不孤村人杰地灵，数百年来出了非常多的状元，又被称为“状元村”，所以不少望子成龙的父母携子到此参观游览，感受村里浓郁的学风。

在村子周边环绕着“笔架山”“书山”“印山”“金山”“榜山”，分别形成了绝妙的“文房四宝”和“金榜题名”的景观。村前的陈列馆中，记载了不孤村的发展历史、“状元”学子名册以及所上院校名称。不孤村以其独特的人文景观和田园风光吸引了国内外众多的游客前来参观游览。

玩家 **攻略**

节庆：每年12月，不孤村会举办“油葵文化旅游节”，以花为媒，吸引无数游客到村旅游。村里

上林不孤村

现已设有停车场、农家乐餐厅等旅游设施，是开展农家乐、乡村游活动的好地方。

赏花：不孤村有着千亩荷花葵花，每年的6月、12月是赏荷、赏葵的好季节。

石门村

龙母文化兴盛的古村

南宁市上林县西北部

上林县的石门村壮文化保留较为完整，而石门村的龙母文化传说早在原始社会的晚期就已经形成，因此，石门的龙母文化是最具原生态的龙母文化，是环大明山以及整个珠江流域龙母文化的源头，也是广西传统性节日“三月三”的发祥地。

石门的龙母文化非常兴盛。从2006年开始，上林县在每年的“三月三”都在石门村举行龙母节活动，每次参加活动的人数都达数万人。2007年，开工重建了华夏龙母圣殿，目前，华夏龙母圣殿已经成为上林县的一处新兴旅游景点，每年都有很多游客前来朝拜。

链接

石门龙母文化旅游节

石门村每年都会举行龙母文化旅游节，文化节期间会举行龙母祭拜仪式，舍师公舞表演。还有上刀山下火海表演、“三月三”山歌比赛、斗鸡比赛等活动；此外，还有打陀螺、打尺子、推钢圈、举武石、背新娘、打竹筒枪、挑稻谷等游园式民间竞技比赛。

景点推荐 宾阳-横县旅游区

情人谷
原生态的自然景观

南宁市宾阳县黎塘镇东南

情人谷景区又名相思潭峡谷，是南宁市宾阳县保护最完好的原生态自然风景旅游区。核心景区是一条长约8千米的天然峡谷，由“情人湖”“石潭”“峡壁”“瀑布”四部分组成。情人谷景区景色秀丽，风光旖旎，引人入胜。游客除了可以在这里参加探险、攀岩、游泳、走岩踏瀑、戏水等多项趣味体验旅游活动外，还可以进行森林浴和氧吧负离子疗养，放松身心。

陈平江
惊心动魄的水上漂流地

南宁市宾阳县陈平乡

陈平江起源于大妈山、小名山两大山脉，该江水资源十分丰富，水质好无污染，沿江两岸林木茂密，偶有青崖石壁，景色秀美。缓滩处江水在翠竹绿树掩映下特别清绿，只见绿绿地一带流来，又绿绿地一带流去，如诗如画。浅滩处，河水哗哗，溅珠泻玉，游鱼细石，一览无余。急浪处，河床窄险，波高浪急，乘舟冲浪，有惊无险。

陈平江竹根桥至青高港码头5千米长

的江段，沿途有古老水车、垂榕、雷公石、庙宇、金坑峡、鸳鸯洲等景观和四五道风高浪急的险滩，落差高的达1.5米。江面时宽时窄，江水有缓有急，弯来曲去，此起彼伏，素有小三峡之美称，是一个漂流的好地方。

玩家攻略

最佳游览季节：每年的5—10月。

游览方案：可安排一日游路线，先享受惊险刺激的漂流，惊险过后观赏六霞江瀑布，漫步欣赏湖光山色，下午到六霞江瀑布下端的天然游泳池泡泉水。该泉水起源于名山麓，沿途未受污染，矿物质丰富，浸泡其中如享受温泉，舒筋活络，消除疲劳，长期浸泡可去除皮肤恶疾。

美食：当地美食主要有陈平土鸡、甜竹笋、野蜂糖等。陈平土鸡体形紧凑，骨细肉嫩，肌肉结实，味美可口，特别适合炖鸡汤。陈平甜竹笋是无污染的天然山珍，鲜爽脆嫩，蛋白质含量高，并有多种维生素。野蜂糖是营养丰富的天然医疗保健用品，不添加任何添加剂。

清平旅游度假区

宾阳避暑胜地

南宁市宾阳县新桥镇（距宾阳县城5千米）

在这里有一个令宾阳人民引以为豪的中型水利枢纽工程——清平水库。这里风光旖旎，气候宜人，是宾阳旅游避暑胜地。

度假区的清平水库是1959年建成的以灌溉为主的中型水库，水库湖面波光粼粼，碧波潋滟，湖中绿岛罗列，港汊、港湾众多，共有18个岛屿（半岛）。湖岸曲折多变，竹木竞秀，湖面开合有度，曲径通幽，自然成趣，岛屿上多是长势良好的马尾松林，又间杂有少量天然竹林和阔叶乔灌林。

玩家攻略

乘船游湖：在清平旅游区想要一览清平水库的风采就一定要乘船游览。登上游船，尽情畅游在这片绿波粼粼的湖面上，清风拂来，空气里充溢着甜润的气息，清新惬意；船速一快，猎猎的凉风扑面而来，烟波浩渺，天高水长，心胸为之开阔。

湖心岛：湖心岛是清平旅游区专门为游人休闲而开辟的小岛，人们在岛上可以赏花，品香茗，参加烧烤活动，真正放松身心。

回风塔

雄伟的古塔建筑

南宁市宾阳县芦圩镇新模镇

回风塔人称合岭塔，又因靠近大模村，也叫大模塔，与大桥镇的秀峰塔一起，称为宾阳县两大古塔。回风塔为一座由青砖砌成的七层宝塔，清光绪二年（1876年），由知州叶茂松倡建，距今已130多年。宝塔高23.3米，底径4米，呈八棱锥体状直指苍穹。每层塔檐外伸，略为上翘，造型古雅，檐下饰有各种图案。

回风塔不但建筑雄伟，而且四周景色优美。塔的四周是一片空地，长满绿茵茵的青草，稍远处，苍林翠竹繁茂，各种无名野花散发出沁人心脾的芳香。该塔吸引了县外不

链接

回风塔修建的传说

相传凡到宾阳来做官的人，做了一年半载，就被宾阳人告倒辞官而归。有一次一个从外地来宾阳做官的人，想治理宾阳，坐稳官位，就请地理先生探看宾阳的风水，看到州城南面的南山顶尖尖突起，形似一杆笔，便认为宾阳之所以读书子弟多，学风浓厚，人才众多，是由于州城南面的南山是一文笔峰之故。州民文笔锋利，告官必倒，县官信以为真，于是派差役削平南山顶，削平之后为了使城东合岭与南山等重相称，便在合岭山巅建一个塔镇住，这样回风塔便诞生了。

回风塔

少游人，一些骚人墨客，为此吟诗作文。县人蒙恩涵游塔曾题诗云："沧海横流一柱支，浮屠遥望壮威仪。淋漓气势如椽笔，摇曳花枝入碧池。四面云山皆画本，半江风月诗塔词。而今补却天工阙，代有人才巩国基。"回风塔连通周边的美景构成了一幅优美的山水画。

蔡氏古宅建筑群
富有欣赏价值的古建筑群

南宁市宾阳县古辣镇蔡村的中心　60元

蔡氏古宅建筑群，始建于何时已难以考究，最古老的建筑在清代咸丰九年（1859年）毁于兵燹，现存最老的建筑为清代举人蔡凌霄所住的大宅，于咸丰九年后重修。

蔡氏古宅分为"老屋"和"新屋"两部分，共三处。三处建筑群均为三进式青砖瓦房，占地共5000多平方米，正厅最高，二厅、三厅渐次递减，颇有深宅大院气派。"新屋"部分的建筑，严整的对称艺术显得尤为突出，更体现出屋宇的庄严。院内地面用大青石或青砖铺就，主道和非主道的铺设有等级差别。屋上有雕梁画栋，门窗饰以"福禄寿"等篆文图案，前门亦有山水画及篆文书法，整座建筑很富有艺术性，体现出深厚的文化底蕴，可谓清代民居的一个典型的活样板。

九龙瀑布
千里一泻九龙瀑

南宁市横县国有镇龙林场

在南宁埌东汽车站乘开往横县的班车（7:00—19:00每半小时一班），到县城后再转车前往九龙瀑布

九龙瀑布森林公园内古树老藤遮天蔽日，飞瀑流泉四季长流。公园内水源极为丰富，共有狮子溪、平田溪、鲤鱼溪、九龙溪等几条较大溪流，终年流水不断，汇流成瀑，在园内形成大大小小共20多处瀑布。其中白龙出潭、群龙迎宾、双龙戏珠、紫龙相会、龙女吐珠、九龙入宫、飞龙朝泉、神龙庆殿、龙鼓响潭等9道瀑布最为壮观。

玩家 攻略

防滑：景区内空气潮湿，以防水服饰为佳。如遇雨天，请做好防滑措施。

观瀑布：离"群龙迎宾"景点不远处有一名为钻石亭的观瀑亭，站在这里，可看到有两层瀑布承接的全貌。

九龙瀑布

伏波庙 ⓦ
乌蛮积翠的文物古庙

南宁市横县云表街镇站圩东南3千米的郁江北岸

伏波庙是珠江流域同类建筑中规模最大、保存最完整的文物保护单位。伏波庙始建于东汉建宁三年（170年），为纪念东汉伏波将军马援平乱靖边的功绩而建，曾在北宋中期重修过，现在的伏波庙为清代重修。

伏波庙坐落在乌蛮滩上，四周林木苍翠，山光水色，浑然一体，享有"乌蛮积翠"的美誉。南北依次建有钟鼓楼、牌楼、前殿、祭坛、中殿、回廊、后殿7个部分。整个建筑群布局严谨，错落有致，雄伟庄严，是典型的明清建筑。

玩家 解说

伏波庙虽然周边古木参天，而庙宇顶上终年不留一叶。每年农历四月十四日伏波庙庙旦，沿江上下的船家、陆地居民，乃至广东、香港等地人士，前来参加庙会，纪念伏波将军。

石井农业旅游区

悠悠茉莉香，浓浓壮乡情

南宁市横县校椅镇

从南宁市出发，沿柳南高速转走南梧高速，出横县校椅出口到景区，行程约1小时

横县石井农业旅游区是广西农业旅游示范点。横县一直号称“中国茉莉之乡”，而石井更是横县最主要的茉莉花种植基地。石井种植的茉莉花，花蕾大、花色白、花香浓郁，产量多，是茉莉花中的上品，近些年来已出口至新加坡等东南亚国家。

旅游区内茉莉花海香气弥漫，周边村落以壮族居民为主，爱唱山歌，善织壮锦，小桥流水，竹林绵延，构成了一幅如诗如画的田园美景，每年都吸引大量中外游客。

玩家攻略

赏茉莉：石井的茉莉是石井不可缺少的一道风景线，所以来石井旅游最好在茉莉盛开的时候。

休闲娱乐：园区内溪流不息，游客可以游船戏水，竹溪放排；或者在林中垂钓，参加野味烧烤等活动。

特色民居：当地民居极具特色，均为清一色的青砖围合的院落，目前绝大多数民居保存完好，整体感较强，在青山秀水之间越发显得古朴雅致。

壮族歌圩：景区内是壮族聚集的村落，周边村民大多是壮族人，以善于唱歌著称。可在农历三月三来这里参加壮族的传统歌圩。

六景泥盆系剖面

世界闻名的泥盆系标准剖面

南宁市横县六景镇，南柳高速公路旁

在南宁汽车总站搭乘前往横县客运站各班次的客车，还可与民营的各种出租小车、小型客车联系包乘前往，十分方便

六景泥盆系剖面是我国著名的泥盆系标准剖面，也是世界著名的泥盆系标准剖面。六景泥盆系标准剖面是在地球发育史泥盆纪期间（距今4亿~3.5亿年），海洋沉积物经成岩作用和后期的地壳运动上升为陆地而形成，现看到的各种化石就是当时生活在海洋里的各种生物。

地球发展史上的各种生物保存成为化石的机会十分稀少，而像六景泥盆系标准剖面这样化石品种之多、发育之完整、出露之良好、层段之清楚更是少之又少。六景泥盘系标准剖面盆面出露总长度为4.6千米，岩层由老到新分为莲花山组、那高岭组、郁江组、未命名组、那叫组、民塘组、谷闭组、融县组，各组岩层各有特式，是研究地质学、沉积学及科普教育的理想基地。

海棠公园

历史底蕴深厚的休闲公园

南宁市横县县城西侧

海棠公园是一个具有深厚历史文化底蕴的休闲公园，由海棠桥及近年在原址仿古修建的海棠亭、怀古亭、淮海祠、秦观塑像及博物馆共同组成。上下两层的六角形海棠亭与四柱飞檐的怀古亭依江列建，分立海棠桥两端，素为观郁江及县城景色的佳地。桥下香稻溪入郁江的河口则是垂钓者的乐园。

怀古亭北侧是近几年新建成的淮海祠、新塑的秦观像及琳琅碑刻。西北隅新建的两层仿古琉璃式建筑——横县博物馆，集中陈列历年县内发掘收集的珍贵文物，其中有《夫子杏坛图》、圭壁铜鼓、各式钱币、石器、瓷器、壮族生产生活用品等，在此可详细

海棠公园

了解横县2100多年人文历史的沧桑演变，领略骆越后人的聪慧与才智。

玩家 攻略

尤其值得一提的是海棠桥。该桥始建于宋，原为木桥，宋、明均有修葺，清代以石易木重修至今。史志记载，因昔日附近遍植海棠，宋代词人秦观编管横州吟词“瘴雨过，海棠开，春色又添多少”而得名，现已成为横县标志性景物。

宝华山风景区

集自然风光和名胜古迹于一体的旅游区

📍 南宁市横县县城南3千米

宝华山是一座集自然风光与名胜古迹于一体的山峰。宝华山上建有应天寺，且因传说明代建文帝靖难后在山中隐居15年而驰名史学及宗教界，历代游人均以一睹明皇圣迹为快。“宝华朝烟”素列“横州八景”，是历代游人在山中发掘的佳境，其与山中的森林珍稀、应天寺、猴子岩、仙人井及登顶远眺同为游历此山主要的观赏内容。

宝华山以种植玉桂、杉树为主，间种部分种植林果如柿、板栗、三华李、荔枝等。而山中名产——南山白毛茶曾获1822年巴拿马国际农产品博览会茶叶质量品评会二等奖，相传亦为建文帝亲播圣种，令当地民众引以为豪。

西津湖

玩家 攻略

每日清晨于应天寺附近向主峰方向观赏，可领略“宝华朝烟”的意境；而登顶眺望，则可体味“一览众山小”之势。于主峰南望，山丘重叠，云雾缥缈；北望城东平川，江流蜿蜒于田园如玉带飘荡；西北远眺，远水近山，阳光中，雄伟的西津水电站大坝虹跨郁江，上游宽阔的库区似一嵌于山地的巨大面镜，船帆点点，波光粼粼；远望县城，郁江如一轮弯月绕城流过，江流澄碧明亮，成为横州八景中的“月江澄练”。

沙江民族风情区

多民族同聚的风情区

📍 南宁市横县石塘镇

横县有汉、壮、苗、瑶等23个民族，民族风情浓厚。风景区内最有名的便是沙江庙。沙江庙始建于明朝永乐元年（1403年），经几度修葺，仍古朴凝重，至今香火不断。民族风情旅游区最热闹的时候，便是沙江庙诞期。沙江庙诞期为每年农历六月十四至十七，在此期间各族人民都会踊跃参加表演，有民歌对唱、山歌擂台赛，还有上刀山过火海表演。景区内有凤凰岭、岭黎三相庙（祀三国蜀汉刘、关、张塑像）、丹凤朝阳、金沙龟泉、烈士纪念碑等景点。

更多本旅游区景点

西津湖：位于横县县城西南，因西津电站而得名。西津湖是南方最大的内河。西津湖湖光山色，融为一体，气象万千。

西南茶城：位于横县县城东面，是茶文化旅游区，也是中国第四大茶叶流通市场，这里还是茉莉花交易市场。

金龟湾：位于横县县城西部。是集游览、观光、休闲、度假为一体的综合度假村。度假村三面环水，亭台楼阁、山顶观光台、生态走廊和大自然和谐相融，环境幽雅。

攻略资讯

- 交通
- 住宿
- 美食
- 购物
- 娱乐

南宁站

交通

飞机

南宁吴圩国际机场位于南宁市西南32千米的吴圩镇。目前，南宁的航线网络主要集中在我国的东部、南部和西南部城市，而中部、西北部和北部城市的航线较少。东盟方面，目前除菲律宾和文莱外，南宁已开通至东盟其他8国的国际航线。另有飞往东南亚热门旅游景点泰国普吉岛、越南下龙湾岘港的航班。乘客可以乘机场大巴、301公交、出租车往返于市区和机场之间。电话2881111

火车

目前，南宁只有一个火车站，即南宁站。火车站每天都有开往北京、上海、广州、西安、成都、昆明、郑州、南昌、深圳、长沙、张家界等地的列车，交通十分便捷。同时，这里也是前往广西各市区的重要中转站，设有始发钦州、北海、桂林、百色、防城港的列车。开行的国际列车可直达越南同登、河内。

南宁站位于南宁市兴宁区中华路82号，电话为0771-2432468、0771-2434961，乘31区、208路、501路、805路、b01路、69路、605路、606路、801路、b19路、b24路等公交可达。

汽车

南宁主要有6个长途汽车客运站，分别为琅东客运站、江南客运站、西乡塘（原北大）客运站、安吉客运站、金桥客运站、大沙田客运站。

琅东客运站位于青秀区民族大道186号，乘6路、25路、39路、52路、76路、213路、b206路、43路、45路、g1路等公交站可达。

江南客运站位于江南区星光大道236号，电话 4519999。乘地铁2号线至江南客运站下车，或乘15路、25路、29路、81路、88路、111路、207路、501路、607路、702路、705路等公交可达。

西乡塘客运站位于西乡塘区大学西路63号，电话 3816650。乘地铁1号线至西乡塘客运站下车，或乘95路等公交可达。

安吉客运站位于西乡塘区安吉大道42号，乘地铁2号线至安吉客运站下车，或乘125路、801路、k5路、w6路、115路等公交可达。

金桥客运站位于西乡塘区昆仑大道368号，乘22路、606路、608路、802路、803路等公交车可直达。

大沙田客运站位于南宁市良庆区金象大道，电话 8050545。乘25路、29路、31路、55路、65路、96路、107路、129路、705路、802路等公交可达。

南宁街道

市内交通

南宁目前有两条地铁在运营。起步价2元可乘6千米，超过起步里程6千米后采取“递远递减，里程分段累进计价”的原则。

1号线（火车东站→石埠）；2号线（西津→玉洞）

服务热线 2201000

网址 http://www.nngdjt.com/

住宿

南宁的住宿条件比较完善，中低档旅社很多，火车站、汽车站以及朝阳路、友爱南路都有很多旅馆及招待所，价格便宜，比较适合背包客及工薪阶层住宿。其他星级酒店和快捷酒店分布在南宁各个区域。在每年的中国—东盟博览会期间，南宁各大宾馆床位稍紧张，最好提前预订。

火车站—朝阳广场商圈

南宁火车站和朝阳广场可以说是南宁人流量最大的地方，地处南宁繁华地段，交通便捷。不管是品美食还是购物都很方便。

●南宁饭店

始创于1952年，是广西最具影响力的五星级旅游涉外饭店、国际饭店金钥匙组织成员、中国—东盟博览会指定的接待宾馆之一。南宁饭店坐拥广西第一商圈（朝阳商圈）最繁华的钻石地段，交通十分便利。

南宁市兴宁区民生路38号 0771—2103399、0771—2103888

●银河大酒店

为三星级涉外旅游饭店，位于南宁市最繁华最亮丽的商业一条街，毗邻火车站、民航站、汽车客运中心，交通极为便利。

南宁市兴宁区朝阳路84号 0771—2630100、0771—2619200

●星波酒店（步行街店）

地处南宁市最繁华的商业中心，万达商业广场、沃尔玛超市、百货大楼、百盛购物中心、国美、苏宁电器、万达电影院等近在咫尺。酒店客房设施齐全，服务到位。

南宁市兴宁区民生路98号（步行街新华书店旁）

0771—5363588

南宁饭店

邕江沿岸

邕江从南宁市区蜿蜒穿过，为南宁市区增添了一份水的温柔。而邕江的夜色更是不能错过的，住在邕江沿岸，便可将邕江的景色尽收眼底。

●邕江宾馆

拥有南宁市十大景观之一"邕江泛春"的美誉，是南宁唯一一家拥有江景客房的五星级酒店。酒店地理位置得天独厚，面临邕江，邻近朝阳商圈，背靠有名的中山路风味小吃一条街。客房设施齐备，部分客房可俯瞰邕江美景。 南宁市青秀区临江路1号 0771—2180888

●西园饭店

位于南宁市风景秀丽的邕江之畔，始建于1958年，是一处富有南国园林特色且具有民族风格的饭店。西园饭店地处南宁市邕江南岸，交通便利，距火车站、机场都很近，而且饭店客房可以饱览邕江美景。 南宁市江南区星光大道38号 0771—4829923

●瓦舍国际青年旅舍

南宁的青年旅社不是很多，这是口碑非常好的一家。旅舍地处市中心繁华地段，购物、娱乐、交通都非常方便。店内的客房都非常有家的温馨感，只是数量不多，想要入住的朋友最好提前预订。 南宁市兴宁区解放路3号 0771—2813977

瓦舍国际青年旅舍

邕江夜景

国际会展中心周边

近年来南宁会展中心一带发展得越来越好，许多人都会到这里来走一走，所以到南宁在国际会展中心入住也是一个不错的选择。

●金禾宫大酒店

以旅馆业经营为主的南宁金禾宫大酒店交通便利，环境幽雅，具有优质的个性化服务；客房设计独特舒适温馨、功能完备，具有欧陆、古典、现代等不同设计风格的客房300多间。 南宁市青秀区桂春路13号 0771—2198688

●锦江之星（会展中心店）

坐落于空气新鲜，环境宜人的青秀新区，酒店周围交通十分便捷，商务活动繁华。锦江之星内的客房设备齐全，整个房间设计非常人性化和专业化。 南宁市青秀区民族大道141号中鼎万象东方大厦A座 0771—5593300

●南宁精通商务酒店（金湖店）

位于南宁市经济最繁荣、交通最便捷的CBD五象广场核心商务区，交通便利。酒店按国际三星级标准设计和建造，集住宿、商务会议、旅游休闲、餐饮娱乐于一体。 南宁市青秀区金湖路69号 0771—8018881

美食

南宁没有特别著名的名菜，南宁小吃选择众多，以老友粉和粉饺及各种酸品、粥品小吃最为出名。另外，近些年，借着中国—东盟博览会的影响力，东盟各国菜品如泰国菜、越南菜也逐渐进入南宁美食市场。

美食小吃

●米粉

南宁人爱吃米粉，在南宁做米粉好的都是那些小店，十分不起眼。正宗的米粉店会有许多调料和配菜供你选择，像榨菜、辣椒甚至花生米等。

●老友粉

老友粉既是游客认识南宁的捷径，也是南宁人牵扯乡愁的记挂。老友粉以口味鲜辣、汤底香浓著称。

●生榨米粉

所用的米粉都是现榨的，然后落入滚烫的水中，以骨头汤为汤底。出锅后再自行加一点酸菜、辣椒，非常开胃。

米粉

●宾阳酸粉

宾阳酸粉作为冷盘小吃，粉质雪白幼嫩，配料金黄喷香，上面放上几片清脆的酸黄瓜和少许鲜红的辣椒末，令人垂涎欲滴。其爽滑可口、酸甜适中、柔滑香脆兼而有之的口感，使人胃口大开。

●宾阳狗肉

当地比较知名的“野味”之一，在南宁市区也有不少店家分布。您可以选择挑战这些肉食，也可以转身离开。

宾阳狗肉

烧鸭

●粥品

除了米粉，南宁人还喜欢吃粥，有十几种之多，如瘦肉粥、猪红粥、鱼片粥等。

●烧鸭

南宁人因鸭肉性凉所以也十分喜欢吃鸭。南宁的烧鸭原料多选最本地的芝麻鸭，皮肉香嫩，骨头带香。

●芋头扣肉

这是一道南宁人过节的时候才会准备的菜式，辅以香芋焖蒸，扣肉肥瘦兼具，肥而不腻。

●加州八珍

有近20年的历史，主要分为卤制品和凉拌两种，有鸡爪、牛肉条、鸭掌等20多种熟食。

美食去处

南宁有很多美食街，中山路夜市、新民路、七星路、古城路、建政路、思贤路、园湖路、新竹路、共和路海螺街、水街等。其次，还有不少饭店也不错，如复记老友店、甘家界柠檬鸭、味道制造，菜品多样精致，味道正宗。

购物

南宁的购物点以朝阳商圈和琅东片区最为繁盛。南宁本土特产不多，大部分是广西特产。在交易场、和平商场、火车站一带，有不少大大小小的特产店，但良莠不齐，也容易发生宰客现象，因为这些店主要针对外地游客。所以食品类的还是建议在正规超市购买。

●绣球

绣球本是南宁市壮族地区青年男女定情信物，以彩绸制成，直径约6厘米。现也作为礼品相赠。

绣球

●姜晶

这是一种老姜磨制的冲剂，体寒或是感冒的人，冲一杯喝上，立即能暖体，缓解感冒症状。

姜晶

娱乐

●唱KTV

在南宁，不论在最繁华的地带，还是在远离市中心之地，不论是全国连锁KTV，还是独此一家的唱馆，哪一处都不会缺少人气。从昼入夜，直到第二天太阳升起，都有不少勤勤恳恳卖力献唱的“麦霸”。唱KTV，可以说是南宁当地最具人气的娱乐方式。

●泡吧

泡吧也是南宁人一项非常重要的娱乐活动，南宁酒吧比较集中的有星湖路酒吧街、民歌湖酒吧街、江北大道酒吧街等。

●看演出

在南宁虽然没有北上广浓烈的演出氛围，但是也有许多演出活动可一饱眼福。南宁剧场、广西人民会堂、广西剧场每个月都会有不少精彩剧场。2012年8—10月，因广西先锋话剧艺术节首次在南宁举行，自此掀起了邕城看话剧的热潮。

节日和重大活动

节日	位置	时间
炮龙节	宾阳县	每年春节
青秀山桃花节	南宁青秀山	每年2—4月
壮乡歌圩	武鸣区	每年农历三月初三
龙舟争霸赛	南宁市扬美古镇	每年5月
茉莉花节	横县	每年8月
南宁国际民歌艺术节	南宁市区	每年10月

宾阳炮龙节

发现者旅行指南

桂林

概览

亮点

漓江风景区

漓江是世界上规模最大、风景最美的岩溶山水游览区，蜿蜒的漓江如同一幅百里画卷，将五彩的风景展现在人们的眼前。

靖江王城

规模宏大而金碧辉煌的靖江王城是桂林城中心不可缺少的旅游胜地，桂林深厚的历史文化底蕴尽在此地。

遇龙河

遇龙河两岸山峰清秀迤逦，连绵起伏，形态万千，江岸绿草如茵，翠竹葱郁。

龙脊梯田

是一个规模宏大的梯田群，以磅礴的气势、流动的线条，变幻的神韵而享誉中外。

灵渠

至今已有2000多年的历史，世界上现存的保存最完整的古代水利工程之一。

必逛街道

正阳步行街：是条集休闲、购物、娱乐于一体的步行街道，也是桂林最繁华的街道，沿街以中式仿古建筑为主。

阳朔西街：这是一条透着浓浓的西方情调的小镇之街，这条阳朔最古老的街道，号称是中国第一条“洋人街”，整条街散发出与众不同的异国情调。

线路

桂林三日游

第一天上午在桂林市区游览象山景区；下午到七星岩、芦笛岩见识神奇的溶洞景观。第二天上午到靖江王城、独秀峰感受千百年桂林的王者之气；下午游览李宗仁官邸、穿山景区；晚上两江四湖夜游，欣赏桂林多彩的夜景。第三天上午到西山景区感受佛教文化，下午攀登尧山景区，登高一览桂林美景。

阳朔三日游

第一天杨堤—兴坪漓江精华徒步游，在步行的旅途中细致地观赏漓江沿岸的美景。第二天上午到阳朔西街转一转，之后到阳朔公园，下午到遇龙河漂流，享受漂流带来的清凉刺激。第三天沿着十里画廊徒步游，看月亮山、大榕树等景观，有时间还可以攀岩。

桂林郊县五日游

第一天到乐满地旅游度假世界，享受度假生活带来的快乐。第二天上午到灵渠观看中国伟大的水利工程；下午攀登猫儿山。第三天上午游览荔江湾、丰鱼岩；下午则到银子岩欣赏银子岩神奇的溶洞景观。第四天到龙脊梯田，拍几张好照片。第五天上午资江漂流，下午游览八角寨，欣赏丹霞地貌。

为何去

“桂林山水甲天下”已经是人皆所知。桂花盛开、香飘四野的8月，桂林疑为仙境。漓江的水，漓江的山，令我们陶醉。刘三姐的歌声，阳朔西街的诱惑令我们不能自拔。

阳朔世外桃源

何时去

每年4—10月，桂林山清水秀，是游山玩水的最佳时节。在龙胜可观赏宏大的线描奇观，农历四月十五之后的半个月内，水汪汪的龙脊梯田又是另一番奇景。中秋之夜的象鼻山“漓江双月”更是美轮美奂，吸引不少游客。

春、冬季尽管处于旅游淡季，但因侗族花炮节、瑶族禁风节、壮族三月三、恭城桃花节等盛大节日也吸引着不少游客。

恭城桃花

区域解读

区号：0773
面积：约27 809km²
人口：约526万人
主要少数民族：壮族、瑶族、侗族

地理 GEOGRAPHY

区划

桂林市位于广西壮族自治区的东北部，辖6区（秀峰区、叠彩区、七星区、象山区、临桂区、雁山区）、8县（灵川县、兴安县、全州县、灌阳县、资源县、永福县、阳朔县、平乐县）、2个自治县（龙胜各族自治县、恭城瑶族自治县），代管1个县级市（荔浦市）。

地形

桂林市地处南岭山脉的西南部，有山地、丘陵和台地等地形。桂林呈现出典型的喀斯特岩溶地貌，且两侧高，中部低，处在自西北向东南延伸的喀斯特（岩溶）盆地中。遍布全桂林的石灰岩经亿万年的风化，形成了千峰环立，一水抱城，洞奇石美的独特景观。

地处资源和兴安两县境内的猫儿山，主峰为一花岗岩巨石，海拔2141.5米，为广西第一高峰，也是南岭山脉的最高峰。

气候

桂林市地处低纬，属中亚热带季风气候，境内气候温和湿润，冬无严寒，夏无酷暑，年平均气温在19℃左右。桂林“三冬无雪”“四季常花”，一年四季都是生活的好季节。在桂林，无论是晨昏午夜还是阴晴雨雾，景致变化无常，美景层出不穷，气候条件十分优越。

漓江，无休止的美丽故事

漓江是桂林风景的精华，首次来到桂林的朋友，或许都会把漓江作为行程中的第一站，来感受桂林无与伦比的美丽。

漓江发源于“华南首峰”——猫儿山，这里林丰木秀，空气新鲜，生态环境极佳。漓江作为桂江上游河段的通称，属珠江流域西江水系。从猫儿山下来，漓江每流经一处，当地人便会给她不一样的称谓，像六峒河、溶江等。我们平常所说的“漓江”，指的是以兴安县溶江镇河口与古运河灵渠汇合为起点，流经灵川、桂林、阳朔，至平乐三江口的一段。

全长164千米的漓江，从兴安县顺流南下便到了桂林，桂林山水中，以漓江流经阳朔的这一段最为美丽。此时的桂林城区，已被漓江明澈天然的江水所包围，但桂林毫不“反抗”，已然为漓江的美丽所折服，静静地依偎在江畔，聆听着这日夜不停却又安宁淡然的江水诉说前世今生的动人娟秀。

“桂林山水甲天下，漓江山水美如画。”漓江自桂林至阳朔83千米的河段，是广西东北部喀斯特地形发育最典型的地段，也是漓

漓江

江风景最为秀美的一段，千百年来不知陶醉了多少文人墨客，韩愈曾经赞叹道“江作青罗带，山如碧玉簪”；电影《刘三姐》中的竹筏依旧难忘，悠扬的歌声仍在这里回荡；第五套20元人民币的背面，也把此景印上。

2008年，英国BBC和中国CCTV合作的纪录片*Wild China*首映，影片正是从漓江开始介绍中国；2013年10月，漓江更是被美国CNN评为全球15条“最值得一去”的美丽河流之一，成为中国唯一入选的美丽河流。

静静的秀美漓江经阳朔县继续流淌，在平乐县平乐镇北与恭城河汇合后终称桂江，南流至梧州汇入西江，漓江也为其美丽的故事画上了句号。

历史 HISTORY

历史大事记

●远古时期

桂林历史悠久。根据市区宝积岩和甑皮岩洞穴发现的遗物考证，甑皮岩人已进入母系氏族社会阶段，距今约1万年。

●秦汉时期

始皇三十三年（前214年），秦始皇统一岭南，置桂林郡、象郡和南海郡，这是“桂林”名称的最早起源，但郡治不在今天的桂林市，而是在今广西中部的桂平、贵港一带。

始皇令史禄于临源岭开凿灵渠以来，中原文化与桂林历史文化更是有了千丝万缕的关系。从此，中国版图中正式有了桂林这个地名。

桂林的建城史开始于汉武帝时期。汉元鼎六年（前111年），在这里设始安县，隶属零陵郡。

●两晋南北朝时期

桂林有始安、始建等不同名称，虽屡有更迭，但其作为县治、郡治、州治驻地的情形一直没有改变。这个南疆小城一天天变得发达重要起来。由于它地处南北水陆交通要冲，理所当然成为沟通南北的重要枢纽。

●唐宋时期

佛教在唐代极为盛行。桂林较大的寺院就有十几处。鉴真和尚东渡时曾在桂林开元寺度过一年，主持佛事，将桂林佛教文化推向鼎盛。

宋景定三年（1262年），经略使朱祀孙在“郡学之西，城之东（始安县城南护城河岸）建藏太阁、明新堂及斋舍”，理宗亲赐“宣成书院”的匾额，宣成书院成为桂林的第一所书院。

名单 桂林历史名人

清朝国画画家石涛

抗法抵日名将唐景崧

晚晴词人况周颐

近代著名教育家马君武

国民党“桂系”首领李宗仁

国民党陆军一级上将白崇禧

国学大师梁漱溟

现代民族学奠基人黄现

石涛墨竹

●明清时期

明洪武三年（1370年），朱元璋封其侄孙朱守谦为靖江王，建藩国于桂林，5年始建靖江王府，26年筑府城。藩王制度直至南明永历四年（清顺治七年，1650年）藩国结束，共历经280年，传袭13世，共有14任靖江王。

清代嘉庆道光时期，桐城派的中坚力量是岭西五大家，而岭西五大家中，有3个就是桂林人。晚清四大词人中有3人是桂林人，还有著名的临桂词派等。

●近现代

1914年改名桂林县，1940年始设桂林市。历史上曾长期为广西省会。

1921年12月，孙中山率北伐军溯西江抵达桂林，驻桂期间，孙中山在靖江王城设大本营，宣传三民主义，整顿军队，积极准备北伐。并整肃治安，动工兴修桂（林）全（州）公路，还会见了共产国际代表马林。

抗战时期，东北、华北、华东和广东沦陷后，大批文化人先后云集桂林，坚持抗日救亡文化运动，使桂林成为国民党统治区的重要抗日文化中心。

1998年9月8日经国务院批准，桂林市和桂林地区合并，组建新的桂林市。

2013年12月28日，桂林至北京的高铁畅通，广西自此进入高铁时代，实现与全国高铁大动脉互联互通。

链接

桂林地名的由来

《旧唐书·地理志》解释“江源多桂，不生杂木，故秦时立为桂林郡也”。这就是桂林名称的由来。

二百八十载，阅尽王城知桂林

布衣出身的明朝开国皇帝朱元璋为巩固明朝朱姓的天下，采取了“众建宗亲，以藩王室”的政策。洪武三年（1370年），朱元璋册封诸王子为各地藩王。靖江王是朱元璋首批分封的10个藩王之一，也是唯一以侄孙辈受封的藩王，他于洪武九年（1376年）就藩桂林。今日桂林城内规模宏伟的靖江王城、靖江王陵等明代藩王历史文化建筑皆为其遗存。

靖江王是明朝一个规制特别的藩王，与明代数以千计的郡王在政治、经济待遇上都是不一样的，在许多方面享受了相当于亲王级别，或低于亲王、高于郡王的特殊待遇。《明史》记载为“禄视郡王，官属亲王之半”。可见，当时靖江王的地位之高。

“百僚已睡朕未睡，百僚未起朕先起。”当朱元璋日理万机，吃饭走路都想着政务时，朱守谦却像个扶不起来的阿斗，骄奢淫逸，“好比群小，粤人怨咨”。为了维护统治、稳固政权，朱元璋只得削其爵位，将其废为庶人，囚禁在京师，直到去世。建文二年（1400年）朱守谦的嫡长子朱赞仪承袭王位，永乐元年（1403年）到桂复藩。

明朝封藩，诸王国以始封之王为始祖，靖江王国却是个例外。朱守谦并不是靖江王的始祖，他的爷爷南昌王朱兴隆才是，父亲朱文正为二世，首膺靖江王封号的朱守谦自己则为三世。这是因为朱元璋共有三兄，朱兴隆为其长兄，三兄均早逝，唯朱兴隆留下一子。后来朱元璋追封朱兴隆为南昌王，列祀家庙，诏祀为靖江王始祖。

历史上，靖江王是众多明朝藩王中绕不开的话题。靖江王是中国历史上传袭最长的藩王，自其就藩桂林开始，直至南明永历四年（清顺治七年，1650年）清军入桂，最后一任靖江王朱亨歅自缢，藩国结束，共历经280年，传袭13世，共有14任王。这在中国历史上绝无仅有。

近280年间，14位靖江藩王居于桂林，但他们并不掌管地方的政治经济大权，他们中的大多数过着骄淫奢侈、养尊处优的“寄生”生活。然而，从另一个角度看，他们这种饮酒作乐、听曲赏舞、游山玩水、吟诗作赋的“清闲快乐”生活，对桂林在宗教、戏剧、诗词等方面文化的发展也起到了一定的促进作用。

如今的靖江王府内，古城墙、台基、云阶、玉陛和月牙池仍记录着沧桑的历史，同在桂林的靖江王陵也依稀可见奢华。历史留给桂林城的有辉煌、有遗憾，也有无尽的遐想。“以史为镜”，莫溺宠子孙，或许更是子孙之福。

靖江王府

文化 CULTURE

桂剧，山水桂林的梨园美景

桂剧俗称桂戏或桂班戏，是广西最具代表性的剧种之一，早在明末清初，弋阳、昆山和乱弹等腔就已流传于桂林一带。20世纪三四十年代，因著名戏剧家欧阳予倩对桂剧进行改革，并创作、改编、新编《梁红玉》《打金枝》《断桥》等桂剧，而使之成为中国十大戏曲剧种之一。

桂剧采用桂林本地方言演唱，声腔乐曲以弹腔为主，兼唱高腔、昆腔、吹腔及杂腔小调等五种声腔艺术。唱腔委婉动人、清澈明亮，借助身段姿态与面部表情表达情感，着重采用细腻而富于现实生活气息的表演手法塑造人物形象，具有浓郁的乡土气息。

桂剧的传统剧目相当丰富，艺人中间素有“大小本杂八百出”之说，其中约80%为弹腔剧目。大部分是历史故事，多在庙会草台连本演出，表演粗犷质朴。如刀马旦的“马步”和武生的“紫金冠”，特色显著，为人称道。在城市演出中，则以“三小戏”为主，表演细腻，造诣较高。如《拾玉镯》的做功，《抢伞》的舞蹈，《柴房别》的“罗帽”功夫等，均脍炙人口，反映了桂剧的主要特色。

在众多桂剧剧目中，《打棍出箱》这一经典名段的表演最为出色，堪称“梨园一绝”。演出中，在不足1平方米的箱子里，演员要表演高难度的“三跌四出”“箱内换衣”等动作，难度极大。早在1991年，桂剧《打棍出箱》就亮相央视春晚，2013年12月30日再次在国家大剧院举办的2014年新年戏曲晚会中登场。

桂剧犹如漓江水，清澈明亮，又如一树桂花，馨香扑鼻，具有浓郁的乡土气息。若有机会到桂林旅游，切莫错过欣赏桂剧。

桂剧演出

漓江渔火节，夜幕下的诗画漓江

漓江渔火节的得名源于阳朔八大美景之一的“漓江渔火”。“漓江渔火”是阳朔具有千年历史积淀的人文民俗景观，原是漓江上的一种民间传统渔事活动。

昔日的漓江渔民常在夜间捕鱼，而每次捕鱼有数十甚至上百的竹筏出动，汇集白沙河湾中，渔民在小竹筏上点一盏耀眼的灯火，用灯光吸引趋光性的游鱼上钩。就在游鱼“尾随”之际，渔夫以桨击水，渔船上的鸬鹚便借着灯光，入水如梭，叼上鱼儿就露出水面引颈而吞（颈子被绳索套住，鱼儿吞不下）。这时，渔夫伸竹篙把鸬鹚挑上竹排，把鱼儿挤吐进鱼篓。

夜幕下的江面，渔民成群结队乘筏游梭，渔火如流萤飞舞，又似繁星点点，从渔民口中发出的阵阵渔歌如天籁般萦回，与四周的青山岩壁构成一幅有声有色的立体图画，别有一番诗情画意。澳大利亚学者奥格特姆说：“阳朔渔火文化来自江中，升华于江上，把自然和文化很好地‘婚配’交融。这是一种绿色旅游活动，很有审美价值和鉴赏价值。”

1999年起，阳朔县传承传统民俗文化，首次举办漓江渔火节。以后在每年金秋时节都会举行“漓江渔火节”。节日主要以漓江“渔火”“焰火”“篝火”三把火为主线，加上文艺联欢，金橘交易会，广场民间文艺表演，美术、书法创作及摄影展出，中外游客自行车越野赛，西街之夜狂欢等文体赛事及商贸活动，与碧莲峰下江面的“四龙出水”“千盏莲灯”连成一片，构成了一幅“一江灯火满江红”的绝妙佳景。如今，漓江渔火节已成为阳朔旅游的一个重要品牌。

桂林米粉，忘不了的南方味道

米粉是深受公众喜爱的南方美食，桂林米粉更是其中的佼佼者，以其独特的风味远近闻名。

桂林米粉

桂林米粉的美味也是经得起历史检验的。时至今日，桂林人吃米粉，已经吃了2200多年。桂林米粉发源于兴安，2000多年前，秦始皇为成就一统天下的霸业，在兴安开凿了灵渠，同时顺应北方吃面长大的士兵的饮食习惯，创造性地用大米做出了“桂林米粉”。后经历代米粉师傅改进加工，采用中草药及香料等原料制作卤水，就形成了不仅味美而且有药用功能的桂林米粉。

如果说漓江山水让那些文人墨客心神向往，那么桂林米粉更加拉近了他们与桂林的距离。在桂林，米粉绝不仅仅是一份点心，一种小吃，它承载着的是桂林的往事、桂林的历史以及关于桂林的回忆。台湾著名作家白先勇不仅能说一口正宗流利的桂林话，还酷爱桂林米粉。小时候的米粉回忆，仿佛随时都在心头萦绕。到台北后，很少能吃到桂林米粉，白先勇很是怀念这种特殊的地方风味。他在名篇《花桥荣记》中，就津津有味地讲起桂林米粉的故事。

桂林米粉是桂林人永恒的话题。千百年来，吃米粉成了桂林人生活中的一个重要内容，一天不吃米粉，好像浑身都不舒服。这种仿佛融进血液里的习惯也让热爱米粉的桂林人创造出了一个独特的节日——米粉节。2007年首届桂林米粉节在兴安县举办，时至今日，已成功连续举办多届，若是8月下旬前往桂林兴安游玩，一定不要错过这么美味的节日。

山水桂林的年轻魅力

“桂林山水甲天下，阳朔山水甲桂林。”如果说“甲天下”的多年美誉让桂林的山水长盛不衰，风光依然，那么年轻人的参与则让这里的美丽青春常驻，血脉偾张。

近些年的桂林，吸引着众多的年轻人前来。这一方面缘于桂林美得让人称奇、让人赞叹的景色，另一方面则是因为越来越多的年轻人喜欢参与的体育、娱乐活动也越来越多地把桂林作为重要的站点。

首先要说的是阳朔攀岩节，这个自2008年首次举办的攀岩节已经成为中国攀岩者最喜爱的攀岩节。作为中国最负盛名的攀岩地和拥有亚洲最完美多样岩壁的阳朔，它的代表性和便利性一直吸引着国内外众多攀岩者前来。

如今的阳朔攀岩节已经开辟300多条新线路，每年10月节日举办期间，不仅有国际顶级的攀岩运动员亲临盛会，更是重磅推出“ON-SIGHT（首攀）大赛”“红点活动”等重要活动。而人气最高涨的夜间抱石赛、自然岩壁多爬多得、花式及高空扁带秀、音乐啤酒Party等经典活动也缤纷多彩。在阳朔，秀美的风景、别样的民族风情与最潮最奇的攀岩文化，这种独特的融合姿态将会让你欲罢不能。

除了本色呈现的攀岩节外，山水音乐节的到来不仅为桂林注入新的艺术气息，更是屡屡引爆年轻乐迷的小宇宙。于2011年首次举办的桂林山水音乐节，已经成为继“印象刘三姐”之后，桂林的又一文化旅游品牌力。每年的10月，乐迷们在桂林不仅能享受到山水的柔情，更是彼此分享着文化的甘醇。

山水音乐节上曾出现过的诸如汪峰、窦唯、左小祖咒等摇滚音乐人，也如同背包客般在此聚集，“好音乐，无国界”，在灵山秀水之间用音乐交流，彼此的心灵在音乐的碰撞与冲击下得到尽情释放。

每年音乐节举办的同时，也将举办国际美食节、创意集市、汽车露营、户外运动等系列活动。相信正是因为有年轻人的参与，桂林才会永葆青春。

阳朔攀岩

景点推荐

漓江风景区 AAAAA

漓江位于广西壮族自治区东部，属珠江水系。优美的沿江风光让漓江成为中国锦绣河山的一颗明珠，是桂林风光的精华，早已闻名遐迩，著称于世。漓江景区也是世界上规模最大、风景最美的岩溶山水游览区。

景区以桂林市为中心点，北起兴安灵渠，南至阳朔，其中当属桂林到阳朔这段的漓江最为精彩。漓江兼有“山青、水秀、洞奇、石美”四绝，还有“洲绿、滩险、潭深、瀑飞”之胜。江中多洲，岸边多滩，乱石遏流，浪回波伏，茂树环合，翠竹竞秀。来桂林，漓江可以说是必到的旅游景区。

大圩古镇 镇

古意盎然的千年古镇

桂林市七星区大圩镇

在桂林长途汽车总站乘坐开往冠岩的专线车可到

大圩古镇位于漓江东岸，始建于北宋时期，距今已经有千年历史了。同时它也是广西古代“四大圩镇”之一。大圩一带的风光非常集中：西有奇峰镇，东南有父子岩，西南有磨盘山。始建于明代的单拱石桥万寿桥，仍雄跨镇南，镇上还保留有清代建筑高祖庙、汉皇庙和广东、湖南、江西会馆等文物，古风犹存的铺台，剥落的风火墙，皆为圩镇古老的见证。

沿江码头的青石板路依旧保持着原貌，石板被踩得闪闪发亮。街道两旁，绿竹掩映，砖木结构的青瓦楼房，古色古香，楼房吊脚踏入漓江，是江上游客注目的焦点。大圩镇隔漓江对面的毛洲岛，四面环水，树林蓊郁，古藤拦道，阡陌纵横，小桥、流水、人家，尽得江南灵秀。

漓江的三种玩法

● 全景大船游

游览漓江风景区的最主要方式便是乘船，漓江游线主要是桂林磨盘山码头或竹江码头—阳朔段航线，是漓江风景区的精华部分，游览时长4.5小时左右。

乘船游漓江的码头有内宾外宾之别。内宾是从磨盘山码头上船，在阳朔龙头山码头下船；外宾是从竹江码头上船，在阳朔水东门码头下船，上岸就是西街。

磨盘山码头位于桂林市南郊20余千米，距市区约需40分钟车程，市区到码头设有专线客车和公交，打的前往约70元。竹江码头位于磨盘山码头南侧约2千米处。

遇到漓江的枯水季节则在杨堤码头乘船。桂林的游船直接到阳朔（枯水的时候游杨堤—兴坪段），中间不能下船。

漓江精华航线乘船收费情况见下表：

游览线路	票价		游船类型	餐食
竹江码头—阳朔水东门码头(外宾)	旺季	全票：270元 半票：135元	豪华空调船	提供中餐需另收取标准餐费35元/人
	淡季	全票：240元 半票：120元		
	旺季	全票：450元 半票：225元	超豪华船	免费提供中式自助餐
	淡季	全票：380元 半票：190元		
磨盘山码头—阳朔龙头山码头（内宾）	旺季	全票：210元 半票：105元	普通空调船	免费提供中式经济餐
	淡季	全票：190元 半票：95元		

● 精华竹筏游

游览漓江除了乘大船外还可以乘竹筏。乘竹筏在阳朔自助游游客中十分流行。一般乘竹筏游，多为漓江风景的精华段（杨堤—兴坪）。夏天乘竹筏游，最大的特色就是穿拖鞋可下水泡泡脚，与漓江亲密接触。竹筏游120元1人，每筏限4人，全程约需2小时。

从桂林前往杨堤码头： 坐桂林—阳朔的慢车，在杨堤路口停，但是不到杨堤码头，需要在路口换乘从阳朔到杨堤码头的车，这一段路费2.5元/人。

从阳朔前往杨堤码头： 有阳朔—杨堤码头（注意是杨堤码头，不是杨堤路口）的班车，每天6：40左右开始发车，20分钟一班，从阳朔到杨堤码头车程约1个半小时（慢车，随时上下客），每人10元。

● 精华徒步游

到漓江，如果只是在景区里坐着竹排顺流而下，用自己的肉眼快速验证一下宣传画上的经典场景，然后就结束行程，那就太辜负天生丽质的漓江山水了。漓江真正的美丽需要仔细端详，用脚来丈量。

距离与耗时： 从桂林到阳朔这80多千米的漓江水路，杨堤至兴坪这一段向来被誉为最为高潮迭起的、最精华的一段。杨堤至兴坪这一段全程约20千米，要走5~6小时。

准备： 徒步漓江的路很好走，基本是沿江的小路和田埂，没什么上山下山路。你总能找到当地人问路，不用担心迷路。水不用多带，走一个小时左右就能碰到一个村子，可以去买水或灌点井水。沿途风光旖旎，山重水复，与坐在游船上纯粹观望和欣赏相比，徜徉于秀甲天下的山水之间，那种融于大自然的感觉，非言语所能表达。

漓江泛舟

玩家 攻略

万寿桥：到大圩，万寿桥是必去的地方。万寿桥西面是漓江，这里是欣赏漓江的极佳位置。电影《刘三姐》也曾于这里取过许多景。刘三姐的那首开场曲“山顶有花山脚香，桥下有水桥面凉，心中有了不平事，山歌如火出胸膛”就是在这里唱的。

习俗特色：大圩古镇的风味小吃及传统的文化、娱乐和民间习俗，也使游人流连忘返。端午节，大圩的龙舟赛是传统的项目，桂剧、彩调剧、龙船歌、送船歌等，更是人们喜爱的传统节目。

古东景区 AAAA

与漓江水的亲密接触

桂林市灵川县大圩古镇东边，桂林市区往东26千米 75元 乘桂林到古东的专线车可到

古东景区以地下涌泉汇集形成的多级串联瀑布而闻名于世，它是全国唯一一个由地下涌泉形成的多级串联瀑布，同时也是一个因钙华沉积作用可逐渐长高而改变景致的瀑布；这里曾作为CCTV外景摄制点，也被誉为“可以触摸的瀑布”。

在古东，游客不仅可以亲密接触漓江支流水，还可以与她尽情嬉戏。在这里您只要穿上古东阿婆编织的草鞋，戴上安全帽，踏古东八瀑九潭而上，即可享受漓江水带来的快意。除了瀑布，游客还可以观赏到在国际地质学中罕见的地质奇观，享有古东镇山之宝美名的“古东之眼”；此外景区内融合了广西壮族文化的特色，随处可见壮族图腾、壮族的吉祥物、壮族的建筑物风雨桥等；游客还可以坐上竹排在三姐湖面上轻轻滑行，聆听壮族歌仙刘三姐的歌声。

玩家 攻略

走瀑戏浪：在古洞景区当然要亲密接触一下漓江水。在这里游客可以走瀑戏浪，与水嬉戏。

赏枫：景区里有国内独有的3000余亩红枫林。每到秋冬季节，便是漫山红遍的南国香山之绝美景象，也是赏枫的绝好之地。

极速滑道：景区内刺激的速滑溜索及长达千米的极速滑道，能让游客更快地感受到古东原始森林的独特魅力。

美食：景区内有很多餐厅，游客可以品尝乡土人家的土鸡、河鲜、纯天然野菜，品味不一样的乡村小食。

攀爬瀑布

冠岩景区 AAAA

“兼山水之奇”的地下水晶宫

桂林市草坪乡　¥ 60元　3848899

从桂林乘车经大圩古镇，可直达冠岩景区。也可乘船在游览漓江途中停靠冠岩码头，游览冠岩景区

冠岩是一个巨型地下河溶洞，因其外貌像古时的紫金冠，故名冠岩。岩内常年流出甘洌清泉，故又叫甘岩。还因在漆黑洞里，顶上透出微光，所以又叫光岩，1937年李宗仁曾题“光岩”二字刻于洞口。冠岩堪称曲径通幽，洞口有四五重，水贯其中，风景优美，冬暖夏凉。因它有七星岩之深邃，芦笛岩之壮丽，所以也堪称诸岩之冠。

冠岩岩口，是地下河的出口处，整个冠岩洞分四门，进入每层洞门都有一个饶有趣味的天地。洞中光怪陆离的钟乳石和幽深的潭水，幻化出神奇的水晶宫殿。冠岩景区内的有轨电车沿途各景点设站，乘坐列车在秀丽的山水、宁静淳朴的村舍和优美的田园风光之中穿梭往来也别有一番风情。

玩家攻略

浪洲岛娱乐园：穿越冠岩的地下河可以到达漓江，顺流直下便可以到浪洲岛娱乐园观赏民族歌舞、传统民族工艺，购物，垂钓，撒网捕鱼，采果子和泛舟漓江。

杨堤景区

阳朔的水上门户

桂林市阳朔县杨堤乡

杨堤是阳朔的水上门户，又是漓江流入

冠岩

阳朔之后的第一个景区。尽管它只是一个小小的乡镇，却是一个十分美丽的地方。这里的山更青，水更绿。山体山形与桂林迥然不同，山形突兀，各具风姿；山体不再裸露，植被满山，绿荫覆盖，其江心倒影更令人陶醉。从乡吧岛、绣山彩壁、半边渡到月光岛、浪石、上龙、下龙，景点密布，一个接着一个，让人目不暇接。

尤其是每到枯水季节，桂林断流，不能通航，而杨堤江段则畅通无阻，杨堤码头成了游人往返必经之路。所以，人们称杨堤是漓江上永不干涸的黄金水道。而且这一江段曲折蜿蜒，碧水潆洄，景点密布，奇峰倒影，竹木葱郁，是最能领略漓江“江作青罗带，山如碧玉簪”的妙处了。除沿江景点外，杨堤乡境内许多地方都有让人百看不厌的风景。

链接

杨堤名称的由来

杨堤既没有成排鲜绿翠嫩的杨树，也没有婆娑柔美的柳树，为何取名杨堤呢？原来，此名来自当地的两座山：羊角山与羊蹄山。很久以前，这儿出了个得道成精的巨大的山羊。它的食量大得惊人。除了将青草吃完还将农民的蔬菜吃完，农民因此苦不堪言。这事被玉皇大帝知道了，就派巨灵神前来收服羊精。

巨灵神与羊精展开了一场大战。巨灵神用自己的宝剑斩下了羊精一只后蹄，羊精顿时狂暴起来，瞪着血红的眼睛，用两只山峰般的羊角朝巨灵神冲去。巨灵神又是一剑将羊精的一对巨角齐刷刷地砍了下来。从此，这地方就多了两座石山，一是羊角化成的羊角山，一是羊蹄化成的羊蹄山。因在桂林方言中，“羊蹄”与“杨堤”读音一样，后人嫌“羊蹄”二字太俗，为配得上这一方的美景，就改为“杨堤”了。

兴坪古镇 镇

漓江沿岸最美丽的古镇

桂林市阳朔县

游客可以在桂林和阳朔乘坐直达班车前往兴坪

兴坪是阳朔一个非常重要的旅游古镇，相比阳朔县城兴坪古镇更加宁静和美丽。兴坪依山傍水，粉墙乌瓦，石板小巷，是漓江沿岸最美丽的古镇。

兴坪古镇距今已经有1700多年了，历史

悠久。如今在古镇还能看到许多保存完好的古建筑和历史的斑斑痕迹。除了悠久的历史，兴坪的风景也如诗如画。古镇境内不仅有九马画山、螺蛳岩、莲花岩、天水寨、灵宝阁等八大景区，还有多个历史气息浓厚的旅游景点。难怪当年叶剑英元帅游览兴坪后称赞道："果然佳胜在兴坪。"

玩家 攻略

美食：兴坪镇内有当地居民亲手制作的传统米花糖，香甜可口，十分值得品尝。

住宿：在兴坪有很多特色的民宿可供选择，像位于兴坪码头的老山寨旅馆（单人间60元起）、位于大河背村的绿洲小苑（双人标间80元起）、位于大河背村的宝雄庄（标间180元起）。这些民宿各具特色，类型多样，可满足不同游客的需求。

兴坪古街

在兴坪镇中心最能体现兴坪古老的一面的便是长1千多米的兴坪古街，这条古街是一条悠长的石板街。各省的会馆建筑于古街的两旁，现各类砖瓦结构的古建筑大部分保存完好。城墙轮廓尚清，随处可见古砖瓦陶瓷残片，只是原来"车马来往人看人"的繁华场景已经不再，转而呈现出一派青山幽幽、村舍几座的肃静氛围。

延伸

万年戏台

兴坪古街边的关帝庙，距今也有200多年的历史了。庙内的万年戏台，为桂北地区较为古老又保存完好的清代戏台，对研究广西的戏曲史及沿革演变很有价值。如今已经辟为博物馆，陈列当地周围出土的文物。

渔村

除了兴坪古街上的文物古迹，兴坪古镇还有众多的文物古迹，主要集中在离镇约2千米远的渔村。因为孙中山和克林顿都曾经到过这里旅游，所以这里也被当地人称为总统渔村。这里的古桥、古渡、古亭、古戏台、古庙、古寨、古树和古村落建筑群，比较完整地保留了原有的历史风貌，身临其境，仍可领略"老街长长，古巷深深"的意趣。

玩家 攻略

从兴坪码头到渔村租船来回需要60元。在渔村的对面是大河背村，是探索乡村情趣的好去处，游客可以在游览完渔村之后顺道到这里游玩一下。

莲花岩

在兴坪古镇东北6千米的白山底村东侧有一旅游景点莲花岩，岩体如瓶，内宽外窄，因岩口狭小，只有匍匐才能进去，所以也叫匍地岩。洞内最吸引人的便是莲塘奇观了，岩洞内水面漂浮着大大小小108块如荷叶的云盆，盆中满盛天然穴珠，又称溶洞珍珠，大小、形状、颜色与莲实同。进口处簇簇钟乳石，如片片莲瓣，像一朵硕大的莲花，高悬洞顶，华丽夺目，称为仙莲倒挂，堪称世界顶级奇观。

链接

莲花岩的由来

1964年有工作组到莲花岩考察，当时是四月中洞，洞内积水多，工作组中的金教授见这些岩石就像浮在水面的莲叶一样，且盆中有许多浑圆的小石子活像莲子，于是就称它为“莲花盆”，称这片景观为“莲花池”。金教授认为该岩极有价值，将这一奇景称为“莲塘”。于是“甸地岩”中的莲塘奇观就由此传开了。人们在谈论此奇景时都将这些云盆称作“莲花盆”，时间一长，就将此岩转称为“莲花岩”，而不再称为“甸地岩”了。

九马画山
风景如画的漂流胜地

桂林市阳朔县兴坪镇境内　16元

九马画山五峰连属，临江石壁上，青绿黄白，精彩纷呈，浓淡相间，斑驳有致，宛如一幅神骏图，故有九马画山之名，简称画山。九马栩栩如生，神态各异，或立或卧，或奔或跃，或饮江河，或嘶云天，正是“马图呈九道，奇物在人间”。

九马画山峡谷漂流景区是阳朔风景区唯一集漂流、溯溪、露营、徒步、攀岩、野战、滑道、户外拓展为一体的综合型休闲旅游景区，可选择徒步或骑车游览。漂流河道从云涌八仙景点开始，全长3.5千米，整体落差达180米，从高空看，恍如一条玉带蜿蜒于峡谷之中。耗时约一个半小时，即可完成一次“全程心跳的安全漂流”。

黄布倒影
最美的倒影

桂林市阳朔县兴坪镇

在阳朔汽车站有直达班车

离画山不远往南，便是黄布滩。俗话说：“漓江山色之美，美在倒影中；漓江倒影之美，就数黄布滩倒影最为醉人。”因为这里江流清澈，碧绿透底，从水面上可以看到江底有块米黄色的大石板，长、宽各数丈，恰似一匹黄布平铺在河床之上，由此得名。

在滩的左右两岸，有大小不一的七座山峰，好似仙姑浴水而出，人们称之为“七仙女下凡”。在晴天无风的日子，她们的倩影倒映在江中，十分清晰，简直令人分不清水上青山和水中倒影，于是形成了“黄布倒影”的景致。20元人民币的背景图案便是黄布倒影。

这里水平如镜，青峰倒影十分清晰，是沿江摄影的最佳处，确有“分明看见青山顶，船在青山顶上行”之感。

玩家攻略

门票： 峡谷漂流180元/人，桂林市民价100元/人；徒步杨堤至九马画山，门票20元/人；自助烧烤和篝火晚会35元/人；帐篷露营30元/人；农家自助餐25元/人。

漂流： 九马画山峡谷中险峻奇特的喀斯特地貌使得沿途奇弯异转，山峦跌宕，形成别出心裁的漂流路线。九马画山峡谷漂流途中每一个休憩处都有观景区，可以说是一漂一景。游客在感受清凉刺激的同时还可以观望漓江山水，欣赏到多角度、多层次的秀丽风光。

露营探险： 在九马画山附近扎营是不错的选择。徒步漓江过程中，可在画山脚下安顿扎营，这里风景绝佳，烧烤野炊，彻彻底底体验一次野外生活。

黄布倒影

景点推荐

阳朔旅游区

西街

异国情调浓厚的小镇古街

桂林市阳朔县城西街

市内乘阳朔601路、阳朔603路、阳朔604路等公交可达

西街是位于阳朔县城中心的一条古老街区，有着1400多年的历史，全长1180米，宽8米。西街的房屋古朴典雅，桂北明清时期风格，小青瓦，坡屋面，白粉墙，吊阳台。就是这一股古朴劲让西街不仅成为阳朔旅游的一个亮点，也成为世界闻名的旅游景点。

首先，西街是一条散发着浓郁的历史文化气息的古街。这里曾是孙中山先生演讲的地方，曾居住过艺术大师徐悲鸿先生，这里曾是150多个国家，成百上千的总统、总理、首相、部长流连的地方，克林顿、尼克松、撒切尔夫人、胡志明等，不一而足。

其次，西街是一个浓缩华夏精华的中式小镇。西街上的西式摊店摆挂的都是中华民族的传统饰物：景泰蓝色图腾的布染，人工刺绣的荷包、挂带，不同式样的中国结和平安符。也正是这种浓浓的中国味吸引着众多的朋友来到这里。

西街除了是一个中式小镇，还是一条充满西方色彩的“洋人街”。阳朔被誉为中国第一条洋人街——最大的外语角和名副其实的地球村。在西街，外国人的身影和痕迹随处可见，他们在这里开饭店、咖啡店，酒吧……在阳朔小镇上尽情地感受温暖的小资情调。

玩家 攻略

购物：在西街上有100多家专卖旅游商品的摊位，全部一字排列，出售着民族服饰、工艺品、瓷器、古玩等各种各样的商品，游客可以根据自己的喜好进行购买。

美食：在西街上有非常多的餐馆，中式西式皆有，阳朔有名的米粉、啤酒鱼和各种有名的阳朔小吃在西街上也都可以找到。

住宿：西街上有许多旅馆，类型多样，旅客可以根据自己的需求进行选择。在西街靠近漓江的部分有江边客栈，可以欣赏到漓江的风景，十分不错。

娱乐：在西街有各式的酒吧、咖啡馆，还有攀岩馆，所以游客来到西街不管是想要找个闲适的地方放松心情，还是想要体验一下刺激的感受都是可以的。

西街

玩家 解说

过去，西街除几家店铺外，居民大多是农民，处于“半是乡村半是店，可为生意可为耕”的半商半农状态。20世纪70年代初，阳朔对外开放，西方游客发现了西街，那些因大都市的喧嚣和快节奏的工作而身心疲惫的西方人，在这里找到了休憩的“港湾”。他们对当地古朴典雅的民居和传统文化、民风民俗表现出浓厚的兴趣，纷纷把对西街的独特感受写进旅游指南书。近些年，每年到西街观光、休闲的境外旅游者超过数十万人次。他们有住几天、十天半月的，也有住一年几年的，有的干脆在西街成婚、开店。西街成了中西文化交融的“洋人街”，成了超越地域的“地球村”，成了规模庞大的“外语角”。

旅行者

这是一个狭窄、临街的小酒吧，白天沉寂，夜晚沉默，外国背包客或者爱安静的女孩，首选这里。酒吧内的一面墙是酒吧铁杆顾客的画像，右面墙上则是密密麻麻的签名、留言，每一个来西街旅游的“旅行者”都可以在这里留下自己的足迹。西街上每个酒吧都有书，只有多少之分。旅行者酒吧有很多书、旅行资料，如果你是寻找一起上路的人，旅行者酒吧是最好的选择。

玫瑰木餐厅

位于西街83号的玫瑰木餐厅是一家正宗的意大利餐厅，餐厅内到处摆放的都是绿色植物，非常清新。餐厅正对碧莲峰，是一个观景的好地方。

这里的食物都是由意大利师傅制作的，味道非常正宗。玫瑰木的咖啡也非常值得一尝，这里的咖啡豆以及咖啡机都是来自意大利，用料非常讲究，口味自然不一般。

小马的天

西街上酒吧的老板们，都是侠客，不为生活所迫，不理凡尘世俗。这家酒吧位于前街28号，老板小马是个法国小伙子，不愧是法国人，把酒吧布置得非常有情调。坐在小马的天的木椅上，目光穿过落地玻璃窗，就能看见一片蓝天，这片天，在斜对面的中国攀岩吧看不见，在路口的玫瑰木餐厅看不见，单单在小马的天里，看得一清二楚，湛蓝而空无。这里，很多感情丰富的人在质感相当好的留言本上画画、写诗。

阳朔公园

富有山水情趣的阳朔公园

桂林市阳朔县叠翠路36号

市内乘阳朔601路、阳朔602路、阳朔603路公交可达

阳朔公园曾名寿阳公园，后改名为“阳

朔公园”。公园现有大小两园门。大门上方刻有当代著名书法家刘海粟手书“阳朔公园”四字。小门在碧莲洞口西南方，刻有著名画家陆俨少手书园名。园内桂树成荫，双月溪从园内萦回而过，漂亮的喀斯特石山带来的天然之趣更胜江南。

公园内四周奇峰环绕，园内有独秀峰、西郎山、碧莲洞、来仙洞等名景。此外，园内的“春蕾苑”，以陈列当地特产的吸水石假山、花卉盆景为主，衬以梅亭水榭、小溪曲桥、彩壁回栏、怪石名花，集阳朔名山秀水于一苑，也十分值得一看。

阳朔公园漂流

玩家 攻略

西郎山：又名屏风山，有岩洞贯穿山体，十分凉爽，是纳凉的好去处。山顶有一个名叫“会仙亭”的八角亭非常适合观景。

钟灵山：山上有一些历代石刻，非常值得一观。

独秀山：独秀山比上面两座山更有气势，石刻也更胜钟灵山一筹，算是阳朔最有历史韵味的地方之一。

观景：阳朔这些年在市区修建了相当不错的灯光工程，阳朔公园便是其中一处非常好的观景点。

阳朔公园

阳朔西街

徐悲鸿故居
绘画之父的广西记忆

桂林市阳朔县前街的县政府门前

市内乘阳朔601路、阳朔602路、阳朔603路公交可达

阳朔徐悲鸿故居是徐悲鸿先生于1935年到1938年避居广西时李宗仁所赠送的房屋。故居是一座三进堂的小屋，入故居之内庭，会见到一株10多米高、两抱围粗、浓荫若盖、花香醉人的玉兰树，这株玉兰树可以说是徐悲鸿故居的一大特色了。它见证了徐悲鸿与廖静文的爱情，以及他或挥毫泼墨或仰望天空时的豪情。

在故居内还有一个陈列馆，这是单层三开间砖木结构建筑，其风檐为褐红色。陈列馆主要展示了徐悲鸿先生在此生活的实情实景，还有反映徐悲鸿先生一生经历的图片等。徐悲鸿的《漓江春雨》《走邕渡》《鸡鸣不已》等名画，都是在此创作的。

链接

徐悲鸿

徐悲鸿（1895—1953），江苏宜兴人，被誉为“中国近代绘画之父”和“中国现代画圣”。1935年，徐悲鸿反对蒋介石的黑暗统治，遭逼害愤离南京，到桂林阳朔进行创作活动。来到阳朔，他在碧莲峰里寻找住宿。一天在一家破败的房屋前，看见两棵高大的玉兰树，繁花朵朵，艳如白雪，便顿生眷恋之情，租屋住下。此事被李宗仁先生知道后，派人购下此屋，加以修建，赠予徐悲鸿聊作绘画栖身之所。1936—1937年徐与夫人廖静文居住于此。在此期间，徐悲鸿进行了大量创作，《晨曲》《逆风》《风雨思君子》《古柏》《漓江春雨》等是该时期的代表作，他还专门刻了“阳朔天民”图章一枚，作为在阳朔绘画之用，所以徐悲鸿又号“阳朔天民”。

阳朔山水园
文化底蕴深厚的阳朔第一峰

桂林市阳朔县滨江路2号

8823496

市内乘阳朔601路、阳朔603路、阳朔604路等公交可达

山水园位于阳朔县城内碧莲峰东麓，为原碧莲峰景区。风景如画的漓江环绕而过。园中最吸引人的便是阳朔县城标志之一的碧莲峰，碧莲峰因集山水秀色、文化古迹、珍奇赏玩于一身而堪称“阳朔第一峰”。

景区内山间亭阁、摩崖、碑刻颇多，唐代佛门大师鉴真、大诗人曹邺、大旅行家徐霞客等上百位名人雅士，当代有周恩来、陈毅、邓小平等数十位国家领导人，都曾到园中游览，留下了大量的诗文墨宝。

玩家攻略

碧莲峰因形似一朵含苞欲放的碧莲而得名。

徐悲鸿故居

印象·刘三姐

在其东面大约500米的阳朔大桥南桥头有一"观莲处",从这里看碧莲峰,最像浴水而出、亭亭玉立、含苞欲放的莲花。

漓江山水剧场
架在山水之间的绝美舞台

桂林市阳朔县田园路39号中国漓江山水剧场

238~680元(依位置的不同而定)

8811983

漓江山水剧场是世界上最大的山水实景剧场,坐落在漓江与田家河交汇处,与闻名遐迩的书童山隔水相望,180度全景视觉,可观赏漓江上2000米范围的景物及演出。

剧场以对面的书童山等为背景山峰,广袤无际的天穹,剧场几乎全部被绿色覆盖。而剧场的灯光、音响系统均采用隐蔽式设计,与环境融为一体,水上舞台全部采用竹排搭建,不演出时可以全部拆散、隐蔽,对漓江水体及河床不造成影响。

观众席依地势而建,梯田造型,与环境协调,同时也考虑到了行洪的安全。另外,在100多亩建设用地上,鼓楼、风雨桥以及贵宾观众席等建筑散发着浓郁的民族特色,整个工程不用一颗铁钉,令人叹为观止。

说到山水剧场,就不得不提《印象•刘三姐》,这部大型的桂林山水实景演出,是张艺谋印象系列的第一篇,也是目前最受好评的一篇。所有演员都是阳朔当地人,虽然有些人的演技不如专业演员精湛,不过倒也朴实可爱。

书童山
娇小秀美的滨江山峰

桂林市阳朔县田家河和漓江的交会处

在漓江山水剧场的对面便是书童山,书童山石壁如削,山顶绿树成荫。在山腰有一块直立的巨石从主体分离出来,从远处看去,很像古代宽衣大袖的书童在捧书而读,因此得名。

这里还可以看到附近的山峰也各有姿态,书童山东是卓笔峰,形如文笔倒插,有"卓笔文峰"之称。山南是鸡公山,酷似雄鸡报晓,有"书童闻鸡鸣而读"之赞。书童山与卓笔峰、鸡公山、灵人山以及山后的群峰一齐倒影江中,构成了"群峰倒影山浮水"的水晶世界,令人迷醉。

十里画廊 AAAA

秀丽如画的阳朔经典地

桂林市阳朔县高田镇

在阳朔汽车站有直达景区的车

月亮山25元，聚龙潭68元，鉴山寺20元，大榕树35元，蝴蝶泉60元，图腾古道45元

在阳朔北面通往银子岩的路上，有一个叫高田镇的地方，北起图腾古道,南至月亮山，一路上有月亮山、聚龙潭、大榕树、蝴蝶泉等诸多景点，处处山峰林立，玲珑奇秀，绿荫婆娑，如诗如画，所以又被称为十里画廊。人在路上走，如在画中游，有说不完的妙处。因此这里也成为一条非常经典的游线。

月亮山

月亮山因山的顶部有一宽、高约30米的穿透山体、形如明月的岩洞而得名。这里的风光古朴素雅、恬静安逸。山头上有一个天然的大石拱，两面贯通，远看酷似天上明月高挂。从不同的角度观看，此洞形状也不断变化。如果是开着车赏月山，那个石拱的形状会从弯弯的上弦月逐渐变成半月、圆月，继而又变成下弦月，十分奇妙。

在月亮山山顶有一溶洞名叫“月宫”，月宫里多钟乳石，有的状如嫦娥，有的状如玉兔，还有一棵桂花树，与广寒宫的神话相吻合，真是天工造化。美国前总统尼克松、卡特等中外名人先后登临“月宫”览胜。

玩家攻略

月亮山是阳朔地区最早开发的攀岩线路，只是山顶的攀岩场线路比较复杂，适合中级的攀岩者。对于游客来说，这里的体验式攀岩，算得上与喀斯特接触的最好方式。众多攀岩机构也汇聚在月亮山附近，花上300元左右，即可感受到攀岩所带来的广阔视野。

聚龙潭

聚龙潭原系两个天然溶洞，因黑岩和水岩组成，兼水陆之胜，因岩外奇峰竞秀，宛如神龙腾云，岩内钟乳石多姿，巧似游龙戏水，故取名“聚龙潭”。聚龙潭的景物，全系鬼斧神工，天然造就。

景区内的主要景点有龙女迎宾、水晶宫、老人守宝、蟠桃盛会、龙宫玉柱、贵妃新浴、石林奇观、海上明月、海市蜃楼、天妃护航、金鸡报晓、奇峰倒影、龙宫仙境、群龙送客等40多处。洞内有神秘地下河，游客既可策杖赏景，又可乘船游览，大有置身仙境之感。

鉴山寺

鉴山寺是桂林市

最早的古寺之一，历经宋元明清等朝代，其香火旺达1200余年。寺内建筑属仿唐佛教建筑，其规模之大，堪称广西最大寺院。

鉴山寺的建筑古朴典雅，雄伟壮观。建筑群体坐南向北，主要殿堂是典型古寺布置方式定位，中轴设有照壁、山门、天王殿、大雄宝殿、藏经阁；东西向设有观音殿、文殊殿、普贤殿、地藏殿、钟鼓楼、画廊、碑亭；各殿堂是供游客游览、了解佛教文化渊源、进行佛事交流活动、进香参拜的场所。

大榕树景区

大榕树景区因内有一棵植于隋代距今1400多年的奇特古榕树而得名。景区是世界岩溶喀斯特地貌峰林峰丛最集中、最典型、最有代表性的地方，以奇特的岩溶喀斯特地貌、如诗如画般的山水田园风光和丰富的壮族等少数民族民俗文化闻名天下。

大榕树景区向人们展现了一幅中国水墨画长卷，清澈见底的小河，青翠湿润的山峰，凤尾竹，壮家村寨，水车，清新爽人的空气，一切都是自然的美。因而世界著名园林专家卡尔曾说："在中国看到了最美丽的地方。"风靡中国及东南亚地区的电影《刘三姐》很多镜头在此拍摄，影片中刘三姐与阿牛哥大榕树下抛绣球定终身的情景打动了众多天下有情人。

玩家攻略

奇石宫内有7个展厅，1000多种各类奇石争奇斗妍。这些奇石形状千奇百怪，形神兼备，色彩斑斓，让人感受亿万年沧海桑田的地质变化和大自然的鬼斧神工，同时还可以领略奇石的丰富内容和朴实无华的韵味。

奇石宫

天籁·蝴蝶泉

天籁·蝴蝶泉景区是一个集奇山、秀水、田园风光于一身的旅游区。景区主要由蝶洞、蝶桥、蝶山、梁祝表演、兰蜂园、蝶缘、蝶厅7大部分组成。其中3800平方米的"蝶缘"号称目前中国最大的蝴蝶观赏园，里面有上千种数万只蝴蝶与人和谐相处。

此外这里民族风情也十分浓厚。在景区里游客可与著名的101侗寨寨主及苗王的后裔亲密接触，与侗哥苗妹欢聚一堂，还可以亲身体会做寨主苗王的滋味。还可以倾听传承千年的天籁之音——多情的侗族大歌。

玩家攻略

登蝶山：景区内的蝶山奇峰罗列，怪石嶙峋，可观赏到奇特的羊角山；此外山顶还是观赏阳朔精华田园风光的最佳位置。

篝火晚会：景区内的篝火晚会是桂林唯一的实景大型篝火狂欢晚会，在1500平方米的音乐广场上举办，其原汁、原味、原生态的民族风情，十分吸引人。

攀岩：蝴蝶泉和月亮山一样也有多条攀岩线路，供攀岩爱好者选择。

图腾古道

图腾古道景区是反映甑皮岩这一代表1.2万年至7000年前桂林先民居住、生活、宗教、狩猎和墓穴文化的实景展示基地。景区展出的有石器、陶器、自然图腾柱、古老的弓弩和让人听不懂的念念有词及充满野性诱惑的肢体语言等原始生活场景，再现桂林先民居住、生活、宗教、狩猎和甑皮文化的历史风貌，为世人开启了一道远古之门！

福利古镇

画扇之乡的历史风情

桂林市阳朔县城东部

从阳朔汽车站乘坐到福利的车

福利古镇距今已经有1000多年历史，山水奇丽，文化独特。该镇三面环山，一面临水，素有“三山环古镇，一水抱绿洲”之雅誉。电影《刘三姐》的部分外景在这里拍摄。福利镇不仅是风光秀丽的旅游名镇，而且是全国最有名的国画镇之一，被称为“中国画扇之乡”。

因为福利镇几乎有一半人口是外来迁徙者，所以保存了多样的文化。至今福利镇还保留有原始部落文化——古傩文化，这里的傩乐、傩舞保存完好，很有历史研究价值和艺术鉴赏价值。此外广东、福建人逃难到此，把他们的神也带来了——这是祖国内地唯一一个有妈祖文化的地方，这里香火很旺，每年的五月初八，镇上都举行盛大的庙会。

玩家攻略

购物：福利有条老街被称为画扇街，这条街上有很多画扇售卖，有兴趣的游客可以买一把留念。

圩市：每到福利圩市，集市上人潮拥挤，十分热闹繁华。

徒步和骑行：从阳朔徒步或骑行到福利也是一个非常好的选择。徒步大约需要2小时，骑行则1小时就足够。

留公村

隐逸在漓江沿岸的古朴村庄

桂林市阳朔县普益乡留公村

留公村相比福利古镇显得更加古朴，这里曾经是漓江的重要码头，因而在水运发达的过去这里曾是一个商贾云集的热闹之地。如今码头渡头还在，只是热闹不再，多的是一份属于古村的宁静。这里的房屋挑檐出阁，雕梁画栋，极富明清遗风。最能体现明清建筑特色的便是这里的得月楼，爬到楼上的四角小亭还可以看到秀美的漓江风光。

遇龙桥

遇龙河

阳朔的水中精华景

桂林市阳朔县城西南

遇龙河可以说是阳朔山水的精华，它以山青、水碧、竹翠、桥奇、村巧而闻名于世，是桂林山水中不可多得的美景，也是阳朔风光的最好体现。

遇龙河发源于临桂区的古里河，流域却大多在阳朔境内。它清澈妩媚，一路流经阳朔的金宝乡、葡萄镇、白沙镇、新阳朔镇、高田乡，最后与金宝河交汇于青飏渡（高田日出）处，再一同流入田家河，再由田家河注入漓江。遇龙河古时叫“安乐水”，因后来在河上建有石拱桥名曰“遇龙桥”而改名。

玩家 攻略

徒步：徒步游览遇龙河是欣赏这条“小漓江”的最佳方式。走进遇龙河流域，游客可以看得到“精缩”了的漓江山水，还可以看到古色古香的村落、十分有趣的水车、造型各异的古桥。

骑行：骑行也很适合游览遇龙河。可以在阳朔租单车。共有两条路可走，一条是走桂阳公路，路很好走，不到1小时即可到达；还有一条是河边小路，从大榕树景区的工农桥右拐，沿遇龙河逆流而上走乡间小路，路途远而难走，但风景好，3~5小时即可到达。

链接

遇龙河上的桥

遇龙桥：遇龙桥建于明代，是阳朔县境内规模最大的古代石拱桥。它长约60米，宽5米，高9米，单孔跨度为18米，清同治九年（1870年）加修了石栏，栏上刻着花鸟鱼虫，龙凤呈祥，十分精美。

富里桥：处遇龙河上游，石结构单拱，长30米，宽5米，高10米，筑于明代，距今500余年历史，造型美观，水中倒影恰似一满月。立桥头观田野，青山环抱，绿水绕庄，河坝浪花滚滚、溪水潺潺，田畴井然，阡陌如织，令人陶醉流连。这是观赏田园风光的最佳处。

仙贵桥：始建于北宋宣和五年（1123年），是目前广西已发现最古老的单拱石桥。桥长25.8米，宽4.16米，高2.2米，净跨5.5米，桥拱由九行互不交错的单项石拱砌成，结构奇异巧妙，桥虽不大，但风景宜人，也是遇龙河的一处胜景。

世外桃源旅游区 AAAA

遗落在人间的仙境

桂林市阳朔县距阳朔15千米

2851066

世外桃源景区是根据晋代陶渊明所著的《桃花源记》中描绘的意境，结合当地的田园山水风光特点而建的旅游景点。田园风光、民俗风情、民寨大观有机排序，与大自然的秀美山水融合为一体，使您在观赏水光山色、民俗风情的同时，又能领略多姿多彩的风情。

景区内的渊明山庄，从陶渊明的隐逸文化起笔，再造了中国传统文化艺术中的精华片断，中外游客到此均可参与其中，亲身体验古代农耕、造纸印刷、织布制陶、书画雕刻等多种传统文化精髓的无穷魅力。

古石城

鲜为人知的岭南古城

位于阳朔县西北部葡萄镇杨梅岭间

桂林或阳朔乘车到葡萄镇下，然后转车到景区

古石城据说为明朝所建，尽管是山野之城，其规模之大、地势之险、建筑之神奇，在全国也是屈指可数的，是广西保存最为完好的古城之一。古城有东西南北四座城门，最雄伟要数东门。东门乃四门之首，矗立两山肩上，地势险峻，古道台阶顺坡而下。

城墙的垒砌和城门设计，大致与桂林王城相似，但没有桂林王城那么规范。古城之中的村庄房舍也是石头建筑，石头房屋石门槛，石头水井石板路，石头垒墙，全是石头叠石头，不用半点灰浆泥水。

古石城

玩家攻略

村子里没有旅店，可以考虑带上帐篷在野外露营，或住在纯朴的老乡家里，最好自带睡袋。上山除了吃土鸡和农家饭外，没有其他餐饮服务，需自带干粮和水。这里产的水果有柚子、橘子、金橘、柿子，还有野生的板栗等。

链接

古石城的徒步之旅

古石城本身并没有太高的观赏价值，而作为徒步线路，却是值得考虑的。游客可以从桂林或者是阳朔搭车前往葡萄乡，然后转乘去石寨的农用车或者请摩托车带到小耀门村。在这里可以请当地农民当向导。要走完古石城的4个城门需2~3小时。之后穿过城中的石头寨、大岩头村、小冲崴村。如果饿的话可以花钱在农家吃一顿，然后继续走就可以到达相公山。相公山是漓江风景区最好的拍摄点之一，摄影爱好者可以爬山上去。穿过相公山便到达荷苞山村，之后便可以到达九马画山。

遇龙河漂流

● 水量

遇龙河竹筏漂流并不是惊险刺激的活动，水量不大，行程中有20多个农民用来拦水灌溉的堤坝。在春、夏两季，水量增多，大多数的坝可以一冲而下，有的坝高达四五米，漂流而下有惊无险，还可以在青山绿竹间畅游，嬉水赏景，十分惬意。

● 起点

遇龙桥是遇龙河漂流的起点，从这里坐竹排开始漂流到终点工农桥，要过18条拦水坝，全程大约4小时。冲坝的时候很刺激，竹排要从落差1米多的坝上冲下，竹排的头部会没入水中近半米。

● 漂流线路

分上下两段，总共28个堤坝，全程6小时。

上段：富里桥—金龙桥—栖凤山—天作寨—遇龙桥—石龙山庄—八仙岩—双狮角逐—情侣山（川岩）—归义古城（旧县）。

下段：仙桂桥—蘑菇山—八戒仰月—乌龟赛跑—竹林幽岛—水车山庄—青蛙跃江—五指峰—骆驼过江—月亮山—巨鼠飞天—潘庄（徐悲鸿画居）—工农桥（刘三姐古榕壮寨）。

● 吃住

遇龙河边有很多农家餐馆，价格便宜，以农家菜为主，还有些卖茶叶蛋、水果的小商贩。漂流终点有个河边别墅，70元/间，还有一家在王公山下的遇龙河边最好的旅馆奥德克培训中心，180元/间。

景点推荐

桂林城区景点

独秀峰·王城景区 AAAAA ㊫

风光秀美的历史文化宝地

桂林市秀峰区靖江路

市内可乘1路、2路、18路、22路、89路、100路、203路等公交可达

130元（包含靖江王府、独秀峰、广西科举文化陈列馆），1.4米以下儿童免票　2851841

独秀峰·王城景区位于桂林市中心，是以桂林“众山之王”——独秀峰为中心，覆盖了明代靖江藩王府的旅游景区。独秀峰·王城景区将自然山水风光与历史人文景观完美结合，在这里既可以欣赏到优美的自然风光，又可以领略桂林的历史文化。

景区涵盖了桂林三大历史文化体系，可以毫不夸张地说：“桂林山水甲天下，阅尽王城知桂林。”而“桂林山水甲天下”这千古名句的真迹题刻就在此处。王城现为广西师范大学分校区。

独秀峰

独秀峰与叠彩山、伏波山三足鼎立，山峰突兀而起，形如刀削斧砍，周围众山环绕，孤峰傲立，犹如帝王之尊。峰壁摩崖石刻星罗棋布，更有太平岩内的世界文化奇观——“太岁”摩崖石刻和南麓南朝文学家颜延之的读书岩（桂林最古老的名人胜迹）。

独秀峰

此外桂林四大名池之一的月牙池也荡漾于山脚，青山碧水，相映成趣，为桂林古八景之一。

玩家攻略

独秀峰也被称为"桂林第一峰"。独秀峰峰顶是鸟瞰桂林全景的最佳观景台。

◘ 靖江王城

靖江王城是明太祖朱元璋侄孙朱守谦被封为靖江王时修造的王城，城内有承运门、承运殿。围绕宫殿主体建筑，还广建楼堂厅院、亭阁轩室，构成一个金碧辉煌、规模宏大的建筑群。靖江王城比故宫还早建30年，是南京故宫的缩影。

王城景区也被奉为桂林的风水宝地，更是整个桂林城市的发祥地。这里曾经走出了两位皇帝、11代14位靖江王；清代，这里是广西贡院，屡出状元；民国时期，孙中山曾驻跸

靖江王府

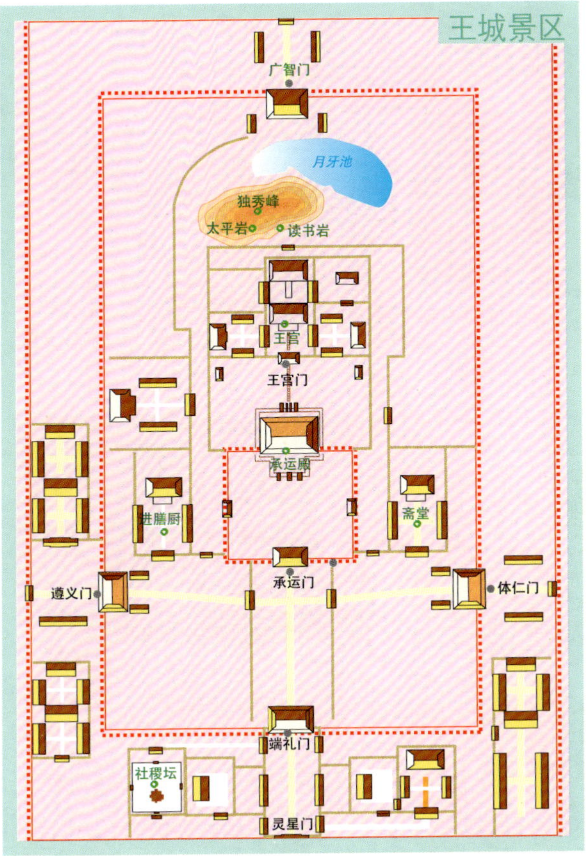

于此，运筹北伐大计；后为广西省政府，广西政治、文化活动的中心，李宗仁、白崇禧、黄旭初都曾在此办公。世间传颂“北有北京故宫，南有桂林王城”。

玩家 攻略

承运殿为靖江王府主殿，高大的台基雕栏、云阶玉陛均为明代原物，似在默默诉说当年繁华。现辟有《王城春秋》展览厅，完美展示桂林明代历史文化的变迁。

■ 广西科举文化陈列馆

广西科举文化陈列馆，在王城景区贡院内，是我国西南地区首家科举文化陈列馆。陈列馆展出了秀峰书院八股文试卷、科举考试辅导书、陈宏谋家规遗训等珍贵文物，并通过图文数据、讲解及场景演绎等方式向游客展示中国科举制度的产生、发展、消亡过程及其原因；将在这一制度下，读书人从考秀才、中举人、成进士，乃至有幸涉足鼎甲，摘取状元桂冠的过程逐一呈现。

玩家 攻略

在这里游客可以看到古代科举的等级、八股文试卷等历史资料及实物，了解独特的中国科举文化，还可以参与贡院妙趣横生的模拟科举考试表演，身临其境体验古代科举考试“十年寒窗”的艰辛与“金榜题名”的喜悦。

李宗仁官邸 ㊫

双塔相傍的中西结合式别墅

桂林市秀峰区文明路4号

市内乘2路、5路、16路、23路等公交可达

李宗仁官邸坐落在风景秀丽的杉湖南畔，与巍峨的日月双塔相傍。官邸始建于1942年，为广西当局所建，是李宗仁回桂办公及居住之地。整个建筑属中西结合别墅式建筑。

官邸主楼坐西朝东，风格古朴典雅，端庄中透着威严，内设会议室、会客室、卧室、书房等。副官楼原是总统府高级随从人员下榻的场所，现布置为集中展示李宗仁“青春戎马，晚节黄花”一生的珍贵历史文物资料、原始影像资料的展室。

李宗仁官邸

链接

李宗仁

李宗仁（1891—1969），原临桂县两江镇浪头村人，为中国国民革命军陆军一级上将，中国国民党内“桂系”首领，他是北伐战争中有着重要影响的一位人物，北伐前致力两广统一，奠定北伐的基础，促成北伐。抗日战争时曾成功地指挥了台儿庄战役。1948年5月至1949年11月间，李宗仁先生返桂后，在此进行了一系列的政治活动，做出许多影响其政治生涯的决定。1966年3月16日，海外归来的李宗仁先生最后一次在官邸故地重游。

叠彩山

观赏城区景色最佳地点

桂林市中心偏北部　35元

市内乘2路、203路公交可达

叠彩山紧傍漓江西岸，如今已经被辟为公园。叠彩山山体庞大，由于越山、四望山、明月峰与仙鹤峰四峰组成。山貌奇特，翠覆重峦，景点众多，有叠彩亭、于越阁、木龙阁、碧霞洞、瞿张二公成仁碑、仰止堂、风洞、庭湖、叠彩楼、望江亭和拿云亭等名胜，自古有“江山会景处”之美称。除了优美的自然景色，叠彩山上历代名人的摩崖石刻尤多，为文物的精华。

玩家攻略

登高览胜：叠彩山的明月峰是桂林市区内最高峰，登上明月峰，可以将全城景色收纳眼底。

摄影：叠彩山深受摄影爱好者的喜欢。从叠彩亭中眺望明月峰，可见如彩绸锦缎的层叠山石；而叠彩山仙鹤洞的山顶是拍摄桂林日出的最佳点，可以收获张张好片。

链接

叠彩山的名称由来

叠彩山的名称由来，最早见于唐代文学家、桂管观察使元晦的《叠彩山记》：“山以石纹横布，彩翠相间，若叠彩然，故以为名。”五代时，马殷曾在明月峰顶筑台祭祀，后马殷被封为楚王，台名马王台，山也就因而叫马王山。又因山上桂树成林，每至金秋时节，香溢满城，故名桂山。还因明月峰山腰有风洞，又得俗名风洞山。此外叠彩山还有另一个名字叫长寿山，俗话说“穿过风洞口，活到九十九，爬上叠彩山，能活一百三”。

叠彩山

景区专线车：购买叠彩山、伏波山、象鼻山、七星公园、芦笛岩众景区中的任何一个景区的门票，就可以免费乘坐专线车游览。

延伸 蝴蝶昆虫馆

叠彩山蝴蝶昆虫馆，是我国目前规模最大、收藏蝴蝶和昆虫标本最全的场馆之一，本馆共分为蝴蝶文化展示厅、珍稀昆虫展示厅及蛇科普文化展示厅，共有11个科300多种5000多只蝴蝶及生物标本，并设有珍稀蝴蝶展区，展出世界名蝶数十余种、中国名蝶二十余种，有许多属国家一二级保护动物，甚至有被国际濒危动物保护委员会列为K级的蝴蝶品种。

象鼻山 AAAAA

“水是漓江清，月是象山明”

桂林市象山区象山南路　75元

市内乘2路、16路、23路、5路、16路等公交可达

象鼻山位于桂林市区两条美丽江河——漓江和桃花江交汇处，因平地拔起，酷似一头江边饮水的大象而得名。1995年桂林市政府将象鼻山定为桂林市的城徽，象鼻山也成

为了桂林的城市标志。景区内主要景点有象山广场、会江亭、普贤塔、象眼岩、水月洞、訾洲、三星岛、云峰寺、三花酒博物馆等。

普贤塔

普贤塔是一座喇嘛式实心砖塔，建于明代初期，塔高13.6米，塔基为双层八角形须弥座。塔身第二层正北面嵌有青石线刻的菩萨像，像的上端刻有“南无普贤菩萨”六字，传说中普贤菩萨的坐骑就是一头大象，塔因此而得名。远观普贤塔，像插在象背的一支剑柄或置于象背的一只宝瓶，故亦有剑柄塔、宝瓶塔之称。塔与周围山水相映成趣，颇为和谐壮观。

云峰寺

云峰寺不光是太平天国的指挥所，也曾是日本佛教的始祖鉴真和尚的僧舍。唐代鉴真和尚五次东渡日本失败后，从福建绕广东到桂林，就在象鼻山下的云峰寺住了一年多，岭南14州的南选使节，都督以下所有的州治官员与选举试学者数百人集中桂林，当时都得到鉴真大师的受戒。一年后，鉴真和尚在象鼻山登船南下，第六次东渡日本，最终成功。鉴真和尚在桂林这一年，成为桂林佛教史上一大盛事。

三花酒博物馆

三花酒博物馆展示了桂林酒文化尤其是桂林三花酒的文化。在博物馆中，近百幅老照片把20世纪桂林各年代的历史风貌呈现在了参观者眼前，而三花酒原始酿造的实景，一目了然地告诉人们桂林作为中国白酒发源地之一的传统酿酒工艺；酒具展示厅，则让人们通过实物了解中华酒文化的历史沿革；窖酒展示厅则展示了桂林三花股份公司55年中68种窖藏珍品，让人领略漓水精华的甘洌与清醇。

链接

象鼻山四绝

形若巨象：象鼻山由3.6亿年前的海底沉积纯石灰岩组成，没有山峰，是桂林山顶面积最大的一座山。山体上有石刻、摩崖造像、古炮台……游山如读史，观景如观画。

水月奇景：象鼻与象腿间有一通透石洞，宛如皓月临水，空灵通透，清澈的漓江和桃花江穿鼻而过，构成“象山水月”奇景。宋代蓟北处士有诗赞道：“水底有明月，水上明月浮；水流月不去，月去水还流。”

洞中三花：象山的腹部为藏酒岩洞，因其适宜的温度和独特的地理位置，为酿酒提供了得天独厚的条件。自宋代起就作为天然酒窖用以酿造存储中国米酒之王——桂林三花酒。

普贤宝塔：此塔建于象山之巅，始于明朝，用以供奉普贤菩萨。喇嘛式实心砖塔沿袭了藏族文化，反映了佛教中普贤菩萨乘大象之传说，象征和平、美好和幸福。

象鼻山

玩家解说

“漓水花，禾稻花，芳草花，三花香天下”的三花酒是中国米香型的代表酒，它用龙胜梯田的一季稻——龙脊糯米和漓江深20米的水共同发酵而成。至于窖藏的地方也是独一无二的，象鼻山的山体2/3都是空的，里面的空间十分的宽敞，而且温度常年保持在19℃～20℃，湿度保持在90%以上。所以从唐代开始，象鼻山的象肚子一直都是三花酒的天然酒窖，桂林三花酒经洞内贮藏，老熟后，醇净绵甜，乃酒中珍品。桂林三花酒传统酿制技艺入选“广西非物质文化遗产”名录，同时还是“中国地理标志保护产品”。

象眼岩

象眼岩位于象鼻山山腰南北两侧，互相

贯通，呈扁长形。象眼岩原是一段不长的古地下河道，形成年代比水月洞早，因部位恰巧在象眼处而得名。从象山南麓南极洞口，沿石级可登上南眼。出象眼岩，沿盘山道可达山顶。北眼悬崖峭壁，无道可通。象眼岩南北两洞，是眺望风景的绝妙窗口。从左眼张望，高耸的漓江饭店近在咫尺，城区楼宇街市鳞次栉比，半城山色历历在目；从右眼远眺，江波帆影，闪烁隐现于訾洲、塔山、穿山之间。

水月洞

在象鼻山的象鼻和象腿之间，有一个圆洞，名为水月洞，据说是距今约1.2万年前，地壳抬升，漓江缩小，加速了水月洞的发育形成。水月洞洞口朝阳，亦名朝阳洞。但洞在水上，如明月浮水，十分形象，所以水月之名，一直沿用至今。“象山水月”是桂林山水一大奇景，细致刻画了天上、洞中、水底月亮相互辉映的奇迹。象山的水月与南望的穿山月岩相对，一悬于天，一浮于水，形成“漓江双月”的奇特景观。

玩家 解说

远在800多年前，围绕水月洞的命名，两位桂州前后任的地方长官之间展开了一场背靠背的笔墨官司，成为到此游览的人们永恒的话题。原来，南宋乾道二年（1166年），张孝祥游水月洞流连至晚不归，不久再度重游，一高兴题诗作序，因洞口东向，把亭名、洞名、岩名统统改为“朝阳”，并把记述其事的《朝阳亭诗序》刻在水月洞北壁。其后，范成大主桂，持不同意见，恢复了原名，写下《复水月洞铭》，并镌在洞的南壁。

伏波山 AAAA

桂林的“平安之地”

桂林市叠彩区滨江路27号

市内乘2路、203路、206路公交可达　30元

伏波山景区是一处集山、水、洞、石、庭院、文物为一体的城市山林美景。它半枕陆地，半插漓江，漓江流到这里，被山体阻挡而形成了巨大的回流，古人取其“麓遏澜洄”，意为制伏波涛，故称伏波山。也因此被桂林人称为“平安之地”。而民间传说伏波山的由来是因为汉代伏波将军马援曾于此山射箭退敌，削石试剑的缘故。

伏波山素以岩洞独特、景致清幽、江潭清澈而享有“伏波胜境”的美誉，自唐代起便是著名的游览胜地。如今伏波山的主要景点有还珠洞、试剑石、米芾自画像、千佛岩、公主钟亭、千人锅等，都十分值得一观。

玩家 行程

线路一：沿江，过休息廊，穿临江回廊，廊中

有千人锅，过汲茗茶室，依崖而上，观大悲古洞，可达听涛阁。

线路二：沿山西拾级而上，山道有大铁钟一个，走数十级石阶到休息坪。再上，到观景台，台上建有半山亭，登亭，可俯视半城山色，再沿石级小径攀登，到达山顶。在山顶看桂林城，与叠彩山之拿云亭有异曲同工之妙。

线路三：穿还珠洞，缘珊瑚岩，由试剑石旁洞中石阶盘曲而上，可达千佛岩。洞中有珊瑚岩、千佛岩、试剑石，以及唐代的佛像400余尊，唐朝以来的石刻100多件，尤以米芾自画像、范成大的《鹿鸣燕诗》等最为珍贵。

穿山景区 AAAA

风景独特的年轻溶洞风光

桂林市七星区穿山小街55号 75元

5875813

市内乘214路、23路、85路、100路等公交可达

穿山是桂林的名山之一，自古以来，久负盛名。其主峰有一穿洞，空明正圆，好似一轮明月高挂，人称“月岩”；由于它南北穿透，故又名“穿岩”，穿山也因此而得名。穿山有大小30多个岩洞，其中最美的要数穿山岩。

穿山岩是桂林市继七星岩、芦笛岩之后的又一大型风景溶洞。洞内精美的石钟乳、石笋、石幔、石盾琳琅满目，美不胜收，特别是那晶莹透亮的鹅管、卷曲的石枝、雪白透明的水晶石、石头开花长毛，形成了穿山岩独有的四大特色，具有很高的观赏和科研价值。因此，穿山岩被人们誉为“世界罕见神奇的水晶宝洞”。

玩家 攻略

景区内有“月岩表演”，在这里游客可以看到桂林少数民族的风情表演。

玩家 解说

穿山公园不仅风景秀丽奇特而且在2007年还荣获两项世界吉尼斯纪录。一是塔山清影——世界上最小孤峰托起了世界上最高层次的佛塔；二是四体石盾（岩洞内的同一钟乳石在同一平面上）——世界溶洞中单柱钟乳石上连体石盾数量之最。也让穿山溶洞成为目前世界溶洞中唯一载入世界吉尼斯纪录的溶洞景观。

七星景区 AAAA

桂林最大的综合性景区

桂林市七星区七星路1号

七星岩60元，七星园区75元 5814343

市内乘14路、30路、204路、214路等公交可达

桂林七星（岩）景区是桂林市面积最大、历史最悠久、景致最多最集中的综合性景区。景区内七星岩是典型的岩溶地貌

玩家 行程

文化之旅：花桥大门进—花桥—乘坐小东江竹排（沿江欣赏桂林古建筑奇观、桂林古八景之一“花桥虹影”奇景：有月看水中映月，无月看桥孔影月）—桂海碑林博物馆—可选择乘坐欧洲风情马车或步行至骆驼山（“总统之旅”必游，大自然的鬼斧神工杰作）—驼峰门出。

欢乐之旅：七星驼峰门进—骆驼山—冒险树—攀岩—真人CS野战—曾公岩—月牙楼—花桥—七星花桥门出。

花桥

景观，历史上形成了“北斗七星”“花桥虹影”“壶山（驼峰）赤霞”“栖霞真境”“龙隐奇迹”等名胜。

此外，1000多年以来，佛教、道教、伊斯兰教、儒家学说曾先后影响过景区，给这里印下了鲜明的宗教文化烙印，赋予了景区独特的魅力。栖霞寺、玄武阁、清真寺都是桂林地区重要的宗教圣地。

七星景区不仅自然与人文相依存，还是传统与时尚共兼容的景区。来到这里，您不光可以“游山、玩水、祈福纳吉”，还可以“攀岩、冒险、探寻古迹”，景区内的七星园区有很多娱乐项目，一定会让您玩得开心尽兴。

玩家 攻略

游览方式：七星景区比较大，可以选择乘电瓶车、竹排和马车游览。

花桥：桂林的标志性建筑之一，距今已有700多年的桂林最古老的桥。水陆两栖，可以说是中国桥梁建筑的奇葩。

冒险树：源自法国的户外树上穿越项目，当一回人猿泰山，享受一场挑战自我的酷爽体验。

攀岩：天然的攀岩场地，享受拥抱自然、问鼎高山的乐趣。

真人CS野战：采用激光仿真枪与感应系统，属于世界公认最为逼真的模拟战斗场景的系统。好比一场真实的战斗，给人带来无比的刺激与成就感。感受团队的力量，收获胜利的喜悦。

美食：可到桂林名楼月牙楼，品尝百年“姑子面”及特色素宴。

桂海碑林博物馆

桂海碑林博物馆坐落于桂林石刻最集中、史称“摩崖殆遍，壁无完石”的龙隐岩。博物馆是包含龙隐岩、龙隐洞、碑廊、碑阁、拓片陈列室在内的，展示桂林石刻文化魅力的专题性博物馆。

馆内现保存有唐至民国摩崖石刻二百一十余品，并收藏和陈列有桂林历代石刻精品拓片及历代散碑、石雕、石作，全面展示了桂林石刻文化源远流长的历史进程和典雅蕴藉的艺术品质。其中著名者如李渤、范成大、袁枚之诗词，颜真卿、李阳冰、石曼卿、黄庭坚之书翰，元晦、朱熹、张栻之文赋，吴道子、贯休、米芾之丹青，均为祖国优秀历史文化遗珍。

玩家 解说

桂林石刻堪称桂林历史文化之百科全书，中国书画艺术之珍贵宝库。桂林石刻多为镌于天然山岩上的摩崖，始见于隋代。至唐代，随着桂林政治、经济、文化的发展，宦桂士人渐多，从政之余皆寄情山水，开启山林，俯仰兴怀，选石留题，摩崖刻石因此顿开风气。历经宋元明清，桂林诸名山胜水几乎无处无石刻。其文笔多出于文人学士，词皆典雅可诵，书皆飘飘有凌云之气。而其中吟咏山川之佳句，尤为自然山水增添无穷情韵。经由历代石刻的品题，桂林山水由此挟甲天下之名，誉满海内；而桂林石刻亦形成“唐宋题名之渊薮，以桂林为甲”之摩崖大观。

会仙岩景区

会仙岩属于峰林地貌，孤峰突兀。它与市内的独秀峰、伏波山、叠彩山遥相呼应，是桂林主要山峰之一。会仙岩山体扁圆，端庄雄伟，峭拔峻秀，有“独树一帜”之誉。山上建有日华亭、月华阁、星华台等。晨熹夕照，披上太阳的光辉，俨然一位鹤发童颜的神仙，故又被称为“紫仙山”。据记载，明崇祯十年（1637年）闰四月，徐霞客曾游览桂林名山，会仙岩也留下了他的足迹。

玩家 解说

峰林是喀斯特地貌的一种类型，具体是指被平坦的常有较薄的松散沉积物覆盖在基岩面上的地面隔开的一些石峰构成的地貌。会仙岩就是典型的峰林地貌，它由3.5亿年前浅海生物化学沉积的石灰岩组成，主要有几组几乎垂直的裂隙切割，从山顶直劈山脚，通过水流作用，形成旁无坡阜的孤峰。

两江四湖景区 AAAAA

桂林的“威尼斯”水上之景

桂林市象山区滨江路2号 2805098

市内乘3路、10路、11路、91路、100路等公交可达

成人190元 儿童125元

两江四湖是指由漓江、桃花江、榕湖、杉湖、桂湖和木龙湖所构成的桂林环城水系，是桂林城市中心最优美的环城风景带。水上游览桂林兴于唐代、盛于宋代，当时桂林城中，湖塘密布，水系发达，乘一叶小舟可尽览城中风景名胜。如今，桂林两江四湖环城水系重现昔日兴盛，形成了一条与威尼斯媲美的环城水系，堪称中国一绝。乘船游览两江四湖成为中外游客游览新桂林城的首选方式。

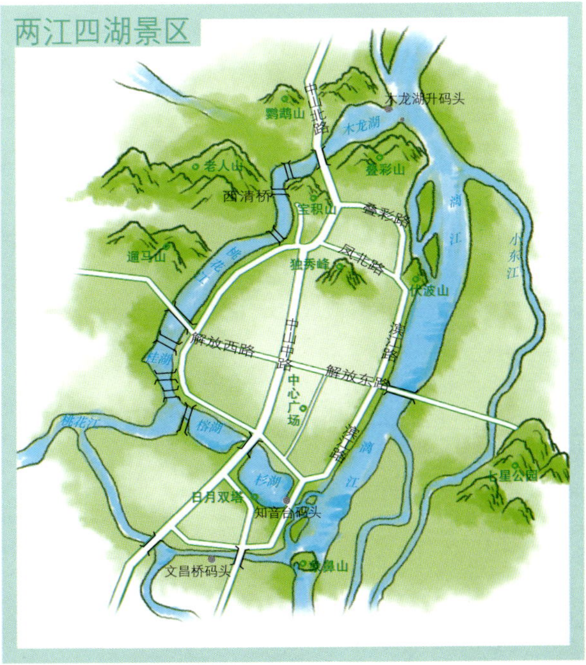

玩家 攻略

游船方式：①夜游“山水画廊夜景游”（约90分钟）；②夜游“阳江渔火”（约50分钟）；③日游“山水画廊精华游”胜利桥码头（约40分钟）。

登船时间：上午8:30、9:00、9:10、9:30、10:20、10:30；下午14:00、14:20、14:30、15:00、15:30、15:50；晚上19:30、19:50、20:00、20:10、21:30、21:50。

小贴士：为了避免误船，游客最好提前20分钟到码头。

日月双塔

日月双塔公园位于两江四湖榕杉湖景区内，是中国第一家以“儒释道之和”为主题的文化公园，是一个集文化、艺术、宗教、自然景观于一体的游览胜地。公园内的日月双塔已经成为新桂林的标志，也号称世界第一铜塔，是两江四湖环城水系必游的景点。

南溪山公园 AAAA

颇具特色的山水公园

桂林市象山区中山南路

日月双塔

🚌 市内乘3路、33路、11路、12路等公交可达

¥ 75元

南溪山因公园内有南溪山而得名，公园内南溪山两峰对峙，高突险峻，犹如两扇白色屏风，南溪河从山北穿公园而过。公园有白龙洞、刘仙岩等多个岩洞，其中以北面的白龙洞最为有名。白龙洞的洞口高敞开阔，好像一间高大的石屋，石壁白色，有一石钟乳下垂，极似龙头，所以叫作白龙洞。洞内有双狮石、石笋迎春、白龙吐珠等奇景。此外公园还有白龙桥、白龙泉等景点。

桂林美术馆

广西唯一一座政府性美术馆

✉ 桂林市象山区龙传坪173号

🚌 市内乘4路、5路、11路、12路等公交可达

☎ 0773—3902889

桂林美术馆是广西唯一一座美术馆，坐落于漓江边上，毗邻南溪山，为仿宋代阁楼式建筑，其造型与山水和谐，优雅别致。由于位于山水之中，美术馆自身也成为了桂林风景的一部分。

桂林美术馆是以展示、交流、研究、教育、收藏为主要功能的大型综合性美术馆。美术

玩家 攻略

桂花博览园：是中国三大桂花品种栽培繁殖基地之一，目前已培植、繁育、栽植桂花品种100多种。该园是国内外同类园区桂花品种最多，也是银桂品种最多的桂花园，享有“中国桂花品种繁育中心”盛誉。

珍稀植物区：有国家一级保护植物桫椤、金花茶等珍稀植物，也有国家二级保护植物金钱松、柔毛油杉、黄枝油杉、福建柏、兴安楠、蝴蝶果、鹅掌楸、马尾松、花榈木等乔木。

欧洲花园：园区内有仿西欧式建筑，还安置了大花体与喷泉，如入迷宫，别具风味。

赏梅：植物园内的梅园，有素玉蝶梅、绿萼梅、宫粉梅、朱砂梅、墨梅、龙游梅等50多个品种，近100多株梅树。每到早春，群梅怒放，山翠梅艳，风光旖旎，这里成为桂林赏梅的最佳地。

桂林园林植物园

馆内收藏了大量现当代书画作品，除了开设多个展厅外，还设有学术报告厅、艺术家创作室、艺术资料库、艺术沙龙、画廊、艺术教室等。

桂林园林植物园

珍稀植物宝库

桂林市象山区环城西一路117号

市内乘10路、16路、81路、202路等公交可达

门票32元

桂林园林植物园是在桂林第一座园林苗圃——黑山苗圃的基础上建造的。桂林园林植物园内南溪河自西向东流经全园，河的北面黑山为主，黑山由石灰石山和酸性土丘组成，现开辟为珍稀植物区。

黑山周边建有花卉馆、茶花园、棕榈园、榕树园、百花舞台、木兰园、欧洲花园和盆景苑等，还有依山而筑的各式风景楼阁亭台。南溪河的南面建有桂花博览园、樱花园（日本园）、梅园等园区。

西山景区 AAAA

山湖交融的旅游区

桂林市秀峰区西山路2号　70元

2893193　市内乘25路、14路、89路等公交可达

西山景区早在1000多年前的唐代便成为旅游胜地，是桂林最早被开发的旅游景区。景区由西山群峰、西湖及隐山组成，里面群峰环绕耸立，西湖、桃花江相映带，形成山重水复的奇景。每近黄昏，夕阳斜挂山峰，云林变幻、金光万道、紫气蒸腾，是为脍炙人口的桂林老八景之“西峰夕照”。

此外，据载唐代天下西湖三十六，以桂林西湖为大，湖水明透如镜，山峦翠彩，倒映水中，是全中国唯一山水相连的西湖；湖中荷香涟漪，烟波袅袅，一玲珑小山在其间若隐若现，便是隐山。隐山多洞，著名的有北牖、朝阳、白雀、嘉莲、南华、夕阳，合称“隐山六洞”。六洞各呈姿态，多与泉水相连，成为地下“龙宫”，人称“八桂岩洞最奇绝处”。

延伸

桂林博物馆

桂林博物馆，坐落在风景秀丽的西山风景区，依山傍水，造型典雅，馆名为郭沫若先生题写，是展示桂林历史文化的综合性历史博物馆。馆藏文物丰富，尤以桂林历史文物、桂林出土明代梅瓶、桂林山水画珍品、广西少数民族民俗文物、外宾礼品等为馆藏特色。当然，这其中最值得一看的还是发掘自靖江王陵的梅瓶，其梅瓶的数量之多、品种之丰富，称得上世间罕有。

景点推荐

桂林市郊景点

芦笛景区 AAAA

中国国宾洞

桂林市秀峰区芦笛路1号电话 2210889

市内乘3路、213路等公交可达 100元

芦笛景区被世界旅游组织推荐为“世界最佳旅游游览景区”。芦笛景区由最美的溶洞——芦笛岩以及桃花江、芳莲池等水体水景和侯山组成，山水相依，群峰环抱，碧水长流。山下芳莲池碧波荡漾，岸柳婆娑，桃花盛开，加上造型别致的水榭、漂浮水面的“睡莲”以及架连光明山与芳莲岭的天桥，与芦笛岩洞交相辉映，构成了一幅秀美的山水田园风光图。

芦笛景区不仅拥有秀丽的景色，还拥有深厚的文化底蕴。景区内有许多的石刻和壁书（壁书是指古人在岩洞石壁上留下的墨笔题字），芦笛岩壁书共有77则，最早的壁书出自唐代。除此之外，近代的人文景观还有陶铸碑林、郭沫若题写的石刻《满江红之咏芦笛岩》等。

芦笛岩

整个芦笛景区最耀眼的莫过于芦笛岩，它位于光明山南侧山腰，洞深240米，游程近500米，是一处景致高度集中、景物极尽造化之奇的游览佳境。

在这个奇妙的岩洞中，琳琅满目的钟乳石、石笋、石柱、石幔、石花拟人状物，惟妙惟肖，构成了30多处美妙景观，“圆顶蚊帐”“高峡飞瀑”“盘龙宝塔”“原始森林”“帘外云山”“水晶宫”等景景相依，景景相连，可谓移步成景，步移景换。整个岩洞

犹如一座用宝石、珊瑚、翡翠雕砌而成的宏伟、壮丽的地下宫殿。

桃花江

桃花江古名阳江，源于桂林市西北灵川县思磨山及维罗岭，流经临桂、灵川入桂林。素有“九曲十八弯”之称。且一弯一景，弯转景移。桃花江如绿色飘带萦回于桂北岩溶盆地之中。桃花江流经的都是石灰岩地区，江水清澈，飞鸾桥至胜利桥一带，水流平缓，明净如镜，夹岸峰林，影落水中，风景甚美。

玩家 攻略

芦笛岩通过现代科技手段，开创梦幻七彩“芦笛·天籁”灯光秀，这是一个结合了视觉、听觉、嗅觉、触觉等多种感官效果为一体的动态灯光秀，将芦笛岩的美淋漓尽致地表现出来。以气势磅礴的灯光表演、天籁般的音乐将游客带入亿万年前的梦幻的海底世界，在时空的变幻中饱览瑰丽景致，体验岩溶变化发展的悠久历史。

防滑：芦笛岩内台阶比较湿滑，行走的时候要格外小心，最好穿防滑的旅游鞋。

尧山景区 AAAA

观景绝佳的风水宝地

桂林市七星区靖江路　5864592

市内乘13路、24路等公交可达　80元

尧山是桂林市内最高的山，因周唐时在山上建有尧帝庙而得名，是游客欣赏桂林山水的极佳去处和风水宝地。

尧山以变幻莫测、绚丽多彩的四时景致而闻名，春天，漫山遍野的杜鹃花将一座层峦叠嶂的大山打扮得姹紫嫣红；夏天，满山松竹、阵阵碧涛、山川竞秀、郁郁葱葱；秋天，枫红柏紫、野菊遍地；冬天，雪花纷扬，白雪皑皑，冰花玉树，别有一番情趣。而且尧山还是一个风水宝地，因为这里有全国保存最完整的明代藩王墓群——靖江王陵，规模宏大辉煌，在此出土的梅瓶名扬四海。

玩家 攻略

乘索道观景：上山时游客乘观光索道可直达尧山之顶，极目四望，山前水田如镜，村舍如在

画中，“千峰环野绿，一水抱城流”的桂林美景尽收眼底，峰海山涛，云水烟雨的桂林山水就如同一个个盆景展现在您的眼前。

乘滑道寻景：下山时，游客可以乘坐滑道。尧山上的滑道在国内较少见，它蜿蜒盘旋在尧山上，大部分设在茂密的森林中，很多地方都是步行难以到达之地，且穿过了两座涵洞，两旁有许多奇松怪石和名花异草。乘坐滑道，穿梭于花海丛林之中，可以体验贴地飞行的快感。

延伸

靖江王陵

靖江王陵是指明朝分封在靖江（桂林）的历代诸王的陵园，位于尧山西南山麓。靖江王的陵园加上其他藩戚王室墓葬，构成了一个方圆百里、极富江南特色的藩王墓群。整个陵园气势磅礴，是我国现存最大、保存最完好的明代藩王墓群，素有“岭南第一陵”之称。

愚自乐园 AAAA

艺术与欢乐并存的娱乐世界

桂林市雁山区大埠乡　市内乘愚自乐园专线可达

普通票80元；市民票50元（凭市民身份证，含12县）；学生票30元；住乐园内现代旅馆的旅客进园区80元（限住店客人）

愚自乐园以其绝美的自然风光和浓郁独特的艺术氛围成为世界顶级的创作基地与度假胜地。愚自乐园是由国际艺术中心、创作坊、现代艺术酒店、行政大楼、愚人餐坊、白日梦纪念馆6栋主体建筑及以雕塑为主题的系列园林景观构成的。

充满艺术气息的愚自乐园是来自世界各地的艺术家和艺术爱好者汇聚交流、激情创作的天堂。从创办至今，愚自乐园举行了多次国际雕塑创作营活动，创作了近200件大型的户外作品，供游人观览品赏。

此外愚自乐园还拥有全球唯一的“几米布瓜世界”，这是一个充满了乐趣的立体游乐世界，在这里游客可以和几米一起感受无常的人生。这里还是全世界唯一完整记录了一代歌后邓丽君生前事迹的地方，您可以在此零距离感受巨星的魅力、模仿巨星。

玩家 攻略

现代艺术酒店：又称心馆，酒店内有许多不同风情的艺术客房，还有SPA、桑拿、足浴、精油

愚自乐园

芳香疗法、泰式按摩等高级服务，游客的身心将在这心灵道场里达到最彻底的放松。

白日梦馆：为四层别墅型会所，馆内拥有数十位艺术家个性创作的壁画、雕塑、画作等百件艺术作品，呈现浓郁的艺术氛围。

雁山园 AAAA

微缩的“桂林山水”

桂林市雁山区雁山镇

“桂林佳境，一园看尽”说的便是雁山园，在雁山园这个大园子里，桂林山之秀、水之丽、洞之奇、树之异全部可以看到，可以说是桂林的缩影。它浓缩了桂林山水的最佳景观，是桂林山水中的江南园林，所以也被称为“岭南第一园”。

雁山园是一个集“神奇景观”“名流雅居”为一体的地方。神秘相思江的水自南向北流，来无影，去无踪；园内有上千株古树，形态各异，趋江而长。园内的钟乳山和方竹山上，奇花异树，繁茂生长，可以说是“岩溶地貌天然植物园”。除了神奇的景观，雁山园还是名流雅聚之地，近代史上的著名人物，如孙中山、蒋介石、胡适、李四光、陈寅恪、朱德、周恩来等均在此流连或居住过。

玩家 解说

雁山园始建于清同治八年（1869年），是清代广西桂林士绅唐岳的私人园林，名为“雁山别墅”。1911年，清代两广总督岑春煊买下此园，更名为“西林花园”。1929年，岑氏将花园捐献给广西政府，改名“雁山公园”。园区大门正对的钟乳山，内有神秘溶洞，藏蝙蝠无数，是岭南仅见的“青山藏福”之地。

桂林园博园

一园尽显广西美景

桂林市南部的雁山区雁山镇和大埠乡区域内

桂林园博园是承办广西第二届园林世界博览园时创建的。园博园分为入口景观区、中心湖景区、主场馆区、国际展区、农业科技展区、广西城市展区、园林艺术展示区和湿地景观区等8个区域。

园博园主场馆区为“山水园林馆”，面

玩家 攻略

摄影： 在“山水园林馆”的门前广场上有一处3D桂林山水拍摄点，是由一幅正面立着的桂林山水画和地上画出的山水倒影组成的，3D效果十分明显。

登塔游览： 大雁塔位于中心湖东岸湖畔土坡之上，是整个园区的制高点，自然也成为园博园的最佳观景处。登塔游览，近可将园博园各主要园区美景尽收眼底；远可眺桂林奇峰镇一带的旖旎峰林峰丛。

大雁塔

积2万多平方米，是园博园的中心建筑。主场馆区和中心湖景区是契合在一起的，这里有中心湖、水上舞台、水中音乐喷泉、湖畔竹园、椰风丽影；还有大雁塔、汉白玉石拱桥、山水园林馆等错落有致、富有中国古韵的主场馆建筑群落，与毗邻的湖光和作为背景的山色相谐相融，构成了一个美轮美奂的山水园林园。

李宗仁故居 文

富有桂北民居建筑特色

桂林市临桂区两江镇浪头村　5300061

李宗仁故居坐落在古老而灵秀的天马山脚下，是20世纪20年代李宗仁由排长升为司令时扩建而成，为2层砖木结构，外围青砖高墙，东西对角有“炮楼”，内有4组建筑：三进客厅、“将军第”住宅、学馆和后院。后院有阁楼、井池、鱼塘。大门浮雕“青天白日”横额及“山河永固，天地皆春”对联。

整个故居布局独特，构思巧妙，气势雄伟，既具雄踞一方的庄园气派，又富有桂北民居的建筑特色。抗日战争时期，故居为李宗仁母亲刘太夫人等家人所长居，李宗仁在此举行婚礼，并接待蒋介石等大批国民党要人、桂系将领。故居内有历史图片陈列室陈列着在这所故居发生的重大事件以及李宗仁先生和家人的照片等。

九滩瀑布

气势壮观的九级瀑布

桂林市临桂区黄沙乡

从桂林汽车总站乘到滩头的车，滩头就是九滩

九滩瀑布坐落在黄沙乡滩头水源林保护区内，瀑布共分九级，故称“九滩”，瀑布全长2.5千米，落差140米，气势磅礴，甚为壮观。远闻如战鼓雷鸣，近观像银河落九天。景区内的主要景点有“孔雀开屏”“凤凰上山”“龙珠宽瀑”“仙人桥瀑”等。

瀑布四周古木参天，鸟语花香，意境幽深，是首选的旅游度假、探奇猎险、回归大自然之处。周围散居的少数民族，民风古朴，热情好客。沿途道路曲折蜿蜒，有惊无险，依江而行，另有一番情趣。在此参观旅游的客人住的是木楼瓦房，吃的是山野菜，体验的是一种原生态的生活环境。

玩家 解说

四滩的瀑布像一幅宽大的银幕，瀑布下是一潭碧水，潭边突兀起一大片岩石，犹如一个大舞台。而有“孔雀开屏瀑”之美称的一滩更是壮观，飞流直泻，珠跳玉溅，宛如一只伸长脖颈迎接宾客的孔雀。九滩瀑布完全像宋代翁卷的诗所说：“一天秋色冷晴湾，无数峰峦远近间。闲上山来看野水，忽如水底见青山。”

义江缘景区 AAAA

桂林风情第一村

桂林市临桂区五通镇

90元，综合服务费40元

桂林是一个多民族聚居区。尤其是在义江流域，几千年来生活着苗、瑶、侗、壮等数

十个少数民族及分支。他们独特的语言、文化及生活习俗，成为桂林旅游必不可少的一道景观。

桂林义江缘景区就是以清澈的义江为依托，以临桂文化为背景所打造的以桂西北少数民族风情为主题的大型景区。在这里，我们可以近距离地领略桂西北特有的农家风貌、农耕文化和田园风光，也可领略到临桂八景之首的“义江风光”和浓浓的民族风情。

玩家 攻略

船游风情景观水道：游客可乘竹筏游览风景如画的义江风光，也可以乘船领略壮族歌仙的曼妙歌声、红瑶传奇的长发表演、激情四射的苗家花鼓，观赏沿岸特色鲜明的桂西北少数民族风情景观（木楼群、风雨桥、水车群、谷仓群、瑶山吊桥、高空溜索、古渡码头等）。

白裤瑶主题文化区：游客可以参观白裤瑶博物馆，深度了解白裤瑶2000年不变的风情、风俗、神秘的宗教信仰、服饰文化，走进瑶王府了解这个民族神秘的世袭瑶王习俗，瑶王印、家神、村神信仰崇拜，还可以游览白裤瑶特色的吊脚楼、谷仓景观等。

鼓楼广场：游客可以近距离领略有“人类文明的活化石”之称的白裤瑶部落，接受瑶王的祝福，观摩白裤瑶最神秘的猴棍铜鼓舞、陀螺绝技，和白裤瑶一起进行陀螺比赛，聆听细话歌等。

盘王殿：盘王是瑶族的始祖，气势恢宏的义江缘盘王殿向游客多角度展示瑶族神秘的宗教文化信仰。

民艺街：民艺街向游客集中展示桂西北少数民族的各类手工艺品、民间特产及美食。

餐间表演：在游客就餐期间侗家会献上犹如天籁之音的“侗族大歌”和侗家特有的“芦笙合奏”以及迎接尊贵客人的“芦笙踩堂”“多耶团结舞”等。

金钟山度假区 AAAA

养生之乡的美景之旅

桂林市永福县罗锦镇 3231999

金钟山旅游度假区坐落在有着“中国长寿之乡”之称的永福县，景区最大的特色就是完美地将源远流长的永福传统福寿文化融入原生态峰林幽谷之中，让游客在欣赏美景的同时还可以获得身心的放松，享受养生的快乐。

目前景区由溶洞奇观——永福岩、地质奇观——桂林天坑、福寿养生温泉——永福温泉以及天坑漂流、高尔夫球场和度假酒店等多个景点组合而成，多样的旅游项目汇成了一个集自然奇景、养生温泉、度假酒店、休闲娱乐、企业拓展训练等多项旅游资源为一体的大型综合旅游度假区。

玩家 攻略

娱乐项目：景区内有攀瀑戏浪、水上乐园、高尔夫练习场、天籁·金钟山民俗风情演艺、ATV越野摩托车、烧烤场、露营基地、竹海徒步等多种娱乐设施与活动。

住宿：景区内有多家假日酒店可以选择，像千禧居、万福居、万国别墅等都可以入住。其中千禧居和万福居价格比较适中，标间260元左右，而万国别墅价格相对来说就要高很多了。

美食：景区内的水上餐厅十分有特色，临水而建，环境十分好，餐厅内有多种家庭套餐可以选择。

■ 永福温泉

永福温泉坐落于麒麟山半山森林处，源于地下1000多米。出水口温度达56℃，水量丰富，属高温温泉。整个温泉区在森林环抱中，环境优雅、空气清新、气候宜人，一年四季皆可沐浴。

景区内有游泳池、热身池、室内生态池、福禄寿池、盐池、亲亲鱼疗池、动感水疗池、玫瑰浴池、牛奶浴池等20多个泉池；分为普通泉池区、特色泉池区、养生区、养颜区、

永福温泉

VIP贵宾区、品茶区。

永福岩

永福岩是目前已开发的大桂林溶洞中钟乳石品种最齐全的岩洞。溶洞内的钟乳石大厅形态各异，雄伟、巨大、精美的各种钟乳石琳琅满目。此外，游客在游览途中还可以看见错落有致大小不同的石花水潭，潭水纯净清澈，形成如梦似幻的水境倒影，独特的水下结晶形成的“福”“寿”文字和硕大的灵芝也让人惊艳。

桂林天坑

桂林天坑是溶洞与天坑相融合的地质奇观，目前是大桂林岩溶旅游景区中唯一能从底部步行进入的喀斯特漏斗（天坑）。整个游览以寻“寿”开始，在天坑中可领略洞中钟乳石巨景长廊的精美画卷，看遍布在岩壁上的金沙滩，欣赏远古时代天坑中的各种珍奇物种，仰视天坑时犹如坐井观天，乘坐电梯到天坑顶部，向下俯视，又可感受大自然鬼斧神工的杰出创作。

更多本旅游区景点

刘三姐大观园： 坐落在秀峰区风景宜人的桃花江畔，景区以壮族歌仙刘三姐命名，是一座展示刘三姐文化及广西少数民族文化经典的主题游园。 AAAA ¥ 100元

深里河峡谷景区： 位于临桂区南边山乡永平村，地处漓江西侧，为阳朔遇龙河的源头，曾被游客誉为桂林的“九寨沟”，是大桂林旅游风景区有原始生态特色的一个新景点。

老人山： 位于桂林叠彩区。整座山坐北向南，面对桂林的大小群山，活像一个威严的老人坐在那里，老人头戴风帽，眉、目、口、鼻、须毕现，有长者之风，故名老人山。

雄森熊虎山庄： 位于桂林两江国际机场路沙塘大圆盘处。山庄拥有世界上濒临灭绝的4个虎种——东北虎、华南虎、孟加拉虎、白老虎，山庄内还有一座举世无双的“梦幻剧场”，惊险刺激，绝对令游客大开眼界。

虞山公园： 位于叠彩区虞山路，北濒漓江，因景区内虞山而得名。虞山林木苍翠，环境幽谧，历史悠久，人文景观众多，历史文化积淀丰厚。这里有为纪念华夏文明始祖之一的虞帝所建的虞帝庙。

虞山公园

景点推荐

桂林北部旅游区

龙脊梯田 AAAA

世界最壮丽的梯田景观

桂林市龙胜各族自治县东南部和平乡境内

100元

在桂林乘汽车到龙胜和平乡,下车后乘到龙脊的客车

龙脊梯田是一个规模宏大的梯田群，梯田海拔最高1180米，最低380米，共分为金坑大寨红瑶梯田观景区、平安壮族梯田观景区、龙脊古壮寨梯田观景区。整个梯田景区线条行云流水，潇洒柔畅；规模磅礴壮观，气势恢弘，有“梯田世界之冠”的美誉，比起精致的巴厘岛德格拉朗梯田壮丽许多。

龙脊梯田有着充满艺术魅力的美。一条条依着山坡山冲弯曲流转的田埂，妩媚、舒展，潇洒，这里的天地变成曲线云集的世界，渗透了图画的美、雕塑的美和音乐的美。龙脊梯田的生命色彩像梯田本身一样层次分明。

玩家攻略

住宿：游龙脊梯田，最好在平安村住一晚，这里家家户户都可以住宿，而且可让户主带往览月阁赏梯田。平安村的览月阁是观赏梯田的最佳位置。

美食：到龙脊一定得吃龙脊土鸡（约50元/只）。用山泉水做出来的土鸡，城市里是无缘享用到的。还有竹鼠、山鸡、山龟、野蜂蜜等，幸运及大胆的游客可以品尝到各种美味食用虫类。

购物：龙脊有四宝，分别是龙脊茶叶、龙脊辣椒、龙脊水酒、龙脊香糯，喜欢的朋友可以带一点回去。

摄影：龙脊梯田每年只种一季稻子，最好的游览和摄影季节在农历四月十五以后，梯田开始放水的半个月。中秋节前后到龙脊则一片金黄，也是拍摄的好时机。另外，龙脊的雪景也很棒，但是下雪的时间不定。

节庆：景区每年农历六月六都会举办晒衣节（也叫红衣节），届时寨子里宾客盈门热闹异常。白天，瑶寨中央的戏台上笙歌艳舞；入夜，有数千支火把汇聚成的火龙在梯田上舞动，上空烟花绚丽无比，与“火龙”辉映，壮观无比。

费用：来龙胜看梯田，在做任何决定之前一定要先谈好价钱。观看寨子里的表演时一定要问清楚是否收费，以免发生不必要的纠纷。

金坑梯田

金坑梯田是龙脊梯田的重要组成部分，最高处为1180米。金坑梯田的核心地带有大寨、田头寨、壮界、小寨等自然村。

在金坑梯田的顶端，便可一览金坑红瑶梯田的全景，层层叠叠，气势磅礴；在秋季，和风吹过，黄澄澄的稻谷随风摇荡，尽显柔美之情。金坑红瑶梯田共有3个观景点：西山韶乐、大界千层天梯、金佛顶。在这3个观景点，游客可观赏到金坑红瑶梯田最美的景色。

玩家攻略

美食：大寨的交通不方便，新鲜的猪肉少，以蔬菜、腊肉和鸡肉为主。

住宿：来龙脊梯田，一般住在田头寨，那里旅馆比较多，距离景点近。田头寨的旅馆多是木楼，设有观景台。当然也可以选择距景点较远的大寨住宿，价格比田头寨便宜很多。另外，大寨的最高峰有家叫全景楼的旅馆，看景是最美的，40元一晚的房间，推开窗便可以看见梯田的景观，但是除了床和灯，其他什么设施都没有。

平安梯田

平安梯田集中在平安寨，有七星伴月和九龙五虎两个观景点，附近还有龙脊古村。“九龙”指龙脊主脉在这里分出来的9条小山梁，“五虎”指这里5个略微凸起的小山头。“九龙”“五虎”全部为梯田所盘绕。

“七星”指当初开天时特意留下来的7个小山包，7个小山包分别叠立在7块田的中央，远远望去像7颗闪烁的星星，守护着龙脊那块弯弯的月亮田。因为“九龙五虎”和“七星伴月”的存在，使得平安梯田景中有景，增添了许多情趣和意味。

玩家攻略

住宿：平安乡的住宿比田头寨要好很多，条件不错的旅社比比皆是，游客可以根据自己的需要选择不同类别的旅馆住宿。

漂流：在夏天时，龙脊山区还有刺激的龙脊河漂流项目，喜欢漂流的朋友可以试一试。

黄洛瑶寨
长发飘逸的村寨

桂林市龙胜县和平乡　50元

黄洛瑶寨位于龙脊景区境内，是龙脊十三寨中唯一的瑶族村寨，居住着清一色的红瑶族。自古红瑶妇女有蓄长发的习惯，全村60户人家中，头发长达一米以上的有60名，最长的达1.9米，号称“天下第一长发村”。这里的村民人人能歌善舞，热情好客。游客来到黄洛瑶寨，身着浓艳民族服装的瑶族姑娘唱着甜美的山歌列队欢迎，献上她们特有的舞蹈和传统体育竞技项目。

链接

黄洛瑶寨的长发秘诀

黄洛瑶族的妇女是怎么养护自己的长发呢？原来，红瑶村每家每户火塘旁都会有一个陶罐，里面装着贮存起来的淘米水。经过火塘的烘烤加热发酵后，淘米水就成了红瑶妇女独特的护发秘方。她们每隔几天梳洗一番，每次梳洗首先让长发在秘制的“淘米水”中充分吸收营养能量，再用山泉水洗净后梳理晾干。未婚女子的头发盘于头顶并用黑布包裹，只有家人才能看见其一头长发，如果外人想看一下她们的头发，就要把她娶回家。

玩家攻略

每年的农历四月初八举行的“红衣节”是龙胜红瑶同胞最盛大、最隆重的节日，到目前为止共举办了7届。“红衣节“的内容有女子抢花炮，瑶、苗、侗、壮等少数民族歌舞表演和瑶族妇女长发比赛等。

黄洛瑶寨

龙胜温泉旅游区 AAAA
环境优美的泡汤胜地

桂林市龙胜县城东北方向33千米

桂林汽车总站乘坐龙胜专线车，到龙胜汽车站再乘到龙胜温泉的班车　3870866

堪称“人间仙境”的矮岭温泉位于龙胜县境内，景区内青山幽幽，白云缭绕，溪流潺潺，有天然氧吧之称。龙胜温泉之所以出名，在于它十分优美的环境和十分优良的水质。景区内峰峦叠翠、林木葱郁。缥缥缈缈的雾气，把这里狭长的绿色空间幻化成云蒸霞蔚的仙山圣境。

景区内鲜活闪亮的热泉来自1200米深处的岩层，共有大小16眼泉口，从古藤垂挂、老树盘曲的山腰上喷涌而出，一尘不染，胜似琼浆玉液。整个龙胜温泉旅游区以温泉为中心，还包括龙胜森林公园、岩门峡漂流、红军岩等多个旅游景点。

延伸

龙胜的瑶寨

白面瑶寨：位于离龙胜温泉6千米处的公路边，35户红瑶村民居住在这里。寨边枫木参天，寨门有清代寨规石碑，寨前矗立的“红瑶柱”是瑶民的图腾崇拜。村民人人皆会山歌，热情好客。

三门瑶寨：位于龙胜温泉10千米处，村寨依山傍水，民风淳朴，这里集瑶族自然生态、文化生态与经济生态为一体，在这里您将会目睹和体验到种桑、养蚕、人工织布及瑶族刺绣。

细门瑶寨：细门瑶寨位于龙胜至温泉的路上，距龙胜温泉8千米，是一个古老的瑶族村寨。寨前梯田如盘龙缠绕，寨中有交错的青石板路，寨后溪泉潺潺。

■ 龙胜森林公园

在龙胜矮岭温泉不远的地方有龙胜森林公园，公园内峰峦叠嶂，怪石嶙峋，林木葱郁，谷幽涧深……除了茂密的原始森林公园，还有腾空飞架的铁索桥、珍稀植物园和娃娃鱼大世界，是森林探险和动植物观赏的好去处。

岩门峡漂流

岩门峡漂流河段处温泉河口至白面瑶寨之间，全程7千米，滩多湾急，落差有致，总落差78米，共有4大险滩18急滩。峡谷两岸群峰嵯峨，悬崖峭壁夹峙，河床幽深狭窄，是乘橡皮舟漂流的理想河段。

玩家攻略

漂流时间在1小时左右，途经龙胜温泉国家森林公园，游客可欣赏“百米天桥”、悬壁栈道、群猴争宠等夹岸风光，还可上岸小憩领略大唐湾民俗风情，下河体验游泳摸鱼之欢娱。漂流全程有惊无险，乐趣无穷。

大唐景苑

龙胜自古有“桂林北望八万米，古貌风情惊世奇”的说法，是桂林的香格里拉，无处不沉淀着深厚而又神奇的民族文化。大唐景苑是龙胜民族民俗文化发展中心，不仅具有原始气息的生态景观，而且汇集了龙胜各族自治县各少数民族的民俗风情。

花坪自然保护区

活化石银杉的家

桂林市龙胜县境内，距龙胜县城60千米

花坪国家级自然保护区以珍稀孑遗树种银杉和典型的常绿阔叶林森林生态系统为主要保护对象。景区内奇峰林立，林海浩瀚，溪泉如网，四季花妍，充满原始、神秘的气息。这里除了保留着珍稀“活化石”银杉，还有丰富的珍稀动植物。

保护区的主要景点有小滩瀑布、红滩瀑布、红毛河风光、银杉观景等，是集旅游、休闲、考察、探险于一体的胜地。

链接

银杉

银杉一直都被誉为“活化石”，作为古老的残遗植物，银杉的花粉曾在欧亚大陆第三纪沉积物中发现。其形态特殊，胚胎发育与松属植物相近，对研究松科植物的系统发育、古植物区系、古地理及第四期冰期气候等，均有较重要的科研价值。

银杉

资江

资江漂流，华夏第一

桂林市资源县境内　票价：75元/人（木船）、500元/艇（橡皮艇，限坐6人）

资江发源于华南第一高峰猫儿山。资江两岸植被保护良好，流量、流速相对稳定，似一条玉带穿梭于奇山峻岭之间。沿江分布的60多处景点，古怪稀奇，美不胜收，其中“风帆石”“神象饮水”“火炬山”“将军骑马镇门”“资江大佛”等景点形神毕肖，堪称绝景，具有很高的观赏价值。

除了沿岸优美的风景，资江最吸引人的就是资江漂流。资江漂流全程22.5千米，下45条滩，拐31道弯，不管是乘坐木船、竹筏，还是橡皮艇，都是有惊无险。漂流其间，景点迭出，犹如步入山水画廊。特别在春暖花开季节，沿岸山花烂漫，四处精彩纷呈，令人如醉如痴。

八角寨 AAAA

峰林地貌的典型代表

桂林市资源县大坨村　80元

八角寨，又名云台山，地处湘桂交界的越城岭山脉腹地，属典型的丹霞地貌。八角寨因群山拱卫之中，横空出世，独占鳌头，寨顶飞出8个犄角而得名。它是我国乃至世界稀有的丹霞峰林地貌，被誉为“丹霞之魂”。在这里，所有的石峰均向一个方向做近45°的倾斜，十分奇特。

玩家 攻略

赶庙会：在寨顶有宋元时开始建造的天空寺，这里香火鼎盛，逢二月十九、六月十九、九月十九庙会之期，赶庙会的人熙熙攘攘。入夜，人们漫山遍野露宿山林，蔚为壮观。

七月半河灯歌节：每年的农历七月十三到七月十五，乡民自发齐聚县城斗鸡、斗鸟、耍龙舞狮、赛歌打擂、比拼农副特产，尽情狂欢。入夜，礼花齐放，万盏河灯漂资江的壮观场面，令人叹为观止。

雾景：八角寨最迷人的是雾景。清晨登临八角寨顶，浓雾近漫足趾，远连天涯，无边无际，幽谧如仙界。绕峰游弋的山峦与弥弥漫漫的白雾时分时合，云海中的山峰或起或伏，或隐或现，令人陡生"海到无边天作岸，狂涛吞山我为峰"的豪情壮志。

八角寨

景区有天空寺、降龙庵、八角亭等景。八角寨将险、峻、雄、奇、秀、幽等自然特点结合，似鬼斧神工凿就。其一角名叫"龙头香"，横空出世，宛若巨龙昂首欲飞，上接苍穹，下临深渊，山势雄伟险峻，堪称一绝。

五排河漂流度假区

安全刺激的漂流地

桂林市资源县境内，距桂林市区138千米

五排河漂流度假区位于华南第一高峰猫儿山下，被世人誉为桂林的"黄河壶口"，桂林的"虎跳峡"。整个景区以"水险、石奇、林幽、瀑美"著称。五排河约30千米的漂流，落差达200多米。整个漂流河段无暗河、无旋涡，局部落差不过2米，既刺激又安全。因此五排河不仅适合大众旅游漂流，而且具有开展激流皮划艇回旋运动竞赛和训练的自然条件。

玩家 攻略

五排河最具探险漂流价值的河段，是自车田乡政府所在地的车田至河口乡政府所在地的河口这一30余千米的河段。这里峡深谷幽，滩险流急，山高石奇，两岸风光优美，民俗风情浓郁，乘竹筏或橡皮船在这里漂流，简直就是置身于幽谷探秘——弯多、山陡、林深、谷幽，一切尘世间的喧嚣顿然销声匿迹，江流把人带进了一个古朴、原始的纯自然境界。

天门山景区 AAAA

如仙境般的景观群落

桂林市资源县

天门山景区是典型的丹霞地貌奇观，它处于群山环抱之中，形成了奇幻百出的山中有山、峰后有峰的绝妙景观。整个景区内的景点十分丰富，其中有比漓江"九马画山"还要壮观的大型天然壁画"将军骑马镇天门"。

这些壮观迷人的绝好佳景，千姿百态，异彩纷呈，再加上具有浓郁苗瑶建筑特色的别墅式吊脚楼度假山庄，以及独具特色的地方风味佳肴，汇聚成一个美若仙界的景观群落。

天下第一药谷

谷中塑有历代名医的雕像群，高达16.3米的药祖神农，充满神秘的色彩，为游客开辟了一条独具特色的长寿保健之旅。

神仙寨

神仙寨海拔630米，绝壁上方圆50亩的原始森林自古以来丝毫未损，属世间罕见，寨顶有古树、奇树百余种。攀及山顶，遥对着一尊"天然大佛"，俯视150亩竹林，竹海中透着浓浓的古朴和神秘，令人心旷神怡，浮想联翩。

天门山景区

神龙山庄

依山傍水而筑，因势就形，竹篱木屋，掩映于翠竹丛中，流水潺潺、曲径通幽、高低错落、风格古朴，使这幽静秀美的地方，自成避暑休闲的上佳去处。在这世外桃源还可以过一把攀登、垂钓、烧烤的瘾。

乐满地度假世界 AAAAA

桂林的“迪士尼”

桂林市兴安县志玲路

桂林汽车总站有快速大巴可直接到达乐满地

通游券150元，优惠半票75元（现役军人，残障人士，儿童，老人）

桂林乐满地度假世界包括度假酒店、主题乐园、高尔夫俱乐部三大部分。融合桂林山水之美、广西少数民族艺术及乐满地欢乐文化的五星级酒店，闲逸高雅；美式丘陵国际标准36洞高尔夫球场，独揽桂林山水盛景；缤纷主题乐园，时尚、动感、刺激与欢乐并存。这些构成了集尊贵、自然、浪漫、闲逸、欢乐于一体的度假胜地——桂林乐满地度假世界。

玩家攻略

最佳旅游季节： 来乐满地度假世界的最佳季节是在4—10月，这个时候桂林气候适宜，因此人会很多，如果选择这个时候最好提前做好准备。

美食： 乐满地度假酒店餐饮部的各餐厅及厨房设施齐全，佳肴琳琅，可提供美味可口的潮、粤、桂北风味和欧美等菜式，佐膳宴客别具特色。

住宿： 度假酒店内由名家设计的371间精致典雅的客房，除糅合中国的诗情与西方的浪漫外，更融入广西壮族的雅竹风采，充分传达乐满地兼容并蓄的文化特质。

主题乐园

乐满地主题乐园是一个集动感、刺激和欢乐于一体的大型游乐场所。园区辟有欢乐中国城、美国西部区、梦幻世界区、海盗村、欧洲区、南太平洋区六大主题区和曼陀罗园。各游乐区的建筑、游乐设施、商品、餐饮、音乐等都具有鲜明的主题特色，同时各区均设丰富的表演节目和多种娱乐设施。整个园区可玩、可游、可赏，可疯狂、可闲逸……主题乐园为游客提供更多样的游乐选择。

玩家攻略

奇幻之旅：在梦幻世界区的欢乐剧场有“奇幻之旅”的表演，扣人心弦的金奖杂技，变幻神奇的魔术，活力四射的华美盛装歌舞以及全新打造的多变的舞台特技、奇幻的灯光效果、瑰丽的舞台布景配合最新环绕科技现场音效的大型表演。

蹦极花样表演：全国接待量最大的蹦极站点，一流的教练，为您带来精彩的花样高空弹跳表演。此节目游客可参与，每日名额有限。

好莱坞影视特技秀表演：重金打造精彩刺激的好莱坞影视特技秀，震撼推出10米多无钢丝绳坠地、惊心动魄的实战打斗，以及现场刺激枪战、爆破特技效果，让您仿佛亲临美国好莱坞的拍片现场，亲眼目睹美国大片台前幕后制作现场！

魔术城堡：这里是充满魅力的魔术世界，在这里游客可以感受神奇的异度空间并展示自己的魔术天分。

乐满地度假世界

高尔夫球场

桂林乐满地高尔夫球场为美式丘陵球场，特别依桂林山水美景度身打造，倚着度假区内灵湖的曲线，与远山融为一体。可以说球道的造型完全结合桂林山水创作设计，前9洞以山景为主，后9洞以湖景为主，山水相依，美不胜收。

这里一年四季气候宜人，花香满园，球友除了在球场能享受绿意盎然的景色外，还能在独具广西少数民族风情的乐满地度假酒店、时尚动感的主题乐园尽享休闲放松的欢乐时光。

世纪冰川灵佛洞景区

天下第一水洞

桂林市兴安县严关镇梳子铺路段，距兴安县城仅4千米

世纪冰川灵佛洞景区是一个水陆相连的溶洞，是集地质考察、洞穴探秘、冰川科普、田园风光、甲骨印象、碑林博览于一体的综合性景区。

洞里一些地方的钟乳石非常奇特，上半部呈棕黄色，下半部则呈乳白色，在它们中间有一条深褐色的近2厘米厚的界线。经有关地质专家分析，这条特殊的界线就是反映第四纪冰川冰期变化的“遗迹”，因而取名为“世纪冰川大溶洞”。又因一尊巨大的钟乳石佛而得“世纪冰川灵佛洞”这个名称。

洞内空气清新、湿润，凝聚了数百万光年的天然暗河九曲十八弯、弥勒显灵、夜明珠、冰河世纪、航空母舰、灵龟悟禅等30余处佳景。目光流连之间，奇特的溶洞风光也让这里成为“世界上罕见的冰川纪岩溶地质公园”。

灵渠景区 AAAA 文

北有长城，南有灵渠

桂林市兴安县城东南部　¥ 45元

灵渠是秦始皇于秦三十三年（前214年）为一统中国大业而建，至今已有2000多年的历史，与都江堰、郑国渠齐名，是现存世界上保存最完整的古代水利工程，也是世界上最古老的运河之一。灵渠曾被当代著名学者郭沫若先生称为“与长城南北相呼应，同为世界之奇观”。灵渠景区主要由渠首核心历史文化保护区与秦城水街休闲区等景点构成。

玩家攻略

门票：灵渠景区有两种门票，仿古游为60元，寻秦之旅为140元。

美食：在灵渠一定要尝尝这里的农家菜，虽

灵渠景区

然都是一些农家土菜，但是每一款菜肴的烹制都十分用心。选材都是来自农家，是纯绿色的健康菜肴。

玩家 解说

秦始皇为了实现统一全国的伟绩，于公元前214年发兵岭南地区。由于百越地区各族顽强抵抗，中原地区的粮草没有办法及时运抵到岭南地区。因此，此次发兵受阻。为了解决粮草的补给，秦始皇让史禄率10万大军修筑灵渠，沟通南北水系。岭南地区山多平原少，广西地形呈现出八山一水一分田的特点，要开凿一条渠道沟通长江与珠江水系，可想工程量之大。10万大军奋战了3年，总共有7万军民为修建整个灵渠付出生命。

渠首核心历史文化保护区

渠首核心历史文化保护区由铧嘴、大小天平、南北二渠、泄水天平和陡门组成，设计科学，结构精巧，铧嘴将湘江水三七分流，其中三分水通过南渠流入漓江源头，七分水通过北渠汇入湘江，形成著名的"湘漓分派，湘江北去，漓水南流"，为秦始皇统一中国起到了重要的作用。而陡门则是建筑在南北渠中的一种通航设施，其作用是调节水位，便于航行，类似于现代船闸，曾被世界大坝委员会的专家学者称赞为"世界船闸之父"。

秦城水街

秦城水街休闲区依灵渠水而成街，故名水街。整街传袭秦汉时期文化仿古建成，包括古建筑文化、古桥文化、石雕文化、渠水文化和岭南市井风俗五大部分。

这里的亭台、楼阁、古桥、雕塑等载体鲜活地展现了灵渠曾经的沧桑和辉煌，再现了沿岸小桥流水人家，两岸商贾云集，中原文化与岭南文化相互融合的风貌。荡舟水街犹如徜徉于一条历史文化长廊，堪比阳朔"西街"之韵味。

秦皇宫

人们来灵渠也许是因灵渠工程的盛名，也许是慕古老历史的沧桑，还有可能被吸引一个的理由就是秦皇宫了。

灵渠的秦皇宫是于2005年重建的，恢复了历史的本来面目。自南向北看去是一个"寿"字，而打东边看来则是一个"囍"字。游人来此，倘若想看清那些字的形状，就得在行宫中来回地穿梭。如今秦皇宫随军商贾已不见，到处可见的是游客和永恒不变的壮丽美景。

玩家 解说

当年的灵渠秦皇宫是有史以来岭南大地上唯一的帝王行宫，也是史上唯一一座帝王未曾入住的行宫。为了修建这座皇宫，秦始皇花费大量金钱、动用大批民工，将行宫修建于远离中原的岭南地区，到底目的何在？修建后未曾入住是何原因？种种解不开的谜团有待人们来探索发现。

兴安猫儿山 AAAA

桂林山水的源头

桂林市兴安县华江乡高寨村（景区地跨兴安、资源、龙胜三县），距桂林市80千米

桂林汽车站或兴安班车停车场乘坐桂林—猫儿山的长途班车可达 180元

猫儿山地处桂林的北部，蜿蜒至兴安县与资源县之界。猫儿山不仅自身风光秀美，周边还分布着众多的景点，如兴安灵渠、乐满地、华江超然派等。因主峰峰顶形似一只匍匐的巨猫而得名。主峰海拔2000多米，为华南最高峰，居五岭之冠，为华南之巅。

猫儿山是广西主要的水源林区，也是一

座天然的绿色水库。它是桂林母亲河漓江的源头，也是资江、浔江的发源地，可以说是桂林山水的命根子。猫儿山地貌属典型的丹霞地貌，共分3大景区，有水月岩云、洞天奇观、金猫窥世、光台日彩等多个景点。

玩家 攻略

徒步猫儿山：一般选择从山门石桥出发，徒步4小时可到达景区公路，向上2千米可到著名景点老山界红军亭，此处距山顶13千米，路边搭车（讲价，约10元/人），半小时可到山顶。

食宿：距离猫儿山门12千米处有一"瑶苑乡村度假中心"，双人间80元。另外，山顶是成熟的旅游景区，吃住等服务设施齐全，云峰饭店双人间120元。

小贴士：猫儿山的湿气太重，身体不好的建议不要去，如果去要多带点儿衣服和钱，因为那里很冷，东西也贵。

超然派度假山庄

山水林交相呼应的综合性景区

桂林市兴安县华江乡高寨　6098601

桂林市内乘公交车1路、32路、99路、100路到商贸城站下车，在兴安班车停车场乘坐桂林至猫儿山的班车（每天上午10:20、下午3:30在桂林发车）

超然派度假山庄位于"华南之巅"的猫儿山脚下。景区具有丰富的山、水、林自然资源，集古人类遗址、民俗风情、革命历史遗迹等人文景观为一体，是风光游览、休闲度假、科普教育、康体运动的综合性风景区。

超然派大峡谷保持着原始的自然生态，负离子含量高，是天然的大氧吧。这里是漓江源头处，水清澈甘甜。此外，景区峡谷气候也颇具特色，"一山有四季，十里不同天"。度假山庄有迎宾瀑、凤歌亭、跳潭、凤潭、大鲵潭、听涛小筑、寿桃潭、天然浴场、龙泉、品茗苑、小天鹅湖等20多处景观，景点十分丰富。

玩家 攻略

户外活动：超然派有多种户外活动，如匹特博野战、山地摩托车、攀岩、漂流、篝火晚会等。

住宿：山庄酒店中西结合的建筑风格，高度融入自然环境，客房、餐厅、水疗温泉、娱乐室等配套设施齐全，富有浓厚的异国风情。

美食：在度假山庄，游客不仅可品尝色香味俱全的中华美食，还可以吃到纯正的乡村野味和异国风味的佳肴。

湘江烈士纪念碑园

红军长征路上的烈士纪念地

桂林市兴安县城西南1千米的狮子山

湘江烈士纪念碑园是为了纪念在湘江战役牺牲的战士而建的。整个碑园由大型群

雕、主碑、纪念馆3部分组成。

群雕用灰白花岗岩雕琢，由4个巨型头像和5组浮雕组成，为全国革命烈士纪念群雕之最，它艺术地再现了当年红军突破国民党第四道封锁线的壮烈场景；主碑耸立于狮子山顶，上部为3支直插蓝天的步枪造型，象征着“枪杆子里面出政权”，下部为圆拱形碑亭。纪念馆位于狮子山北山脚，馆内陈列着湘江战役军事模型图、红军长征过广西路线示意图、中央领导人的题词及红军部分实物等。

秦家大院

古朴典雅的明清古村

桂林市兴安县白石乡水源村

在桂林汽车总站坐桂林—兴安班车，在兴安换乘兴安—白石班车前往白石乡

有着600余年历史的水源头村，有着另外一个更为响亮的名字“秦家大院”。水源头村，又称鳌头村，坐落在群山环抱的都庞岭山系之中，古老的建筑和古朴的民风相映成趣。

数百年来，水源头保留了非常完整的明清建筑，整个村为前街、中院、后园的布置格局，街巷主次分明，房屋鳞次栉比，瓦檐交错，四周要隘处皆有门楼和闸门守护，村旁古石桥、古塔点缀，一砖一瓦、一桌一椅，古朴典雅，门关雕花、花卉龙凤，栩栩如生。几百年的风吹、日晒、雨淋，这些木雕仍保持原貌，呼之欲出的图案让人叫绝。

千家峒景区

山水相容的世外桃源

桂林市灌阳县苏东村

千家峒景区依托千家峒国家级自然保

护区的原生态景观和世界瑶族发祥地的深厚文化底蕴，以瑶族建筑、特色服饰等民俗文化遗产为彰显形式，构筑历史文化传统与自然山水田园相融合的世外桃源。

景区内旅游景点丰富，有神秘幽深的亚洲第一水洞——腾龙洞，述说着瑶族千百年来悲壮而感人的历史，洞中独有的石钟乳细丝、倒挂鹅管林等自然奇观也令人叹为观止；有经过千年风雨洗礼的情侣林，展示着世间永恒不变的主题；有岭南三大古道之一的全灌恭古道，有全国罕见的恒温18℃的天然泉水游泳池；还有世界独创的瑶族洞穴演艺厅以及480米小龙高空滑索……这一切，都能够给您带来与众不同的旅游体验和文化享受。

月岭古民居 村

古风浓郁的明清故居

桂林市灌阳县文市镇东北2000米处

月岭古民居始建于明末清初，距今已经有700多年历史了，至今保存完整，是具有楚国风貌和格调的建筑群。月岭民居建筑排列井然有序，全村原为6个大院组成，分别是"翠德堂""宏远堂""继美堂""多福堂""文明堂""锡暇堂"。

6个大院均用青色砖瓦建成，工匠们各施巧技，石刻、木雕、壁绘各呈异彩，再加上建于清朝的"孝义可风石碑坊""步月亭""文昌阁""百步亭""催官塔""将军庙""石寨""孔林墓""古井旋螺"等古迹，构成一幅古朴浓郁的美丽画卷。

玩家攻略

景区内有水洞探秘、田园风光、水上娱乐、民俗体验、篝火狂欢、户外拓展等娱乐项目。此外，还有水上乐园、池畔无烟烧烤、沙滩排球场、越野赛车场等娱乐场地供游客游玩。

千家峒景区

湘山寺 文

千年古寺的历史风光

桂林市全州县城西湘山脚下

湘山寺始建于唐至德元年（756年），初名"净土院"，杭州径山得道高僧全真和尚为该寺开山祖师。该寺历唐、宋、明、清和民国时期，至今已有1000多年。如今寺内仅存依石雕成的鸟兽虫鱼等艺术品，以及高达7层、铜葫芦顶的"妙明塔"。山顶有飞来石，传为自须弥山飞来。东有洗钵岩和转身岩等胜迹。四周峰林蓊郁，岩洞幽深。立于寺前，全州城风光一览无余。

宝鼎岭

桂北亮丽风景线

位于全州县才湾镇与资源县交界处

宝鼎岭海拔2044米，是华南第三高峰。宝鼎岭集高大、雄奇、险峻于一身，自古以来就是桂北旅游名山。宝鼎岭有八大景观最引人入胜，分别是五福湖、梯级瀑布、苦练庵、阴船石、白云洞天、关圣殿、圣水殿、极顶眺远。这八大景观构成了宝鼎岭别样的风光，成为了桂北地区一道亮丽的风景线。

玩家攻略

宝鼎岭全山游程长达30千米，沿山脚可荡舟游湖，可依荫垂钓，可临深涧观瀑；至山腰可进古庵烧香，可赏石丛云海；登极顶可放眼眺远，可观日月同天，可饮滴水圣泉，也可入草海横枪狩猎，隐莽林休闲避暑。真是一里有三景，十里不同天。

景点推荐 桂林南部旅游区

荔江湾
桂林山水第一湾

桂林市荔浦市青山镇 60元

在桂林长途汽车站乘坐到荔浦市的车在王朝大酒店下车，换乘82路公交车在荔江湾景区下车即可

荔江湾景区由形象的鸥鹰山、象鼻山、五指山、龙头山、白石山、红马山、白马山和珠江支流——荔江河及沿河两岸的生态田园风光组成。此处，山形奇特，峰丛林立，溶洞与山水相连，河水如玉带般地环绕群山，故为"荔江湾"。景区一直有"水中水，山中山，桂林山水第一湾"的美誉和"洞中九寨"之称。

荔江湾景区是一个自然原生态型的景区，景区内有最古老的（最早的荔浦人）永苏里人的生活遗址，亿万年前自然形成的山体壁画，最美的溶洞天宫岩，热闹的龙舟比赛……丰富的旅游景点让游客目不暇接。

玩家攻略

荔江湾神奇的自然山体壁画——仙女下凡图，堪称世界奇观。石壁中的人体肖像自然天成，图画比例协调，生动传神，臻于完美。这是一处珍贵的自然文化遗产。据地质学家论证，这幅天然仙女壁画形成已有6700万年了。它是经过地壳运动，同时受到水和风的侵蚀和剥蚀而形成的。

丰鱼岩 AAAA
一洞穿九山，妙景绝天下

桂林市荔浦市三河乡东里村

260元。桂林—荔浦班车，15元，到荔浦后坐小巴可达，票价5元。阳朔—荔浦班车5元，到荔浦后坐小巴可达，票价5元。

丰鱼岩因暗河盛产油丰鱼而得名，素有"暗河漂十里，一洞穿九山，妙景绝天下"之美称，被誉为"亚洲第一洞"。丰鱼岩贯通9座大山，全长5.3千米。洞中小厅连大厅，最大厅25.5万多平方米，是国内外罕见的奇特

大溶洞。高阔的洞天，幽深的暗河，密集的石笋，汇成气势雄伟的洞穴奇观。

目前丰鱼岩由4个旅游部分组成。一是洞内陆地观赏景区，其中高9.8米的定海神针是其镇山之宝，而其他的洞中石笋、石柱、石幔林立，灿烂缤纷，亦令人目不暇接。二是洞内暗河漂游观赏区，全长2.3千米，游人可以乘舟览胜，欣赏两岸千姿百态的钟乳石。三是以洞内大厅为依托，与洞内自然景观相结合的文化娱乐景区。最后一个部分是极具民族风情的度假山庄。

玩家 指路

先从桂林或阳朔乘长途汽车前往荔浦，空调直达快速班车33元/人，约2小时行程。到荔浦后再乘小巴直达丰鱼岩，票价5元，约20分钟。或租微型客车前往景区。

玩家 攻略

瑶寨表演：每到夜晚丰鱼瑶寨便会有精彩的瑶族绝技表演。游客可以欣赏“上刀山、下火海、踩红烧犁头”等一系列绝技表演和各种风情歌舞，如火把舞迎宾、对歌传情、抛绣球、拜天地、背新娘等。男性游客还有机会当一回瑶家“女婿”，亲身感受瑶族古朴的婚俗礼仪。

美食：丰鱼岩贵宾楼餐厅可同时容纳600人就餐，以荔浦芋头宴、瑶族农家宴、瑶族风味宴等当地少数民族菜肴为特色。

住宿：景区内有园林式三星级酒店丰鱼岩贵宾楼。共有各类客房200余间。

娱乐：景区内的尊荣馆拥有全亚洲唯一的洞内温泉SPA，主要以硫黄温泉浴为主，将丰鱼岩独特的岩溶资源与天然温泉完美结合，堪称一绝。洞外建有男女宾分浴大小温泉汤池，可调制咸海矿物泥巴浴、鲜花浴、蔬果浴、脂奶浴、醇酒浴、咖啡浴、香薰浴、中药浴等。

龙怀文化景区

原汁原味的自然景区

桂林市荔浦市区南12千米的龙怀乡境内

龙怀文化景区因其处于状若盘龙的群

链接

天宫岩三绝

荔江湾“洞中九寨”之称说的便是景区的天宫岩。天宫岩有三绝，一是岩洞因特殊的地质结构断层岩而形成，整个岩洞一万多平方米的岩顶低矮平整而壮观，世上罕见；二是洞中因地下水冲刷而形成无数个水平如镜的七彩池，被誉为“洞中九寨”；三是洞中有一处因地下暗河穿岩而过，在落差处形成高十米、宽二十余米的巨大溶洞瀑布，非常壮观！

天宫岩

山环抱中而得名。景区内有阴阳二泉、观音奇峰、幽谷神潭、古樟迎客等自然景观，树木葱茏、清幽静谧如世外仙境。除了美丽的自然景观，景区还有大中华表博物苑、大自然根艺博物馆、大中华祈寿园、中华龙王等人文景点。历史文化深厚的龙怀景区还是世界华商国际投资论坛永久会址，享有“华商之家”美誉。

玩家攻略

大中华博物苑：由古代牌匾、古生物化石、古人类石器、古代楹联、古代票据凭证、明清居室木雕6个博物馆组成。规模和收藏量居广西之最，现已收集有2000多块古牌匾、5000多件古生物化石、500多件古人类化石、1000多件明清埋藏木雕、1000多张明清和民国时期的凭据票证。

大自然根艺馆：馆藏精美根艺及根艺书法作品507件。其中最有特点的是“福”和“寿”两个大字的根雕，两侧是字形较小一点的“福如东海寿比南山”根雕。

天河瀑布

原汁原味的自然景区

桂林市荔浦市蒲芦乡，距市区28千米

天河瀑布景区是由原始森林、观音瀑布、峡谷漂流、瑶族风情构成的别具特色的旅游休闲度假胜地。这里的一切均保留了原始森林原汁原味的真面目，秀丽的潺潺流水，幽静的深山老林，奇特的植被树木，美丽的山野田园风采，这片原始风光有“幽、奇、绿、静、美”的特点。

景区最有名的是天河瀑布。瀑布地处原始森林保护区内，落差88米，有“飞流直下三千尺，疑是银河落九天”之势，宛如天河之水，因而得名天河瀑布。近看，水雾漫漫，瀑姿千姿百态，飞花者、淌玉者、垂帘者，宛如观音沐浴，因而有“水帘观音”之称。远眺宛如一幅又长又宽的银帘凌空垂挂，与层岩、重峦、巍巍林海交相辉映，赏心悦目、美不胜收。

玩家攻略

瑶家风情：景区内有着浓厚的瑶家风情。在这里，瑶家吊楼随处可见，还可以听见瑶家山歌对唱。此外，还可欣赏热情火辣、粗犷奔放的瑶家歌舞，品尝美味可口的瑶家野菜。

漂流：可以在景区参加全程1.5千米双人自助漂流，在山间落差各异的激流险滩中乘橡皮艇顺流而下，体会穿越激流险滩的惊险刺激，尽情享受漂流的乐趣。

银子岩溶洞 AAAA

绿色诗境家园

桂林市荔浦市马岭镇　80元

在阳朔搭乘至银子岩的旅游专线车

银子岩溶洞是典型的喀斯特地貌，贯穿12座山峰，洞内汇集了不同地质年代发育生长的钟乳石。钟乳石像银子似钻石，晶莹剔透，洁白无瑕，含有方解石、石英石微粒的钟乳石在灯光的照射下，折射出银子般光芒，故称为“银子岩”。银子岩景区宛如一个巨大的天然盆景，四周群山环抱，千亩桃林错落其间，四季花果飘香，如同一个宁静和诗意的绿色家园。

银子岩岩洞内幽幽森森、迂回曲折，是

典型的层楼式溶洞，分为下洞、大厅和上洞3个部分，洞内的钟乳石，以“雄、奇、幽、美”而著称。尤其以音乐石屏、瑶池仙境、雪山飞瀑“三绝”和佛祖论经、独柱擎天、混元珍珠伞“三宝”，被岩溶专家誉为“世界溶洞奇观”。

玩家 指路

自驾车游客通过321国道到达景区；桂林方向来的散客可乘从桂林至荔浦普通班车途经景区；柳州、梧州、贺州方向的游客到县城后乘荔浦至银子岩31路公交车可到达景区；阳朔旅游的散客可直接搭乘阳朔至银子岩景区专线车。

银龙古寨

美丽的山间古镇

桂林市荔浦市马岭镇

银龙古寨为广西目前保存较完好的古寨民居。与银子岩风景区一衣带水，唇齿相依。古寨依山傍水，地处一个巨大的天然盆景中，四周群山环抱，连绵的山峰似是一条条盘龙，昂首腾飞。古寨至今保存较完整，有古庙、古楼门、古巷、烽火台、抗法英雄陈嘉故居和古墓等。银龙古寨在碧水青山之间散发着悠悠古韵。

恭城文庙

广西儒学圣地

桂林市恭城县恭城镇西山南路

恭城文庙始建于明永乐年间，是广西保存最完整的孔庙，也是全国四大孔庙之一。文庙坐北朝南，俯视茶江，背靠印山，依山而建，逐层布置，显得庄严肃穆。全庙有“礼”“义”两个耳门，门外立禁碑一块，上刻“文武官员至此下马”，以示孔庙的庄严。庙内有个宽大的平台，叫杏坛，又叫露坛，传说是孔子讲学的地方。

露坛上的大成殿，是文庙的主体建筑，大成殿正中的神龛是供奉孔子灵牌的地方。

大成殿之后是崇圣祠，是供奉孔子5代祖先的殿堂，崇圣祠与大成殿在建筑构造上很讲究，大小高低有分别。

玩家 解说

相传恭城县的先民之所以要将文庙建在左边，把武庙建在右边，是因为在中国古代传统观念里，左为东、为阳，东方主生，为尊，故为文庙，以示崇文；右为西、为阴，西方和杀，为卑，故为武庙，以示抑武。而文庙与武庙之相依相傍，又表示阴阳相合，文武相成。既崇文，又尚武，先文后武，充分体现了中华民族的文化精神。恭城文武两庙一东一西同处一地，这在全国是绝无仅有的。每年的农历六月十六是祭祀关羽，举行游行的日子。

延伸

恭城武庙

文庙右侧是恭城武庙。文、武两庙把印山一山分二脊，一东一西。左右文武，浑然一体，相得益彰。恭城武庙又称关帝庙，始建于明朝，内有戏台、雨亭、前殿、正殿和后殿等建筑，是祭祀三国名将关羽的庙宇。黄绿琉璃瓦顶与文庙的芒辉融为一体，形成了印山下金碧辉煌的光波海洋。

榕津古镇

古榕成荫的千年古镇

桂林市平乐县张家镇榕津村

榕津古镇始建于唐末宋初，距今已有千年历史。上千年古街至今保存完好，古榕成群相拥，塘泽星罗棋布，古街、古榕和明珠般的塘泽相映相辉，构成了岭南古圩特有的景致，古圩因此而得“榕津”美名。另外，榕津是桂剧发祥地，中国戏剧界一直流传着“中国桂剧在桂林，桂林桂剧自平乐，平乐桂剧源榕津”的说法，如今榕津还保存着一面“广西第一锣”。

链接

榕津古榕

榕津千年古榕群是该风景区的精髓所在，其主干需15人方能合抱，独特之处在于粗壮的气根形成了几根能通小汽车的奇特拱门组合，是罕见的奇特景观，以北街口的连理古榕和东街口的墙上古榕最有特色。

恭城文庙

攻略资讯

交通

飞机

桂林两江国际机场距桂林市区28千米，目前开通了60多条国际国内航线，国内各大航空公司均有航线飞往桂林。与国内30多个大中城市和中国香港、中国澳门及日本福冈、韩国济州、泰国曼谷、马来西亚吉隆坡、新加坡机场直航。游客可以乘机场大巴和出租车往返于机场和市区。机场售票电话为0773-2845297。

火车

桂林市区有两个火车站，桂林火车站和桂林北火车站。桂林站位于象山区中山南路39号，电话0773-2164842。桂林北站位于叠彩区站前路6号。

桂林风光

乡间小路

汽车

桂林市内共设有3个汽车站：桂林汽车客运南站、北门汽车站、琴潭（城南）汽车站。

桂林客运南站位于凯风路西侧、茶店西路南侧，市内可乘12路、28路、82路、96路等公交可达。

琴潭汽车站位于象山区翠竹路31号（漓泉啤酒厂附近），乘2路、32路、85路、301路等公交车可直达。

北门汽车站位于叠彩区北辰路76号，地处桂林火车北站东侧400米处，可从北站步行到达，另可乘1路、99路、211路公交车到达。

住宿

桂林作为广西重要的旅游城市，酒店宾馆遍布全市，住宿极其方便。酒店的类型也非常多样，有三到五星级宾馆、县级非星级宾馆、家庭旅馆、现代艺术酒店、个性之居等多种类型可供选择。

市中心江景地区

●漓江大瀑布饭店

是目前广西规模颇大、设施设备较好的高星级饭店。它在原漓江饭店的基础上，以

水景文化为背景，建有大型人造瀑布，已列入吉尼斯世界纪录。✉ 桂林市秀峰区杉湖北路1号 ☎ 0773—2822881

●绿洲酒店

绿洲酒店是以接待自助游客和商务客人为主的精品涉外小酒店。酒店位于桂林市中心繁华区中山中路大道上，周边店铺林立，距离市内景点也比较近，地理位置十分优越。✉ 桂林市象山区中山中路6号五洲大厦四楼 ☎ 0773—2881278

●懒猫青年旅社

是一个由两座别墅组成的客栈，依山而建，有一院子，院里有棵桂花树，有摇摇椅。环境十分闲适安静，适合城市人放松心情。✉ 桂林市秀峰区骝马山北巷13号 ☎ 0773—5657548

火车站地区

●花满楼青年旅舍

在桂林市火车站正对面200米处，离桂林市汽车总站仅有500米，门口有多路公交车直达桂林各旅游景点及阳朔、龙胜等地，交通十分便利。在步行街附近，购物休闲两相宜。✉ 桂林市象山区桂林站正对面 ☎ 0773—3839625

●星波连锁酒店（汽车总站店）

酒店位于桂林汽车总站正对面，毗邻桂林市城徽——象鼻山公园，北邻桂林闻名的两江四湖景区。酒店周边交通便捷、景点众多，交通出行方便快捷。✉ 桂林市象山区中山南路96-1号 ☎ 0773—2286333

市中心湖景地区

该区域位于两江四湖景区内，邻近市中心，包含桂林市政府及相关办事机构和著名风景区。该区域以三四星级酒店为主，入住价格200元到700元不等，可满足不同需求。

●桂林宾馆

位于桂林市区中心两江四湖景区内，酒店周围古树名木，叠石碑刻，亭台碧水，宛如一幅美丽的画卷。✉ 桂林市秀峰区榕湖南路14号 ☎ 0773—2898888

桂林风光

●静观茗楼度假酒店

坐落于榕湖南畔，地处两江四湖景区中心，曾是清中期台湾巡抚唐景崧的官邸“五美堂”所在地，毗邻市政府、古南门、黄庭坚系舟处、古榕双桥、步行街等地。✉ 桂林市秀峰区榕湖南路9号 ☎ 0773—2283265

阳朔县城区域

●漓江国际青年旅舍

旅舍在漓江边上依山而建，环境甚是清幽。房间装修得极有情趣，温和的色调，漓江风景和甜蜜的卡通情形直接绘制在墙上，可见老板也是个崇尚自然懂得生活的人。✉ 桂林市阳朔县滨江路25号 ☎ 0773—6919876

●21号客栈

从客栈直走3分钟就到漓江，县镇府门前右转直走1分钟到西街。整个客栈种满了桂花树，桂花开花时，可以在桂花香中入睡。✉ 桂林市阳朔县前街21号 ☎ 13471399662

●古韵潘庄特色民宿酒店

以具有四五百年历史的老式青砖建筑改建而成，外观上尽量保持了原有的特色，由不同的院落连接而成，房间分布于院内各处，既保证了私密性，又不失融洽和谐。房间内部则结合了乡村的安逸和现代的舒适，低调质朴。✉ 桂林市阳朔县骥马村委会 ☎ 0773—8888819

美食

桂林的地方风味独具特色，集酸辣的湘菜和清淡的粤菜风味于一体，桂林人的家常小炒受湘菜影响比较大，几乎餐餐离不开酸辣。桂林的街头小吃更是一绝，满街飘荡着糯米鸡散发出的荷叶香。

美食小吃

●米粉

桂林米粉不可不尝，有生菜粉、牛腩粉、三鲜粉、原汤粉、卤菜粉、酸辣粉、马肉米粉等，全市几百家米粉店，家家口味不尽相同，有的甚至通宵营业。

米粉

●啤酒鱼

啤酒鱼是阳朔的当地名菜。选用阳朔漓江里鲜活的大鲤鱼，先用桂北山区出产的生茶油烹炸，后放入桂林产的上等啤酒红焖而成，具有独特的香酥鲜嫩风味，让你胃口大开。

●“十八酿”

“十八酿”是桂林最负盛名的美食，十八酿即十八种酿菜，具体有田螺酿、豆腐酿、柚皮酿、竹笋酿、香菌酿、蘑菇酿、南瓜花

啤酒鱼

田螺酿

酿、蛋酿、苦瓜酿。

● **荔浦芋扣肉**

荔浦芋扣肉是传统的宴席名菜，整道菜色泽金黄，芋片肉片松软爽口，浓香四溢。具有清热去火、滋润养颜功能。

● **灵川狗肉**

又称地羊，是桂林传统名吃，盛行不衰。狗肉有温补、滋阴作用。其烹制以桂北的灵川县尤为有名。

● **素爆炒漓江虾**

素爆炒漓江虾是桂林典型的风味菜。以桂林漓江里的河虾为原料加入少许桂林三花酒爆炒而成。由于漓江水清冽，漓江虾肉质细嫩醇正，原汁原味，使本菜看色泽鲜红如宝石，口感酥脆嫩爽，香而不浓。

美食去处

● **正阳路步行街**

在这儿你可以品尝到地道的桂林名菜、特色的风味小吃，还有各式各样的异域佳肴。饱腹后，散步到附近的漓江大瀑布酒店欣赏大瀑布也是不错的选择。

荔浦芋扣肉

素爆炒漓江虾

● **尚水美食街**

街道建筑很有当地特色，以桂北仿古建筑为主调，沿商铺门前还有流水缓缓而过，更添了份情调。这里云集了各式美食，不论是当地特色小吃还是西式新鲜菜品在这儿都能吃得到，此外还有咖啡酒吧、土特产店等。

● **西城路美食街**

这里聚集了桂林市大部分的特色小吃，是吃货们的最爱，尤其是晚上的时候更加热闹。

● **石记老字号米粉店**

位于解放西路，这里的米粉味道十分正宗，受到许多喜欢桂林米粉朋友的青睐。

购物

桂林商圈不多且较分散，以市中心即中山路一带为中心商圈，也是市内人流量最大

壮锦

阳朔画扇

桂林三宝

的区域；此外，火车站及上海路附近也有少数购物点。

桂林特产

壮锦：这是广西壮族著名的手工艺品，桂林壮族妇女也很擅长，用各种颜色的丝绒和细纱精心织造。壮锦多以壮族地区的动物图形为图案，织工精巧，线条简练而明快、粗犷而别致，色彩绚丽，具有浓郁的民族特色。

阳朔画扇：画扇是阳朔最具特色的旅游工艺品之一。其料考究，工艺精致，内容丰富，具有观赏和收藏价值。

桂林三宝：是指三花酒、辣椒酱、豆腐乳，喜欢的朋友可以带点回家。

桂林购物场所

正阳步行街：这里的商品很丰富，是桂林市购物的好去处。

微笑堂百货：商厦内的商品包括食品、服装、鞋帽、化妆首饰、文体照材、搪瓷、日用百货、家用电器等。

金顺昌特产店：桂林特产在这里基本上都能找到，而且价格适中，是购买特产的好地方。

娱乐

漂流：摇着竹筏荡舟在桂林也称漂流，但更刺激的漂流，在桂林比比皆是。因独特的喀斯特地貌，令漂流更惊险过瘾。在水急滩险的崇山峻岭中激流勇进，尖叫过后，缓下心感受绿意盎然的山水墨画，是何等刺激而惬意。

攀岩：是桂林很热门的户外运动方式之一。尤以阳朔攀岩为胜，那里不仅有适合初学者练习的场所与线路，还有令职业攀岩者拍手称快的场地，深受国内外攀岩爱好者的喜爱。

山水实景之演出：桂林的山水实景演

攀岩

出十分精彩，既有早年闻名的张艺谋导演的《印象刘三姐》，还有桂林最新旅游夜间节目《象山传奇》。在桂林象山公园内，用3D的灯光及真人表演，复活千百年来流传下来的象山神话与当地的人文风情，领略让中外游客最为神往的象山水月。此外，还有《梦幻漓江》《龙脊魂》等表演，让游客感受桂林魅力景致及少数民族的多姿风情。

节日和重大活动

节日	位置	时间
禁风节	桂林市临桂区庙坪圩	每年农历正月二十
恭城桃花节	恭城县	每年3月
壮族歌节	桂林市各个壮族聚居地	每年农历三月初三
龙胜瑶族红衣节	龙胜县	每年农历三月十五或四月初八
壮族牛魂节	龙胜县壮族居住地	每年农历四月初八
七月半河灯歌节	资源县	每年农历七月十三日至十五日
桂林山水旅游节	桂林市	每年10—12月

发现者旅行指南

柳州·来宾

概览

亮点

大龙潭风景区

是一个以喀斯特自然山水景观为主，突出南方少数民族风情文化，融亚热带岩溶植物科普、景观为一体的开放性城市综合公园。

柳侯公园

是纪念伟大文学家柳宗元的地方，这里古朴轩昂，亭阁清池，平流跌水，石刻联匾，极具岭南园林特色。

程阳风雨桥

风雨桥是侗族独具特色的建筑之一，而程阳的风雨桥是保存最完整的风雨桥，极具观赏价值。

圣堂山

云海缥缈间方显山之灵秀，圣堂山的云海、林立的山峰、漫山的杜鹃一起演绎出了"人间仙境"。

忻城莫氏土司衙署

这个号称全中国乃至全亚洲保存最完整的土司建筑楼群展示了壮族人民的智慧，不愧为"壮乡故宫"。

必逛街道

龙城路：地处柳州繁华街段，这里商品丰富，是到柳州必逛的街道。

飞鹅路商业街：飞鹅路上有众多的小商品，尤其是工艺品最多，可以说是购买旅游纪念品的好去处。

合山路：是来宾比较热闹的一条路，想要感受来宾的热闹不妨到这里逛逛。

线路

柳州市内二日游

第一天上午柳侯公园、东门城楼看柳州市内的古风古韵；下午鱼峰山公园攀登鱼峰山览柳州全景。第二天上午到大龙潭风景区，享受山水之乐；下午参观都乐岩溶洞风景区。

三江两日游

第一天上午前往三江县城，参观鼓楼、侗乡鸟巢等侗族传统建筑；下午前往程阳八寨、程阳风雨桥。第二天上午到丹洲古镇，感受古城风韵；下午前往高基生态村、三王宫。

大瑶山二日游

第一天到达大瑶山，上午前往圣堂山享受登山的乐趣；下午前往老虎潭峡谷，感受山野溪水的乐趣。第二天到莲花山登山赏景。

来宾郊县二日游

第一天上午到武宣县游览文庙，参观刘氏庄园；下午前往百崖大峡谷，那里温度适宜，常年如春。第二天上午前往象州县古海底迷宫、运江古镇；下午前往忻城莫氏土司衙署参观土司建筑。

为何去

侗寨

柳州又被人们称为“龙城”，是中国历史文化名城。“越绝孤城千万峰”，这里石山奇特秀美，岩洞瑰丽神奇，拥有都乐岩、鱼峰山和三江风雨桥等诸多美景。

来宾市是一个历史文明久远的新兴城市，旅游资源独具特色。有百崖大峡谷、大瑶山、圣堂山等神奇的自然景观和众多古迹。

何时去

圣堂山

柳州一年四季皆适宜旅游。柳州市喜庆节日有很多，如三月三歌圩节、八月十五山歌节、五月初五龙舟赛、十二月国际奇石展等，几乎每月都有独具民族特色的节日，游客可以充分领略到当地的民俗风情。

来宾市地处中亚热带向南亚热带过渡的季风气候区，北回归线从市内南缘通过，气候温和，一年四季到来宾皆有不同的美景。

区域解读

区号：0772

面积：约32 004km²

人口：约628万人

主要少数民族：壮族、苗族、瑶族、侗族、仫佬族

地理 GEOGRAPHY

柳州辖5区（城中区、鱼峰区、柳北区、柳南区、柳江区），3县（柳城县、鹿寨县、融安县），2自治县（融水苗族自治县、三江侗族自治县）。

来宾辖1区（兴宾区），1市（合山市），3县（象州县、武宣县、忻城县），1自治县（金秀瑶族自治县）。

地形

柳州市地处云贵高原边缘，地形分布整体呈北部山区、丘陵相间，南部盆地的形态。柳江为境内最大河流。融水县中北部的元宝山，海拔2089米，为华南第三高峰，亦为柳州境内最高峰。

来宾市地形复杂，地势从西北向东南倾斜，北高南低，周高中低，为从西北向东南缓缓倾斜的盆地。东部大瑶山山脉是广西山字形构造的东翼，弧形山脉呈北向东，最高峰为圣堂山；中部多为平原和台地。来宾市水系发达，境内主要河流为西江干流红水河，以东南部为出口。

气候

柳州、来宾属中亚热带季风气候区。夏长炎热，冬短不寒，雨量充沛，光温丰足。此外，金秀瑶族自治县地处山区，海拔高，气温偏低，日照少，年平均气温17.1℃，是夏季避暑旅游之胜地。

江流曲似九回肠，柳州得名源柳江

柳州因柳江而得名，碧波荡漾的柳江绕壶城蜿蜒而过，给这座工业城市带来了无限的灵气。前任总理温家宝曾称赞柳州“山清水秀地干净”，把柳江称为“广西最大的品牌”。

这个“广西最大的品牌”的形状十分奇特，极像英文的字母“U”，把柳州城环绕了起来。若是概括起柳州城的景观，恐怕没有哪句能比“城在山水园林中，山水园林在城中”更简洁生动了，如果您站在马鞍山顶上，就可以真切地感受到这一点，眼前的城市宛如一个天然大盆景。

若还想更近距离地接触柳江，那就一定要乘船感受“百里柳江”沿江两岸的城市景观和田园风光。“柳江出平湖”的妖娆景色、柳州老八景中的“东台返照”和“龙壁回澜”在平缓江面的映衬下更为突出。眼前的一切都恍如电影胶片一般徐徐呈现，连绵百里，气势磅礴，好似一部精美的大型风光系列片。

柳江不仅拥有秀美的风光，江上更是架设着10余座现代桥梁，风格各异、美不胜收，堪称桥梁博物馆。

柳州市风光

江上的桥不长，一般都在600米到1000米之间。时间跨度半个多世纪，从“T”形的柳江大桥，到箱梁形的河东大桥，再到预应力混凝土推顶形的壶东桥、斜拉形的壶西桥、悬索形的虹光桥等，每座桥都代表了不同时期的建筑风格，有些桥的修建还创下了广西乃至国内桥梁史上的多个第一。每逢节假日，在桥头放焰火、看表演、赏花观月，是柳州市民最赏心悦目的事。

历史 HISTORY

柳州历史大事记

●远古时代

柳州是中国乃至东亚最重要的古人类化石发现场所之一。柳州市柳城县曾发现有生存于100万年前至30万年前的巨猿。柳州也是南中国古人类“柳江人”的发祥地，“柳江人”可能是东亚迄今所发现的最早的晚期智人。

●秦汉时期

公元前112年，汉武帝命路博德率军，发动了汉平南越之战。翌年，汉灭南越国，在柳州建城设制，由当地人管辖地方事务，与土司制度的雏形相似。

●唐朝时期

唐天宝元年（742年），柳州改名为龙城郡。乾元元年（758年），龙城郡复名柳州，并沿用至今。

元和十年（815年），柳宗元被贬柳州。这期间，柳州社会文化得到较大发展。

●宋朝时期

北宋时期，柳江上游的龙江以及融江地区之间的大量木材沿江而下于柳州集散，柳州木制品从此闻名于世。柳州棺材开始扬名。

●明朝时期

明洪武十二年（1379年），明政府扩建柳州城垣，现存柳州镇南门古城墙及清代重修的柳州东门城楼一段。

●清朝时期

清雍正十年（1732年），柳州设古州运馆，办理柳古（今贵州榕江县）间航运之仓挽运业务。柳州主要向南方输送木材、粮食，并向北运盐，柳州的商业地位在当时达到了一个高峰。

●近现代

1942—1943年，越南共产党原主席胡志明曾被国民党当局关押在柳州蟠龙山扣留所，释放后常在现柳州乐群社旧址开展工作。

1944年11月至1945年6月，柳州被日军占领，柳州城区遭受了大规模的破坏和焚烧。

1949年11月25日柳州解放，12月19日，柳州市人民政府成立。

新中国成立后，柳州的工业得到重点发展，改革开放后形成了以汽车工业、冶金工业为主导的工业体系。2009年，柳州汽车年产超过100万辆，成为中国人均生产汽车最多的城市。

名单 柳州历史名人

明"柳州八贤"戴钦、张翀等

清代女诗人吴采兰

清台湾知府杨廷理

清桐城派作家王拯

同盟会要员柯汉资

桂军著名将领刘震寰

民国陆军中将阚维雍

来宾历史大事记

●远古时期

据在来宾市兴宾区麒麟山发现的"麒麟山人"头盖化石推断，距今约3.5万年以前的旧石器时代，来宾人的祖先便在此繁衍生息。

柳宗元像

●古代

西汉元鼎六年（前111年），汉武帝平定南越国，下令在今象州设桂林县，在武宣设中留县，为来宾市有行政建制之始，至今已有2200多年历史。

唐以前所称"桂林"，均为今来宾市一带。此后，唐、宋、元、明、清等中国封建王朝各个时期，今来宾市所辖各县、市、区的行政区域因朝代更迭或行政区划，曾多次改变。

为了边境地区的稳定，便于统治，于是自元朝至清朝一直沿用的土司制度应运而生。在今日现存的广西土司文化遗产中，以忻城县莫氏土司衙署最具代表性。

●近现代

新中国成立后，今来宾市各县相继解放，建立人民政权。

名单 来宾历史名人

抗法英雄张开成

太平天国西王萧朝贵

广西辛亥革命领导人之一刘古香

民国中将刘炳宇

子厚治柳，柳地之兴

翻开柳州的历史，有个人不得不提，那便是柳宗元，这位才华横溢的唐代诗人将他晚年的最后时光都奉献给了柳州城，有意思的是，他们都姓"柳"。

唐元和十年（815年）初，贬谪永州的柳宗元奉诏回京，又被朝廷发往更加偏远的岭南柳州。在柳州，他接触了勤劳纯朴的各族人民，了解当地人民的困苦生活后，决定在柳州做一番事业，为当地办些好事。

柳宗元任柳州刺史时，为人民做了很多好事。他发布政令，"革其乡法"，使已沦为奴婢的人，仍可出钱赎回。家庭十分贫困的，柳宗元自己出钱助赎；他重视农业生产，曾亲自组织农民开荒种地、植竹栽树、引水挖井，一举解决了柳州城内民众的饮水困难。

柳宗元致力于复兴文化，积极编写柳州地方志，并“大修孔子庙”，鼓励柳州人民积极让小孩子念书，以达到“人去其陋，而本于儒，孝父忠君，言及礼仪”的教化目的，从根本上提高民族的素质。他在闲暇时间，还耐心接受青年学子的拜访，对他们循循善诱。重视文教后，柳州涌现了一批文化人士，对于柳州文化的发展具有非常深远的意义。

柳宗元不仅仅满足于知识的传播，更致力于改变陈旧的迷信思想和思维方式。柳州是百越民族聚居地，这里盛行用鸡骨占卜、杀牲祀鬼的陋俗。人们生病不求医，而是请巫师来求神问卦，社会生产也受到很大影响。柳宗元为了破除这种恶俗，便提倡佛教，宣扬生死循环来劝说人们不要滥杀牲畜，有病要寻医问药，严禁江湖巫医骗钱害人。同时推广医学，培养出当地自己的医生为民众服务。

唐元和十四年（819年），因为劳累，柳宗元在柳州任上去世，时年47岁。虽在柳州仅5个年头，但他却从根子上使柳州变得开通，使这座城市有了自己不可或缺的文化音符。时至今日，柳宗元仍是柳州人最怀念的先人。柳州城区现有多处纪念柳宗元的古遗迹，如柳侯祠、衣冠冢、罗池及唐开元寺遗址等。

链接

柳宗元

柳宗元（773—819），字子厚，唐代河东郡（今山西运城）人，中唐时期著名文学家、思想家和政治家。为官期间，柳宗元与刘禹锡、韩泰、韩晔、陈谦都因参加王叔文领导的永贞革新运动而遭贬。后来5人都被召回，大臣中虽有人主张起用他们，终因有人梗阻，柳宗元再度被贬为岭南柳州刺史。在柳州期间，柳宗元为当地城镇建设、经济文化的发展做出了重要贡献，在柳州历史上留下了光辉的一笔。

柳宗元寒江独钓图

文化 CULTURE

“死在柳州”也无妨

“食在广州，穿在苏州，玩在杭州，死在柳州”，这是在我国广为流传的一句民谚。前三句话初读起来都很好理解，但为什么要“死在柳州”呢？原来柳州棺材因质优工巧，饮誉全国。而根据中国人的传统，以死后能得一副好棺木为最大幸事，于是也就有“死在柳州”的说法了。

而如今，随着人们丧葬观念的改变，“死在柳州”渐为人们所淡忘，前往柳州寻求人生“最佳归宿”的行为也几乎不存在了，然而，与棺材形似的“工艺棺材”的出现，使得柳州棺材更加声名远扬。工艺棺材以其新的寓意在市场上产生新的效应，让“死在柳州”这一古老的谚语绽放出了新意。

作为柳州最具代表性的旅游纪念品，小巧玲珑的“工艺棺材”在各家纪念品店中最为醒目。到底是什么新的寓意使得柳州棺材的位置被摆得如此之高？还是和中国传统有关，“棺材”谐音为“官、财”，暗含着“升官发财”的理想吉祥之意，柳州棺材自然不会走进自己打造的空匣之中，化作历史的一粒尘埃。

“工艺棺材”作为一种奇特的工艺品，多以30厘米以内的规格式样为主，且选用木质细密、色如朱砂的上好红木为原料，造型精巧、雕镂工细、纹饰典雅，并篆刻有“福”“寿”“禄”等吉祥字样，有些还镶贴金片，棺盖“长寿”金印。游客买上这件纪念品回去置于案头欣赏，或盛印章、首饰，皆是不错的选择。或许常见此物，也能悟出点生死之道吧。

苗族坡会，别样闹春

“坡会”是融水境内苗族群众的民间传统节日。每年春季的农历正月初三至正月十七，会在融水县各乡镇村屯依序不断地举行，形成了融水境内独特的苗族系列坡会群。

史料记载，融水坡会开始于清康熙四十一年（1702年），于19世纪晚期逐渐形成，至今已有100多年的历史了。光绪二十年（1894年），香粉寨捞村苗族首领贾老响，因难以忍受地方豪绅和官府的横征暴敛而奋起反抗，在龙拱和大坡一带与清兵激战一天一夜，最后清廷兵马全军覆没，但苗寨也伤亡惨重。牺牲的300多名苗族勇士的遗体被安葬在大坡，首领要求所有的人在每年的正月十五和八月十五到此进行悼念，这就形成了最初的坡会。

如今的坡会已演变为一个综合性的、内

链接

坡会大集结

融水苗族有正月初一不吹芦笙不出门，初二可吹芦笙不可出村的风俗，而从初三到农历十七则是集体活动娱乐的时间，其间接连不断的坡会形成一条坡会链，吸引男女老少四处“赶”坡。当地人根据坡会举办的日期排序命名，从“三坡”到“十七坡”，分别如下：

1.正月初三——大年乡“忍整英”坡会；
2.正月初四——四荣乡荣塘“忍嘎直”坡会；
3.正月初五——拱洞乡平卯坡会；
4.正月初六——安太乡培地“沛松”坡会；
5.正月初七——杆洞乡“忍禄”坡会；
6.正月初八——安太乡“忍能邦”坡会；
7.正月初九——安陲乡乌勇“芒蒿”坡会；
8.正月初十——杆洞乡“百鸟衣”坡会；
9.正月十一——安太乡元宝“忍整呆”坡会；
10.正月十二——白云乡邦阳“忍更洋”坡会；
11.正月十三——安太乡“整欧”坡会；
12.正月十四——红水乡良双“整依直”坡会；
13.正月十五——香粉乡大坡坡会；
14.正月十六——香粉乡古龙坡会；
15.正月十七——安陲乡芒蒿坡节。

苗族坡会

芒蒿舞

容丰富的节日了，满足了不同年龄层次人群的需求。男女青年热衷于吹芦笙赛芦笙，跳芦笙舞；中年男人们喜爱斗马斗牛；老年人唱山歌，谈天叙旧；小孩嬉戏玩耍……在众多坡会中尤以十六坡——古龙坡会和十七坡——芒蒿坡节最为热闹、别样。

正月十六当天，方圆数十里的男女青年穿着节日的盛装，吹着芦笙，齐聚古龙坡，坡上人山人海、披红挂绿，除了烧香鸣炮，还举行舞龙、耍狮、芦笙踩堂、斗马、斗鸟、赛马等文体活动。其中的斗马以激烈搏斗、惊险刺激吸引着大批观众，数十匹雄马依次争雄，最后夺冠者的主人，不仅获得一定的奖励，还是大家心目中的英雄。而对年轻的恋人们来说，结伴到本村寨的姑娘家“坐妹”，则是一个难得的互诉衷情的机会。

而在正月十七的芒蒿坡节上，最精彩的莫过于芒蒿舞了。只见七八名“芒蒿”身穿刚从山上采集而来的青藤编织的“草蓑”，头戴狰狞面具，四肢漆黑。在高亢雄浑的芦笙伴奏下，翩翩起舞，舞蹈造型简练生动，舞姿矫健优美，动作拙钝极富花山壁画韵味，表现出粗犷奔放的艺术风格。苗族古老的阳刚之美表现得淋漓尽致，深受苗胞们喜爱。

富禄三月三，百节最当先

柳州市三江侗族自治县（简称三江县）地处湘黔桂三省交界，素有“百节之乡”的美称，其中以三月三花炮节最为出名。在侗区众多的花炮节场地中，又数三江县富禄乡规模最大。节日当天，三省边界远近数万名侗族和其他民族的同胞相约富禄乡花炮河滩，欢度节日。

一年一度的富禄三月三花炮节至今已成功举办100多届，从富禄乡所在地沿河上行4000米的“塘华”河口，河岸边石壁上乾隆三年仲冬疏治河道的石刻记述中，得以证实乾隆年间富禄商业发展处于一个鼎盛时期，与老辈承传下来的花炮举办年代相吻合。

节日的第一项活动是“抢青”。由青年们组成的抢青队沿街敲锣舞狮，争抢住家用青树叶、青菜叶等包着的礼品，若是自家的青被抢，是一个吉利的象征，便鸣放鞭炮庆贺。抢青完毕，举行“抢花炮”活动。

每年节日共设三炮，每炮一车。花炮是

用红布（或红绸）缠绕的小铁环，“开抢”之前，将其置于铁炮顶端，然后点燃放炮，小铁环冲入空中，待“花炮”落地，参赛者即奋力争抢，夺到花炮并送到指定地点为优胜。抢到花炮则意味着吉利幸福，并可获得猪、羊、红蛋、酒和镜屏等奖励，随着社会发展，如今的奖励也越来越多样化了。

花炮节上还有情人相会、赶集、“抬官人”游行、民族服装巡游、芦笙踩堂舞、侗族琵琶歌、“大木拉山”表演、千人多耶歌舞、斗鸟比赛、篝火活动等众多活动，人山人海同时聚集，身穿各式各样民族服饰的俊男少女、琳琅满目的山村农副产品、土味特色光亮耀眼，好不热闹。觉得新鲜好奇的话，一定不能错过。

奇石在中国，石都属柳州

柳州是一座具有2100多年历史的文化名城。今日的古城柳州又以神奇的奇石文化引起世人的关注。自2001年起，每两年举办一次的柳州国际奇石节吸引国内外石友云集，奠定了柳州“中国石都”的地位。

柳州有着“中华石都”的美誉，赏石文化源远流长。柳州市的赏石文化远可追溯至唐代甚至更远。唐代著名文学家柳宗元首开柳州赏石文化之先河，他在柳州刺史任上曾游览柳州龙壁山。龙壁山下叠石层层，石质细腻莹润，色泽光亮鲜艳，是制砚的上好材料。柳宗元便在《柳州山水近治可游者记》中记载：“浔水因是北而东，尽大壁下。其壁曰龙壁。其下多秀石，可砚。”

壮族歌舞

柳州奇石文化的产生得益于历史上文人墨客的推动，更得益于得天独厚的自然地理环境。柳州一带多奇山秀水，自然也就蕴含着大量丰富的奇石资源。柳州奇石按形成与分部区域可分为山石、水石、土石、洞石、岩石、化石、混成石等约19个大类；按其观赏性可分约200多个品种。柳州所产的奇石为全国奇石总数的1/3，除“风石”和“陨石”尚未发现外，其余多有出产。柳州奇石能够誉满天下，不得不说是大自然得天独厚的杰作。

柳州的奇石文化，已经成为柳州独特的品位。在柳州，群众性玩石、赏石、论石、售石蔚然成风。著名的柳州文庙殿内，一排石头装饰的乐器和仿古的编钟分置于孔子像之左右。若向前敲打，悠扬的音乐缓缓响起，柳州的石头是会唱歌的。市内还有八桂奇石馆、鱼峰石玩精品馆、柳侯盆景石玩馆以及马鞍山奇石市场、柳州奇石城、中华石都、龙城石都等“三馆四场”。在柳州的宾馆、饭店，奇石装点随处可见，奇石文化已经成为人们生活中的亮丽风景。

世界瑶都，金秀瑶族

来宾市金秀县地处桂中大瑶山区，是全国最早成立的瑶族自治县。著名人类社会学家费孝通曾评价道：“世界瑶族研究中心在中国，中国瑶族研究中心在金秀。”并亲自题词授予金秀“瑶族之乡”称号，金秀堪称“世界瑶都”。

金秀的瑶族因其源流、习俗、语言、文化和服饰不同，分为盘瑶、茶山瑶、山子瑶、坳瑶、花篮瑶等5个支系，成为世界上瑶族支系最多的县份，形成了五彩缤纷的瑶族风情。金秀瑶族民间活动内容丰富，5个支系均有自己盛大的节日，如盘瑶的盘王节、茶山瑶的功德节、花篮瑶的游神节、坳瑶的浪坪节及山子瑶的度戒节等。

其中，规模最大场面最热烈的节日当属瑶族盘王节，现已成为全国瑶族同胞最盛大的节日。一年一度的瑶族盘王节，于每年的农历十月十六日举办。届时，瑶族男女老少都要穿上自己民族的节日盛装，聚居在一起唱歌、跳舞，欢度盘王节。

他们唱的歌是以《盘王歌》为主的乐神歌，跳的舞则是黄泥鼓舞，一般为双人或四人对舞。金秀瑶族的黄泥鼓舞，已经被列入第三批国家级非物质文化遗产名录。人们通过祭盘王开坛，还盘王愿，跳黄泥鼓舞、蝴蝶舞，举行瑶族民间绝技上刀山、下火海表演等活动，祈愿风调雨顺、五谷丰登。

瑶族是民风较为强悍的民族，他们在祭祀、祈福、驱邪的仪式中，往往要进行一系列的绝技神功，以显示所向无敌的气概。瑶族传统民间绝技包括“上刀梯”“下火海”“蹚火筒”“翻云台”“吞筷子”“咬碗”等，这套传统绝技与瑶族男子成年“度戒”仪式紧密联系。这些神奇的瑶族绝技经常令中外观众惊奇不已，叹为观止。

链接

度戒

度戒是瑶族男人的成人仪式，是瑶族男人成长过程中不可少的神圣一课，比娶新嫁女还要隆重。在瑶家人看来，年龄无论大小，只有度戒过关，才是男子汉，才能得到神灵的保护、社会的承认，获得男性人生的社会价值。而没有度戒或度戒没有过关的男人，得不到姑娘的爱慕，甚至找不到老婆。

度戒

景点推荐

柳州市区景点

大龙潭风景区 AAAA

奇山秀水宛如蓬莱

柳州市鱼峰区龙潭路43号　3171883

"侗乡深处"30元

在柳州市区乘坐19路公交车至终点站龙潭公园即到

大龙潭风景区又叫大龙潭公园，因有大龙潭而得名。景区是一个融喀斯特自然山水景观、中国南方少数民族风情文化、亚热带岩溶植物景观为一体的大型风景游览区。

公园秀水青山灵动相连，历史文化积淀深厚。龙潭边上的祷雨文碑亭、祭台、侧山楼、八龙喷雪坝等纪念性建筑，形成公园一个重要的景点区域——古汉文化区。历代文人墨客十分钟爱此地，并留下了许多深刻印记。唐代著名文学家、柳州刺史柳宗元曾为民祷雨于此，著有《雷塘祷雨文》传世。

公园不仅有深厚的历史底蕴，更是一个极具民族风情的旅游区。公园以广西及我国南方少数民族多姿多彩的民族建筑风物、民俗为主要建园内容，"鼓楼""龙潭风雨桥""侗乡深处居"和"轻松山房"等建筑组成的侗寨蔚为壮观。

玩家攻略

游客在这里可以领略中国南方少数民族的人情风貌、文化传统，体验独具一格的民族风情服务，品尝油茶、竹筒饭、酸鱼等民族风味小吃和民族菜肴，还可以参加和观赏壮、侗、苗、瑶等少数民族丰富多彩的文艺歌舞表演。

景区内的侗族油茶值得推荐。油茶始于唐代，有"侗不离茶"之说。侗族油茶久负盛名，分为"苦、咸、甜"三道，寓意先苦后甜，苦尽甘来。油茶不仅口感酥脆解渴，还能治疗感冒，起到提神醒脑的作用。

立鱼峰风景区 AAAA

摩崖石刻，圣贤遗迹

柳州市鱼峰区鱼峰路 30元

市内乘65路环线、4路环线、6路环线、9路环线、12路环线等公交可达

立鱼峰风景区是柳州最主要的名山之一，唐代文学家柳宗元称其“山小而高，其形如立鱼”，故得名立鱼峰，也叫石鱼山，习称鱼峰山。立鱼峰平地崛起，突兀耸秀。山上树木葱茏，亭台楼阁适布其间，有翠松亭、冠山亭、观美阁等建筑。

景区由鱼峰山、马鞍山、小龙潭等柳州著名风景名胜组成，两峰抱一潭，山水空间宏大优美。宋、元、明、清等朝代摩崖石刻近百方，还有柳宗元游记、徐霞客足迹、刘三姐风情、动人的八仙传说等丰富的历史文化积淀和有柳州古八景之称的“南潭鱼跃”“天马腾空”等自然风光。

玩家 攻略

公园有游船出租码头，可租乘游船。另景区还设有“清风院“——卡拉OK厅以及众仙洞、儿童乐园、旅游观光索道、古风园、民族风情表演等娱乐场所与活动。

胡志明旧居 文

保存最完整的胡志明故居

柳州市鱼峰区柳石路2号

3829412

市内乘53路环线、4路环线、16路、19路等公交可达

胡志明是前越南国家领导人。柳州胡志明故居是国内保存比较完整的胡志明旧居和胡志明纪念场所，始建于1930年，原是柳州富商陈显扬经营的“南洋客栈”旧址。故居是一座果树葱郁的院落，院内坐西朝东是三间住房，住房左侧是一间厨房，住房和厨房均为木柱、板窗和茅草顶的简陋茅屋。

屋内陈设也十分简朴，靠近厨房的房中放着一张柴黑色长方桌和4块木板拼成的床，就是胡志明曾学习和居住的地方。故居中挂有一块“恩赐宁家”字牌和一面红底黄边加蓝齿白镶边的旗子，上书“副榜发科”及“本社同架”的字样，这是1901年胡志明的父亲阮生辉考中副榜时乡人赠送的。

玩家 解说

胡志明在柳州进行革命工作可追溯到1942年，“胡志明”这个名字就是从那时开始使用的。当时胡志明去重庆会见以周恩来为首的中共代

立鱼峰风景区

表团，以便发动和组织在中国的越侨支援越南革命，同年8月的一天，他秘密跨过中越边境来到广西德保县足荣乡时，被国民党乡公所的乡警拘留，随后被解押到南宁，再从南宁解押进柳州，沿途受尽磨难。

抵柳后胡志明被关押在第四战区长官司令部附近一座山洞里（今窑埠街广西柳州卫校内）。不久，胡志明被押往桂林，1943年1月，胡志明又被押回柳州。在这期间，越共中央及在重庆的中共代表团开展了大量营救工作，1943年9月10日国民党当局释放了胡志明。获释后的胡志明居住在柳州石路二号南洋客栈内（即现在的柳州胡志明旧居），从此胡志明在柳州开展大量的革命活动，参加在柳州召开的“越南革命同盟会”大会。期间胡志明还创办了有“越南黄埔”美誉的越南革命干部训练班。直到1944年9月，胡志明才离开南洋客栈。

驾鹤小桃源

大型开放式公园

柳州市鱼峰区驾鹤路，紧邻江滨公园

驾鹤小桃源是柳州市区驾鹤山及其文化景观“小桃源”的合称，柳州古八景“驾鹤晴岚”就位于此处。

相传自汉朝柳州建城之初起，历代官宦及文人墨客多来拜访，以观书论诗遨游山水为乐，由是文化积沉深厚。后遍植桃花添种异树，理建山水园林，景观丰富脱俗，时人叹称“桃花万树，池水千寻”，仿若桃源仙境。园内主要景观还有晴岚鑫钟、南评宫、半山酒家、杨文广洞等。小桃源景区现已为柳州一大型开放式公园，是仿古、观光和休闲的好去处。

驾鹤小桃源

蟠龙山公园

集儒、道、佛特色的文化公园

柳州市鱼峰区柳江河畔

乘12路公交车可到

蟠龙山公园是一座具有儒、道、佛特色的文化公园。公园内最有名的便是蟠龙山，蟠龙山又名宝塔山，是柳州“四大名山”之一。整个山为岩溶地貌，多嶙峋怪石异洞，树木葱茏，山体三峰横列，如龙蟠结，其临江支峰更是状如蟠龙探首江滨。

公园分为览胜观光区、怀古寻幽区、儒家文化区、道教文化区和佛教文化区。主要景点有蟠龙双塔、盘古庙、文昌阁、王氏山房、佛像摩崖雕塑群和古东林洞等。真是个集观光览胜、访古寻幽、宗教朝拜于一体的公园。

玩家攻略

蟠龙双塔： 文光塔和蟠龙塔的合称，两塔遥相呼应，文光塔高20.13米，蟠龙塔高26.28米。江边双塔为柳州旅游标志性建筑物之一。

文昌阁： 位于蟠龙山麓，内供文昌帝君和魁星。两像一为石雕一为混凝土塑，工艺精湛。文昌阁被民间奉为“福禄文运之所”，受学子顶礼膜拜。

佛像文化区： 位于蟠龙山坳，为柳州摩崖雕塑一绝。共集观音菩萨、普贤菩萨、地藏菩萨、文殊菩萨、弥勒佛、释迦牟尼、济公、十八罗汉等道佛像36尊。

逛庙会： 景区内有盘古庙，位于蟠龙山次峰巅，内供盘古、女娲、伏羲、燧人、神农、轩辕、有巢及雷公电母诸像。庙宇一年四季香火繁盛，每年举行4次庙会，非常热闹。

柳州市区俯瞰

马鞍山公园 AAAA
登马鞍山赏柳城景

柳州市鱼峰区屏山大道

市内乘65路环线、6路环线、9路环线、12路环线等公交可达

马鞍山公园位于柳江南岸的市中心，与立鱼峰东西呼应，是柳州市中心区最高山峰之一，海拔270米。石山因古老秀劲，形如马鞍而得名，在晨雾中似腾空奔马，有“天马腾空”之称。现已辟为马鞍山公园，对游客开放。

从山脚沿石径到达山顶，放眼眺望，大小群峰于足下，飞鸟掠过，但见其背，柳江玉带，锦绣河山，一览无余，柳州全城景色尽收眼底。马鞍山为柳州古八景之一，是历代游客寻幽探胜和登高望远的最佳去处，至今山上还留有宋、元、明、清历代名人的诗文石刻数十处。

都乐岩景区 AAAA
山林石洞俱美的旅游区

柳州市鱼峰区柳石路都乐村　入园免费，溶洞25元　从莲花公交站乘94路公交车至终点站即到，黄金周期间会在五一路东站增加21路都乐公园支线车

都乐岩并非一个岩洞，而是这里的岩溶群的总称。景区由12座山峰、46个岩洞、一段3400米长的清溪和4个人工湖组成，方圆10平方千米。景区内群山环抱，峰峦透迤，四季花团锦簇，绿树成荫，空气清新，是兼有山、水、林、洞、石之美，大自然景观极为丰富，田园风光浓郁的游览胜地。

都乐岩的洞内游程共768米，总面积6400平方米，洞与洞之间有盘山游道相连，著名的景致有“柳江放排”“火炬迎宾”“南海风光”“山村晨曦”“三姐对歌”“鱼跃天窗”“百兽闹林”“都乐飞瀑”“丝绸商店”等。

玩家攻略

探洞： 都乐岩的溶洞众多，洞内景观千姿百态，游客可以和三五好友一起探秘神奇的溶洞，发现溶洞之中的美。

登山： 都乐岩不仅有溶洞，还有许多山峰非常适合游客攀爬，登到山顶可以体验一览众山小的壮阔感觉。

都乐岩溶洞

都乐清溪

都乐清溪发源于柳江区成团镇附近的群山之中，由许多细流汇集而成，流经都乐岩风景区这一段长3400米。溪流水质清澈，流势平缓，溪流两岸修竹成荫，柳丝飘拂，鸟语花香，为景区增添几分清幽静谧，也是夏季游人游泳的好去处。

开元寺

柳州开元寺始建于唐代开元年间，现在的开元寺是在都乐岩景区内重新修建的。除大雄宝殿、天王殿、藏经楼外，还包括鱼沼飞梁、七塔经幢、接引殿、钟鼓二楼、四大菩萨殿、伽蓝殿、方丈楼、双塔、碑林、禅堂、客堂、僧寮、报恩堂等，整个寺院是一座具有中国园林风格的佛教寺院。

书山碑林

书山又名龙珠山，位于龙珠湖畔西侧。山间林木葱茏，山石隽秀，石径蜿蜒，亭阁隐现。从20世纪70年代开始，都乐岩风景区的建设者们在这里凿山勒石，把全国各地不同流派、不同风格的现代书法名家精品汇集于此。电影表演艺术家赵丹的狂草“天下都

龙珠湖

乐”石刻镶嵌在山崖中，是书山中最大的一块，笔走游龙，气势雄浑。

龙珠湖

龙珠湖位于都乐岩景区的中心，状如荷叶形，沿湖广植垂柳、桂花、鱼尾葵、月季花、大丽菊、九里香、西藏红等植物。湖中有一座供游人休息的湖心岛，岛上建造了一组富有民族风格的园林式建筑群，取名“湖光山庄”。

湖光山庄建筑布局巧妙，结构多变，游廊曲径左环右绕，中有假山、水池、喷泉、小桥、流水，形成湖中湖、桥中桥的别致环境。内设餐厅、小吃冷饮部和娱乐厅。龙珠湖中横跨一道长达60米的九曲长桥，桥中间并排矗立两座连肩的琉璃瓦古亭，古亭衬托着湖光山色，引人驻足流连。

白莲洞博物馆 ㊫

白莲洞文化展览馆

柳州市柳石路472号

市内乘21路、21路支线2、21路支线3等公交可达

白莲洞博物馆是中国第一座集科研、科普、旅游为一体的洞穴科学专题博物馆，也是以白莲洞石器时代文化遗址为基础建立起来的遗址博物馆。白莲洞因洞口有一巨大的白色钟乳石形似莲花蓓蕾而得名。由洞外和洞内两大部分构成。洞外由陈列室、“史前动植物园”露天陈列组成。洞内则由遗址现场陈列和洞内穴道诸部分组成。

白莲洞博物馆陈列了大量的古人类和哺乳动物的化石，这些化石（遗物）说明了大约距今5万年以前“白莲洞人”已经会缝制衣服，用火和熟食，构成了白莲洞文化。白莲洞遗址已经成为中外人类学家关注的科研场所、科普课堂和旅游胜地。

柳州工业博物馆 AAAA

柳州工业的记忆

柳州市城中区文昌路220号

乘坐12路、54路、69路公交车到文昌路西文昌桥站，下桥后往左约200米处 3353293

柳州工业博物馆是柳州、广西，乃至全国的第一所城市综合性工业博物馆。园区设计以红色为基调，设计主题寓意为“追忆激情燃烧的火红年代”，分为室内展区、室外展区、旅游休闲购物、企业家会所等部分。其中，室内展区设有“柳州工业历史馆”“柳州企业风采馆”“柳州生态宜居馆”“机动展厅”“多功能厅”等。柳州工业博物馆的建成，成为了一部生动、丰富的工业经济和社会文化发展史，展示了柳州的历史文化底蕴。

玩家 解说

柳州是国家历史文化名城、广西工业重镇，早在清末民初时，传统手工业、机器制造业就已经相当发达，20世纪三四十年代的机械制造业、军工产业和50年代以来形成的汽车、冶金、机械、化工等产业不断发展，工业遗址随处可见。

玩家 攻略

主展馆“柳州工业历史馆”：是利用原两层锯齿形的纺织车间改造而成的展馆，展出了自1902

年以来柳州所使用和生产的大中小型工业设备、产品等工业文物近3000件，这些展品见证了柳州工业从无到有、从小到大、从弱到强的辉煌历程。

专题馆“柳州企业风采馆”：是利用原一层锯齿型纺织车间设计的展馆，设计保留了锯齿型纺织车间的历史原貌和车间内的一些生产图表、标语等历史遗迹；内容为柳州最具影响力的企业品牌、最新的科技成果及企业文化、企业发展战略等。

室外园区：分为室外展区、室外景观区和服务区。有以仿柳州钢铁厂20世纪60年代高炉建筑为室外景观区的视觉中心和室外老式火车头、大型装载机，以及化工、纺织、车床等大型展品，营造出了浓郁的工业氛围，十分值得观赏。服务区以休闲购物区为中心，包含4D影院、休闲娱乐、服务中心等多种功能。

柳州城市规划展览馆 AAAA

柳州的未来展示

柳州市城中区文昌路66号 2660037

市内乘54路、59路、69路等公交可达

柳州城市规划展览馆是目前广西规模最大的城市规划展览馆。在这里柳州古代的建制沿革、民国时期的珍贵图片、当代城市面貌的巨大变迁、未来规划的迷人前景，都可以一览无余。展厅中最吸引参观者眼球的是一个按1∶750比例制作，面积达500多平方米的沙盘模型。沙盘微缩展现了总面积560平方千米范围内的柳州市区城市概貌和自然概貌。

马鹿山奇石博览园

功能齐全的奇石主题公园

柳州市城中区东环路272号

市内乘31路环线、49路、52路等公交可达

马鹿山奇石博览园是迄今为止全国最大的奇石主题公园。该园以奇石展馆、奇石文化街、奇石庄园为主构架，分为多个功能区。奇石博览园的核心景区是柳州奇石馆，奇石馆由奇石展区、文化展示区、休闲区、游客服务中心、多功能厅组成，它是迄今为止全国最大的奇石专类馆，拥有“奇石梦之馆”的美誉；江泽民在参观奇石馆时曾连连称赞，精美绝伦，世界独有，并挥毫题词“山水龙城，秀美奇石”。

链接

八桂奇石馆

八桂奇石馆是以桂中少数民族民居建筑为特色的奇石馆，整个建筑将朴素的桂中少数民族民居风格和乡土气息，与古老奇石文化结合到一起，别具特色。馆中展示的奇石有5000余件，其中奇石珍品千余件，品种分为山石、水石、土石、洞石、岩石、化石和混成石等，有50余种（除国内已知观赏石九大族群中的风石、陨石外）。馆藏可谓品种繁多，异彩纷呈，各竞风流。如今的八桂奇石馆连同建筑已经整体移到柳州奇石馆内了。

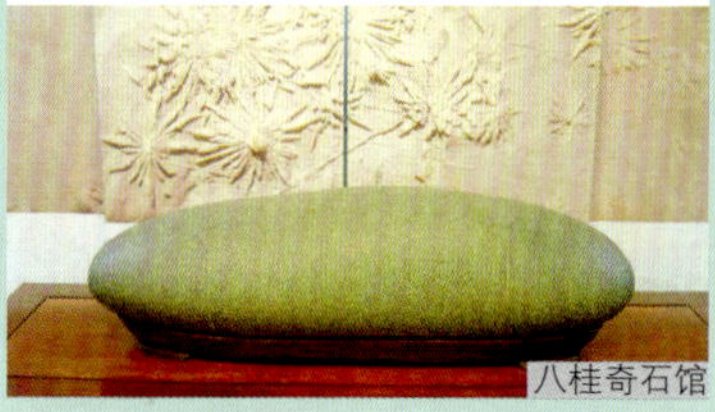

八桂奇石馆

玩家攻略

奇石庄园：由若干栋庭院式园林建筑组成，散式分布，错落有致，这里云集着以柳州为主的各地赏石名家，庄园内的奇石精品大部分以展览为主，小部分对外销售。奇石庄园是“石都柳州”民间藏石的缩影。

购物：景区内的奇石文化街是一座以奇石展销为主的高档次的旅游商品文化街，游客沿街可以买到很多奇石纪念品。

柳侯公园 AAAA 文

文化气息浓厚的休闲公园

柳州市城中区文惠路60号 2810215

大门免费，柳侯祠成人10元，中华园30元

市内乘2路、10路、12路、19路等公交可达

柳侯公园始建于1906年，是柳州人民为纪念唐代著名文学家、思想家、政治家柳宗元而在原来柳侯祠的基础上扩建而成的。公园中碧水曲桥，相映成趣，湖边林木葱茏，凉

亭假山，景色宜人。

柳侯公园不仅景色优美而且还有许多文物古迹，比如唐宋的陈迹、明清的石刻，历代修葺的建筑和参天的古木融为一体。柳侯公园还设有全柳州最大的儿童乐园。公园的北部是花卉盆景区，位于该区北端的“山水来归”盆景园，为人工制作，极具岭南园林特色。所以如今的柳侯公园已经不单单是纪念柳宗元这位大文豪的地方，更是一处多功能的旅游地。

玩家 攻略

寻访文物古迹：柳侯公园是以柳宗元文化为主题的公园，公园内保留了很多文物古迹，是了解历史文化很好的一个途径。

全家亲子游乐：柳侯公园拥有柳州市内最大的儿童游乐场，场内的设施齐全、项目丰富，是爸爸妈妈带孩子假日亲子游的好去处。

■ 柳侯祠

柳侯祠始建于宋代，重建于清朝，因靠近罗池所以旧称罗池庙。柳侯祠为红柱丹梁的三进古屋。头进汇集了明清以来的石刻30余块，壁间悬挂柳宗元生平资料及后人的书画作品，琳琅满目，美不胜收。中厅有一座元代雕刻的柳宋元石刻像碑，刻像旁的石刻以“荔子碑”最为著名。

此外厅里还陈列着一块“龙城石刻”，碑上的字体是柳宗元的手迹。现存的“龙城石刻”，是1933年柳州周耀文根据民间流传的拓本勾勒上石的。祠的第三进是正殿，中央端坐着柳宗元的塑像，他头戴褐色幞头，身着唐朝官服，正手执狼毫在凝神攻读。

链接

荔子碑

荔子碑又称三绝碑，碑文内容是唐代文学家韩愈写给柳州人民祭祀柳宗元的祭歌《迎享送神诗》。碑文字体系北宋著名文学家、书法家苏轼所写，宋嘉定十年（1217年）刻石立碑，珍藏在柳侯祠内。因为诗文的开头一词是“荔子”，故名《荔子碑》。又由于碑文把柳宗元的事、韩愈的诗文和苏轼的书法集为一体，而他们三人都是“唐宋八大家”，所以被誉称为“三绝碑”，此碑是柳侯祠内现存最为珍贵的国家一级文物之一。

■ 柳宗元衣冠墓

柳宗元衣冠冢位于柳侯祠后，松柏拥翠，肃穆雅静。柳宗元逝世后第二年（820年）灵柩归葬长安，柳人在柳宗元灵柩原来停放处修建了衣冠墓，做千秋凭吊。现墓在清代墓址上重建。墓呈圆形，以方块青石砌

柳宗元像

成，如今所见的墓碑“唐代柳宗元衣冠墓”是郭沫若先生亲手所题。

罗池

在柳侯公园，有一块水域澄澈明净，这便是罗池。每当月亮升到东台山上空，倒映罗池水面，便构成柳州八景之一的“罗池夜月”的绝美景致。罗池原来只是柳州城北的一泓野水，因唐代文学家柳宗元常在此散步，死后又托梦给生前部属欧阳翼，说要把自己的庙建在罗池旁，因而声名大噪。明代大旅行家徐霞客来游柳州时，还专程访问过罗池。

柑香亭

柑香亭位于柳侯祠东罗池畔。因柳宗元曾在此种植黄柑，所著《柳州城西北种柑树》诗广为流传，后人兴建“柑子堂”以颂其事。柑香亭平面为长六角形，立面是重檐阁亭，由十根朱红大柱子支撑。四周通达，碧瓦丹棂，脊吻飞翘，牖格精细，花饰俊美，掩映于桂花丛中，雍容典雅，颇具特色。

柳州博物馆 AAAA

贵中地区的文物展示保护中心

柳州市城中区解放北路37号　2831519

柳州博物馆是一座拥有现代化功能的文博院馆，也是柳州市标志性建筑之一。博物馆建筑主体采用花岗岩风暴石砌筑，为古城阙样式，典雅厚重，外廊21面浮雕，寓意21世纪的柳州和2100年的厚重历史，反映柳州史前文明、民族民俗文化、现代文化等内容。

柳州博物馆的馆藏非常丰富，主要包括古代青铜铁器、陶瓷器、玉器、书画、金银器、古人类化石及石器、木雕、石雕、碑刻、造像、民族文物、革命文物等，以壮、瑶、苗、侗族民族民俗文物较为突出，珍贵藏品有西周云雷纹青铜角形器、战国扁钟、汉代虎钮錞于、铜镜和铜鼓，以及明代大书法家董其昌、清“四王”（清初王时敏、王鉴、王原祁、王翚四位著名画家）、近现代的齐白石、张大千书画等作品。众多的文物向观众直观地展示出柳州独具魅力的民族文化和悠久历史。

三门江森林公园

山水相融的景观公园

柳州市城中区桂柳路

市内乘8路公交车可到　免费

三门江森林公园是森林景观型自然风景区。因柳江环绕公园而过，江面上有三座礁石犹如石门而得名。整个公园融森林景观、地貌景观、水域景观、人文景观于一体。公园内森林浩瀚，层次与色彩丰富，水库湖泊众多，景色秀丽。

森林公园内的景观有古亭山雄姿、古榕报墙、石蕴双榕、柳州风姿、淳风洞、山顶桃园、杜鹃投春、榕园、植物园、六合公司旧址、

玩家攻略

登高望远：公园内的古亭山为柳州市60千米范围内最高峰，远处眺望，巍然挺拔，气势非凡；登临峰顶，便可一览众山小。

野营：三门江公园内森林资源十分丰富，自然环境很好，所以也非常适合游客三五好友结伴野营。

森林旅游节：三江门森林公园每年10月会举办森林旅游节。游客可参加水上捉鸭子、钓鱼比赛、水上抛球大比武、家庭游泳接力赛等活动……还能认养公园内的一棵树或者一片森林，在大森林里寻宝。

三门江公园

梅香园（“世纪体育明星”李宁慈母墓园）、天然氧吧、观景台等，都非常值得一看。

西来寺

柳州佛教中心

柳州市城中区雅儒路临江巷西侧

市内可乘100路等公交可达

柳州西来寺建于明清年间，至今有五百多年历史，是柳州市尚存的古寺之一。寺名取达摩祖师自天竺西来或佛经来自西天之意。西来寺坐北朝南，面临柳江。寺前为庭院，中间为大殿，东为沙弥尼住房。作为柳州市佛教中心的西来寺香火鼎盛，每年都会有许多香客前来拜佛。而且每年初一到初三还有礼忏等佛事活动，前来参加的人就更多了。

链接

世界上最大的佛钟

西来寺专门定制了一座世界最大的佛钟，名叫万佛名钟。这座佛钟直径6.06米、高9米、重达109吨。大钟仿明代造型，钟口为传统的莲花瓣形，钟顶以传说中的龙之九子“蒲牢”为造型形成钟纽，钟裙为太阳、海水、江崖图案。

花果山生态景区

梅花盛开的生态园林

柳州市柳北区沙塘镇江湾村永安屯旁

柳州花果山生态景区虽然不是“西游记”中的花果山，却也胜似。景区内仿古城墙、小青瓦园林式建筑的园区大门和亭台长廊，屹立于云岭林中，经过数年的改造，已成为柳州为数不多的一级旅游景区，成为中央电视台“希望快车”柳州站的拍摄点。

景区内有以封闭式植物迷宫为代表的大型生态园林景观，有每年在不同季节盛开的桃花、三角梅花、樱花和太空莲花、牡丹莲花；有以弥勒笑佛、九龙戏珠、水帘洞和十二生肖为代表的传统文化雕塑景观供人们游玩观赏。

玩家攻略

娱乐活动：有大型柚林烧烤场、江湾水库、泉池嬉水世界、山林激光野战、迷宫寻宝等传统和现代游玩项目供人们游览娱乐。

美食：山上特备农家传统菜肴和酒店美味，如牛头一锅端、温泉鸭、烤红薯等特色系列佳肴。

西来寺

赏梅： 花果山生态景区是我国南方连片栽种三角梅花面积最大的风景区，每到花开时节便如进花海，是赏梅的好去处。

君武森林公园

柳州市民假日休闲的首选之地

柳州市柳北区君武路　2828885

市内可乘3路、63路等公交可达

君武森林公园是为了纪念革命家马君武而取名的。这里是柳州近郊难得的绿地，拥有29个森林景观，特别是1934年营造的马尾松林景观，为全广西最古老和罕见的人工林景观。公园森林茂密、地势平缓，以罕见的高大通直的松林和优美丰富的针阔混交林景观、平缓通透的林下空间以及清新、幽静的森林环境为资源特色，山缓水秀、林茂境幽，享有“绿色之旅，郊游胜地”之誉，是柳州市民郊游、休闲娱乐、科普教育的理想场所。

玩家攻略

赏杜鹃： 春季，杜鹃花盛开，满坡桃花争奇斗妍，一片山花烂漫的景象。游客漫步其中，犹如漫游花海，倍感野趣幽香，尽享春之浪漫气息。杜鹃花节赏杜鹃，已经成为公园的一大特色，岛中除杜鹃花外，还辅有樱花、秋枫等多种观花观叶植物，是观赏春花秋色的好去处。

娱乐活动： 公园内设有森林美食廊、君武教育培训基地、烧烤、垂钓、野营、游乐场等休闲娱乐设施及配套基础设施等。

雀山公园

山水园林游乐公园

柳州市柳北工业区

夏季6:30～22:30，冬季7:00～22:00

乘1路、19路、23路、24路、56路公交车可达公园南门，39路车可到北门

素有“浓遮树暗一园绿，艳照霞明半壁红”之称的雀山公园是一座山水园林游乐公园。公园因有雀儿山而得名，其地形呈半岛状，地势中间高，四周低，东、南、北三面均为湖水环绕。公园内湖光山色，曲桥流水，亭台楼阁，林木如荫。园内“浓遮树暗一园绿，艳照霞明半壁红”的景观，被称为“雀山霞蔚”，为柳州新八景之一。游客到此，可体会到“小坐半时尘滤尽”之神韵风雅。

其中，园中园“水上鲜澜”“西游记艺术宫”更会使您玩味无穷。全区规模最大的“水上世界娱乐中心”亦坐落于此。世族艺苑楼、烧烤场、避雨走廊等具有民族特色的娱乐场所为游客增添无穷乐趣。

玩家攻略

登雀儿山： 园内有气势轩昂、峻秀挺拔的雀儿山，因山形如雀鸟耸翅欲展而称雀儿山，柳州名山之一。从山脚沿石阶登上山顶远眺，可看到柳北工业区烟囱林立、厂房密布，一派繁荣景象。

水上世界： 公园内的水上世界占地3万平方米，是广西最大的水上娱乐项目。设有伊人岛、3米跳台、水球场、人造海浪、高空滑道、惊险吊索、儿童游乐区等项目。

赏荷： 公园内引种的太空莲具有花期长，花香清爽，花色艳丽的特点，建有赏荷亲水栈道和亭廊等，在荷花开放的时节可以好好地一观荷花的美景。

烧烤： 雀山公园还设有大型的烧烤场地，供游人前来烧烤。

雀山公园

柳州文庙 AAAA

文庙中的经典之作

柳州市鱼峰去夫子路8号　2660216

市内可乘12路、48路、100路等公交可达

位于柳州市柳江南岸的蟠龙山和灯台山

柳州文庙

之间。现原址已无可考证。现在人们所见的文庙是在2009年重新修建的，是国内2000多座文庙中的经典之作。

更多本旅游区景点

大韩民国临时政府抗日斗争陈列馆：位于柳州市鱼峰区柳石路1号。全国重点文物保护单位，是大韩民国临时政府在柳州历史活动纪念场所。

江滨公园：位于柳州柳江河畔，处于“百里柳江百里画廊”的核心地带，其独具特色的自然风光和园林景观也被人们称之为“柳州外滩”。

东门城楼：位于柳州市中心文惠桥北端西侧，城楼是目前广西保存较为完整的建筑类人文风景旅游区，距今已经有600年历史，城楼由城门和谯楼两部分组成。

柳州文庙

景点推荐 柳州南部旅游区

金洞河

原生态的山河风光

📧 柳州市柳城县太平镇上油村

金洞河地处广西著名的“四十八弄”之最西端。这里千峰耸立，碧水环绕，原始森林碧绿葱茏，呈现出清新、神秘的原始风貌。金洞河两岸，山峰相对而出，形态优美，神态各异。或高大威猛，或小巧灵秀，或如刀砍斧劈般直插河心。山峰连绵如涛，仿佛一双坚实的臂膀，呵护着金洞河奔流前行。

金洞河非常适合户外爱好者结伴探秘自然景色。它围绕着这大大小小的山弯一路跌跌撞撞奔流而来。在峡谷之中，水借山势咆哮而下，撞在河心的石头上，碎成一串串珍珠；而山谷开敞的地方，河水转眼却温顺得一平如镜，波光粼粼，空灵幽静。水流蜿蜒有致，迂回曲折，清新朴素。顺流而下，可观千年龟、白马山、虎跳崖、小三峡等景观。摇木船荡漾其间，凉风拂面，不经意间还有那偶尔扑入眼帘的飞禽小兽，都是旅途中的小小惊喜。

链接

四十八弄

四十八弄地跨融安、柳城、鹿寨、永福四县，纵横百余千米。“弄”即山与山之间的洼地。四十八弄全境为典型的喀斯特地貌，石山连绵，峰峦叠嶂，高峰丛，低洼地，层层相套，规模宏大，幽深神奇。四十八弄因其地势险恶、易守难攻的特点，历来就是兵家必争之地。历史上的数次争战，更为四十八弄平添一份神秘气息。

龙寨水岩

水旱洞并存的壮丽溶洞

柳州市柳城县太平镇龙寨村

龙寨水岩亦称观音岩，是一个大型的天然喀斯特洞穴。龙寨水岩以其独特的自然景观和优越的开发条件，被国内旅游专家誉为“亚洲第一水洞”。龙寨水岩洞长1747米，分上下两层，上层为旱洞，下层为水洞，上下洞直通。

旱洞宽敞开阔，地势平缓，宜于行走观赏，洞内钟乳石玲珑剔透，石幔石帘千姿百态，“狮螺幻影”“寿星俯首”“海豚戏珠”“热带雨林”等景象形象逼真，壮观奇丽。水洞内河道水清沙细，滩少水平，可通游船。最为奇特的是，洞内还有一股温泉水流，同一洞中温凉双流，十分神奇。

岩洞进出口水位落差2.57米，洞穴出口依天然地势开发为落差4米和7米的两级天然滑道。岩洞内空气清新，洞温常年保持在18℃~21℃，冬暖夏凉，四季如春；洞外谷地开阔，溪流蜿蜒，景色如画，是游客旅游度假的好去处。

玩家攻略

当游客结束奇特的洞内探险，来到洞岩出口时，龙寨村民准备的饭菜香扑鼻而来。上岸享用可口饭菜的同时，也享受着天然“空调”带来的清爽，为这地道的农家饭增添另一种情趣。酒足饭饱，如意犹未尽，稍作休息，尽可纵身入水，与清凉世界零接触，或垂钓塘间。

古砦乡

仫佬族民族乡的别样风情

柳州市柳城区古砦仫佬族民族乡

古砦（zhài）是目前我国唯一的一个仫佬族民族乡，至今该乡依然保存着具有浓郁民族特色的民间建筑、服饰艺术、民族节庆和饮食习惯。古砦历史悠久，民风淳朴，风情浓郁，历经沧桑的青砖瓦房，弯弯曲曲的石板路，古色古香的木雕窗栏，古廨巡检司遗址，古廨古民居，滩头古民居，闻名全区的蓬坡红枫林，百亩原始稀珍林博园，覃村石拱桥，海山古城遗址，村前清澈的小河，依饭节、开塘节、花炮节等，这一切都是古砦独有的民族特色。

链接

古廨屯

古廨（xiè）屯位于仫佬族民族乡，距今已经有千年历史了。这里的民居有始建于明代的，也有始建于清代的，随处可见镂空砖雕，墙上的石刻和老砖及青苔，都是古民居的见证。山中有暗河，供村子里饮用，村民只要食粮满足，足不出民居古石墙，仍可生活数月。每座古屋均为坐东朝西而建，一间间纵向相连，前一家的后院是后一家的前院，座座古屋相通。

古廨屯

伏虎华侨农场

绿茶园内的休闲生活

柳州市柳城县

市内可乘6路环线、26路环线、31路环线、36路等公交可达

伏虎华侨农场现有茶园面积3000多亩，处在山与山之间的盆地地带，地下泉水丰富，茶树一年四季得清冽甘泉滋润，是发展有机名优茶的优良基地。其自主开发的“伏虎茗珍”和“伏虎绿雪”等绿茶品牌在全国全区各类茶叶评比中频获大奖。

每到春分至清明时节，气温回升，茶芽吐翠，是采摘春茶的大好时期。这时候在伏虎华侨农场茶园里，农场工和季节工在穿梭不停地采茶，一派忙碌景象；而农场也不断地完善，设有茶园DIY体验区、华侨风情休闲区、旅游接待服务区和外围生态观光保护区等功能区。客人在此休憩时除了可品尝名优茶外，还可观看精彩的茶艺表演，了解茶文化，是假日休闲度假的好去处。

愣寨山巨猿洞

世界巨猿化石最多的洞穴

柳州市柳城县社冲乡新社冲村西南的愣寨山上

愣寨山巨猿洞是世界上迄今发现巨猿化石最多的一处洞穴，出土的巨猿化石代表着77个巨猿个体，它们的发现对于研究巨猿的形态及人类进化系统诸方面均有重大的价值。出土的其他动物化石作为更新世华南动物群的典型的代表，不仅为确定柳城巨猿洞的地质年代提供了确凿的证据，而且对研究华南更新世早期动物群的分类等问题亦具有重要的价值。

开山寺

历经风雨的佛教名寺

柳州市柳城县凤山镇网山南麓

玩家 攻略

每年农历二月初八为开山寺庙会，庙会之日，香客信徒、游人商贩云集，人数达十万人之众。游人来自全区各地以及湘、贵、粤等省，甚至有港澳及东南亚的香客不远千里赶赴庙会。期间，有商品展销以及舞龙舞狮、抢花炮、山歌场、彩调堂等民间文艺活动。

开山寺

开山寺是广西著名的宗教历史文化旅游胜地。始建于清嘉庆十年（1805年），嘉庆二十年（1815年）春建成，历时近10年，耗资3400两白银，由绅士全大定募捐筹措兴建。建寺200年来，因风雨侵蚀，历经战乱，开山寺曾几次重修，最后一次重建在1992年秋。开山寺有山门、角亭、佛堂、正殿、七层佛塔、观音阁、签房、罗汉洞等大小建筑34间，寺内保存有许多诗词楹联及石刻，寺前18棵百年古榕连片成群，暗合十八罗汉拜佛之意。

崖山景区

山水相融的世外田园

柳州市柳城县洛崖镇中寨村

崖山景区依水而建，由崖山风光、融江风光和休闲娱乐区三大部分组成，是柳城县近年重点打造的农家乐型生态旅游风景区。

崖山景区位于融江秀美的老洛崖码头一带，风景如诗如画。而洛崖码头对岸的中寨屯清幽秀气、林木葱郁，随处可见有几百年历史的大榕树，于春光明媚时节行走于村寨里，鸡鸣树巅，枝头吐绿，恍若世外田园。

村子对岸的洛崖山远观形似巨象饮水，当地又称“柳城象鼻山”。山上溶洞众多，景观奇特，奇峰异石，巧夺天工。绝壁、怪石、溶洞、古榕组成了“洛崖四绝”，所以又有崖山风景胜桂林的说法。如果是情侣来这里那就更浪漫了，在中寨村村口有一株数百年历史的鸳鸯古榕，两棵古榕纠缠在一起，浑然一体。春意盎然的季节，与你的心上人携手在树下许个心愿吧，祈祷你们的爱情像古树那样长青。

玩家 攻略

人文风情：崖山景区有着浓郁的人文风情，少数民族姑娘小伙吹芦笙、敲锣鼓、跳踩堂，还有上刀山下火海等极具刺激性和观赏性的民俗特技表演。还有活力四射的异国风情街舞，在传统文化中注入了强烈的现代气息。

美食： 崖山景区有香喷喷的烧烤、美味可口的农家饭菜。土鸡土鸭、野生河鱼、天然环保果蔬，让城市游客尝一尝农家的味道。

娱乐活动： 景区还配套有钓鱼、球类、麻将等娱乐设施，以及农家果蔬采摘、预约杀土猪等农家乐体验活动。从中寨村乘船游江，两岸青山如画，翠竹摇曳，绿树掩映，秀色满目。对歌、猜谜、搞笑，一路欢声笑语，让都市里所有的烦恼忧愁都遗忘在这片秀美的水面上。

凤凰河温泉

百里柳江

柳州市柳江区洛满镇露塘露新路66号

凤凰河温泉为偏硅酸氡温泉，富含氡、锂、锶等微量元素，出水口温度为46℃。景区充分利用现场的森林、山谷、温泉、溪流等资源优势，结合欧式温泉文化与养生文化，是一处集观光、娱乐、生态养生于一体的综合性温泉度假区。

旅游区充分利用柳江洛满、露塘一带沿岸的山、水、林、泉资源特别是温泉资源开发休闲旅游，主要有森林温泉度假区、五星级温泉度假酒店，温泉会议中心、陆上运动中心、水上运动中心、银发乐园、中国美术创作研究基地——广西基地等景观。

香桥岩风景区

喀斯特地貌地质博物馆

柳州市鹿寨县中渡镇

香桥岩风景区是一座地质博物馆，景区内主要地质地貌遗迹有香桥岩天生桥、香桥岩峡谷、九龙洞、响水石林及响水瀑布等50余处，集石奇、洞幽、水秀于一体，具有很高的科学研究价值和旅游观赏价值，是大自然赐予人类宝贵的自然遗产，被岩溶地质学家称为“中国喀斯特地貌的缩影”和“天然的喀斯特地貌地质博物馆”。

天生桥

天生桥桥身系天然巨石组成，峭壁光滑，桥身平整无隙。桥岩两壁直立，壁上留下古河道的各种水流痕迹；受后期地下水影响，洞壁及洞顶附着不少钟乳石。香岩、桥岩壁上，留有不少古今游人摩崖石刻，称香桥岩为“桃源真境”。其中较出名的是清光绪二十年（1894年）中渡抚民厅主管赖进升和1947年中渡一些文人的题刻。

九龙洞

九龙洞也是一大地下溶洞，洞内美景有四绝：“龙、藤、沙、池”。进洞不远就可以看见云龙升腾、游龙四伏的壮景。而洞内岩溶形成的沙漠景观在别处很少见到，奇异的造型让人感叹大自然的鬼斧神工。洞内有水自然奇，九龙洞更是有两大天然水池，相伴成为鸳鸯池。池水冬暖夏凉，喜欢游泳的朋友可以去享受一番。

响水瀑布

响水瀑布位于中渡镇大兆村附近，在洛清江一滩头，河水奔流而下，其声隆隆，远闻若雷，近闻似鼓，四季如此，因之得名“响水”。滩头，急水倾泻，气势磅礴；滩下，浪花滚滚，恰似万朵芙蓉，漂游水中，争妍竞艳。桂林周叔两题壁云：“层莲翻浪光如雪，万壑鸣雷兵赴敌。”离滩头不远，又有一瀑布，水花飞溅，银光闪闪，异常壮观。

中渡古镇 镇

古色古香的广西名镇

柳州市鹿寨县中渡镇

中渡古镇历史上为广西名镇之一。镇上的古民居，是保存完好的古民居群。古民居群建于清代中期，位于中渡镇中心。整个民居群青砖灰瓦，木质构架，古朴典雅。深入其中，会领略到古色古香的韵味。

中渡古镇分为东、西、南、北四条街，设东、西、南、北四扇城门，历经沧桑，现仍有很多保存较好的旧商号、客栈遗址、古民居等建筑。像武庙、中渡抚民厅、中渡县参议会、罗公馆、粤东会馆、钟秀杰故居等坐落其中，较好地反映出古城的历史风貌，也增加了古镇的历史底蕴。

中渡古镇

景点推荐 融水-融安旅游区

贝江 AAAA

气势磅礴的苗寨母亲河

柳州市融水苗族自治县

贝江古称脊江，因流过县城背面而得名。贝江是融水县最长的一条江流，发源于桂黔交界的九万大山。主要景点有贝江飞虹、苗楼秀色、山湖叠翠、寿星迎宾、将军石、摩天崖、望夫崖、飞云崖、石门峡、石猿岭和竹林胜景等。

贝江蜿蜒曲折，竹木夹岸，风光旖旎。阳春三月，杜鹃映红江水，木排悠然游动其间，景色很美。它的水碧清澄净，由于两岸竹木繁茂，随着河面的宽窄变化和光照的不同而呈现出墨绿、宝兰和淡绿等不同颜色，分外好看。在石门潭上游，都郎河、三防河、香粉河从三道绿峡中扑出，犹如三条白龙猛地撞到一处，形成贝江上著名的三江门。这里水声如雷，浪柱冲天，白涛滚滚，烟雾障目，蔚为壮观。

玩家 攻略

漂流：贝江还因为其水位落差变化大，形成了许多激流险滩。江水弯弯曲曲，泛舟江上，时而波平如镜，悠悠漂流，时而急流直下，但惊而无险，十分适合漂流。

美食：游完贝江，别忘了品尝贝江鱼。这种鱼腥味很少，肉质细嫩，味道鲜美。当地人说，贝江鱼不用油不用盐，只用清水来煮，味道特别清甜。

体验苗寨生活：游客在苗寨可以体验苗家生活习俗——喊酒、踩脚情、芦笙踩堂舞、打油茶、吃民族餐、斗马等。

元宝山

宜人的天然氧吧

柳州市融水县中部

元宝山海拔2086米，为华南第三高峰，有白虎顶、兰坪峰、元宝峰、无名峰四大主峰。元宝山景观繁多，有飞来石、白叠石、野人崖、野人街、绣花台、百丈瀑、野猪瀑、天险瀑、六叠瀑、仙女潭、羊龙潭、冷杉坪、铁杉王、杜鹃花海等50多个景观。尤其是有一座被称为“依努”的擎天石柱，堪称“亚洲第一柱”，整个石柱身围3千米，石柱高500米，它拔地而起，巍然屹立，直指蓝天，气势雄伟，蔚为壮观。

元宝山山有多高，水就有多深，山上古木参天，浓荫蔽日，奇花异草，争妍斗艳，鸟啼猿啸，岚气蒸腾，山溪淙淙，飞瀑轰鸣，气候宜人，是一个理想的天然“氧吧”，同时也是一个神秘的旅游世界。

玩家攻略

观日出：元宝山的日出景观被誉为广西最棒的日出景观，如果想要观日出，那么这里一定不能错过。元宝山下的元宝村有不少客栈可供选择，另外山腰处的白石坪也有两间客栈可供留宿和饮食。冷杉客栈在驴友中口碑较高，电话是13788468423。

徒步旅行：元宝山已经被众多驴友探索出许多条徒步攀登路线，而且全部都不收费，考虑到安全因素，最好结伴而行。从元宝村上山攀登蓝屏峰，是比较轻松的路线，约5个多小时登顶，一路瀑布和山崖风光相伴。

元宝山

老子山

历史悠久的佛教名山

柳州市融水县南部

从柳州乘坐专线直达班车到融水县城即可

老子山与融江山水相依，风景秀丽。相传春秋末年，大思想家老子持杖登上寿星岩，观此山风光水色秀丽，便在此隐居，故得名老子山。老子山山形如天马奔驰，山前环绕丹江溪水，山中洞穴相通，山上树木葱茏，鸟语花香；庙宇亭台，曲径通幽，尤其新勒刻的五百罗汉，遍布山岩，神情怪异，栩栩如生，更增添了这桂北佛教名山的人文景观。

寿星岩

老子山上有寿星岩、虎耳岩、鲁班岩、读书岩。整个老子山山势雄伟挺拔，形似一只昂首张嘴的老虎。虎口即寿星岩，旁边是虎耳岩。寿星岩又名览胜岩。寿星岩是老子山上最为宽敞的岩洞，它高10余米，深约50米，岩口石壁之上镌有“雄秀天然”四个大字，岩内宽敞明亮、景致神奇。岩洞壁上尚存历代摩崖石刻。在寿星岩口，还矗立着一尊6米多高的寿星塑像。

老君洞

老君洞又名真仙岩，属于岩洞型自然风景旅游区。因洞中原有天然老君石像而得名，现在是全国道教圣地“三十六洞天”之一。以雄奇、灵秀、深幽等特色闻名遐迩。

老君洞外形似一只下山猛虎。洞门宏大高敞，前厅宽阔，灵寿溪自洞背穿山而入，流贯全洞，从前洞流出，将岩门中分为二，半陆半水。洞门口十多株参天古树浓荫蔽日，两座宋代建的古石桥跨溪而过，洞内原来建有御书阁、报恩寺、亭台楼阁等，三清殿侧后有五百罗汉丰都山，还有一座太上老君天然钟乳石像以及众多的摩崖石刻。

玩家 解说

历代达官显要、文人墨客为老君洞留下了大量的咏颂诗文、游记、碑刻摩崖。据不完全统计，仅碑刻与摩崖就有142件（不包括宋太宗的120轴“御书碑”），曾藏有一块全国仅存两块的“元祐党籍碑”。

其中岳飞麾下独臂将军王佐所题的“真仙洞”，字径尺半，笔力挺拔。洞中之景美不胜收，有天柱石星、金线吊葫芦、鹤岩旭日、群峰来秀、仙翁对弈等。有一拔地而起的鼓形乳石，轻拍响如钟声，钟声上传，倒悬的石乳会马上回音，由近及远，回鸣不息，深深扣动人的心弦。明代徐霞客在洞内住了13天，是他旅游生涯中住得最久的一个洞。

龙女沟景区 AAAA

美丽乡村的自由旅行地

柳州市融水县四荣乡归秀屯　50元

龙女沟景区是融水苗族自治县主要旅游景区之一，也是全区农业旅游示范点、柳州市十大美丽乡村、融水自驾游汽车宿营地。龙女沟属于自然山水和人文景观相结合的民族风情景区。

景区内居住着苗族、侗族等少数民族，有古老独特的木楼建筑、奇异的民族习俗和浓郁的民族风情。旅游区内古树葱茏，奇石嶙峋，山泉叮咚，瀑布飞泻，碧潭粼光，环境幽雅。主要景观有龙女潭、月亮潭、双龙洞、龙门、龙女瀑布、库区风光、千人古寨、天然游泳池、苗岭梯田、杜鹃花海、红军桥、红军亭、双箭瀑、苗山彩虹铁索桥等。

玩家 攻略

这里民族风情浓郁，苗、侗少数民族热情好客。来到这里做客，他们都能以热烈奔放的情感表演民族风情歌舞，并为客人精心制作民族风味餐宴，游客可以打油茶、吃糯米饭、尝山珍、饮糯米甜酒，此外还可以观看侗族歌舞表演。芒蒿舞、多耶舞、对歌狂欢、拉鼓、烧烤、自由走寨坐妹、爬楼求爱等活动都十分有趣。

龙女沟

田头苗寨

原始淳朴的苗寨风情

柳州市融水县四荣乡

融水到田头苗寨没有直达班车，可以乘坐融水往安太乡的班车在东田村下车徒步1千米即到，有明显路牌

田头苗寨是融水苗寨保存较好的地方。苗寨内吊脚木楼、风雨桥等少数民族建筑错落有致，四周自然景观奇美秀丽。在这里可观赏到青山绿水、层叠梯田、小桥流水、鸳鸯神龟，还有广西独一无二的千年情侣榕、原始淳朴的苗家吊脚木楼、极具开发价值的龙宫滩大峡谷漂流等。此外田头苗寨的民俗和群众文化生活也十分丰富多彩，民族风情浓郁，“芦笙踩堂”“牙变嬉春”“斗马”“打同年”“火把节”等民俗活动独具特色。

雨卜苗寨

依山傍水的竹海苗寨

柳州市融水县香粉乡

雨卜苗寨依山傍水，环境幽雅，自然风

雨卜苗寨

光绮丽，旅游资源丰富。贝江支流六甲河从雨卜苗寨穿流而过，两岸竹海连绵，景色迷人，各种原始地貌保持完好。

景区内的主要景点有：美丽神秘的苗岭晨光、惊险刺激的龙贡漂流、雄伟奇丽的三友瀑布，还有雨梅观景、大盘竹海、龙宝大峡谷、卜令天然泳池、卜令沟侗寨等10个景点，当年电影《苗家儿女》就在这里拍摄。这里不仅有千亩原始森林，还有连绵起伏的竹海，可谓绿水青山。

玩家 攻略

龙贡峡谷贝江漂流景区位于贝江的支流六甲河（或称香粉河），从翠竹滩到三江口全长7.8千米，共有18滩、18潭、36道弯和2个山泉瀑布，这条河的河床全部是沙石组成，没有泥土，因此，河水特别清澈，是华南最清澈的河水之一，十分适合漂流。

链接

香粉乡

景区所在的香粉乡人杰地灵，有着深厚的历史文化积淀。香粉素有“毛竹之乡”的美称，过去用毛竹生产的“大方”纸颇负盛名，1918年曾获巴拿马国际博览会银质奖。香粉这个美丽的乡名就有一定的历史渊源（据说是清朝嘉庆年间一些外地商人到此地用香皮树制作香粉而得名），加上传统的每年两度的正月十六、八月十六香粉古龙坡会，更是吸引了许多中外游客。

龙门大峡谷风景区

探秘神秘峡谷

柳州市融水县香粉乡金兰村田塘屯

龙门大峡谷风景区是融峡谷风光、田园风光、农家风光于一体的景区，独特的地理环境使这里“石诡岩奇、峡险谷幽、水碧林翠”，整个龙门大峡谷是一个山觞水酌、不雨而润、钟灵毓秀的神奇之地。在这里您可以日览峡谷幽境，捕捉河鲜肥鱼，品尝农家风味，夜宿农家木屋。远离城市的喧嚣，感受清风之和熙，体会流水之清淡，探索生态之奇美，享受人与自然的和谐之妙。

龙宝大峡谷景区

奇特迷人的峡谷风光

柳州市融水县四荣乡东田村小东江屯　¥35元

龙宝大峡谷景区内自然风光秀丽，环境幽雅。贝江上游都郎河穿流而过。两岸有无数巨大的怪石、奇石，景色迷人，各种原始奇特的地貌保持完好。

景区内有许多美景，比如险峻奇特的峡谷，害羞的七龙瀑布，“游泳天堂”仙人滩，美丽神秘的苗岭晨光，鬼斧神雕的峡谷奇石，下雨干涸、干旱冒水的龙洞，与恐龙同时代至今仍枝繁叶茂的桫椤谷，规模巨大的原始野生芭蕉岭，河水突然全部消失的断河滩等。

玩家 攻略

游客在龙宝大峡谷可以吃苗族农家饭，喝重阳酒；观赏苗族芦笙歌舞，观看上刀山精彩表演；游览竹林和梯田，在小河游泳、垂钓下网，游玩怪石滩；也可以到村里走寨串寨，到农家参加农活等。

红茶沟公园

交通便利的原始森林公园

柳州市融安县城西郊

红茶沟公园是全广西距大城市最近、交通最方便的原始森林公园，方圆17平方千米，有原始森林、次生林及人工林2.2万亩。公园内林海茫茫，有大小瀑布100多个、动植物1000多种，空气中负氧离子含量极高，气候宜人，冬暖夏凉。

红茶沟旅游一年四季皆宜，春季百花盛开、万紫千红，尤其以山茶花、杜鹃花斗艳争奇，引人入胜；夏季，半山云海、景幻无穷，清溪瀑布、凉意袭人，是一个避暑的胜地；秋季时节，空气清新，满山红叶，野果飘香，是游客寻幽探秘最佳时令；冬天到森林公园旅游，由于森林气候的特殊作用，林中的气温反而有些暖意，但却可以观赏到峰峦上银装素绕的冬雪，是南方难得一见的迷人雪景。

红茶沟公园

长安骑楼街

叙述古镇昔日辉煌的骑楼老街

柳州市融安县长安镇河西城区

长安骑楼街是目前广西规模最大、保存较为完好的骑楼街之一，总长约1.5千米。雕梁画栋的骑楼作为具有代表性的岭南建筑，历经百年沧桑仍较好地展现在游人面前，见证了融安百年商埠的兴衰荣辱。

街道并不算宽，也就是两三丈的跨度，但两旁的骑楼独具特色，均为砖木结构建筑，从斑驳脱离的墙体上细看，哥德式、法兰西式、古希腊各种建筑风格的楼房或整齐或弧形排列在一起，因年代已久，有的窗台下边还长出了青绿的蜈蚣草和凤尾草，好像向观者炫耀古镇的沧桑岁月。从外墙的浮雕图案来追忆，当时的装饰色彩一定很典雅辉煌。骑楼长廊，可避风雨和日晒。每逢春节或农历传统节日，各家各户扎花灯悬于骑楼，夜间彩灯通明，绚丽多姿，真是美不胜收。

大洲旅游度假村

一座有着田园风光的伊甸园

柳州市融安县长安镇大洲岛

大洲旅游度假村位于与县城北面仅一水之隔的大洲岛上。这里绿树掩映，阳光明媚，空气清新。这里建有百香果长廊、无公害示范园、柚园、桃园、头菜作坊、夫妻榕、樟树王、大洲浮桥等景（区）点。整个大洲岛就像在江河中崛起的神奇土地，具有得天独厚的亚热带湖岛自然风光，简直就是一座天然秀丽、一派田园风光的伊甸园。

玩家 攻略

大洲旅游度假村有农家旅馆10家，是都市人享受农家乐乐趣的好去处。此外岛上还设有游泳、垂钓等水上活动。融安县每年9月举办百艘龙舟大赛，十分热闹。景区还有土特产金桔、头菜、竹凉席等售卖。

景点推荐

三江旅游区

程阳八寨 AAAA

保存完好的侗族古寨

柳州市三江县古宜镇 ¥60元

程阳八寨是由马安寨、平坦寨、平寨、岩寨、东寨、大寨、平甫寨、吉昌寨8个侗族山寨组成，这8个侗族山寨，不仅完好地保存着侗族的木楼建筑、服装饰品、歌舞文化、生活习俗等古老传统，而且在与现代生活的交融中继续发扬光大，成功地发展为令人流连忘返的旅游新村。这就是三江侗族自治县程阳八寨。

玩家 攻略

在程阳八寨，游客不仅能观赏到美丽的风雨桥群、古楼群、木结构吊脚楼群、梯田群和水车群等侗寨风光，还能欣赏原汁原味的民族歌舞表演，参观典型民居和侗族工匠世家，品尝别具风味的侗族美食。

八寨中，有五寨基本上都连在一起，另外三寨距离较远，因此一天时间不够游遍八寨。如果想多看看寨子，建议在寨中留宿一晚，有不少寨子可以提供住宿服务。

程阳风雨桥 AAAA 文

侗寨风雨桥的代表作

柳州市三江县古宜镇林溪乡程阳村 ¥60元

程阳桥又叫永济桥、盘龙桥，建于1916年，是侗寨风雨桥的代表作。它是目前保存最好、规模最大的风雨桥，也是中国木建筑中的艺术珍品。

程阳风雨桥集桥、廊、亭三者于一身，在中外建筑史上独具风韵。据有关资料记载，该桥与我国的石拱赵州桥、铁索泸定桥及罗马的钢梁诺娃上的沃桥齐名，并称为世界四大历史名桥。

玩家 指路

1.可以从桂林、龙胜、柳州等地乘车前往三江：桂林到达三江，车程5小时；龙胜到达三江，车程3小时；柳州到达三江，车程4～5小时。

2.从三江去程阳有多种方式：汽车站门口合伙打面的5元/人；也可以租车，直接到程阳大寨约60元。

玩家 攻略

摄影： 在程阳风雨桥拍水车的时候是收费的，早晨水车边没有人，主人会在桥边上夹一张纸条："摄影2元"。

住宿： 景区内的程阳鼓楼民族旅馆，标准间50元左右，饭菜虽然贵，口味却极佳，而且风景好，住三楼朝外的房间，可观程阳桥全景，又可拍摄到意想不到的美景。另有龙凤家庭旅馆、吴嫂客栈等旅舍推荐。

百家宴： 侗寨边的小广场是表演的地方，也是举行侗族百家宴的地方。侗族歌舞表演一般安排在每天上午10点半和下午3点。要注意，吃侗家人敬的酒是要给小费的。而百家宴的时间一般是每周六，费用约每位30元。

链接

风雨桥的传说

关于风雨桥还有一段引人入胜的传说。相传一对新婚不久的恩爱年轻夫妇过桥，河底却突然刮起一阵狂风，一下把女的卷走。原来是河里的螃蟹精看上了那女子而作怪。丈夫急得在河边大哭，差点想投河陪妻子而去……就在这时，哭声惊动了水底的一条花龙，它深深为男子的痴情感动，于是飞天而出，施法将螃蟹精击杀，救出了女子。

恩爱夫妻终于重聚。而后人为纪念花龙，就将河上唯一的那座小木桥改建成画廊式的风雨桥，还在柱子上刻了花龙的形象，称它为回龙桥。由于它能让人躲避风雨，人们又改称它为风雨桥。

后来，风雨桥成了情侣们幽会密语的好去处。伴随着流水声并肩坐在桥畔看着天空，是侗族青年男女们一种古老又别样的浪漫。

丹洲古镇 AAAA

风光秀丽的历史古城

柳州市三江县丹洲镇丹洲村融江江心

丹洲古镇是一座四面环水、方圆1.6平方千米的小岛，所以也被喻为侗乡"水上明珠"。丹洲古镇保存了许多广西重点文物保

程阳风雨桥

丹洲古镇

护单位，像明代古迹闽粤会馆、东门城楼、北门城楼、古城墙、怀远县城石刻地图、清代丹洲书院等。这些文物古迹的存在也让丹洲积淀了更加深厚的人文底蕴。

丹洲不仅历史底蕴深厚，而且自然环境也十分优美。景区农家前庭后院种植奇花异草，清雅宜人，村民普遍爱好玩赏奇石、培植盆景，素有“家家奇石、户户盆景”的美称。在这里春天可以静听桃园花笑，夏天可以观赏石榴花开，秋天可闻柚园香飘，冬天可寻长青古榕做伴。此外还有桂花、玉兰、桫椤、茶花、映山红等静候远方宾客的造访。

玩家 攻略

游玩：游客来到这里，都可以休闲自在，或漫步柚树林间，或乘船观光，或穿街走巷，品奇石雅居，或看城楼城墙古书院，赏古人精湛工艺，感叹数百年历史的沧桑。然后，回到农家旅馆，品一碗香喷喷的油茶，在竹楼间谈笑古今，感悟人生，逍遥自得，悠然忘返。

丹洲柚子节：丹洲每年11月都会举办丹洲柚子节，节日期间景区会推出古榕码头猜谜、放河灯、苏县令巡城、柚王擂台赛（剥柚子、钓柚子比赛）、东门招亲（苏千金招亲、苏县令招四姨太）、狮王争霸、古城百家宴、舞龙、篝火狂欢晚会、柚子保龄球等炫情节目，让游客尽情畅享摘柚果、尝柚肉、品柚宴、玩柚戏、结柚缘、巡柚城的无穷乐趣。

玩家 解说

丹洲古镇是一座文化底蕴深厚的岛上古县城，迄今已有400多年历史。自明万历十九年（1591年）福建举人苏朝阳到三江县任县令时起，历经明、清和“民国”时期，三江县的县治一直设立于此，时称怀远县。1914年，怀远县改称三江县，1932年，县治迁到现在的三江县古宜镇，丹洲景区由此方才结束360多年的县治历史。抗战期间，包括社会学大师费孝通在内的众多文人墨客专家学者集聚丹洲，使丹洲名噪一时，享誉九州。

石门冲

自然风光优美的生态景区

柳州市三江县丹洲镇东风村

石门冲景区是自然生态环境良好的森林旅游区，景区内有植物1100多种，其中有红豆杉、楠木、桫椤、金花茶、紫花含笑等60多种名贵的国家一、二级保护植物，及娃娃鱼、猴面鹰、野猪、黄琼、锦鸡等60多种珍稀动物，此外，还有稀奇特异的形象石和化石数十种。

除了珍贵的动植物，景区内还有两条绵延23千米的溪流，沿途有大小瀑布14处，其中以龙宫瀑布和龙塘瀑布最为壮观，落差有40米；在溪流18千米处还有“龙宫”岩洞，洞内宽敞，冬暖夏凉，洞外有潭，潭水清澈。

游客步入景区，林壑幽美；行于林间小道，长达3千米的原始林带尽收眼底；沐浴森林天然氧吧，让纯净的露珠雨雾荡涤心灵；喝清甜的山泉水，精神会为之一振；泡个山泉澡，身心可得到彻底放松。

三江生态博物馆 文

活的古寨博物馆

柳州市三江县江峰街17号

在柳州乘至三江的班车，到达三江汽车站。在三江汽车站乘坐去独峒乡的班车，沿途可到座龙、独峒、高定等寨子

三江侗族生态博物馆是一座以县城侗族博物馆为中心，以独峒座龙至高定沿途15千米包括9个侗族村寨为辐射面，集侗族寨门、鼓楼、风雨桥、民间艺术、民风民俗与田园风光于一体，采取“馆村结合、村馆互动”的

三江生态博物馆

保护方式，是国内外所有生态博物馆中的新模式。保护区内有侗寨9个，鼓楼28座，廊桥13座，寨门13处。

目前在生态博物馆所辐射的9个村寨中，有8户被三江命名为文化户，这些文化户擅长民间文艺，传承了侗族优秀的民族民间文化传统，所收藏的各种侗族生活用具中，从不同侧面反映出侗族悠久的历史和光辉灿烂的民族文化。

三江鼓楼

世界第一鼓楼

柳州市三江县古宜镇

被誉为“世界第一鼓楼”的三江鼓楼，是以当地著名的侗族民间工匠杨似玉为首的民间楼桥师傅队伍携手建造而成，集文化、观赏、旅游等多项功能于一体。

鼓楼是侗族村寨的标志和灵魂。它属木质结构，以榫穿合，整座建筑不用一枚铁钉，几层至几十层不等，以单数居多，呈四面、六面或八面形，一般高10多米，最高者达几十米。形似宝塔，巍峨壮观，飞阁重檐，结构严谨，做工精巧，装饰细致，色彩朴质。

链接

三江鼓楼创四个之最

占地面积最大：鼓楼共有60根柱头着地，占地面积600平方米，连同装饰一新的广场，总面积超过4000平方米。

高度最高：总高为42.6米。

楼层最多：除楼顶两层外，其余25层瓦面等距收分，层层紧缩，使楼面呈金字塔形，端庄平稳，共有27

三江生态博物馆内的古寨

座龙寨：始建于明成化二十三年（1487年），自然协调地分布在舒缓的斜坡上，村前村后绿树成荫，清澈的苗江河从村前蜿蜒而过，如玉带飘拂，似飞龙摆尾，风景优美，民风淳朴，是个典型的侗族村寨。寨中有风雨桥1座，鼓楼2座，其中风雨桥为单层瓦面，座龙鼓楼始为攒尖式五层檐瓴。

八协寨：始建于明弘治十六年（1503年），有风雨桥2座，鼓楼1座。其中八协巩福桥建于1826年。

平流寨：始建于明弘治十六年（1503年），共有4个基本相连的自然屯，现有风雨桥1座，鼓楼1座，其中平流赐福桥建于1861年，1951年重建，歇山式，平流鼓楼建于1987年，攒尖式，高16米，九层檐瓴。

华练寨：始建于明弘治十七年（1504年），现有风雨桥1座，鼓楼3座。

高定寨：始建于明万历元年（1573年），位于三江县城西北约50千米的独峒乡三省坡脚底。西邻贵州黎平县，北邻湖南省通道县，500座吊脚楼，依山傍水，鳞次栉比，7座按宗族建的鼓楼，飞檐叠翠，互相争艳。其中最为著名的是11层瓦檐的独柱鼓楼，始建于1921年，1990年重建，此楼只有一根主柱，通过横枋与四周边柱相连，造型罕见。另有风雨桥1座。

岜团寨：始建于明万历三十一年（1603年），有风雨桥3座，鼓楼2座，其中岜团桥始建于1910年，歇山式，人畜分道，正道是人行往来的通道，副道则是给牲畜通行，是侗族木式立交桥，全长50米，二台一墩三亭十廊，与现代的双层桥有异曲同工之妙，建筑学家们对这座风雨桥的建筑艺术最为叹服。

层瓦檐。每层檐角轻盈起翘，精巧的雕饰以及鲜艳的檐板彩绘，与庞大、粗犷的楼身形成鲜明对比，既悦目又赏心。

主柱最大：支撑鼓楼的4根杉木主柱直径均在70厘米以上，树龄已有百年历史。这在鼓楼建筑史上绝无仅有。

延伸 福禄寺

三江鼓楼对面的福禄寺，群山簇拥、绿树环抱，清幽雅静，是游客到三江的必游之地。福禄寺是佛教寺庙，佛教设施一应俱全，大雄宝殿庄严雄伟，信男善女络绎不绝。

三江风雨桥

规模巨大的世界第一风雨桥

柳州市三江县古宜镇

三江风雨桥（三江中山风雨桥）是由国家级非物质文化遗产侗族木构建筑营造技艺的代表性传承人杨似玉率领上百著名工匠承建。这座具有浓郁侗族建筑风格的风雨桥长度和规模均为世界之最，堪称世界第一风雨桥。

三江风雨桥横跨在三江县城浔江河上，桥基部分为月牙形钢筋混凝土结构，桥上部分为侗族特色风雨桥木质建筑。全桥共有歇山顶、攒尖顶、八角楼等7个桥亭，镶有逾4000朵木头雕刻花，工艺十分精湛。

侗乡鸟巢

民族特色鲜明的侗乡鸟巢

柳州市三江县古宜镇

“侗乡鸟巢”也叫中国侗城，设计精巧，独具民族特色，全部由侗族民间工匠制作而成，于2009年6月18日兴建。侗乡鸟巢直径88米，高29米，占地6000平方米。场馆四周屋檐的牛角上站有许多鸟的模型，像百鸟归巢的形态，“侗乡鸟巢”的别名应运而生。“侗乡鸟巢”是当之无愧的国内最大的主体为木结构的侗族特色场馆。

三王宫

庙因桥而居地利，桥因庙而占人和

柳州市三江县良口乡和里、南寨两村之间的双溪汇合处

三王宫始建于明嘉靖年间，初为三王庙。三王宫依山而建，傍水而居，坐南朝北，

三江鼓楼

青鹅岭巍巍峨峨，雄踞宫前。门前人和桥雕梁画栋，金碧辉煌，横卧溪上。

三王宫和神宫整体布局为古代汉族宫廷式建筑，但戏台、偏舍等又采用侗族穿斗构造干栏式，是一座典型的汉侗建筑艺术相互融合的建筑物。人和桥桥基采用石拱式，而桥体为侗族传统的穿斗构造干栏式空间结构，包含了侗族塔阁式鼓楼歇山式、攒尖式两种建筑风格，也十分值得一看。

玩家 攻略

三王宫建筑古朴典雅，图案精美别致，平时香客络绎不绝，特别是每年农历二月初五举行的庙会，会有祭祀和侗戏表演，更是热闹非凡。

延伸

产口古榕

在良口乡产口村，与三王宫仅有一山之隔，有一株千年古榕，它婀娜多姿，已有1300多年。树冠覆盖达2000平方米，高38米，树干盘根错节，树枝横斜延伸，枝繁叶茂。

马胖鼓楼 ⓧ

民族风格鲜明的侗族鼓楼

柳州市三江县八江乡马胖村河西边

马胖鼓楼始建于1928年，整个鼓楼雄浑厚重，楼高13米，楼檐宽13米，9层飞檐，重叠依次收缩向上，形成塔形。白色封檐板著彩色图案，檐梢作鸟吻翘角，楼顶中央塑双鸟花型。楼内的4根大木柱，粗可两人合抱。

鼓楼内大厅面积达132平方米，大厅的板壁上，绘有侗乡风光的精美画图。楼内设栏杆、坐凳、卧台，中央为火塘。它和风雨桥一样，全部采用接榫结构，不用一颗铁钉，只在大小柱上打通若干洞眼，用榫头衔接。长短条木，斜穿直插，严谨紧密，结构牢靠。它造型美观，气势壮观，具有典型的侗族民族风格，是侗族鼓楼的优秀代表。不远处的小溪边另有两座鼓楼矗立寨中，互相媲美，组合成马胖鼓楼群。

马胖鼓楼

三江县风光

高基景区

原生态的瑶寨风情

柳州市三江县高基乡、斗江镇、和平乡结合部

从柳州乘坐前往三江县的车，再转车前往和平乡

高基瑶族乡是三江唯一的瑶族乡，历史悠久，人杰地灵，瑶族的独特风俗至今保存得比较完整。而且高基的旅游资源相当丰富，有初江漂流、雨店瀑布、福禄山、龙塘原始森林、龙塘梯级瀑布等18个景点，还有许多珍稀野生动植物，生态资源十分丰富。高基乡作为一个典型的瑶寨，瑶族风情浓厚，可以说高基乡的生态旅游和民风民俗在柳州市内是独一无二的。

玩家 攻略

高基乡丰富多彩的瑶家风情风俗，让游客总有一种到那里"潇洒走一回"的强烈愿望。盘瑶独特的婚俗，瑶族的避忌风节、坡会节等，都会让游客大开眼界，而极具特色的民族庞桶药浴，更会让人疲惫的身心得到放松。

龙塘生态区

龙塘生态区距离高基乡政府所在地20千米，景区内原始森林密布，峡谷上怪石林立，古树参天，藤如虬龙。河水清澈，瀑布连绵，急滩飞泻，气势磅礴。此外景区内奇竹丛生，还常有珍禽异兽出没。

"高基龙塘人少知，景象雄观天下奇。两岸绝壁云中插，一线蓝天似流溪。石笛高悬百丈瀑，古藤空挂怪人须。寒波粼粼飞蒙雨，六月却是想棉衣"是对龙塘生态区的真实写照。

大明滩

大明滩属三江境内自然生态、旅游休闲、水上漂流类自然风景旅游区。大明滩的大部分河段在斗江九江村周围，供游客进行漂流的河段从和平乡大寨村三湘屯始，至高基乡桐叶村板八屯止，途经斗江镇的两个屯。此河段水流急促，四季水足，全长20千米，大山险滩16个。清澈的河水、葱郁的树木、茫茫竹海、奇峰秀石成为河段沿途突出的景色，美不胜收。它是三江县境内不可多得的一处高品位的生态旅游休闲地。

高友村

多姿多彩的"多节之村"

柳州市三江县古宜镇林溪乡高友村

走进三江县林溪乡高友村，好客的侗家人那诚挚的热情扑面而来。这里，民风淳朴，民俗神秘，比邻和睦，人与自然和谐，置身其中，犹如置身桃花源。

这个和谐的侗族山寨，村民世世代代居

玩家 攻略

民俗：高友村最具诱惑的魅力及最大的优势就是景观独特且拥有多姿多彩的民俗文化。高友村一年四季，除了春节、中秋节等传统节日外，还有名目繁多且极具侗族风情的节庆活动。月月"有节"，是三江的"多节之村"。比如芦笙节、乌饭节、尝新节、斗牛节，吃冬节以及独具特色的侗族文化艺术节——谷雨韭菜节和各种歌会等。

摄影：秀丽的风景，奇特的民居，浓厚的民族风情，高友村美丽绝伦的自然及人文景观吸引着大量的游客和摄影爱好者，因而也被人们称为"诗境家园"。

高友村

住在傍山而建的木质吊脚楼里。村寨远离县城，寨子里吊脚木楼林立，古井古亭繁多，寨子周边山清水秀，山泉水清爽、甘甜，松杉茂盛，翠竹环绕，摇曳多姿。

站在高处俯视侗寨，古朴的吊脚楼那深黑色的屋檐透着一种别样的风情。寨子中心，有一处白色的院落，那是目前三江境内发现的保护最好、规模最大的飞山宫。站在高处往下看，深黑色的侗寨屋檐中透出的那一抹白显得那么抢眼，却又透出无法言说的和谐。每当夕阳西下之时，那金色的余晖把侗寨染得金碧辉煌，令人百看不倦。暮色将至，侗家村寨炊烟袅袅，如梦似幻。

归洋冲

风光旖旎的水源林地

柳州市三江县同乐苗族乡

归洋冲位于同乐街西北面2千米，是同乐乡水源林地之一，属重点森林保护区，归洋山境内山峦叠嶂，峭壁陡绝，林木葱郁，绿草成茵，四季泉水叮咚，溪水清冽，碧茵满径。景区内的“石门”“贵人冲”“罗汉岩”“急水娃鱼潭”和“猴子山”等景点极具神奇独特的色彩。

石门

同乐乡同乐街往归洋冲北行2千米，即有一处耸立30米高的峭壁，因夹溪相峙，横截如门故名石门。门外50米处，三巨石排列有序横卧于溪间。两壁无径，游人须蹚水出入。立于溪中，清风拂拂，凉气袭身。举目观壁，危峰势险，怪石叠垒，秀松挺拔，古藤攀绕，花红草绿，百态千姿。凡入此处者无不有置身于人间仙境之感。

链接

石门的传说

传说这三个巨石是王勉（苗侗传说中的吴勉王）为在此处装篆捕鱼，由石门顶搬到此处放置的。门内60米处又有一座小石门，传说是王勉的房门，两石门互为映衬，可谓山外有山，门内有门。

猴子山

猴子山四周高、中间低、南北长、东西窄，呈舟形。中间低凹处有很多小石山和岩洞，猴子经常活跃于此，故名猴子山。这里山环势险，路隘林深，石山林立，绿树成荫，峭壁陡绝，保存了原生态的自然环境。而且春夏时这里山花嫣红，秋冬时野果垂枝，游人如能逢猴群于崖壁上跳嬉戏，攀枝摘果，真有置身于吴承恩笔下花果山之感。

老堡乡

探幽者的私家游地

柳州市三江县老堡乡

老堡乡是明朝万历年间怀远（今三江）县城旧址，位于浔江、榕江两河交汇处，距三江县城30千米，枝柳铁路贯穿全境。1986年修建县城至老堡公路时，在老堡附近一个叫洋洞的寨子边挖出一批东汉时期的文物，老堡由此引起不少访古探幽者的注目。

如今，沿江千年不变的自然风光依然绽放出诱人的光彩。境内坐落三道雄关，由浔江的泗里石门、榕江产口石门和融江马石门组成，三道石门天险雄姿各异、气势威严，素有“小三峡”之称；与老堡小镇隔江相对的两座奇山，蜿蜒对峙，犹如巨龙相会，江中一小岛靠北而立——“双龙抢宝”地就天成；另外还有飞鼠岩、老巴云雾梯田等十余景点，千姿百态，各具千秋。以前这里很多景点深锁“闺中”不为外人所识。近年来逐步形成“泗里石门”至“马石门”游程13千米长的两岸生态旅游观光区，老堡乡也越来越受欢迎。

景点推荐 金秀-象州旅游区

大瑶山风景区

雄奇灵秀的瑶山风景

来宾市金秀瑶族自治县　圣堂山50元

大瑶山风景区位于广西中部偏西，因主体部分在金秀瑶族自治县，所以也常被人们称为金秀大瑶山。金秀大瑶山不但有浩瀚苍莽的原始森林和秀丽壮观的溪瀑景观，而且还有形态万千的奇松怪石，集黄山、庐山、张家界之美于一身，雄奇且灵秀，令人流连忘返。

大瑶山旅游资源景观十分丰富，是理想的旅游观光地和避暑胜地。大瑶山已经形成以“山”为特色的民俗旅游热点。目前已经开发的大瑶山风景区主要游览景观有“圣堂山景区”“莲花山景”“孟村民俗村”“老山原始森林景区”等。

金秀瑶族博物馆

金秀瑶族博物馆位于金秀县城东面的小山上，是中国建成的第一个瑶族博物馆。该馆拥有馆藏文物1200余件，馆藏十分丰富。博物馆内的文物展览分两个展厅进行，第一展厅主要展出瑶族史，民族革命斗争史，石牌制、瑶族生产工具、生活用具，宗教艺术类出土文物等；第二展厅主要展出中国瑶族服饰，共收藏有全国各地及海外瑶族服饰58类75套，是目前中国收藏瑶族服饰数量最多、种类最全的博物馆。

圣堂山

圣堂山是大瑶山的主峰（海拔1979米），也是广西中东部最高峰，位于金秀县城西南面45千米处。圣堂山云雾缥缈，有千姿百态的奇峰怪石，这些山体有的似长柱神鞭立地

玩家攻略

圣堂山庄：位于圣堂山的半山腰，住宿的话有标间和小木屋双人间两种选择。从圣堂山庄这里可以踏上石阶登上圣堂山，在这条石阶上可以欣赏到圣堂山的大部分风景。

最佳游览时间：每年五月中旬杜鹃盛开的时候，是赏杜鹃的好时机，也是游览圣堂山的最佳时机，对于摄影爱好者来说这个时候也是最好的，因为这个时候很容易拍摄到绚丽的日出日落和变幻莫测的云海烟柱。

云海山庄：位于圣堂山山顶，有标间和小木屋两种选择，费用200～900元，这里的标间可以看到日出和云海，想要看日出的朋友可以入住到这里。

小贴士：山顶的温度即使是夏季也只有10℃左右，所以游客要记得带御寒的衣物，此外山上的食物都比较贵，建议自备干粮。

顶天；有的像铜墙铁壁巍然屹立；有的如晃板垒卵摇摇欲坠；有的若顽猴赏月寿龟戏花，呼之即出，栩栩如生。前来寻幽览胜的游人，无不赞叹圣堂山峰峦怪石之神奇、诡秘。

此外，圣堂山万亩连片变色杜鹃花更为一绝，每年5月是圣堂山变色杜鹃炫耀自己的鼎盛时节。万亩连片变色杜鹃同时开放，树树繁花，花香浓郁，令人陶醉。更为壮观的是，在阳光照耀下，杜鹃随着花期变化而不断变化颜色，由粉变红变紫再变黄，每棵树上粉、红、紫、黄竞相开放，争奇斗艳，在绿叶的衬托下就像一把把色彩斑斓的大花伞，山风吹拂，花浪翻滚，自然形成浩瀚花海，被人们誉为“人世间之桃源仙国”。

莲花山

莲花山位于金秀县城西北部14千米处，主峰海拔1350米，和圣堂山相比，风景更为秀气。莲花山，因群峰耸立，远远望去，整个山体酷似一朵含苞待放的莲花，因此而得名。

莲花山山上景观以石林为主，补以繁茂的原始森林，加上云海、杜鹃花林、古树，形成了秀美、梦幻的奇景。景区内石峰耸峙、古树参天；而且这里气候宜人，冬无严寒，夏无酷暑。年均气温16℃，没有任何大气污染。莲花山景点众多，尤以胜升堂和石林为绝景。

玩家攻略

游览整个莲花山景区大约需要4小时，在游览莲花山的路途中会看到很多欣赏莲花山景的亭子，其中忆王阁的位置最佳，可以放眼饱览莲花山的美景。

孟村民俗村

孟村位于金秀县西南，距县城12千米，

圣堂山

是以茶山瑶为主的少数民族聚居地，坐落在金秀罗汉山脚下，村旁有清澈如镜的山泉，村边还有千年古树，整个村寨掩映在茂密的树林中，显得更加古朴自然。村内家家用竹涧引山泉入厨，户户整洁、宽敞、明亮。

村里有瑶族风情歌舞表演队，游客到来时，身着5个瑶族支系盛装的少男少女，敲锣打鼓，到寨门外鸣排枪、吹唢呐、唱拦路歌和敬茶敬酒歌迎接。接着在寨子中演唱《驱兽歌》《香哩歌》，表演“钓鱼舞”“黄泥鼓舞”“蝴蝶舞”等丰富多彩的瑶族民间歌舞。狂欢之后，在热烈的敬酒歌声中热情邀请游客共进民俗餐。

老虎潭峡谷

位于金秀圣堂山风景区的西北面，两岸的岩石和峰林拔地而起，造型千姿百态；潭中的水涓涓流淌，由于落差不同，回音声构成优美的旋律。

老山原始森林

这是广西最大的植物基因库和天然动物园。山中大树参天，溪流密布，春意常在，是灵香草、野生绞股蓝生长的地方。

罗汉山

位于金秀县城西部，海拔1335米，山上群峰林立，云封雾锁。山峰青松挺拔，从东至西漫山遍野，万顷松林咆哮翻腾，蔚为壮观。

古海底迷宫

陆地上的海底迷宫

来宾市象州县城约4千米的沙兰村青山岭上

古海底迷宫由千百块高3～5米、重达数吨的岩石构成，石厅、石井、石门星罗棋布。石壁呈鱼鳞状，石块与石块的间隙形成纵横交错、曲折迂回的数十条天然巷道，巷道宽处可容二人并肩而行，狭窄处仅容纳一人侧身，甚至需弯腰屈膝而过。石巷道的四通八达、奇曲弯转形如八卦阵，人入巷内，东西难辨，南北不分，若无向导或路标，极易迷失方向。

迷宫中丛生灌木、野藤在空中穿梭交织，其间的藤绕树、树倚岩、岩连藤，构成一幅幅妙趣横生的景致。最奇特的是整个迷宫颇似一个欧洲城堡，因被浓密的灌林、野藤覆盖，迷宫极为隐蔽。抗日战争时期，它曾是一个掩体，为保护沙兰村的百姓立下了“汗马功劳”。

玩家 攻略

古海底迷宫的四周是桃、李、梨、柿、竹等构成的果树林，每逢桃花盛开与果实成熟的季节，人们三五成群或是在果树下纳凉、野炊烧烤，或是在石桌上打牌娱乐，或是在选景照相，或是在吊床里悠闲摇晃，别有一番情趣。

古象温泉度假村 AAAA

“热水”温泉的舒适享受

来宾市象州县城东郊7千米处　6431111

古象温泉，旧名濮水名泉，当地群众传统俗称“热水”。温泉四周低山环抱，田上村落古朴，建筑高低错落，一派壮家田园风情。景区内数十口泉眼分布于田野，热水自泉眼喷涌而出，其中一泉与从南向北缓流的小河相通，水面热气腾腾，白烟袅袅，而水下却见游鱼翩翩，风景独特。

度假村依山傍水，空气清新，19个温泉池各有特色，特别是景观池中碧波翻滚，使游客感觉仿佛来到了大海的怀抱，意味无穷。此外，古象温泉度假村还拥有可供娱乐的野战场以及供住宿的别墅等设施，是一个集“食、住、行、游、购、娱、疗”于一体的旅游度假胜地。

玩家 攻略

象州温泉属高热矿泉水，泉水清澈透明、无色、无味、无污染。经轻工部、中山医科大学等专家科学鉴定及通过实践证明，泉水含有偏硅酸、锶、铜、铁、锌、镁、钙、钠、碘、氟、钡等20多种对人体有益的微量元素。采用“微温”“平温”“高温”三种浴法，可分别适应心血管系统、神经系统、分泌系统的保健，对外科、妇科、皮肤科和感冒等疾病有显著的疗效。

运江古镇

繁华不再的岭南古镇

来宾市象州县运江镇

运江古镇始建于汉代，古镇所处的地方是国内外罕见的江心孤岛，曾是历代商埠重地。如今不再商贾云集，古镇也没有了往日的繁华。目前古镇上尚残存千年旧街，宋代古码头旧地、清代道光年间的粤东会馆遗址、民国时期的老字号商铺残址以及神秘庄严的运江古镇壮族始祖甘王庙等。

古镇沿街多为典型的岭南风格，青砖瓦民居和西洋风格建筑，临街而立。旧街上，饭馆、剧院、酒肆、客栈、百货商铺依稀可辨。只是街上再也没有往日的热闹，静如空镇。黑黢黢的屋檐，空落落的庭院，一扇扇紧闭的大门，长着青苔的青石板路，仿佛时光停滞甚至倒流。这或许就是古镇的魅力吧。

中平镇

以榕树闻名的旅游区

来宾市象州县中平镇境内

象州的中平镇一带，几乎每一个村屯都有古榕，故被誉为“古榕之乡”。这里地处大瑶山西侧，地势低平，河流溪谷密布，榕树多沿河流两岸生长，树龄多数在500年以上。中平镇的榕树代表主要有七星古榕、仁义古榕、自协古榕、攀岩古榕、过江古榕等。尤以七星古榕为最，其位于中平镇河村旁，七棵树龄达500多年的古榕沿溪排列，状如北斗七星，故称七星古榕，喻团结、平安、富足之意。中平镇已经成为广西重要的“乡村游”旅游目的地之一。

运江古镇

大梭峡谷群

峡谷避暑胜地

来宾市象州县妙皇乡境内，距县城约19千米

大梭峡谷群以山秀、水碧、林幽构成一个奇幽的仙境。在酷暑难耐的盛夏时节，融入其间探幽，是不错的选择。峡谷群长达数十千米，大自然鬼斧神工，峰峦延绵叠翠、空谷幽静恬适、清溪百折千曲、溪潭清澈碧绿、空气清新凉爽、花香沁人肺腑、鸟声宛转悠扬。空气中的氧负离子含量极高，对人体健康十分有益。

峡谷的溪瀑、碧潭、树木、奇花异草姿容纷呈，其中最为壮观、诱人的是景区内的数处叠层瀑布，形如珠帘下垂，景致十分漂亮。大梭峡谷群不仅风光绮丽，而且有桫椤、白椎、红椎、米椎及穿山甲、猿猴、蛤蚧、娃娃鱼等名贵珍稀植物、动物。

玩家攻略

泡浴： 峡谷溪水终年不竭，水质清澈，有数处大小不一的溪瀑、碧潭，碧潭水清碧绿，是天然的浴池。

古琵茶： 大梭生态峡谷群所盛产的“古琶茶”不但汤绿、味醇、气香，喝了有飘然欲仙之感，而且还有抗辐射、抗癌等作用，历史上曾是贡品之一。

景点推荐

来宾中西部景点

莫氏土司衙署 文

全国保存最完好的"壮乡故宫"

来宾市忻城县城关镇翠屏山北麓

5512606

忻城县莫氏土司衙署是全国现存规模最大、保存最完整的土司建筑之一，被誉为"壮乡故宫"。忻城莫氏土司衙署由土司衙门、祠堂、官邸、大夫第等建筑群组成，始建于明万历十年(1582年)，由莫镇威主持建造土司衙门，成为衙署主体建筑。以后，历任土司先后拓建附属建筑，形成规模宏大的土司建筑群。

链接

忻城莫氏土司

土司是指元、明、清各朝在少数民族地区授予少数民族首领的世袭官职，指统治该族人民的制度，也指被授予该官职的人。忻城莫氏土司，始祖莫保系永定（今河池宜州区）壮族人。元朝至正年间（1341—1368年），被授予宜山（今宜州区）八仙屯千户职。明洪武元年（1368年），莫保被罢官，遂率子孙及亲丁，迁徙到忻城境。

永乐二年（1404年）忻城陈公宣领导忻城壮瑶农民起义，攻县治，烧官署，县令弃城而逃，莫保玄孙莫敬城参加镇压，被推举为土官。于是忻城县就有两个行政长官，共同治理，但权不相统，流官握空印，每年春冬到县视察两次而已。弘治九年（1496年），忻城县降为土县。从此，莫氏土官获世袭，一统忻城天下。

延伸

三清观

莫氏土司衙署的东侧不远处，为始建于明万历年间的"三清观"（后称"三界庙"），内供"三界公"，为传说中的壮族药医，现在基本保存完整。三界庙是莫氏土司衙署建筑群的重要组成部分，建于明万历十年，以壮族药王冯三界的名字命名。据传，土医冯三界在民间救死扶伤，药到病除，深得老百姓的爱戴，壮族人民把他当作神来供奉。三界庙坐南朝北，由五座建筑物构成，雕工精美。三界庙内供奉16尊佛像，香客云集，香火极为兴旺。

怀集水库

假日休闲的好去处

来宾合山市河里乡

怀集水库库区面积约1000亩，是合山最大的水库，三面青山环抱。水库蜿蜒狭长，犹如一条波光粼粼的海参。红水河从库旁奔腾而过，景色十分壮观。

库区中部错落的小岛为野鸭、小鸟等小动物提供了栖息的场所。有趣的是水库两旁延伸出占地面积约100多亩的半岛隔水相望，被当地人形象地称之为情人岛。无论春夏秋冬，怀集水库总是一幅碧水青山的美景，是人们旅游休闲的好地方。

鲤鱼洲

景色优美的天然浴场

来宾市兴宾区良唐乡下良云村东面清水河中

鲤鱼洲属于自然风景旅游点，由大、中、小三个洲组成。因洲形如一只鲤鱼上水，鱼眼、鱼头、鱼鳍、鱼尾一应俱全，所以被人们称为鲤鱼洲。洲头一小河石，如一微缩的象鼻山屹立水中，令人称奇。洲尾唯一可步行通过的河坝，河面宽阔，水色清澈见底，水面平缓，可使用水域非常广阔，因而鲤鱼洲又有着天然浴场的美誉。

百崖大峡谷

世界罕有的峡谷风光

来宾市武宣县河马乡境内，距县城38千米　¥ 30元

百崖大峡谷是当地人心中最值得去的景点。百崖大峡谷是典型的丹霞地貌，主峡谷全长10千米，有37道弯，10多处瀑布，7处深潭，还有数以百计的侧峡谷。整个峡谷峰峦险峻，飞瀑壮观，林木苍翠……所以白崖大峡谷也被誉为“世界罕见的峡谷风光”。景区内有“天女散花瀑”“鸳鸯瀑”“西王瀑”“天王瀑”，还有太平天国西王萧朝贵故居遗址等主要景点。

百崖大峡谷景区清溪流泻，常年不竭。水质属不含任何杂质的淡泉水，据说有洁肤美容、增强食欲、排除体内杂物的功能。这里

玩家攻略

看瀑布：去百崖大峡谷除了欣赏优美的峡谷风光，其实最主要是看瀑布。百崖大峡谷的瀑布多、美、奇，十分值得一看。

游泳：百崖大峡谷的水十分冰凉，是夏季游泳的好去处。相对于在游泳池游泳，峡谷游泳更多一点儿刺激，但是野外游泳一定要注意安全。

爬山：百崖大峡谷除了优美的水域风光，山上的风光也不错。景区内空气清新，十分适合假日爬山。

百崖大峡谷

温度适宜，四季如春，氧分充足，是一处不可多得的避暑和疗养胜地。

武宣文庙

武宣县最早的兴学立教之地

来宾市武宣县南街一巷

每逢农历初一、十五才对外开放

武宣文庙又名"黉宫""孔庙"，是广西仅存的两座专门祭孔的庙宇之一。文庙始建于明宣德六年（1431年），距今已有580多年历史。

文庙坐北朝南，砖木结构，朱瓦粉墙。整体布局讲究，中轴线由棂星门、状元桥、大成门、大成殿、崇圣祠、尊经阁组成，还有礼门、义路、戟门、左右厢房、名宦祠、乡贤祠、明伦堂、东西两庑、东西斋和武皇殿等附设建筑，富丽堂皇，显示岭南派古建筑高超的建筑水平。其结构、风格、民族特色、工艺水平具有很高的历史、科学和艺术研究价值。

刘氏庄园

缅怀名人岁月的地方

来宾市武宣县河马乡下莲塘村

刘氏庄园亦称武宣将军第，自清代至"民国"时期这里出了8位将军。古庄园始建于清嘉庆六年（1801年），整体保存基本完好。原有房屋245间，现存175间（已损坏70间）。古庄园是中国传统的四合式院落的平房建筑，呈长方形布局，坐北朝南，采用九厅十八井。

庄园首厅大门墙壁有龙凤、树木、花草、鱼虫、人物等木刻，栩栩如生。鹅卵石地板上镶嵌有米、莲花图案，寓意着富贵荣华、吉祥如意。古庄园内挖有水井，有私塾堂、练武堂、跑马道，庄园旁边有湖，而湖泊周围均有茂盛的林木环绕，名木古树繁多。湖的东岸边有一棵珍贵的法国大梧桐树，西岸边有6棵3个大人都合抱不过的古榕树，彬彬有礼的"友谊枝"飘入湖面，喜迎八方宾客来。

犀牛岩

武宣溶洞之冠

柳州市武宣县禄新古杭村

武宣有很多岩洞，而犀牛岩可谓是岩中之冠。犀牛岩非常深非常宽敞，仅大厅便可容万余人；犀牛岩不仅大而且还很奇特，洞中有洞，洞上有洞，洞下有洞，洞洞相连，非常适合躲迷藏；至于溶洞内钟乳滴成的奇形怪状、千姿百态的景观，就是专家亲临，亦会目瞪口呆，无怪乎国家岩溶研究所副所长房昌龄感叹地说："犀牛岩集千家洞之美，万家岩之奇，可谓中国第一洞了。"

八仙天池

优美神秘的八仙天池

来宾市武宣县武宣镇官禄村旁八仙山间，距离县城6千米

八仙天池四周环列八座山峰，在高出地面68米的山腰中，有一池天然碧水，似“八仙托玉盘”，故称八仙天池，又名八仙潭、仙湖、神秘湖。八仙天池雨不盈、旱不涸，水清无尘，味甘可饮。池水清澈，倒山映日月，景色变幻万千。周围古木葱茏，奇花异草，却无一张败叶浮于水面，池内可看到一群群的活鱼游来游去，可鱼儿从不上钩，千余年来给人们留下了许多不解之谜。

八仙天池以它富于变化的景色和浓重的神秘色彩，一直吸引着文人墨客、仁人志士去游览吟颂。清举人覃先澄曾诗云：“中留山水甲南天，马步桥东列八仙。呼吸应知通帝座，登临不测有虞渊。云兴作雨池龙起，月正无波玉兔眠。羽化贾鹏成往事，吾侪杯饮涤尘缘。”

五马拦江

神奇的五马拦江美景

柳州市武宣县南郊

在武宣县的黔江南岸有5座弧列的山峦，活似5匹骏马，将黔江截拦，强令黔江水绕东流，气壮山河，景色迷人，人们便将这美景称为五马拦江。在5匹骏马之间，耸立着一座竹笋状的文笔峰，面对江中200余米长的椭圆形沙洲，俗称“古碛滩”，是武宣县老八景之一——“古碛钟声”。5座山中璞玉山山上有来宾的重点保护文物摩崖石刻“敕赐永通峡”。

来宾风光

攻略资讯

- 交通
- 住宿
- 美食
- 购物
- 娱乐

交通

飞机

柳州白莲机场位于柳州市南郊12千米处。游客可以乘机场大巴、21路公交车和出租车往返用于柳州市区与机场。机场客服电话为0772—3201088。

来宾目前没有飞机场，游客可以从柳州转乘飞机。

火车

●柳州

柳州市区内有4个火车站，其中仅柳州站有客运服务，其他3个站都是货运站。柳州站位于南站路6号，电话 3922222。市内乘99

柳州交通

柳州龙潭公园

路、27路环线、11路、16路、24路、29路、35路、40路、55路、99路、507路等公交可达。

●来宾

来宾因为柳南高铁的开通，也步入了高铁时代。来宾新火车站（来宾北站）有到南宁和柳州的高铁。来宾北站位于兴宾区何山路，乘32路、26路、11路、14路、7路等公交可达。

汽车

●柳州

柳州总共有4个汽车站，分别是汽车总站、莲花车站、汽车南站、白沙车站。

柳州汽车总站位于柳州市柳南区文笔路3号，电话为0772—3808400。

莲花车站位于柳州市鱼峰区柳石路181号，电话为0772—3121437。

汽车南站位于柳州市柳南区飞鹅路81号，电话为0772—3670988。

白沙车站位于柳州市柳北区跃进路114号，电话为0772—2514079。

●来宾

来宾市汽车站只有一个，即来宾市汽车客运中心，主要发往南宁、柳州以及来宾各县区和广东东莞一带。来宾市汽车客运中心位于兴宾区翠屏路与迎宾路交叉路口，乘13路、15路、18路、19路、20路等公交车可到。

柳州宾馆

住宿

柳州

柳州有相当多的住宿选择，当然最好是住在市中心附近，交通十分便利；或者是沿柳江一带入住，可以欣赏到柳江的夜色。

●柳州部分酒店信息

酒店	位置	电话（区号0772）	类型
柳州宾馆	柳北区龙城路2号	2308888	四星级
丽晶大酒店	柳北区龙城路32号	2808888	四星级
延安大酒店	城中区飞鹅路79号	3309888	三星级
52微酒店	城中区青云路23号青新商住楼	2892525	经济型
沃顿时尚酒店	城中区莲塘路28号现代收获大厦	2081888	经济型

来宾

在来宾，有很多种住宿可供游客选择。来宾市内景点并不多，如果是晚上到达则可以选择在市内入住，如果不是晚上那完全可以到要参观的景点附近入住。

●来宾部分酒店信息

酒店	位置	电话(区号0772)	类型
锦缘大酒店	兴宾区桂中大道848号	4833333	四星级
城市便捷酒店柳来店	兴宾区柳来路268号	4901888	经济型
金秀瑶都大酒店	金秀县瑶都广场旁	6217888	三星级

柳州风光

美食

柳州

●螺蛳粉

柳州最具代表性的特色美食，与桂林米粉、南宁老友粉并列为广西三粉之一。其酸辣鲜爽的味道令人回味无穷。

●酸笋

极具柳州特色的美食，可以说汇集了柳州美食的精髓。其酸脆的口感以及浓郁而奇特的味觉感受让人久久难忘，更因为《舌尖上的中国》的播出而红遍了全国。

●牛杂

柳州人非常钟爱牛杂，擅长烹饪的柳州人将牛杂做成各种美味，让每一个前往柳州的人都可以品尝一下柳州牛杂的美味。

●狗肉

柳州人也十分喜欢吃狗肉。去柳州游玩的朋友如果想要尝鲜可以尝一下，爱护狗的朋友则完全可以放弃。

●融水滤粉和刮盘粉

融水滤粉和刮盘粉是在融水县旅行不可错过的美食。前者是用米浆现场过滤烫熟的米粉，保持最原始的新鲜；后者类似两广一带的河粉或肠粉，均为现场新鲜制作。

●推荐去处

柳州吃美食的地方极多，青云美食城、小南路、谷埠街美食街、西环美食广场、爱民螺蛳粉、老牌牛腩粉、土生良品等都是不错的美食聚集地。

来宾

似乎没有什么美食，因为来宾人向来就不太注重饮食的细节，所以饮食难上一个新的层次。但是来宾还是有很多值得品尝的特色小吃，除了广西一带最著名的米粉外，来宾的金橘、云片糕、来宾鲳鱼等也非常值得品尝。

●鲳鱼

来宾鲳鱼肉质鲜嫩，味道有点像鲻鱼，营养也很丰富。这种鱼体形侧扁成盘形，背较厚，无须，白身，银鳞，黑尾，线鳍，可别认错了。

酸笋

来宾鲳鱼

●云片糕

来宾云片糕历史悠久，制作工艺细腻，以上等糯米、猪油、精白糖为主要原料，辅以天然香料和陈皮末精制而成，具有营养丰富、余香悠久的特点。

云片糕

购物

柳州购物

柳州作为广西一个比较大的城市，商品非常丰富，除了可以买到柳州特产和一些广西的特产，其他的商品也都应有尽有。

柳州的奇石和棺材都赫赫有名，游客可以去逛一下马鞍山下的石玩市场，说不定你也能发现一块价值万金的奇石；如今的柳州“棺材”已经改名叫“官财”，寓意“升官发财”，尺寸大小和外观设计都比以前的“棺材”小巧精致得多，也因此成为了一种既吉祥又具有收藏价值的工艺品。

柳江北岸位于柳江北岸的中山路、龙城路、解放路、五一路、八一路一带，有柳州工贸大厦、五星商业大厦、中百商城、龙城大厦、电信大厦、中交大厦等大型商场及一些中小商店。

柳江南岸位于柳江南岸的鱼峰路、驾鹤路、太平街、屏山大道和谷埠街一带，东风商城、驾鹤百货大楼、屏山市场、驾鹤市场、柳州五交化商场、柳州自选商场等都聚集在这里。

柳州棺材工艺品

柳州工贸大厦

从柳州火车站到驾鹤路口不仅有众多的小型零售市场，还有若干个大型批发市场或商场，如飞鹅工业品批发市场、飞鹅商城、金鹅市场、佳力商城、银兴商业城等。

来宾

来宾不大，城内景点也不多，大多时候扮演的是一个中转站的角色。到这里购物的话，可以适当购买一点来宾的特产，像金橘、八角等。

金橘：来宾金橘有着“长寿果”的美称。来宾金橘果皮甘香，肉质味甜，含有人体所需的多种营养物质，有消气化痰、生津止渴之功效。

八角：金秀县是著名的“中国八角之乡”，金秀的八角具有无污染、香味浓的特点。

娱乐

柳州娱乐

南方城市没有熟睡的夜，柳州也一样，在柳州KTV、酒吧林立，游客来到柳州也能和柳州人一样享受属于柳州的娱乐生活。

唱KTV：在柳州，唱KTV，可以说是柳州非常重要的娱乐方式。从昼入夜，直到第二天太阳升起，都有不少勤勤恳恳卖力献唱的“麦霸”。

泡吧：在柳州，泡吧也是一项非常重要的娱乐活动，柳州酒吧比较集中于五星步行街、解放南路等地。

茶吧：除了KTV、酒吧，柳州人也十分喜欢茶吧，茶吧相比酒吧和KTV多了一份安静，也是许多人放松娱乐的好去处。被誉为柳州地标的柳州宾馆顶楼旋转餐厅是柳州历史最悠久的广式茶楼，可以尝尝这里的早茶和午茶。

柳州、来宾节日和重大活动

节日	位置	时间
芒蒿节	柳州市融水县	每年农历正月十七、十八
花炮节	柳州市三江县	每年农历三月初三
壮欢节	柳州市柳城县	每年农历三月初三
柳州国际水上狂欢节	柳州市区	每年10月
斗马节	柳州市融水县	每年农历十一月二十六
瑶族文化节	来宾市金秀瑶族自治县	每年5月下旬
红水河文化节	来宾市区	每年9月底

柳州国际水上狂欢节

发现者 旅行指南

河池

概览

亮点

刘三姐故里景区

这里风光旖旎，是河池市重要的民族风情旅游点，在这里游客可以更好地了解刘三姐歌仙文化。

三门海天窗群旅游区

洞、水、天三位一体，边壁参天古榕、藤蔓缠绕，垂挂形态各异的钟乳石和大量的生物岩溶景观，风景极其秀丽幽雅。

百魔洞

这是巴马最壮观的石灰岩溶洞，还是许多热爱养生的人竞相来访的旅游地，每年到洞中"吸氧"的人不计其数。

巴马长寿村

巴马最吸引人的就是这里的多位长寿老人，长寿村独特的养生环境吸引了很多游客前来一探养生秘诀。

必逛街道

白马步行街：是河池市最繁华的商业街，集娱乐、服装、鞋业、珠宝、餐饮、百货于一体。两条街两侧商铺林立，吃喝玩乐应有尽有。

线路

巴马两日游

第一天先参观巴马长寿博物馆，之后前往百魔洞吸氧。第二天前往巴马长寿村感受巴马的养生环境，之后前往盘阳河风景区。

宜州两日游

第一天上午游玩宜州城区的白龙公园，宜州四牌楼；下午前往龙江水中石林景区。第二天游览临江河旅游区，乘船从临江河上游的祥贝河，一路经过古龙河、下枧河等旅游景点，可以到刘三姐故里景区好好玩一下。

刘三姐故里景区

河池郊县四日游

第一天上午前往都安地下河公园；之后前往西南方向的大化县游览七百弄国家地质公园。第二天游玩凤山世界地质公园，充分了解喀斯特地形地貌形成的独特景观。第三天上午前往东兰县的东兰烈士陵园，行走红色之旅；下午前往南丹县里湖白裤瑶族博物馆。第四天上午前往环江县的牛角寨瀑布群景区；下午前往罗城县的武阳江景区。

为何去

河池是一个旅游资源丰富的宝地。这里拥有令人叹为观止的喀斯特地貌景观、千姿百态的山水景观、民风淳朴的民族风情、举世罕见的长寿资源。此外，河池还是刘三姐的故乡，民族风情独具风骚。

河池岩洞

何时去

最适合去河池的时候是每年的4—10月，这个时候雨水较多，百魔洞、盘阳河的水量较大，风景也非常好。

武阳江

河池旅游示意图

区域解读

区号：0778

面积：约33 500km²

人口：约402万人

主要少数民族：壮族、仫佬族、毛南族、瑶族

地理 GEOGRAPHY

区划

河池市辖2区（金城江区、宜州区）、4县（南丹县、天峨县、凤山县、东兰县）、5自治县（巴马瑶族自治县、都安瑶族自治县、大化瑶族自治县、罗城仫佬族自治县、环江毛南族自治县）。

地形

河池市地处广西西北边陲、云贵高原南麓，地势西北高东南低，境内山地、丘陵和各种地表喀斯特、地下喀斯特发育广泛。境内山脉多分布于边缘地带，环江毛南族自治县东兴乡的无名峰，海拔1693米，是河池第一高峰。

河池也是广西喀斯特地貌出露面积最多的城市，是名副其实的喀斯特王国。河池市内河流主要为红水河、龙江及其支流，属珠江水系。龙江及其支流下枧河、罗城怀群剑江等，风光秀丽壮美，是河池市著名的风景河段和漂流河段。

气候

河池市属亚热带季风气候区，年平均气温16.9℃~21.5℃，光照充足，热量丰富。年降雨量充沛，自然条件优越。南部与北部气温相差约6℃，大部分地方没有严冬。

石山王国的神奇山水

都安瑶族自治县地处云贵高原向广西盆地的过渡地带，独特的喀斯特地貌为其赢得了“石山王国”的美誉。那里风景秀丽，峰丛重峦叠嶂，“广西母亲河”红水河从那里缓缓流过，与石山相映成趣，秀美的风景常常让外来的游客流连忘返。

都安属典型的喀斯特地貌地区，境内岩溶地貌广布，约占全县面积的94%。放眼望去，境内峰峦叠嶂，沟壑纵横，山路迂回，洞府多奇，洼地棋布，有“千山万弄”之称。山间岩泉碧沏如镜，溪水蜿蜒似带，如诗如画，充满大石山乡的风韵情调。

一般的岩溶地貌只有一种类型，而都安的岩溶地貌则有多种，它包括高峰丛深洼地、高峰林大谷地、中峰丛大漏斗、低峰丛小谷地、低峰林平原等5种类型，实属罕见。作为全国岩溶地貌（喀斯特地貌）发育最为典型的地区之一，都安又被誉为“岩溶地貌的天然博物馆”。在这一独特地形造就下，都安随处都有奇景。红水河及刁江乡村休闲游景观带上点缀的英雄大峡谷、匹夫关、灭猺关等景观，就是典型的喀斯特河谷型自然

巴马

风景旅游区。

如果说都安的山与众不同，那么都安的水更会让你惊叹神奇。都安境内水资源丰富，其中地苏地下河系，全长241千米，是目前中国已探测的最长地下河。河水从地下自西北向东南流淌，每年初夏，在地苏、保安等乡镇，从幽暗漆黑的洞穴里，从怪石嶙峋的河道里，从茂密的芳草丛中，一股股甘甜清冽的泉水不断涌出，温润无瑕、晶莹剔透、净美如玉。

神奇之处还在于地苏地下河水系上，分布着300多个地下河天窗群，数量之多、密度之大极为罕见，堪称“世界天窗之都”，洞穴潜水资源排世界前5名。这让来自美国、英国、加拿大、法国、芬兰、德国、澳大利亚等多个国家的顶级潜水专家和国内知名潜水俱乐部成员流连忘返。2013年年底，中国首个岩溶洞穴国际潜水中心在都安县成立。

历史 HISTORY

历史大事记

●秦汉时期

秦代，今金城江区境为桂林郡属地，汉代为郁林郡属地。直至隋朝，今金城江区境部分为始安郡属地，部分为郁林郡属地。

汉高祖三年（公元前204年），南海尉赵佗击并桂林、象郡，建立南越国，自立为南越王，定都番禺，控制了整个岭南地区。今河池市地域大部分属南越国。

●唐宋时期

唐朝，今河池市地域，分别隶属于岭南道邕州都督府、桂州都督府、江南道黔州都督府和黔中道。

宋初置河池县，先属宜州，后属羁縻金城州。当时河池市境内有羁縻智州、羁縻金城州和宝积监。羁縻智州州治金城县。后河池县改属羁縻智州。

●明清时期

明弘治十七年（1504年）五月，河池县升为河池州，并置金城、都铭、土堡三镇巡检司，以镇其地。

清乾隆四年（1739年），白土乡土记屯人蓝明返，联合丘索村（今宜州区德胜镇竹仓一带）覃奉恩等组成200余人的起义军，反抗永顺土官盘剥奴役。两广总督马尔赛派遣右江道按察使司副使李锡秦等带兵3000人“进剿”。翌年，起义失败。

●近现代

1930年3月、5月、11月，红七军在邓小平、张云逸、李明瑞的率领下，三驻河池县城（今河池镇），发动群众批斗土豪劣绅；成立

名单 河池历史名人

唐朝壮族歌仙刘三姐

北宋"三元及第"的大臣冯京

明朝抗倭土司韦正宝及子孙韦虎臣、韦起云

广西农民运动领袖韦拔群

开国上将韦国清

韦拔群

农民协会、手工业联合会、革命青年会和妇女会。11月5日在县城将原来两个纵队整编为3个师。

1941年，黔桂铁路（柳州—金城江段）正式通车。

新中国成立后，河池的区划演变较为特殊。1965年因战略需要从当时的柳州、南宁、百色3个专区共划10个县来组建1个专区，于2002年撤地建市。

文化 CULTURE

世界长寿之乡，中国人瑞圣地

位于广西西北部的巴马瑶族自治县，聚居着瑶、壮、汉等12个民族。1991年11月1日在日本东京召开的国际自然医学会第13次会议上，巴马被命名为世界第5个长寿之乡。

巴马是世界五大长寿之乡中百岁老人分布率最高的地区，被誉为"世界长寿之乡•中国人瑞圣地"。2013年，全县人口共27万人，而健在的百岁老人就有82人。国际上，"世界长寿之乡"的标准是每10万人中至少应有7位健康的百岁老人。而在巴马，每10万人中拥有30.4位百岁老人，是国际上关于"世界长寿之乡"标准的4.3倍。

巴马的长寿老人还有三个特点：第一，迄今为止没有发现一例癌症患者；第二，没有心脑血管疾病发生；第三，无疾而终。巴马的老人为何如此长寿？原来，巴马在空气、饮水和食物三方面具有其他地区无法比拟的优势。

巴马属于亚热带气候，当地每立方米空气中所含的负氧离子高达2000~5000个，最高可达到2万个，比工业城市和平原地区高出十倍到几十倍。巴马的河水和泉水，多半都是经过数千米的地下潜流区后才露出地面，这些水从不同的地层中吸收了丰富的硒、锶等微量元素，长期饮用能调节生理机能，起到延年益寿的作用。国际自然医学会的研究人员发现，大多数巴马人都终生食用大米粥和玉米粥，世代吃粥，堪称"粥食长寿乡"。可见，宜人的生活环境、良好的饮食习惯是巴马人长寿的重要因素。

除此之外，巴马还有其他地区没有的优势。经科学考察，巴马的长寿村均有特殊的地质构造，地磁磁场高于外界的地磁磁场；长寿村都远离现代文明，地磁磁场未受到外界的任何干扰，与人体磁场和谐。

随着巴马长寿之乡的名气越来越大，当地开发了"百魔洞""百鸟岩"等一系列旅游景点，现在每年来"探秘"的游客及养生者已达百万之众。但全国包括癌症等各种疾病患者的蜂拥而至，也对巴马有些负面影响，大兴土木建设混乱、环境污染、配套不足等问题日益凸显。

其实巴马人之所以长寿不仅有上述的一些客观条件优势，巴马老人坚持不懈的劳作、良好心态的保持以及良好的生活习惯应该才是长寿之乡的真正秘方。

链接

那些年，巴马的长寿者

巴马素有长寿的历史。清嘉庆年间，巴马曾有过一位老人兰祥，享年145岁。在其142岁时，清嘉庆皇帝曾为其作诗祝寿。而生于1860年的罗妈政，1990年悄然仙逝时，年已130岁。新中国成立以后，这里的长寿纪录是131岁。2012年，巴马的长寿老人罗美珍度过了127岁生日，这个生于晚清，横跨三个时期的老人，成为当今中国最年长的寿星。

千年歌仙刘三姐，故乡山水胜桂林

宜州是一座拥有2100多年历史的文化古城，也是壮族歌仙刘三姐的故乡。提起刘三姐，大部分人会先想到经典电影《刘三姐》和斯琴格日乐演唱的山歌《山歌好比春江水》，后者正是翻唱自电影《刘三姐》。

每当“唱山歌来，这边唱来那边和”的优美旋律响起，都会将我们带入《刘三姐》的电影片场：清澈见底的一条江从青山中间穿过，刘三姐划着竹排，慢慢出现在镜头前，一边划着竹排，一边高声唱着山歌。影片中的丽水佳山，是当地十分骄傲的下枧河，沿途青山翠竹、田野村舍，风景秀美，民风淳朴热情。

相传刘三姐即是下枧河村人，热情大方，美丽聪明，脱口成歌，而且还有一个与之深爱着的阿牛哥。下枧河对岸的莫家村有一个恶霸地主莫怀仁老爷欲强抢三姐，聪明的三姐以山歌团结穷人与莫老爷斗争。在多次对歌中，三姐这方都胜利了。但莫老爷不甘心失败，有一天派家奴趁三姐过河砍柴，再从藤桥经过回家时砍断藤桥。刘三姐掉下河里变成一条鲤鱼，沿河而下。莫老爷依然不肯放过她，派人追到柳州。多亏仙人相助，指点三姐从柳州龙潭跃上立鱼峰登天成仙。

如今坐船游览下枧河，三姐之歌绵绵不绝，到处可见当地人或游人扮成莫老爷及其请来的陶、李、罗三秀才与“三姐”对歌。沿河翠竹青青，衬得河水尤为清绿可爱。游船顺流而下就能到达刘三姐的故居——流河寨。流河寨是电视剧《刘三姐》剧组留下的木建筑群，游船到达了流河寨，就有一群穿着壮族衣服的阿妹等在寨子前，游船上的阿哥对上阿妹们出的山歌后，阿妹们才用壮乡迎客的风俗把大家迎进刘三姐故居。

印象刘三姐

进入故居，既能观看到具有壮族风情的对山歌、竹杠舞、板鞋舞、背新娘等民俗风情表演，也能参观刘三姐、阿牛哥等人物的故居。在此基本可以重温一次《刘三姐》剧情，还可体味“背新娘”等饶有趣味的壮族民俗。

揭开铜鼓之乡的历史面纱

河池金城江火车站的时钟、市区内的大多路标，采用的都是铜鼓造型。铜鼓是我国古代南方一些少数民族地区流行的打击乐器，也是这一区域最具代表性的文物，史学界有“北鼎南鼓”之说。铜鼓在春秋晚期就已出现，据考证已有2700多年历史。

壮族祖先早在商朝时就已经掌握了先进的青铜冶炼技术，现收藏于广西壮族自治区博物馆的北流铜鼓，鼓面直径166厘米，重300公斤，是迄今已发现的世界最大的一面铜鼓。除了部分铜鼓被博物馆珍藏之外，仍有数千面铜鼓以它们独特的魅力活跃于民间，“岁节庆吊，皆用铜鼓”。

的确，历史上河池市红水河流域群众有在节日庆典、喜丧仪式中使用铜鼓的习俗，创造了独特的铜鼓文化。一直到现在，在一些村寨仍然保留着重大节日敲打铜鼓的习惯，每逢春节和当地的重大节庆，他们就会把铜鼓“请”出来敲打一番，以示庆贺。据统计，河池现存有传世铜鼓1400多面，是铜鼓文化资源富集区，有“铜鼓之乡”的美誉。

铜鼓上有繁多的纹饰，隐含着丰富的历史信息。铜鼓，对于研究古代南方少数民族区域的历史文化有着积极的意义。当地政府利用铜鼓为媒介弘扬优秀民族文化遗产，推动本地经贸旅游业发展和对外开放。1999年，在当地政府部门引导下，河池各县（市）融合本县（市）地方特色开始轮流承办铜鼓山歌艺术节，发展至今，铜鼓山歌艺术节也已成为广西三大艺术节之一。

铜鼓表演

景点推荐

巴马旅游区

长寿博物馆
长寿文化主题馆

河池市巴马县县城东体育广场旁

市内乘巴马3路可达

巴马长寿博物馆是全国唯一一个以长寿文化为主要内容的专题性博物馆，博物馆设立长寿现象历史渊源展区、巴马百岁老人风采展区、延寿民俗文化展区、巴马长寿因素分析展区等4个展区，展区内有巴马寿星墙、长寿文化艺术、长寿科研成果展厅等展厅。

百魔洞 AAAA
魔幻多彩的天坑溶洞

河池市巴马县城西北25千米的坡月村

从巴马汽车总站乘巴马1路公交可达，票价3元

85元

百魔洞因令人震惊的巨型穴珠遗迹和河流连续穿洞遗迹所以被认为是巴马最为雄伟壮观的石灰岩溶洞。百魔洞分为4个大殿堂，辉煌瑰丽，多姿多彩。其中最为壮观的是高100多米，宽几百米、长1000多米的主大殿，大殿内的几十个高70~80米、直径3~5米的钟乳石柱，构成庞大的石塔群，挺拔高耸，雄伟壮丽，让人惊叹不已。洞中怪石林立，洞壁鬼斧神工，状怪形奇，加上洞中雾气缭绕，变幻无穷，更使这些巍巍景观显得诡秘魔幻，多彩多姿，所以当地人称之为“百魔洞”。

百魔洞洞中有天，南、北洞间，有个桶形的天坑，垂直峭壁，高达百米，所以也有人称百魔洞为百魔天坑。天坑边上有人家，居住着勤劳善良、独享宁静的高山土瑶；天坑内是方圆4亩的草药园，还有20多亩的橙园，人

巴马百魔洞

称“世外桃源”。

玩家攻略

天坑探险：百魔天坑景色优美，充满了神秘，很多人都会到天坑内一探天坑的神秘。

百魔洞四时景色：洞内景物，随季节变幻。盛夏时节，洞顶无数岩泉下渗，滴答有声。洞底股股清泉汇成各种深浅之潭，浅处可淌足，深处可泛舟。从洞中溢出的泉水与西边从仁乡潜过的盘阳河伏流在洞中交汇，泾渭分明，清浊可辨，奔腾咆哮直下坡月河段。秋冬之时，潭碧如洗，倒影可鉴。春季，洞外洞内天窗上下，繁花似锦，鸟鸣泉唱，交相辉映，让人叹为观止。

链接

百魔洞的养生秘诀

洞中空气负离子2~7万个，洞口的泉水是弱碱性的小分子团水。空气负离子对人体健康十分有益，被誉为“空气维生素”。它能改善肺的换气功能，增加肺活量，起到止咳、平喘、祛痰的作用，能改善和调节神经系统和大脑的功能状态，调节抑制兴奋，起镇定、安眠、稳定情绪的作用；能促进人体的生物氧化和新陈代谢，能改善心肌功能。适量的负离子对许多老年人的常见病、多发病具有预防和治疗作用。因此，每天到洞里来“吸氧”的游客众多，络绎不绝。

百鸟岩 AAAA

“水上芦笛岩”

河池市巴马县甲篆乡烈屯西北面的漠斋山下

从巴马汽车总站乘巴马1路公交可达，票价3元

70元

百鸟岩别名龙虎洞。因洞内燕子栖集，蝙蝠掠飞，所以又名百鸟洞。洞中水平如镜，深不可测，宽处约40米，窄处10米，从洞口行舟至300米转折处，距水面30米处有一圆形天窗，山坳之光照到水面，犹如舞台上的光束，色彩纷呈，近右侧洞口处有沙滩，可停靠舟船。

沙滩右侧的石台，台面深沟浅窝，坑坑坎坎。石台另一侧有石鹰、石柱、石幔、石观音菩萨等，百态千姿，令人目不暇接。石台的周围有仙女梳妆、海螺石，石螺对面有石桌、石缸和石松果等。而在侧面洞口外香椿林下野花艳丽，植被繁茂，把洞口点缀得幽静雅致。洞中歧洞叉水道不可胜数，密如蜂房，整个洞仿佛一座装饰华丽、变幻莫测的水下龙宫。其奇特的景象似桂林芦笛岩，又因非乘舟不能游览，所以有“水上芦笛岩”的美誉。

玩家攻略

神奇的三天三夜：百鸟岩洞中钟乳石千姿百态，水碧石净，光环影绕，特别是伴随着游船的前行，在每隔两三百米就有一个天窗，形成日光月色的光感效果，犹如在光与影不断变幻的时光隧道中经历了“三天三夜”的神奇感受。

美食：这里最有名的美食便是巴马香猪，又称七里香猪，因素有“一家煮肉四邻香，七里之遥闻其味”之美称而得名。这里的香猪无论清蒸、煎焖、炒食均宜，是增助长寿、营养保健、宴请嘉宾和馈赠亲友之上乘佳肴。此外，这里的甲篆油鱼也十分有名，味道鲜嫩，是难得的天然佳肴。

链接

甲篆乡的祝著节

甲篆乡素有“长寿之乡”“旅游之乡”美称。这里大多都是瑶族居民，每年农历五月二十九，番瑶胞都要举行盛大的祝著节活动，也称为瑶年或祖娘节。“祝著”是瑶语音译，意为二十九。相传瑶族的创世神母密洛陀和布洛西成婚生下了3个儿子不久，布洛西就外出赶山造河治水了，临行前，把养育孩子的事托给密洛陀。密洛陀含辛茹苦，终于把3个儿子抚养成人。

随后，密洛陀对3个孩子做了安排，老大外出经商，后来成了汉族。老二拿着犁耙到平地耕种田地，后来成了壮族。剩下老三，密洛陀叫他带着锄头镰刀和种子上山开荒种玉米、小米。到了秋收季节，老三回家向母亲哭诉说农作物被鸟兽践踏，于是密洛陀交

给他一面铜鼓让他到山上敲打，一则可以驱赶鸟兽，二则可以娱乐解闷，当年粮食获得了丰收。为了报答母亲的养育之恩，五月二十九这一天，三兄弟挑着自家产的美酒佳肴，携妻带儿回家庆祝母亲的生日，此后，年年如此，沿袭至今。

祝著节这一天，瑶胞们家家户户杀猪宰羊杀鸡，煮五色糯米饭，酿制米酒合家团聚。酒足饭饱之后，男女老少身穿节日盛装，姑娘们精心打扮，聚在一起，群集庆祝。

巴马长寿村

闻名遐迩的长寿之乡

河池市巴马县甲篆乡巴盘屯

“世界长寿之乡”的标准是每10万人中至少应有7位健康的百岁老人，而甲篆乡平安村的巴盘屯全屯515人，百岁老人多达7人，是国际上“世界长寿之乡”标准的近200倍。所以这里又被人们称为长寿村。

长寿村的自然环境优美，气候温和，年平均气温20.4℃，阳光充足。这里环境安静，无噪声干扰，地势高，海拔400~800米，空气中负离子较多，其气温、气压都较低。这样的地理环境对身体是十分有益的。长寿村还有有益于人体的微量元素，一方面从食物中摄取，另一方面与当地的地质环境有密切关系。

玩家 解说

经过专家多年对巴马人长寿的探究，发现巴马人长寿的主要因素是：当地的小分子水、负离子含量很高的空气，含远红外线的阳光，高于其他地区的磁场以及各种长寿食物。除了这几个原因，巴马人的长寿可能还与他们的生活状态有关。他们吃的都是自己种的无污染蔬菜和粗粮，主食是玉米、大米，并配以野菜、红薯等，只吃少量肉，属于低盐、低糖、低脂肪、低动物蛋白、高纤维的膳食结构。此外巴马人从小就勤于劳作，即使是百岁老人也仍然坚持做些简单的家务，真正体现出了“生命在于运动“这句话的含义。而且巴马人生活中没有什么压力，他们多打牌、喝点小酒，甚至吸烟，当然只是一种小小的嗜好，这是一种内心与外界达成的和解，是一种内心深处人与物的和谐。这样的人自然就长寿了。

链接

巴马候鸟人

广西巴马长寿村被外人传扬，许多人慕名前来在这里养生居住，被称为“候鸟人”。被称为“候鸟人”的他们已经成为巴马的另一道风景。游客在长寿村可以看到很多“候鸟人”在田野边、河畔上，围成一堆锻炼身体。

据说，百魔洞内负氧离子最多，那里已经成为“候鸟人”的据点。“在百魔洞看鸟人”已经成为旅游内容之一。每天都有很多外地人来百魔洞口坐着“吸氧”，然后在河的源头取水回去饮用，晚上到盘阳河水里洗澡、泡脚。这样的疗养生活，短则住几个月，长则半年一年的，当地房租每月800元，费用不算高，专程

盘阳河

来此地养病的人会买月票，每月150元，天天进洞，大口呼吸，想象着负氧离子滋润着全身每一个细胞。

盘阳河风景区 AAAA

贯穿长寿之旅的巴马母亲河

河池市巴马县盘阳村

漂流70元

巴马盘阳河风景区也叫长寿河风景区。盘阳河源于凤山县桥音乡，全长145千米，其中流经巴马境内的60千米河段，因盘阳村为中段落，故名盘阳河。

巴马盘阳河经过长期流水冲蚀，形成了深谷、溶洞、暗河、瀑布等多彩多姿的自然风光。巴马盘阳河风景区不仅是壮、瑶民族聚居地带，也是一条长寿带。两岸不仅山青水绿，风光秀丽，而且河水水质良好，富有对人体健康长寿的矿物质和微量元素。因而这一带生活着众多的古稀老人，其中百岁兄弟、百岁姐妹、百岁夫妻随村可见，故又称长寿河。

玩家 攻略

盘阳河漂流：漂流是乘坐机动竹筏，从巴马百鸟岩起漂，经过一个半小时左右的航程，到达专修的盘阳河景区漂游码头上岸。途中河道弯曲、奇峰夹岸，有山如熊猫迎宾、盘王坐殿，有石像寿龟驮子、牛尾鳄鱼，左岸有巴马最纯的大小泉水，右岸有当年裸浴有别的男女码头。

木棉树：在盘阳河沿岸到处都是壮族人民敬称的英雄树——木棉树。每逢阳春时节，木棉花迎天怒放，满树火红，美不胜收。

长寿水晶宫景区 AAAA

雪白玉砌的溶洞世界

河池市巴马县西北那社乡，距巴马县城45千米

180元　在巴马县城有到水晶宫的班车，每天8:30和11:30发车　6221069

无边的雪绒石毛和似海的卷曲晶针，汇成了世上唯一的非重力水成因晶花王国——长寿水晶宫景区。水晶宫以全洞洁白纯净、密集分布的石毛发、卷曲石、石花等景观为显著特色，属国内一流的珍稀景区。

走进水晶宫恍如置身一个玉砌般的童话世界，地上发育着鲜活、透明蘑菇状晶体；空中垂悬着白嫩、纤细、卷曲且神态各异的水晶球、水晶花、水晶草；而那些洁白无瑕通体透亮的玉柱、玉笋则在天地间毫无顾忌地疯长着，显示出强大的生命力。

步入水晶宫不仅能观赏到举世罕见的地质奇观，还能融入世界长寿之乡的长寿文化氛围。那些发出水晶般的光泽的钟乳石就像一个个老寿星堆砌着、排列着、舒展着。当游客穿行在由“寿星探秘”“圣母祝寿”“寿乡活力”“寿成正果”等景致组合的空间里时，不得不惊叹大自然的造化，不得不称之为“巴马魂”！

玩家 解说

水晶宫洞穴母岩形成于约2.8亿年前的海底，而洞内钟乳石是十几万年以来形成的，甚至还正在生长发育中。经国家岩溶地质研究所专家鉴定，长寿宫自然景观资源属世界级。水晶宫为廊道状的中型洞穴，洞穴基本上顺岩层层面发育，除数处大厅外，洞穴空间总体为廊道状，总体上洞道高低起伏不大。

洞底局部有卵石和细沙土沉积物。水晶宫内的钟乳石类有重力水沉积类的鹅管、钟乳石、石笋、石柱、石带、石旗和各类石幔、石瀑布、石盾等，非重力水沉积类的石毛发、卷曲石、石花等数十种，形态多彩多姿，雪白纯净，玲珑剔透，极具观赏价值和科学研究价值。

仁寿山庄

长寿文化主题山庄

河池市巴马县那桃乡平林村敢烟屯，距县城10千米

仁寿山庄是巴马第一个人文景观，它是以长寿老人邓诚才、“惟仁者寿”寿匾及民俗风情为题材而兴建的旅游山庄。仁寿山庄是清光绪皇帝钦命广西提督府赠送“惟仁者寿”寿匾给寿民邓诚才老人的故居。山庄占地十亩，除老人故居三进院外，庄园内设特色食品作坊、游乐场、仁寿餐馆、民族歌舞表演等休闲娱乐设施。

链接

敢烟与邓诚才

敢烟是巴马长寿文化的发源地，自古以来就是一个神圣之地，“敢烟”是当地方言，大概的意思就是岩洞不断冒着烟雾，村庄仿佛处在云雾中。因为敢烟周围山上的岩洞里常年冒着白云似的烟雾，烟雾缭绕若隐若现，因此而得名。敢烟犹如处在云端的村庄，胜似人间仙境。

在敢烟这一方圣土，“仙人”邓诚才以其南山般的高寿、卓越的功绩和仁慈厚道感动帝王，于1898年光绪帝钦命广西提督府为邓诚才老人题赠“惟仁者寿”的寿匾。

玩家 攻略

牌坊：山庄内的两座牌坊是邓诚才之子邓日光、邓日照、邓日英三兄弟为敬奉老人，在老人百岁寿辰之际立的，请同乡的大学士题写坊名“德照年高”“仁厚福臻”以照后人。

邓诚才旧居：展示了邓诚才老人生前的厢房、家具等，以及1898年11月，光绪皇帝钦命广西提督府为邓诚才老人题赠的“惟仁者寿”的寿匾。

特色小吃：山庄内有许多民间小吃，米饼、糍粑、五色糯米饭、豆腐花等，游客既可以品尝又可以亲手动手参与。

工艺品制作：山庄内还有很多具有民族特色的手工艺品制作坊，这些工艺品都是纯手工制作的。

娱乐活动：山庄有极具民族风情的特色表演和对山歌等娱乐活动。

仁寿山庄牌坊

延伸 补粮活动

“补粮”是壮族流传至今的为老人祈求健康长寿的民俗活动，盛行于忻城、上林一带，尤盛于两县交界处，在巴马等壮族同胞聚居区及少数瑶族同胞聚居区也保留这一习俗。人生七十古来稀。人上了年纪，生理功能衰减，免疫力差，头痛脑热是经常的事。但老人却有老人们的看法，认为这是上天安排给他一生的“粮食”就要吃完了，人生之路快走到尽头了。如果后代子女们此时为他们张罗“补粮”，就能使他们延年益寿，福泰安康。青壮年就用“补粮”这

种方式消除老人的后顾之忧，祈望老人延年益寿。经济条件好的家庭，每几年就安排给老人补一次粮。这项不知起源于何时的祈寿民俗，是巴马一道独特的长寿文化风景线。

福源景区

长寿之源

河池市巴马县城西北部那社乡大洛村

福源景区的核心景点是福源洞，福源洞为廊道状中型洞穴，洞口是福源潭，洞内有河道900米，陆路约600米，出口在左侧一个天然的可容纳近2000人就餐或休闲的茶吧。

福源洞不仅有美妙的景观，更有极优质的空气和无污染的水。福源洞内的水质为天然弱碱性负离子水，富含大量对人体有益的矿物质和微量元素，其有无污染、弱碱性、高溶解性、高渗透性、负电性、营养性等特质，可以提高人体免疫力，改善多种慢性疾病。福源洞的水流入福源潭，经大洛河，再到三门海，最后融入巴马长寿之乡的母亲河——盘阳河。所以说这里是长寿之源。

玩家攻略

福源龙嘴鱼是一种十分神奇的鱼，它个头不大，最长约25厘米，全身扁形，最为奇特的是它的嘴也如龙头般活灵活现，龙须飘逸，而且唇上有一圈如抹上唇膏般的鲜红色，每每游至洞口便立即返回。目前即使在巴马县城内，除福源洞外，也未发现类似的鱼群，经考证，它属于世界唯一的濒危珍稀洞穴鱼种。

链接

福源景区的长寿秘诀

地磁强度也是影响人类寿命的自然因素之一，长寿之乡巴马县地磁平均在0.5~0.9高斯。福源景区地磁平均为0.7高斯。在福源洞口正对面100米处的“灵龟山”，其地磁高达0.82高斯。据当地老人介绍，大洛村历史上有一位最长寿的老人叫黎日本，他就曾长期居住于此，1948年去世时享年142岁。

龙洪风景区

自然风光优美的田园世界

河池市巴马县龙洪村　¥ 110元

龙洪自然风景区是一个没有经过雕琢的原生态田园风景区。虽然到这里旅游的人并不多，但是只要来过的游人就没有感到后悔的。在这样美丽的田园，最适合的旅行方式便是徒步，青山、绿水、树林、小溪、吊桥等田园景致到处都是，如同进入一个“世外桃源”。

景区内还有一条龙洪溪，发源自坡丰屯东的小百漠洞，绕过村西，折流向南，环抱村庄。沿着龙洪溪逆流而上，还可以集中观赏碧潭试剑、神女梳妆、石林小景、交柯岸榕、仙杖涉波、观音福泉等六大景观。

龙洪风景区

景点推荐

河池东部旅游区

环江喀斯特

充满活力的喀斯特地貌

河池市环江县木论镇

环江喀斯特与石林喀斯特、荔波喀斯特、武隆喀斯特、桂林喀斯特、施秉喀斯特、金佛山喀斯特联合进入世界遗产名录，共同组成了中国南方喀斯特。

环江喀斯特与环江县木论自然保护区区域范围一致。环江喀斯特地处北回归线北侧，土壤类型简单，主要为白云岩、石灰岩风化形成的石灰土，局部出现由燧石灰岩风化形成的硅质土，均属非地带性土壤。林区内生长有兰科植物48属122种，是岩溶地区兰科植物种类最丰富地区之一。

环江喀斯特位于我国地势第二阶梯和第三阶梯的过渡地区，保存了从高原喀斯特到低山丘陵喀斯特而成的完整地势，具有独特的美学价值。这里地貌独特，所有峰丛、峰林几乎在同一海拔上，洞穴生物的丰富性为亚洲第一。环江喀斯特与相邻贵州荔波喀斯特世界自然遗产地连成一体，组成了同纬度地区面积最大、原生性最好的喀斯特森林生态系统，其特殊的生态环境与丰富的生物多样性融为一体，使喀斯特充满生机，极富活力。

玩家 解说

“喀斯特”即岩溶，是水对可溶性岩石进行溶蚀等作用所形成的地表和地下形态的总称，是一种地貌特征。“中国南方喀斯特”拥有最显著的喀斯特地貌类型（如尖塔状、锥状喀斯特）以及如天生桥、天坑之类的雄伟奇特的喀斯特景观，是世界上最壮观的热带至亚热带喀斯特地貌样本之一。

环江喀斯特是世界遗产地贵州荔波的自然拓展地，这里具有许多高大的锥状喀斯特山峰。环江喀斯特从整体上俯瞰尤其壮观，但不容易接近，最好是从空中去欣赏被大量森林覆盖的峰丛的壮观景象。这些锥峰均匀的排列和完美的搭配构成了一幅美丽的画卷。

牛角寨瀑布群

广西的"黄果树"

河池市环江县明伦镇八面村牛角屯 60元

牛角寨景区属喀斯特地貌，这里从峰迭起连绵，境内森林繁茂，山幽谷深，溪流潺潺，瀑布成群，潭池如境，可谓集峰丛、峡谷、溪流、瀑布、潭池于一体的自然生态景观群。在远古这里曾经是海洋，由于地壳运动，沧桑变迁，这里由海洋变为陆地，海里珊瑚类变成化石、奇石，有的化石形似牛角，景区因此而被称为牛角寨。

在瀑布群中的七仙女瀑布，宽约60米、高50米，银白色的瀑布流水飘然泻下，形似仙女在空中裙带飘逸，隽永秀丽，景色可与贵州黄果树瀑布媲美，堪称"广西黄果树"。景区内生态环境优美恬静，空气清新，是康体养生、休闲度假、观光游憩之胜地。

玩家攻略

美食：景区内盛产环江香猪、香牛、香菇、香鸭、香粳等五香美食之特产，特别是环江香猪，经名厨烹调，色美味香，营养丰富，是环江特有之美味佳肴，香猪也是环江人招待远方宾朋游客的首选美食菜谱。

毛南风情：环江毛南族自治县是全国毛南族人口居住最多的地方，其民俗风情和文化颇具特色，所以这里是游客了解毛南族风情文化的窗口。

六甲小三峡

险峻灵秀的山水峡谷

河池市金城江区六甲镇

15元，含游船费用80元

市区乘坐18路公交车到六甲镇，之后在六甲镇乘坐当地人三轮车直达景区

六甲小三峡为典型喀斯特地貌。整个小三峡全长12千米，由天门峡、凉风峡、龙门峡和田园风光构成，其峡比长江三峡更险峻，其水比桂林更幽深，山峻、峡幽、洞奇、水清是主要特点。

六甲小三峡，又称姆洛甲女神峡，从名字就可以看出它的雄奇瑰丽。峡谷两岸山峰突兀，刀削斧砍，钟乳倒悬，古藤缠绕。江水清澈碧绿，一尘不染，仿佛一块碧玉落在群山之间。山崖上有一条460米长的崖壁栈道，

牛角寨瀑布群

六甲小三峡

走在其上，可以感受“高峡出平湖”的壮丽景色。每当深秋季节，山崖上的拉江枫树林一片火红，在野蕉岭九谷十八弯的掩映下，格外绮丽壮观。

玩家攻略

游船：欣赏六甲小三峡的最好方式莫过于游船，游船从天门峡出发，沿途可以欣赏千姿百态的奇石和九维画山、贡维竹影、拉吉风光等景点。

梦古壮寨：这是一个充满壮族风情的寨子，游客可以欣赏到壮家山歌和舞蹈，还能喝到一杯迎宾酒以及亲手舂一把糍粑。

美食：六甲镇的鱼宴十分有名，其中最贵的芝麻剑鱼也是最好吃的，值得一尝。

白龙公园 ㊆

观光怀古的好地方

河池宜州区城北

市内乘11路、宜州9路可达

白龙公园位于龙江北岸，公园内有众多的历史遗迹，是一个很不错的探古之地。会仙山便位于白龙公园。会仙山又称北山，北山壮若雄狮，登山极目，市区景物尽收眼底，为宜州八景之首，称“会仙远眺”。公园内还有白龙洞，洞内有众多的摩崖石刻，十分有观赏价值。白龙洞最奇特的是可以直接到达防空洞。此外，公园还有为纪念黄庭坚而建的山谷祠和衣冠冢，有兴趣的朋友可以过去拜谒一下。

宜州四牌楼

百年历史的牌楼建筑

河池宜州区城东路

在宜州有一座建于乾隆二十五年（1760年）的牌楼，时称“会魁楼”，又称“四牌楼”，距今已经有200多年的历史了。此楼位于十字路口，形成东西南北4个门洞，内外相通。四牌楼楼高三层，一楼全用大型细凿条石砌成，呈四方形，工艺精巧。

二、三楼为木质结构的重檐楼阁，红漆圆柱，飞彩流丹，古朴庄重。全楼气势磅礴，巍峨高耸，是当年庆远府宜州一大景观。当年骚客文人，秀才举子，常常会聚于楼上，临高鸟瞰，指点江山，浏览宜阳，同时以文会友，吟咏唱和，留下不少诗词歌赋及翰墨真迹。可惜“文革”中二、三楼被毁坏，现在只存有一楼拱洞石门，楼上建筑及额匾碑刻已不复存在。

龙江水中石林景区

独特的水上石林景观

河池市宜州区境内

从龙江一桥码头乘游船顺流而下，行至三桥西面200米后，便是水中石林河段，直至叶茂水电站坝底，全长约8千米。沿河两岸，汇集了难以数计的形特状异、玲珑剔透、极具观赏价值的自然造型岩石。

这些岩石，高者如一峰独秀，可达二三丈；阔者如山脉绵延二三百米；小者似雏鸡啄食不及拳头。无论大与小，高与阔，皆成物象，且纹理细腻、质地坚硬，叩之有清越之声，具有极高的艺术形象，构成了桂西北独有的水上石林自然景观，可与云南石林媲美。龙江水中石林景区现已成为宜州区秋冬枯水季节的旅游热点之一。

临江河风景区

宜州山水风景画

河池市宜州北部临江河沿线

临江河风景区北起祥贝乡拉托村畔，南至三江河口与龙江河交汇，河道全长37

千米，含下枧、古龙、祥贝三个河段。河水碧绿，山水交融。沿河群山叠翠，古洞罗列。旅游区内喀斯特峰丛、田园、流水一起勾勒出了一幅美丽的图画。

祥贝河景区

祥贝河位于临江河的上游，北起祥贝拉托村，南至古龙圩码头，全程10千米。祥贝河两岸风光秀丽，景点众多，尤其以岩洞众多，有酷似珍珠的珍珠岩，还有洞内有巨大红荔枝的荔枝岩，以及众多的不知名的岩洞。岩洞河道两岸有数只古老神秘的大水车在水中摇转。而在沿河段的拉光村渡口河中，有片百亩翠竹林绿洲岛屿，大水车山庄坐落其中。

玩家 解说

易水湾位于祥贝河段，山水交融，呈S形，故也叫S湾。那里湾深滩浅，河水碧绿，两岸翠竹婆娑成林，青山、绿水、翠竹相交相融，河道蜿蜒逶迤，犹如巨龙盘旋。尤其是秋收时节，天高云淡，登临高山，放眼四望，在秋日的阳光下，远处青山如黛，近处流水潺潺，田野上或是金灿灿的稻田，或是绿油油的桑园；或是田间忙碌收割的农人，或是河边放牛的牧童；山水风光、田园气息扑面而至，如画景致美不胜收。

玩家 攻略

S湾因其独特的风光景观，吸引各地摄影、旅游爱好者争相前往。

珍珠岩

沿岸的拉光村背有一珍珠岩，岩口处地面布满无数天然大小石珠，酷似粒粒珍珠晶莹发光，踏步其上，石珠滚滚滑溜，奇妙无比。洞中有数条形象逼真，粗如箩，长数10米的石龙盘蜷，有擎天钟乳巨伞和壮观的水帘瀑布等景观。

古龙河景区

古龙河景区位于临江河风景区的中段，这里北起祥贝乡古龙圩，南至下枧龙洲岛，古称思吾溪，全程10千米。古龙河沿岸有皇冠山、义马柱、古佛朝西、龙女岩、鸳鸯洞、六妹岩等景点。整个古龙河景区具有“险、奇、美、幽”的特色：险在逐浪翻波间，奇在竹排水上漂，美在山青绿水秀，幽在山间鸟啼鸣。真可谓“青山绿水一竹排，荡尽人间旧尘埃，古龙美景观不尽，君子有幸泛槎来”。

玩家 攻略

古龙河最有特色的便是竹排漂流，游客需要赤足上排，中间可以借着浅滩玩水，这就形成古龙河的特色——漂滩。竹排会经过鼓石滩、虎跳滩、金波跃鲤、黑虎滩等几个险滩。

下枧河景区

下枧河源自宜州区城北郊8千米的龙洲岛，下游至三江口与龙江河交汇处，全程17千米。顺流而下，沿河两岸，峰峦叠翠，翠竹依依。景区内景点众多，有龙珠山庄、龙洲岛、龙水山庄、下枧山、手巾岩、下枧村、莫村、马山塘、流河寨、三姐庙景点和三姐传歌台、定情树、望妹石等景观。

景区以“山奇、水秀、洞幽、石美”著称，享有“不是桂林，胜似桂林”之美誉。正是因为这样的美景所以这里也成为电影《刘三姐》的外景拍摄地，也被列为“刘三姐文化保护区”。

古龙河景区

玩家 攻略

位于下枧河的下枧村是刘三姐的故乡。下枧山的峭壁上有刘三姐的“木扁担”斜插石缝间，已历千年而不朽。手巾岩的岩壁上有宋代道士化缘的遗碑。下枧河水面宽阔，沙滩洁净，是天然游泳场。由中枧大坝登舟上航，沿岸鹅山、老人山、望女山诸峰，神态逼真而雄奇。有绿荫覆盖伸入江中的竹坡半岛，有可容万人游泳避暑的小龙河湾，鹅卵石遍地坐落江中的龙洲岛沙滩。

金浪湾

金浪湾以山水为依托，水上活动众多，所以号称壮乡的“夏威夷”。这里山清水秀、鸟语花香、谷幽鱼肥，有碧波荡漾、撩人心动的情人湾，有形如骆驼的骆驼湾，有惟妙惟肖的壮锦湾以及情意缠绵的女儿湖等景观。景区是集山水观光、水上娱乐、拓展训练、野营烧烤、田园风光、“三农”体验于一体的乐园。

玩家 攻略

景区内的水上活动众多，水上自行车、快艇冲浪、水上飞伞、帆板、快艇滑水、划龙舟等，游客可以乘着水上飞伞翱翔在蓝天碧水间，也可以踏着时尚的帆板体会劈风斩浪的感觉。除了水上娱乐活动，景区还有拓展训练、农家乐、田园游览、野营烧烤等丰富的娱乐活动供游客选择游玩。

刘三姐故里 AAAA

山歌飘扬的歌仙故乡

河池市宜州刘三姐乡马安村下岩屯

120元（包含壮古佬景区） 3318088

刘三姐故里景区位于宜州区城北区，景区由龙江河段与刘三姐乡的下枧河段交汇构成，形成“天人合一”天下奇观，包括刘三姐故居、壮古佬、水上石林、歌仙桥等游览区。其中景区内的龙江河段，水上石林奇石秀峰，蔚为奇观，素有“喀斯特之魂”之称；下枧河风光旖旎，清澈透亮，茂林修竹。沿途有南涉山、会仙山、乌龟石、泣血碑、望妹石、三姐扁担等奇特景观，美不胜收。

玩家 攻略

景区旅游项目众多，目前已开放接待游客的有游船观光、山歌传唱、三姐寻根、民俗表演、休闲度假、农家体验等活动。

延伸

壮古佬风景区

壮古佬风景区是刘三姐故里景区的重要组成部分，这里村寨、农舍、田庄、青峰、碧涧、流岚佳境俱全，宛若仙境的下枧河风光尽收眼底！壮古佬所在地是刘三姐生长的地方，也是壮乡山歌的发源地，是广西刘三姐山歌文化生态保护区的主要区域，这里的壮家人上街赶圩要唱山歌，在田地里劳作要唱山歌，朋友见面也要用山歌问候。

壮古佬还是休闲度假的好去处，景区里保存着典型的壮家三合院，泥墙土瓦，冬暖夏凉。小院里种有四季果蔬，节假日邀上两三个知己，关上小院的篱笆门，住上三天两日，打牌、垂钓、游泳、烧烤、抓土鸡，就着地道的壮家小菜，喝上两盅壮家自酿的稔子酒，唱几句本地山歌，快活似神仙。

青明山庄

农业观赏休闲园区

河池市罗城县，距县城30千米

青明山海拔1480米，是罗城第一高峰，这里四季分明，动植物种类繁多，植被覆盖率高达95%以上，有天然氧吧之称。青明山庄便坐落在青明山之中，整个庄园时时空气清新，处处鸟语花香，满山风景如画，四季风光各异，却都是一样美丽。

山庄主要由“采摘观光果园”“运动区”“休闲区”“农家乐园”“仫佬族风情园”五大园区构成。山庄内有2000亩年产300万斤的优质水果生产基地，是目前河池市最大的高效农业观光采摘园之一，园内养殖具有农家特色的果园土鸡、香猪等，还有100亩可供游人垂钓的鱼塘。

玩家 攻略

运动区由两个沙滩排球场和一个山泉水游泳池组成，游泳池的水引自天然山泉，清爽洁净。“休闲区”“农家乐园”和“仫佬族风情园”里有丰富多彩的休闲娱乐活动和风情浓郁的仫佬族民俗文化表演，在山脚下还有一条清澈见底的河流蜿蜒流过，丰水季节，河边有大大小小的数十道瀑布，如万马奔腾，异常壮美。

武阳江

景色优美的水上画廊

河池市罗城县小长安镇

武阳江发源于广西九万大山深处，江水清澈碧透，十里清波如镜。两岸山峦叠翠，奇峰异彩，竹林婀娜多姿，山水相映成趣，仿佛一幅悠长的山水画卷，处处透着灵妙之气。泛舟江上，荡起粼粼波光，犹如人间仙境。

武阳江沿岸有龙角山、千米香吻、神龙湾、犀牛隔水、米椎林、崖宜生态旅游示范村、水上相思林等景点镶嵌其间。沿江而下，仫佬族村寨星罗棋布，田园美景，美如画卷。

玩家 攻略

崖宜生态旅游示范村：位于武阳江畔，村内仫佬族古民居保存完好，房子内壁上方和大门上壁，均绘有花、鸟、鱼、虫、麒麟、龙凤等图案，色彩艳丽，富于民族特色。

米椎林：属于四星级农家乐，与崖宜生态旅游示范村隔江对望。在这里，可乘船游览美丽的武阳江，还可品尝风味独特的仫佬族农家饭。

水上相思林：在武阳江畔，九万大山相思谷中最具代表性是水上相思林，整片林子以红豆相思树为主，方圆几百亩，每到红豆成熟季节，一颗颗红得令人心醉的豆粒或挂在枝头，或散落林间，无限的相思之情洒满林间。

武阳江

景点推荐

河池南部旅游区

七百弄国家地质公园 AAAA

峰丛洼地的典型代表

河池市大化县北部 5814379

七百弄国家地质公园是世界上发育最好、最典型的高峰丛深洼地地区，是西南岩溶地貌的典型代表，它形成的山海奇观、独特的斗淋等景观，规模宏大，极具观赏价值。集雄、险、奇、秀于一身的七百弄地质景观，是国内外罕见的喀斯特地貌。景区内景点丰富，有千山万弄、板兰峡谷、石国天都、十里幽谷等。

玩家 攻略

游览莲花山：著名的佛教圣地，位于都阳镇双福村，景区有佛堂亭阁、"仙境神水""福禄寿山""聪明泉""观音泉"等景点，环境幽雅。

参观地质公园博物馆：博物馆向游客介绍七百弄国家地质公园的概况、地形地貌特征、公园主要景观概览以及形成这种典型的高峰丛深洼地的地貌特点的地史原因等，此外，还能看到关于公园和大化县的地质标本等。

千山万弄观景：是观赏七百弄山海奇观的最佳观景点之一。登上观景台，可以看到逶迤连绵的山峰重重叠叠，似乎和天连到了一起。

玩家 解说

大化县七百弄国家地质公园，地貌是典型的峰丛洼地，峰丛洼地型岩溶是以溶蚀作用为主形成岩溶地貌。指由峰脚高低不一的塔状、锥状溶峰组成峰丛，峰丛间有溶蚀洼地（或溶蚀漏斗）的地貌组合。这种地貌主要分布在桂西北和云南、贵州高原边缘的斜坡地带，以及红水河、南盘江、北盘江及其一级支流两侧。通常它们的海拔在200～1000米，峰丛相对高度最大可达600米。其间的岩溶洼地深陷，多呈圆筒状，它们在广西被称为弄或峒，广西全区共有弄4万以上。

岩滩水电站

水电站内的璀璨明珠

河池市大化县城西北78千米处

岩滩水电站是南盘江红水河水电基地

七百弄的地质遗迹

● 弄桃石芽群

弄桃的石芽群高0.5~3米，出露面积约1000平方米，有的似银簪，有的似莲花、海兽或雄鹰，由岩溶作用形成。

● 球形藻化石

本处藻化石分布于茅口组石灰岩层面上，形态为椭圆形或腰子形，断面可见藻纹层，属兰藻类海洋生物。本化石生活于距今2亿多年的二叠纪浅海环境，个体大，特征明显，属广西首次发现，对判别当时海水深浅、波浪强弱程度和海洋环境具有重要的意义。

● 海百合茎化石

呈碎枝状分布于岩层面上，直径2~6毫米，为海浪破碎的产物。完整的海百合化石呈冠状花朵形，十分漂亮。

● 洞穴堆积物

分布于石灰岩洞穴中，厚约5米，岩性为紫红色粉砂岩及粉砂质泥岩，层理清楚，与洞外石灰岩有明显区别，据区域资料对比分析，应是白垩纪陆相堆积物，在七百弄地区属首次发现，具重要科学价值。

10级开发中的第5级，上接红水河开发的控制性工程龙滩水电站，下临大化水电站。岩滩水电站110多米的大坝开闸时飞波雾海，蛟腾龙跃，蔚为壮观。同时大坝拦出了岩滩湖，造化了山清水秀的湖区风景和淡水养殖的天堂。岩滩湖是广西最大的人工湖，昔日的山峦也变成了湖中的岛屿，使得岩滩湖的景致更加迷人。

玩家 攻略

乘船游湖：游客如果想要领略岩滩湖的风采，最好的方式便是荡舟一游。在大坝的上游200米处有登船码头。

民俗活动：岩滩湖沿岸的山岭上，散布着一簇簇新农舍。这里是壮族歌圩中心，每年农历三月初三，成千上万青年男女，身着盛装，带上五色糯米饭和染色鸡蛋聚集于此，湖面上游船结队，山歌互答，此起彼伏；湖边林中草地上，互碰彩蛋，其乐融融，十分热闹。

岩滩水电站

八十里画廊

红水河如画一般的风景带

大化县大化水电站到古河42千米的红水河流域

¥ 220元

八十里画廊沿河景色如画一般优美，景区内景点丰富，各具特色。

大化水电站开闸放水的壮观场面，惊心动魄；公鸡报晓石兀立江岸，似在为你送歌起程；酷似新月的穿山洞与状似宠物的山岭组成“天犬吠月”奇观；“犀牛饮水”“玉兔登塔”“五朵金花”“梁祝相会”“孔雀开屏”“仙桃竞出”和“古猿观雾”等山惟妙惟肖；而情人湾的铁索悬桥，贡川河畔的沙洲红蓼、萋萋芳草，水上龙宫——赶马洞，百马竹林带，充满了情趣。此外，近千亩的十二坡龙眼庄园、会发光的巴楼山，更是充满神秘与温馨。

玩家 攻略

十二坡龙眼庄园：这里山泉淙淙，木棉竞秀，游客在饱览山光水色之余，可尽情品尝“龙眼”这南国珍品。

巴楼山：又名“旗山”，因状似风中飞扬的旗而得名，景区中有岩洞，顶有岩葬。传说八年一度的盛夏之夜，有两束光照彻古河街，留下千古之谜。旗山下的巴楼桥如一道彩虹飞架南北，天堑

八十里画廊

变通途，更给巴楼山增添无穷秀色。

竹船酒吧：巴楼山下的竹船酒吧远近闻名。竹筏之上，一架竹屋，游弋河上。屋主专营河鲜山味美食，“满堂红大头鱼”“清蒸剑鱼块”“姜丝红河鲤”“黄豆焖鱼仔”“狗香草鱼怪”“鱼羊‘鲜’味汤”等应有尽有，闻之让人直吞口水。

华善峰丛坡立谷地：谷地延绵数十千米，宛如一幅明丽清新的水墨画。瑶壮村居点缀于山脚、路边，沿途游客可观赏到典型的壮族村庄，水塘映天，奇山点缀。

亮山村：景区内的亮山村以及附近30平方千米范围内，夏季地下河多处露头，泉水涌流；秋冬季，地下河道可作探险和科学考察旅游。路边有栩栩如生的金龟山，传说是驱赶瘟疫的化身，当地香火不断。游客可以在金龟下留个影，体会“金龟千年寿、金河万古流”的意境。

大化奇石馆

红水河奇石的收藏馆

河池市大化县城江滨西路

大化奇石馆位于大化水电站左侧，依坝临河。整个奇石馆占地2000平方米，建筑面积4000平方米。馆内设有展览厅、陈列室、藏珍阁等，收藏有大化彩玉石、摩尔石等1000多件。大化彩玉石是馆内的主要收藏品，同时也是奇石界中最佳的观赏石种之一，已成为全国乃至世界观赏石中的佼佼者，2007年中国观赏石协会授予广西大化瑶族自治县“中国观赏石之乡”的称号。

地下河地质公园

地下河主题公园

河池市都安县都南高速入口北面百才广场

都安地下河地质公园内地质遗迹类型十分丰富齐全，而且非常典型，一共分6大类，33种基本类型。该公园以中泥盆纪至上二叠纪的碳酸盐岩为物质基础，通过地苏地下河系连接起来，呈“一河、百窗、千谷”的空间形态，构成了一个以地下河天窗群为核心，集形态雄伟的喀斯特景观、丰富多彩的人文和生物景观于一体的综合性地质公园。

玩家 解说

都安具有独特丰富的喀斯特地貌，享有“岩溶地貌天然博物馆”的美誉，有神奇的地下河及天窗群风光。地苏地下河全长241千米，是“全国地下河之首”。在地苏地下河水系上，分布着目前世界上发现的数量最多、密度最大的300多个地下河天窗群，堪称“世界天窗之都”，洞穴潜水资源可排在世界前5名。

瑶岭河漂流景区

集各种生态景观的漂流区

河池市都安县下坳乡板旺村

瑶岭河漂流景区集湖、山、河、洞、泉、瀑、峡等生态景观于一体，不仅自然风光优美，而且在瑶岭河上游一侧散落数个瑶寨，镶嵌在青山秀水之间，造型别致，民风淳朴，宛如世外桃源。瑶岭河漂流景区位于源头，漂流水质非常好，而且瑶岭河所处的地带是全国岩溶地貌发育最为典型的地区之一，十分适合漂流。

瑶岭河漂流景区起漂于光隆村庙牙屯，下至板旺村大旺屯，全程约5.5千米，90%以上河段穿越于深山峡谷之间。途经16道河滩，8道弯，全程落差为60米，形成了多个错落有致、形态各异的瀑布，游客将真正体会到漂流带来的刺激与放松。

长寿山

石山开花的神奇景观

河池市都安县澄江乡红渡村古楼屯

都安素有“石山王国”之称，石山连绵叠嶂，风景优美而神奇。长寿山便是都安一座非常有灵气的喀斯特地貌石山。据说远古时代，该域是一片深海，海里游弋着种类繁多且体形庞大的海龟，距今2亿年前，因地壳运动变成陆地，历经亿年的演化，形成众多的海龟石。因龟代表长寿、吉祥，故古人把该山称为“长寿山”。

这里最为神奇的是景区里的石头能孕育并盛开出美丽的石花。形状各异的石花令人叹为观止，被人们称为“世界一绝”。来长寿山度假景区旅游，到长寿山上走一走，汲取山上的灵气，既能观赏美景，又能强身健体，当地有谚语云：“长寿山上走一走，人人活到九十九。”

长寿山

景点推荐

河池西部旅游区

凤山世界地质公园 AAAA

独特的喀斯特地貌公园

河池市凤山县境内

三门海天窗群145元，江洲仙人桥55元，鸳鸯泉30元

凤山世界地质公园是典型的喀斯特景观，它与百色的乐业一同于2010年被世界教科文组织选入“世界地质公园”。整个地质公园由三门海天窗群旅游景区、江洲仙人桥旅游景区、穿龙岩旅游景区、鸳鸯泉旅游景区、恒里暗滩旅游景区、巴腊生态景区五大景区组成。

公园以岩溶地质为特征，分布有岩溶峰丛、峰林、水平洞穴、地下河、天窗、竖井、天坑、天生桥、边缘坡立谷、溶蚀洼地等众多的岩溶地质遗迹景观，是我国岩溶地质资源丰富、分布地域广阔、类型独特的国家级地质公园。

三门海天窗群

三门海天窗群旅游景区是凤山地质公园的核心景区，位于凤山县袍里乡坡心村。景区由7个紧连的塌陷型天坑构成（下部有地下河相连），目前乘船能通达游览三个天窗，因而被称作三门海，也被叫作“三湖三洞”和“中华三洞天”。

整个景区突出表现在链珠式天窗集中分布，规模宏大，组合度高，景观奇特，山、水、洞、天浑然一体，世界罕见，被国际地质专家、洞穴专家称为“世界之窗”或“喀斯特

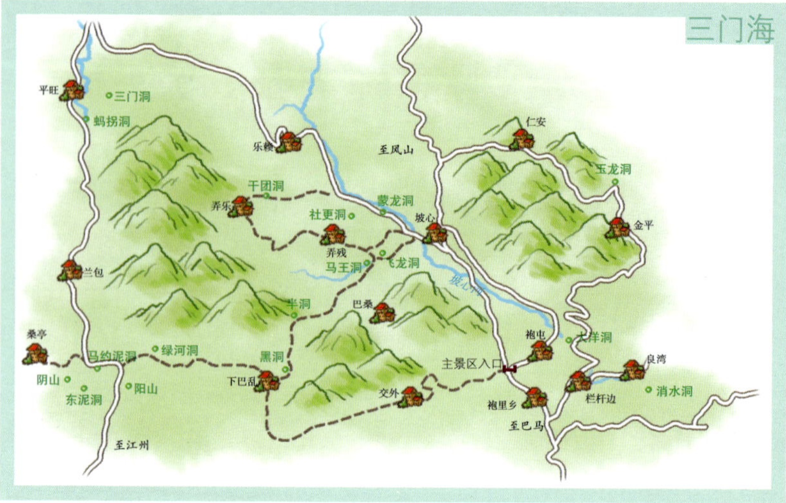

地质博物馆”。景区生态保护良好，无人工假造痕迹，为纯原生态自然景观；这里气候宜人，冬暖夏凉，气温常年保持在20℃左右，空气负氧离子含量也极高。

玩家 解说

天窗是指溶洞顶部通向地表的透光部分，是喀斯特旅游资源的新族。专家介绍，在远古时代，凤山县波心喀斯特区曾为海水淹没，一片汪洋，沉积了巨大的碳酸盐岩地层，后来地壳抬升成陆地。受地质构造变动、风化侵蚀剥蚀，以及地下水溶蚀、侵蚀作用，喀斯特区在地下形成了纵横交错的洞穴通道。后来由于地壳上升运动，这里抬升，原来深埋的地下河逐步抬升露出地表，并产生持续不断的崩塌，地下河水将崩塌物不断运走。如此反复作用，在有利的地质构造部位形成了连通地表的岩溶天窗。

凤山岩溶天窗

玩家 攻略

每年的三月三水上歌圩和12月的探险旅游节是三门海最热闹的时候。景区推出了游船、乘车、远足三种旅游形式。此外游客还可以到坡心村走走，看看农家榨油和长寿老人。

穿龙岩

穿龙岩又称凤阳关，位于凤山县县城西北角，其洞厅面积中国第5，世界第9。奔腾数十千米的乔音河下游流经松仁村后进入平包屯黑潭，从内龙山脚冒出一截后闯入岩洞直注县城，活像一条巨龙，隐而复现，穿岩入城，故古人名之穿龙岩。

穿龙岩岩顶石钟乳、石幔密集倒挂，绚丽多彩；水中青山倒映，宛如“世外桃源”。穿龙内洞左侧岩壁有一长50米、高10米的石刻长廊，古今文人墨客在这里留下了许多手迹。清末南宁官客宋福基，到此挥毫“大华山川”；据说古代旅游家徐霞客曾在这里驻足留墨。

延伸

凤山世界地质公园博物馆

凤山世界地质公园博物馆位于穿龙岩内，是我国目前利用天然洞穴建设的空间最大、钟乳石展品最多、格局最美、展示最奇特的地质博物馆。馆内收集了凤山世界地质公园其他景区以及全国各地的典型地质遗迹标本，是个典型的大型岩溶洞穴地质博物馆。

江洲仙人桥

江洲仙人桥位于凤山县江州瑶族乡凤平村，是一座飞架于两座山之间的天然山梁，江洲河从桥下穿过。整个山梁跨度约150米，高约80米，桥面宽约100米，厚约60米。桥的右边有一座寺庙，这是明代建筑物永宁寺的遗址，有光绪三十四年（1908年）设立的“百色分司王示”石碑，还有历史遗留下来的破庙。破庙旁边，有一个终年不干的小水井。每年春节和农历三月三，附近各族村民都不约而同地从四面八方聚集到这里赶歌圩、唱歌、定情。

鸳鸯泉景区

鸳鸯泉景区位于凤山县东南的凤山腰，由鸳鸯洞、鸳鸯泉等景点组成。鸳鸯洞是高位双层溶洞，洞中石柱、石笋、石幔琳琅满目，形态动人，栩栩如生。溶洞内的石笋数以千计，20米以上高度的石笋约15个，6米左右高度的石笋更是不计其数，在多处聚集形成了奇特的洞中石林景观，其中有根石笋高达36.4米，排名世界第三。在鸳鸯洞不远处便是鸳鸯泉，两个泉眼相距不到20米，却一蓝一绿十分吸引人的眼球。

链接

鸳鸯泉名称由来

在凤凰山脚下有两口左右平排的小泉。左泉呈椭圆形，长轴直径25米，短轴直径20米，泉水略带乳白色，望不见底，称“公塘”；右泉呈圆形，直径25米，水清澈见底，称“母塘”。凤山民间便称这两口泉为“公母塘”，后人嫌此名土俗便更名雅称“鸳鸯泉”。鸳鸯泉泉水常年交汇流出形成“渊源九曲”的九曲河，西流汇入巴马盘阳河。鸳鸯泉三面环山，蜿蜒秀丽，景致迷人，居县城八景之冠。

巴腊猕猴保护区

巴腊天然生态林猕猴繁殖保护区属喀斯特亚热带季风区，位于凤山县乔音乡久隆村巴腊屯，这里空气湿润，雨量充沛，冬凉夏爽，四季分明，有各种古老珍稀树种。保护区内山势高峻，森林茂密，藤葛攀挂，山花野果满山遍野，风景优美，被列为国家二级保护动物的300多只猕猴在这里栖息，攀缘，与游人零距离嬉戏。此外，保护区还有羚羊、果子狸、麝香、白汉鸡等珍稀动物。

江洲仙人桥

东兰烈士陵园

承载革命烈士热血青春的纪念地

河池市东兰县县城曲江路九曲河畔

市内乘东兰1路、东兰2路公交可达

东兰烈士陵园原名叫东兰革命烈士公园，建于1956年，是全国重点烈士纪念建筑保护单位。在这片经历过战火洗礼的红土地上，长眠着第一次国内革命战争以来英勇牺牲的2258名东兰籍革命烈士和无名英烈。

整个陵园既有陵园的庄严肃穆，又有公园的舒适优雅。

东兰铜鼓收藏馆

红水河铜鼓文化缩影

河池市东兰县新城路拉同桥头

市内乘东兰1路、东兰2路公交可达

东兰县是红水河流域铜鼓文化积淀最深的地区，民间传承收藏传世铜鼓612面，占世界传世铜鼓总量的1/4，被誉为“广西铜鼓艺术之乡”。位于东兰县的民间铜鼓收藏馆收藏了东兰的大部分铜鼓。

这是一家以收藏民间传世铜鼓为主的陈列馆，馆内共设鼓王、鼓源、鼓庆、鼓威和鼓神等5个展厅，馆内共陈列100多件历经唐、宋、明、清的古色深重、形态各异、蕴含故事的传世铜鼓，是东兰民间铜鼓文化的缩影。

列宁岩 文

广西农民运动讲习所旧址

河池市东兰县武篆巴学村，距县城38千米

列宁岩原名北帝岩，是个天然石洞，洞内宽敞明亮，干燥平坦，可容纳数千人。列宁岩并没有优于其他溶洞的景色，它之所以被人们熟知，是源于它与革命、农民运动有着千丝万缕的关系。

1922年3月，韦拔群在此组织革命同盟，发表《敬告同胞书》，1925年9月，韦拔群、陈伯民等在洞内开办东兰第一届农民运动讲习所。因韦拔群在北帝岩宣传了马列主义，所

链接

韦拔群

韦拔群（1894—1932），壮族人，是中国早期农民运动三大领袖（毛泽东、彭湃、韦拔群）之一，广西农民运动的先驱，百色起义领导者之一。韦拔群于1921年开始领导农民闹革命，由于深受各族人民的敬爱，人民群众亲切地称他为“拔哥”。在韦拔群一生的革命历程中，他先参加了护国运动，之后加入“改造广西同志会”，后又组织“改造东兰同志会”（称农民自治会）和“国民自卫军”（后称农民自卫军），指挥农军三打东兰县城，赶跑县知事和团总。

1929年12月韦拔群参与领导百色起义，建立右江革命根据地，任右江苏维埃政府委员、中国工农红军第七军第三纵队司令员、第二十一师师长。1930年11月，红七军主力奉命北上，离开右江根据地，他坚决服从军前委命令，带领百余人留在右江根据地，发动群众，重新组建部队，在极其艰苦的条件下坚持游击战争。他一家20余人，包括他的儿子在内的10多位亲人惨遭敌人杀害。1932年10月19日，被叛徒杀害于广西巴马西山乡香刷洞。

韦拔群像

以改名为“列宁岩”。

东兰魁星楼

魁星楼中的革命之星

河池市东兰县武篆镇

东兰魁星楼，即红七军前敌委员会旧址，现为自治区重点文物保护单位。魁星是汉族民间信仰中主宰文章兴衰的神，在儒士学子心目中，魁星具有至高无上的地位。

东兰魁星楼是一座革命的红楼，1923年6月，韦拔群组织农民武装攻打东兰县城时，曾设作战指挥部于此。1926年期间，魁星楼曾是东兰县革命委员会和武篆区农民协会办公所在地。与井冈山的八角楼、延安的宝塔一样，东兰魁星楼曾与“革命”二字紧密联系在一起。

南丹温泉公园

健康与自然的双重享受

河池市南丹县五一矿区，距县城12千米

南丹温泉公园地理环境优越，该温泉的三股地热水出自海拔30米标高的矿窿岩层中，恒温53℃，泉水富含硫黄、铜、铁、锶、锂等对人体有益元素。

景区有温泉大泳池、家庭绿池、瑶家百草池、人参浴池、古药方池、洞穴温泉和热板等多种健身浴池。

白裤瑶生态博物馆

白裤瑶族的典型代表

河池市南丹县怀里村

南丹里湖白裤瑶生态博物馆是中国第一

东兰魁星楼

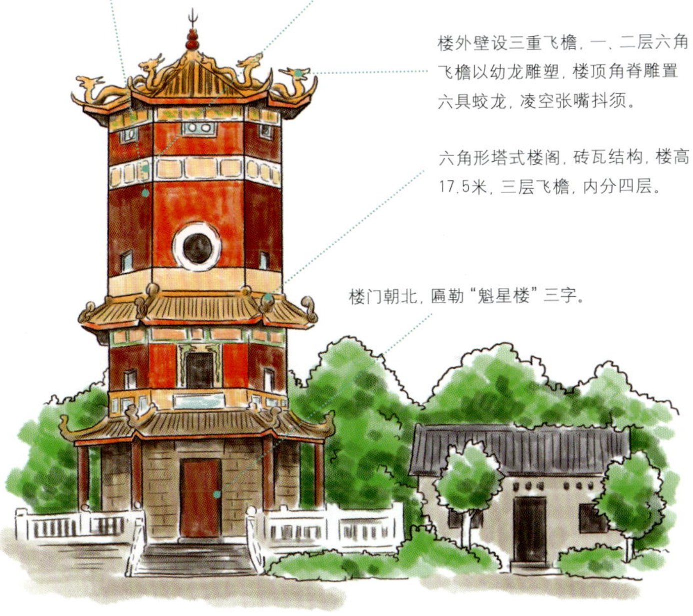

座瑶族生态博物馆，也是广西第一座生态博物馆，馆区主要分为展示馆及原始村落两部分。展示馆以实物、图片和影像资料展示白裤瑶的历史发展过程及民风民俗。而原始村落部分则由蛮降、化图、化桥三个白裤瑶原住村落组成。

在怀里村的蛮降、化图、化桥这三个自然生态保护完好的村寨里，随处可见白裤瑶的传统文化：染织文化别具匠心、风格鲜明；建筑方面，粮仓及干栏建筑等别有韵味；铜鼓文化历史悠久；送葬、铜鼓乐舞等丧葬风俗更是举世闻名，内涵深厚……

玩家 解说

白裤瑶是瑶族的一个分支，总人口约3万人，主要分布在南丹县里湖、八圩瑶族乡等地。里湖瑶族乡中白裤瑶占人口总数的67%，是全国白裤瑶分布最集中的地方。勤劳、勇敢、朴实、憨厚的白裤瑶人民在这块石山地区世代居住生活，发展成为一个闻名遐迩的山地民族，创造了丰富多彩的民族文化。相对而言，里湖怀里村自然环境比较封闭，受外来文化的影响较少，因此保留着较多的民族文化元素，是白裤瑶民俗文化的典型代表和缩影。

龙滩大峡谷 AAAA

动植物科普基地

河池市天峨县城西6千米处

龙滩大峡谷地质构造复杂，年代古老，为典型的岩溶峰丛地貌。景区内植被繁茂，古树参天，森林覆盖率高达96%，堪称“浮在城市上空的原始森林公园”。空气中含有大量对人体健康有益的负氧离子，还有各种植物挥发的植物杀菌素，成为进行森林浴的理想场所。

园内有国家一级、二级保护植物掌叶木、金丝李、任豆、喜树、金毛狗、红毛椿等26种，有金花茶、油杉、榔榆、山核桃、苦丁茶等珍稀濒危植物；有锦鸡、林麝、飞猫、猕猴、果子狸等陆栖脊椎动物382种，其中国家一级、二级珍稀保护动物30多种，堪称一座物种宝库，是国内不可多得的动植物科普基地。

玩家 攻略

聚龙大峡谷：全长15千米，深800～1000米，峡谷高深险峻，两岸山体巍峨，每当夕阳西下，河面铺金，犹如巨龙静卧，被专家们誉为“中国最壮美的河谷”。

野生兰花旅游观光园：观光园内培育多花脆兰、钻柱兰、带叶兜兰等野生珍稀兰花140多种3万多株。其中，国家一级重点保护植物23种、二级46种、三级71种，是欣赏野生兰花不可多得的去处。

野生兰花

延伸

龙滩大峡谷珍稀野生植物园

龙滩大峡谷珍稀野生植物园是对龙滩水库淹没区珍稀濒危野生植物以及古树进行迁地保护的新居。迁移物种有国家Ⅰ、Ⅱ、Ⅲ级珍稀植物金花茶、红豆杉等20多种2300多株和古榕树3株，还有兰科植物国家二级保护植物多花脆兰等74个品种7000多株（丛）。

布柳河

石山开花的神奇景观

河池市天峨县磨里村

传说中布柳河是从远山流出的酒泉，因为壮语中“布”的意思是泉，“柳”的意思是酒。布柳河发源于田林县境内的岑王老山，流经凌云、乐业、天峨三县，于龙滩库区汇入红水河，全长132千米，属热带雨林地区。又被称布柳河大峡谷，是大石围天坑群的一个组成部分。密布在天坑群地下的暗河，到这里汇聚成了一条舒缓的地上河。乘竹排顺流而下，一路可见两岸悬崖陡峭，树林茂密，森林覆盖率达90%以上，树木盘根错节，大型藤蔓悬荡其中，而且还有“板根绞杀”“老茎

布柳河

布柳河漂流

开花”等热带雨林中才有的现象，植物种类繁多。布柳河常年绿树成荫，野猴成群，百鸟争鸣，被专家称为“植物的王国，鸟类的天堂”，有“天堂之旅”的雅号，又有“南国第一漂”的美称。

布柳河仙人桥

布柳河上有一座由三座大山塌陷形成的天然石拱桥，当地人称为“仙人桥”，坐落于漂流河段下游。仙人桥像一条巨龙横跨在河的两岸，桥高145米，桥厚78米，拱孔高度67米，跨度177米，绝景天成，气势雄伟，是罕见的自然石拱桥。被专家称为世界上最大最美的水上天生桥，具有极高的观赏价值。

布柳河漂流

布柳河最佳漂流段长约13千米，被称为“广西第一漂”。布柳河漂流从磨里村开始，漂流河段总共有12个大滩，10个湍流段，14个河湾。顺水而下，两岸的峡谷风光尽收眼底，山上古树木种类繁多，郁郁葱葱，翠竹片片。

河滩主要由砂岩类物质组成，河床礁石较多。岸上还有甘蔗洞、出鱼洞（又叫冷泉洞）等溶洞，这些景点与漂流河段相映成趣，美景迭出，令人流连忘返。漂流途中成群结队的猴子在原始丛林中嬉戏，为整个漂流增添了不少情趣。

攻略资讯

- 交通
- 住宿
- 美食
- 购物
- 娱乐

交通

飞机

河池金城江机场位于河池市西北方，距河池市区40千米。该机场海拔677米，是目前广西境内海拔最高的机场。现已开通河池—广州往返、重庆—河池—海口往返的航线。

火车

河池市内目前只有一个火车站——金城江站。车站每天有发往广州、湛江、重庆、成都、贵阳等地的列车，省内有发往南宁、柳州、南丹等地的列车。

金城江站位于河池市金城江区解放东路，乘3路、4路、6路、7路、9路、11路、12路、13路等公交车可到，电话0778-2234256。

汽车

河池一共有4个长途汽车客运站，分别是金城江城西汽车站、金城江城北汽车站、金城江客运服务总站城东客运站、金城江客运服务总站城西客运站。

金城江城西汽车站位于河池市金城江区乾宵路35号，乘3路、5路、6路、14路、15路等公交可达，电话22907777。

金城江城北汽车站位于河池市金城江区江北东路63号，乘6路、4路、9路、16路、19路等公交可达，电话2581222。

金城江客运服务总站城东客运站位于河池市区南新东路，乘1路、2路、5路、6路等公交车可达。

金城江客运服务总站城西客运站位于河池市区西环路17号，乘3路、5路、6路、13路、15路公交车可达。

河池城市风光

巴马江平田园

住宿

河池市内并不是很大，火车站汽车站距离都比较近，市内白马街一带比较热闹繁华，很多到河池的游客会选择这里住宿。河池市内各种酒店也比较多，游客可根据需要选择。除了市内，比较热门的巴马、凤山等地住宿也比较方便。

●河池部分酒店信息

酒店	位置	电话（区号0778）	类型
印象四季酒店	寿乡大道中段1483号	6278888	经济型
春江商务宾馆朝阳路店	金城江区朝阳路13号	2298878	经济型
山水时尚酒店	巴马县甲篆乡坡月村足拉屯（百魔洞附近）	6276666	商务型
巴马华昱假日酒店	巴马新建路368号	6096888	商务型
恒升大酒店	凤山县西环路迎龙路广场旁	6815988	商务型
刘三姐度假山庄	宜州区下枧旅游区	3318188	经济型

巴马华昱假日酒店

美食

河池特色食物很少，但是糅合百家，一般都又具有自己的特色。虽然名字仍沿用了其他地方的，但是经过河池人民的手做出来的美食当然具有河池当地的风味喽。

美食小吃

●巴马香猪

巴马香猪是河池难得的美食，皮薄肉细，脂肪洁白，味美甘香，营养丰富，胜似山珍野味——果子狸，烹调时不添加任何作料也香气扑鼻。

●巴马油鱼

巴马油鱼

巴马油鱼产于盘阳河，号称“寿乡水下人参”。巴马油鱼肉味鲜美，骨细如丝，富含不饱和脂肪酸和人体必需的氨基酸，营养价值较高，还有滋阴健脑的功效。

●巴马火麻

巴马火麻

火麻是巴马人长期食用的食物，被当地人称之为长寿麻或长寿油。

艾糍粑

南瓜花酿

●艾糍粑

艾糍粑只在清明的时候才会有，艾草煮熟剁碎和上糯米粉，里面包上芝麻炒香磨成粉加上白糖的馅，然后上锅蒸，味道十分香醇。

●南瓜花酿

南瓜花酿味鲜嫩滑，营养丰富，是极好的保健菜。南瓜在壮族地区广泛种植，瓜花味甜，花粉含蛋白质、氨基酸、维生素B族的酶类，能使人消除疲劳，增加青春活力。

●凉菜

宜州的凉菜远近驰名。尤其是在夏天，冰爽酸辣，口感很好。品种有很多种，例如萝卜、凉皮、海蜇、海带、鱼腥草、豆腐皮、木耳……

●螺蛳粉

相比柳州的螺蛳粉，河池螺蛳粉会选用辣椒汤做主汤，再配上多种配料，味道更加鲜辣。

●鱼羊鲜汤

大化的鱼羊鲜汤采用红水河的鱼和瑶山的黑羊共同熬煮而成，味道十分鲜美。

美食去处

白马街步行街：白马街步行街上汇集了各种粉、小吃以及烧烤，是河池市内人气最旺的美食街。

临水街时尚餐厅：位于白马街步行街交叉口北。餐厅临水而建，招牌菜是小刀鸭和炭烧猪颈肉，餐厅所处二楼可以欣赏风景，十分受年轻人的喜欢。

阿谋美食：位于金福路2号，菜馆的装修乡土气息很浓，这里最大的特色便是提供各种河池的地方美食，比如壮家盘菜、烤香猪以及全牛宴和瑶乡黑猪宴。

宜州凉菜

螺蛳粉

购物

河池并不是一个很大的城市，如果想要感受一下此地的商业气息可以到白马街步行街逛一逛。如果想要购买特产，就不一定要在市内了，可以在所去景点所在的市县购买。

●东兰墨米

东兰墨米产于东兰县，因米粒色泽墨黑，故得名“东兰墨米”，当地群众也称“高山黑糯。”用此米做饭，味道香甜，甜而不腻，柔软可口。因为当地中医常用墨米治疗跌打损伤、风湿痹症、早期白发以及神经衰弱等病症，所以也有“药米”之美称。

●罗城葡萄酒

以野生毛葡萄酿制的罗城葡萄酒，色呈琥珀，外观深红透亮，色泽典雅；细品则甜中微酸、醇厚爽口，酒味层次丰富细腻，堪称色、香、味俱全。

●丹泉酒

丹泉酒产于南丹县，以“色泽清澈明亮、酱香突出、优雅细腻、酒体醇香、回味悠长、空杯留香”著称。

●天峨县野生金花茶

该茶富含对人体有重要保健作用的天然有机锗、硒、钼、锰、钒、锌等微量元素，还富含茶多酚、氨基酸、皂苷类、黄酮等人体所需的有益成分，其化学物质达400多种。

●天峨山茶油

天峨山茶油是国内特有的木本植物油，精选天峨野生的茶籽为原料，纯天然、无污染。食用山茶油会使人体胆固醇减少，因而适合高血压患者食用。山茶油还具有减肥、降血脂、防止血管硬化等保健作用。

娱乐

在河池市中心不乏KTV、酒吧、咖啡馆等休闲娱乐场所，为城市中人在夜晚提供一个放松的场所。此外，河池所辖地区为典型的喀斯特地貌，有多条河流从此经过，所以有很多适合漂流的地方。漂流也成为河池一项非常刺激的娱乐活动。河池还是一个多民族共存的地方，壮族、瑶族、毛南族、仫佬族等有许多民族风情节目，也成为河池娱乐生活中的一个重要组成方面。

节日和重大活动

节日	位置	时间
红水河蚂拐民俗文化节	天峨县	每年2月
三堡桐花节	天峨县	每年3月底
扁担文化旅游节	金城江区	每年4月
毛南族分龙节	环江县	每年6月
布努瑶族祝著节（俗称“瑶年”）	大化县	每年6月
刘三姐文化旅游节	宜州区	每年11月
仫佬族依饭文化节	罗城县	每年11月

印象刘三姐

发现者旅行指南

桂东

（含玉林、梧州、贺州、贵港）

概览

亮点

大容山森林公园

景区最吸引人的便是这里的高山景观，像高山天湖、高山矮林、高山云海、高山日出等。

经略台真武阁

完美展示了中国巧夺天工的建筑技艺，是建筑爱好者不可不看的建筑奇迹。

骑楼城

这是岭南一带最具特色的建筑形式，而梧州骑楼城的骑楼保存完好，是全国骑楼最丰富的建筑群。

黄姚古镇

黄姚这座千年古镇，散发着幽静而古朴的味道，以古朴自然的景色吸引着八方游客。

贺州客家围屋

这是中国最古老的一座规模宏大的客家围屋，保存了客家围屋的传统建筑，见证了客家人的成长历史。

必逛街道

解放路步行街：这是一条以"吃"和"穿"闻名的街道，每天车水马龙，呈现一派繁荣的景象。

线路

玉林三日游

第一天花一天的时间好好游玩大容山国家森林公园。第二天上午前往容县的都峤山庆寿岩景区；下午可以参观建筑瑰宝经略台真武阁。第三天上午前往陆川的谢鲁庄园，一览广西园林的风采；下午前往博白县游览宴石山风景区。

梧州市内三日游

第一天上午游览梧州最负盛名的梧州骑楼城；下午可以参观龙母太庙和孙中山纪念堂。第二天上午前往苍梧县游览天龙顶山地公园；下午前往苍梧县龙岩。第三天上午前往藤县到石表山游玩，之后前往蒙山县一探太平天国封王旧址的历史风貌。

贺州市郊三日游

第一天游玩姑婆山国家森林公园。第二天上午可以先到贺州客家围屋欣赏客家建筑；下午可以前往临贺故城一览故城风貌。第三天到黄姚古镇，可以花一天的时间感受这里的古物古趣。

贵港二日游

第一天游览桂平国家地质公园，看山看水；第二天上午前往北回归线公园，下午前往太平天国金田起义遗址，感受当年金田起义的壮烈场景。

为何去

广西最值得骄傲的景色——高山、森林、瀑布、溶洞，在桂东一概不缺，北回归线的足迹又为这里带来温暖宜人的气候，以及丰富的物产，尤其是每年新鲜上市的荔枝，味道绝对让你“不辞长作岭南人”。美景、美食，怎能不到桂东耍一耍？

桂平龙潭

何时去

北回归线穿过桂东地区，这里气候宜人，温和多雨，一年中的任何时间来桂东都是不错的。

骑楼

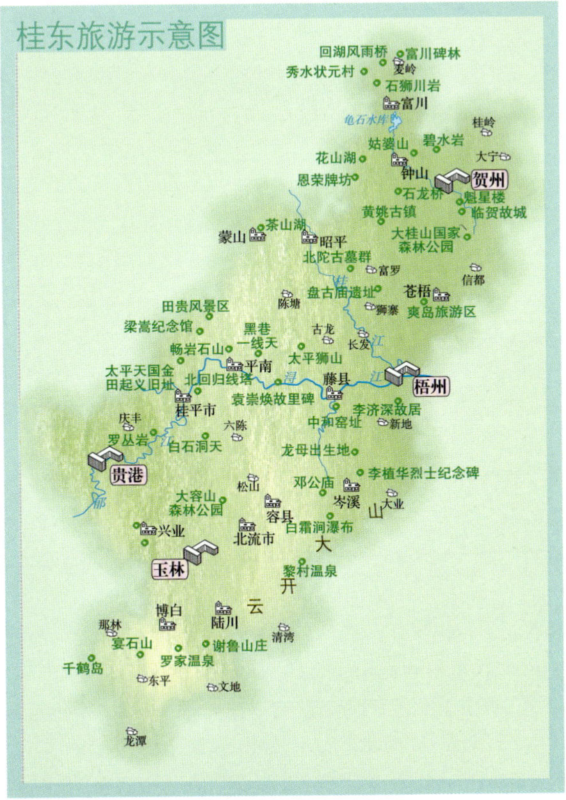

区域解读

区号：玉林、贵港0775
贺州、梧州0774
面积：约47 900km²
人口：约1783万人
主要少数民族：
壮族、瑶族

地理 GEOGRAPHY

玉林下辖2区（玉州区、福绵区），1市（北流市），4县（容县、陆川县、博白县、兴业县）。

梧州下辖3区（长洲区、万秀区、龙圩区），1市（岑溪市），3县（苍梧县、蒙山县、藤县）。

贺州下辖2区（八步区、平桂区），2县（昭平县、钟山县），1自治县（富川瑶族自治县）。

贵港下辖3区（港北区、港南区、覃塘区），1市（桂平市），1县（平南县）。

地形

桂东地区地貌类型复杂多样，山地、丘陵、台地、谷地平原和漫滩均有分布，尤其是丘陵和台地分布较广，山地丘陵面积广大，且以土山为主，为各产业的发展提供了有利的条件。广西最大的冲积平原郁江、浔江就坐落于桂东地区。

气候

桂东地区被北回归线贯穿，属于南亚热带季风气候。气候温和湿润，冬短无严寒，夏长而多雨。桂东地区年平均气温19.2℃~28.7℃，年降水量1450~2000毫米。良好的水热配合为亚热带作物的种植和生产提供了有利的条件。

柚中之王的前世今生

沙田柚为我国传统名柚之一，玉林容县是沙田柚（金柚）的原产地。沙田柚在国内的种植时间最早，已有200多年的栽培史，早在清朝沙田柚就已广泛种植。沙田柚是中国目前种植面积最大的柚子品种，也是产量销量最大的品种，位列四大名柚之首，有着“天然水果罐头”的美誉。

关于沙田柚的得名有一个历史小故事。相传清乾隆四十二年（1777年），沙田村人夏纪纲将家乡名果羊额籽献给乾隆皇帝品尝，皇上很喜欢，便向随从官员问及该柚的产地，得知该柚产于容县沙田村，便赐名为“沙田柚”并列为贡品，并公告天下沙田柚为容县的特产。容县亦因沙田柚而声名大噪。

沙田柚被誉为“柚中之王”，是有一定缘由的。容县的环境、气候、土壤等外界条件非常纯正，没有人为污染，容县人培育沙田柚也一向遵循土法。沙田柚呈自然生长状态，虽个头不大，味道却非常可口，品质优良，历次参加全国和广西柚类质量评比均名列前茅。1953年，周恩来总理亲自指示把容县沙田柚送往莱比锡国际博览会参展，外国客商品尝后大为惊讶：中国有如此可口而奇特的水果！得知这种水果如果贮藏方法得当

玉林城区

不经化学处理也可留到来年新果上市，便把沙田柚称为“天然水果罐头”。

沙田柚不仅味道可口，而且药用价值很高，也是公认的最具食疗效果的水果。沙田柚不仅能止咳平喘、清热化痰，而且可以降低血液的黏滞度，减少血栓的形成，故而对脑血管疾病，如脑血栓、中风等也有较好的预防作用。另外，柚子肉里面含有胰岛素，所以又是糖尿病患者可食用的为数不多的水果食品之一。

沙田柚的柚叶也有一些小用处。柚叶里面含有一种“类黄酮”的元素，有帮助血气运行，抗衰老、抗发炎的作用，所以在民间很多人会在端午节或者除夕用柚叶洗澡，相信有除霉气、祛邪、防病、通经络、行好运等功效。

历史 HISTORY

玉林历史大事记

●秦汉时期

秦始皇三十三年（公元前214年），秦统一岭南，置桂林、南海、象三郡。玉林市属桂林郡和象郡地。

汉元鼎六年（公元前111年），武帝派兵平定南越，调整郡县设置，改秦桂林郡为郁林郡。玉林市地属郁林郡和合浦郡。

●南北朝时期

南朝泰始七年（471年），设置南流郡，隶属越州。设方度县（今玉林市玉州区）为南流郡治。

●唐宋时期

唐乾封元年(666年)，置郁林州。同年，郁林州出产的土布被列为进贡朝廷的“贡布”。

宋至道二年（996年），郁林州治迁至南流县，建州城于今玉林市区中心，筑子城周长2里80步（360步为1里）。同年，建郁林州学。迄今已有1000余年，后人称玉林为“千年郁林”。

●明清时期

明洪武十年（1377年），北流、陆川两县归属玉林州，“玉林五属”自此形成。

清顺治四年（1647年）正月，清兵占领州城。

●近现代

1912年，玉林升州为府，次年废府为县，直接归省管辖，直至新中国成立前，玉林境内各县（市）区行政归属经常变动。

1983年，国务院批准撤销玉林县，设立玉林市，以原玉林县的行政区域为玉林市的行政区域。1997年，玉林地区和县级玉林市撤销，设立地级玉林市。

梧州历史大事记

●秦汉时期

秦始皇三十三年（公元前214年），秦始皇统一岭南，设桂林、南海、象三郡，梧州属桂林郡。从此，梧州正式纳入秦中央行政版图。

西汉高后五年（公元前183年），赵佗封其族弟赵光为苍梧王。赵光即位后，建苍梧王城。此为梧州建城之始，也是广西有文字记载建城之始，至今已有近2200年的历史。

●唐宋明时期

唐武德四年（621年），始名梧州。

自汉至宋，梧州佛事兴盛。宋代，梧州的契嵩被宋神宗任命为僧录司僧正（国家佛教协会会长），宋仁宗赐号“明教大师”。

明成化六年（1470年），明宪宗在梧州创设中国历史上第一个总督府，辖广西、广东，梧州成为两广政治、军事中心。

●近现代

梧州是我国“水上丝绸之路”的起始站之一，是大西南地区最早对外通关的城市，也是当年大西南最便捷的出口通道。

清光绪二十三年（1897年），梧州府被辟为通商口岸，英国在梧州设立领事署，从此帝国主义势力逐渐侵入梧州和广西内地。

梧州被辟为通商口岸后，梧州成了基督教传播中心之一。外国人开洋行、建教堂、开医院、办学校。现在梧州市内仍留有不少教堂教会。

1921年，梧州称市。1927年梧州市政府成立，梧州为广西最早的省辖市。

2013年1月，梧州市辖区调整，设立梧州市龙圩区，撤销蝶山区、万秀区，设立新的梧州市万秀区。其他行政区域保持不变。

贺州历史大事记

●战国时期

麒麟文化在贺州有悠久的历史，早在战国时期，就有了只有帝王用的青铜麒麟尊。在平桂管理区沙田镇龙中村的岩葬中，出土的具有中原文化与岭南百越文化相交融的国宝麒麟尊，就是有力的历史见证。由此演化而来的麒麟马文化至今仍在贺州一带传承。

●三国时期

吴赤乌二年（239年），吴国廖式随将军蒋秘南征，乘机反，杀临贺太守严纲，占据临贺郡，拥众数万，自称平南将军，历时1年。后为吕岱、唐咨讨平。

梧州风光

●隋唐时期

隋开皇九年（589年），改临贺郡置贺州。隋大业元年（605年），炀帝废贺州。

唐武德四年（621年），复置贺州，治所临贺县。复设临贺县，与封阳、桂岭诸县同属贺州。

●五代时期

后汉乾祐元年（948年），南汉刘晟遣巨象指挥使吴王旬（另一说为吴怀恩）率军击楚，攻下贺州。楚王马希广发兵趋贺州反击，吴王旬在城下设置陷阱，楚兵逼城，落入陷阱而溃败，贺州由楚领属归南汉领属。

●宋元明清时期

宋开宝三年（970年），朝廷命潘美为贺州道兵马行营都部署，发十州之兵会贺州伐南汉。南汉后主刘鋹派兵万余乘船溯贺江援贺州，潘美先是挥兵南下封阳县打援成功，继而回师破贺州，贺州易手。

元元统二年（1334年），唐七领导的瑶族起义军攻占贺州，随之一路北上攻城略地。元朝廷命镇国将军章伯颜统发多个行省的军队及八番义从军进行镇压。

明洪武十年（1377年）五月，撤贺州，改称贺县，此为贺县之名之始，治所今贺街镇，改属平乐府，直至清代，贺县仍属平乐府。

自唐、宋、元、明、清以来，富川秀水村一共出了27名状元，比较知名的有祖籍秀水村的宋开禧元年乙丑状元毛自知。因而，秀水村又有"状元村"之美称。

●近现代

"民国"时期，废府设道。行政区划更迭反复。

抗战期间，因躲避战乱，何香凝、高士其、千家驹、欧阳予倩等文化界名人寄居在今昭平县黄姚古镇。当地至今保留这些名人寓所。

1949年11月21日贺县解放。1997年国务院批准撤销贺县设立贺州市。同时决定将梧州地区更名为贺州地区，地区驻地从梧州市搬迁到贺州市八步镇。

2002年6月，经国务院批准，撤销贺州地区，设立地级贺州市，行政区划始为今日状。

贵港历史大事记

公元前214年，秦统一岭南后设桂林郡，郡治布山（今贵港市），汉武帝时改为郁林郡。

隋开皇十七年（597年），俚族首领李光

仕发动叛乱。周法尚、王世积率岭南、岭北官兵会于尹州（今贵港市）与之展开激战，李光仕被官军追斩，叛乱遂平。

唐贞观九年（635年）改为贵州，历代为郡治和州府所在地。命名为贵州，是因县城北十里有座"宜贵山"，即今平天山。

明洪武元年（1368年），明征南将军廖永忠等攻平广东至梧州境，元朝达鲁花赤迎降，浔、贵等州属明。翌年，"贵州"降为县制，取名"贵县"，历经清朝和"民国"一直延续使用。

清道光二十四年（1844年），洪秀全、冯云山先后到桂平紫荆山区传教，开始在广西建立拜上帝会组织。

1850年末至1851年初，由洪秀全、杨秀清、萧朝贵、冯云山、韦昌辉、石达开组成的领导集团经过多年筹备后，在广西金田村发动对满清朝廷的武力对抗，轰轰烈烈的太平天国运动开始。

1995年，贵港从玉林市析出，升格为地级市，市人民政府驻新设立的港北区。贵港由此而得名。

百年骑楼的文化精髓

梧州素有"百年商埠"之称，曾长期是岭南经济、文化、政治的中心。骑楼建筑也逐渐在这座珠江流域著名的商埠上兴起，梧州市河东老城区，22条原汁原味骑楼长街上，就有着560幢中外文化水乳交融、设计经典的骑楼建筑，堪称"中国骑楼博物城"。

骑楼是一种近代商住建筑，其中的"骑楼"部分是楼房前半部跨人行道建造，在马路边相互连接而形成可自由步行的长廊，长可达几百米乃至一两千米。1924年年底，梧州发生特大火灾，当局决定"拆城筑路，挖山填塘"，将梧州的千年古城墙和城门全部拆除，扩大城区面积，用城砖筑地下水渠、铺砌街道马路，街市规格参照广州。故此，梧州的河东区逐渐成为骑楼城。

骑楼多为三四层，临街店铺二楼以上部分凸出来，二楼之下的空间成为人行道，远远看去，像"骑"在人行道上一样，故名"骑楼"。骑楼底，人可自由通行，适合南方地区避雨遮阳的需求，骑楼上，则用做商号或货栈，开展商贸活动；骑楼的背后是内街，成为居民交往的"公共大厅"，洋溢着浓郁的人情味。

骑楼柱外的水门和铁环也颇具梧州特色。水门普遍设在沿街骑楼二层，是洪水上街的时候，方便楼上居民出入所用的。通过水门，放下竹篮，向沿街巡游的售货小艇购买生活必需品的画面依旧为老一辈的梧州人清晰忆起；临街砖柱上镶嵌的铁环一般为高低各一只，为洪水时拴泊船艇系缆绳所用。过去的梧州人，哪怕洪水已经上街，也不会慌张。水涨到门口，垫几块砖，继续做生意、打牌、摸麻将。水到二楼时，也只是将船系在铁环上，从容不迫地经水门上下船

名单 玉林历史名人

清朝民族英雄刘永福

广西早期共产党领导人朱锡昂

民国著名爱国将领黄绍

百色起义领导人李明瑞

现代语言学奠基人王力

"两弹一星"功臣党鸿辛

刘永福像

进出。

时光斗转，已近百年的骑楼让梧州人形成了一种特殊的生活方式，继而又升华为其衍生的骑楼文化。若是有幸到梧州，马王街、维新里和金龙巷这些最具历史文化底蕴的街道一定不要错过，而新西旅店至龙母庙的防洪堤内墙的那段长1400米的梧州历史文化长廊，让你一日便可读懂梧州2000多年的历史。

名单 梧州历史名人

东汉经学大师士燮

东汉佛学家牟子

太平天国将领李秀成、陈玉成

近代著名军事家、革命家李济深

当代著名武侠小说家梁羽生

名单 贺州历史名人

宋朝理学开山祖周敦颐

明孝穆皇太后李唐妹

清末重臣于式枚

民国名流、书画家张廷辅

早期革命活动家黄士韬

名单 贵港历史名人

南汉状元梁嵩

明代将领袁崇焕

太平天国领袖杨秀清、韦昌辉、石达开

革命先烈谭寿林

近代历史学家罗尔纲

文化 CULTURE

夏至狗，荔枝酒

每年夏至时节，一场全民狂欢——荔枝狗肉节，将在玉林大地上演。虽名为节日，但纯粹是玉林人“原创”的一个“吃的节日”。夏至节、吃狗肉、尝荔枝这三样看起来毫无关系的事情，已成为今日玉林人夏天中的重要活动，据说这种风俗在玉林自古已然，至今尤烈。

我国各地都有吃狗肉的习俗。有关狗肉的谚语有许多，如“吃了狗肉，不盖被褥”“夏至狗，无路走”“冬至鱼生夏至狗，一年佳味几登筵”等，狗肉的魅力可见一斑！但在玉林本地，烈日炎炎的夏至，汗流浃背的食客头顶如炙高温，于家中或大街小巷边的狗肉摊尝荔枝，喝米酒，吃狗肉火锅，过“狗肉荔枝节“的盛况却是绝无仅有的！

梧州骑楼

俗话说“一颗荔枝三把火”，狗肉本来就是温热之物，食用后易上火，荔枝、米酒也同属易上火的东西。但玉林人却独爱在夏至这个节日里“火上加火”，大呼“过瘾”。当地人对“上火”则会轻描淡写地说声：“泡一杯荔枝壳水，喝了就不怕了。”

玉林人赤膊喝酒吃荔枝的状态，若要让他们自己形容，就一个字：爽。大街小巷通街吃饮的场面可谓壮观，热闹程度堪比春节，更有很多外地人驱车前往这里。然而，近年来玉林人吃狗肉也饱受质疑，屡遭抗议，众多动物保护组织与志愿者认为：屠狗吃狗，行为凶残，性质恶劣，并强烈要求有关机构介入，禁止这一行为。

玉林本地人则认为：狗自古就属于圈养家畜，《三字经》有云：“马牛羊，鸡犬豖，此六畜，人所饲。”同为六畜，屠狗与杀猪宰羊其实没什么区别，正如有人喜欢吃猪肉有人喜欢吃牛肉一样，吃不吃狗肉纯属个人喜好，大可不必横眉怒目，恶语相向。

●小贴士

狗肉荔枝属热性食物，许多人的体质可能消受不了如此“脾气”的美味，特别是咳嗽、发热、腹泻和阴虚火旺等人。高血压、中风后遗症、严重心脏病、甲状腺功能亢进、胃炎、溃疡病等病患者更是不宜食用狗肉。

水中摇曳的黄姚龙灯

每年农历七月半中元节，无论是昭平县黄姚古镇当地的百姓还是前来旅行的游客，都盼望着有个好天气。若是天气条件允许的话，将会看到姚江之上举行的水上舞龙灯的活动，这种舞龙方式在我国可是极为少见的。

黄姚人舞的龙与我们常见的旱龙不同。黄姚龙灯节上，人和龙都在水面上舞动，仿佛漂浮在水面上一般。漂亮的小花房模样的龙头，用彩灯装饰，而且扎着彩旗。龙门写着祈求“五谷丰登，国泰民安”的对联。龙身至龙尾近百米长，由一只只生柚子组成，削去柚子较尖的一面，挖开柚子心，再用麻绳将柚子串起来，柚子上插上点燃的神香和红烛，远远望去，恰如水面上灵活游走的蛟龙。

龙灯每游到一处码头和城门楼，都会响起鞭炮声，而且是一处胜过一处。欢庆的人们将烟花射向空中，将点燃的鞭炮抛向姚江，华灯、烛光、烟花一起倒映在姚江的江

黄姚古镇

长桌宴

面上，热闹非凡！

姚江上华美的龙灯，河畔俊秀的姑娘、粗犷豪放的舞狮壮汉，还有远处坐在桥上欢乐无比的孩子与老人……这朴实而又真诚的快乐，让曾在此片刻驻足的游人久久不能忘怀。

土瑶人家的长桌盛宴

土瑶，是贺州独有的一个瑶族支系，分布在贺州西南部大桂山山脉的24条山冲里。那里山高林密，地势险要，以致在新中国成立后的很长一段时期内，这里仍交通闭塞，人民生活贫困。

近年来，土瑶人与外界的沟通交流逐渐加强，生活水平也发生了很大的变化。从长桌酒这个有别于其他瑶族支系的、最具土瑶民族特色的传统习俗上，就可见一斑。长桌酒的桌凳都是专用的，一张张桌面连在一起，见弯就拐，遇角就转，从屋内大厅转到屋外走廊，有多少人参加，酒桌就摆多长。

长桌酒在过去主要出现在土瑶人的婚礼上。如今，除了婚礼上举行长桌酒外，每逢土瑶山寨有朋自远方来，四方八寨的土瑶人就会翻山越岭聚到一起，摆开长桌欢迎远方的来客。杯影交叠，齐唱劝酒歌、劝菜歌，气氛像过年一样热烈。

入席长桌时，客人被邀请坐在客厅中间位置的上座处，主人则坐在客人对面。所有参加酒席的土瑶男女都穿上自己认为最好的服饰。酒席上有猪肉、油豆腐、鸡肉、鱼肉、大白菜等四五道菜肴，与城市相比，品种可能稍许单调些，对于并不富足的土瑶同胞来说，这已是很丰盛的筵席了。

客人坐下后，族上的长老开始唱起迎客歌，主人给客人敬酒。歌声响起来后，根本就停不下来。你停他唱，他停你唱，小伙子和姑娘唱着歌儿将菜直接送到客人的嘴里……

或许你只能略微听懂歌中一二，但土瑶人脸上洋溢着的热情笑容，会让你认识到这是一个好客、友善的民族。

古郡新城的三大文化

贵港是一座具有2000多年历史的古郡新城，曾经作为广西的政治、经济、文化中心，经历了自秦汉至隋800年的繁荣。社会的发展及历史的传承，不仅使这座城市名人辈出，更营造出了深厚的文化氛围，呈现出了多元的文化表现。其中，廉文化、孝文化以及宗教文化的表现尤为突出。

说到廉文化，就不得不提陆绩。他是三国时期吴郡吴县（今苏州市）人，曾担任郁林（今贵港市）太守。他在任期间，筑郡城，挖水井，政绩斐然且为官清廉。陆绩任满归乡时，因行装简朴，船轻不胜浪，不得已取石镇压于船上。到了家乡后，便把这块石头放置在家中的庭院里，命名为“郁林石”。明弘治九年（1496年），当时的监察御史樊祉听说了这个故事，觉得很有教育意义，便下令该石移置城中察院场建亭保护，亲自提名“廉石”，以示纪念。作为产生“廉石”文化的郁林古郡所在地，贵港的“廉石”文化得以传承。

至于孝文化，也与陆绩有着千丝万缕的关系。相传陆绩6岁时，曾到九江去拜见袁术，袁术以橘子招待他。陆绩将两个橘子藏在衣袖内，等向袁术拜辞时，橘子从衣袖里滚落地上。袁术问他：“陆郎是来做客的，为什么要拿走橘子呢？”陆绩回答：“我的母亲非常喜欢吃橘子，我想带两个回去给母亲。”袁术听到后，觉得这个6岁小孩竟如此孝顺母亲，十分惊奇。元代郭居敬将其编入《二十四孝》，陆绩的“怀橘知孝”成为孝亲之典。

贵港的宗教文化氛围更是十分浓厚。佛教和道教在贵港的传承均有着上千年的悠久历史。佛教以桂平西山为中心，南山也较发达。桂平西山是中国佛教的重要场所之一，佛教从宋太宗初年便传入贵港。而建于宋朝的南山寺，曾在“毁天下无额寺院”的社会环境下，得到宋仁宗“景佑禅寺”的亲笔提名，名气大增，成为佛教传播的福地。

贵港地区的道教文化主要集中在白石山上。白石山是道教三十六小洞天中的第二十一洞天，名“秀乐长真天”，传说中国医学家、道教理论家葛洪东晋末年曾到白石山炼丹，现白石山上存有炼丹灶遗址，游客可前往探寻。

廉石

景点推荐 玉林东部旅游区

大容山森林公园
无所不包的森林公园

玉林北流市境内，距玉林市区约40千米

大容山森林公园位于大容山腹地。大容山因其无所不包无所不容而得名。大容山森林公园冬无严寒，夏无酷暑，森林生态环境良好，是都市人休闲、度假、避暑、享受自然的好去处。

公园目前有龙门景区、天籁景区、莲花景区和20多个景点。龙门景区、莲花景区和天籁景区各具特色，编织成一幅春天山花烂漫，夏日林木葱郁，金秋野果遍地，冬至冰景剔透的美丽画卷。而其中最具有特色的是海拔800多米以上的高山草原、高山湖泊、高山飞瀑、高山天象以及高山圣诞林，高山上大块大块的草甸，牧草丰美，一群群水牛、黄牛，让人仿佛进入异国他乡。

玩家攻略

漂流：新建设的漂流河道延长至3.2千米。大容山漂流水质清澈，沿途风景优美，让人流连；漂流落差大，精彩刺激；沿途均有护漂员保护，安全度高。景区还增加了适合青少年参与的“逍遥漂”。

美食：大容山森林公园内有三个可以就餐的地方，分别是“养生山寨”“驴友山珍馆”“莲花宾馆”，其中“养生山寨”主推大容山野菜土鸡宴、容山药材养生汤。而“驴友山珍馆”则主推大容山粗犷山珍风味。“莲花宾馆”就以简单快捷的森林大排档小炒为主了。

住宿：本景区内共有三个场所住宿。南方西岳度假村（三星级）共有105间豪华双标，23间豪华套房（两房一厅）；容山宾馆有普通客房20间（普通双标）；莲花景区的莲花宾馆，共有6间客房，20个床位。此外还可以出租帐篷露营。

娱乐：大容山国家森林公园还有登山俱乐部、篝火晚会、烧烤、沙滩车、水上娱乐等娱乐项目。

勾漏洞

勾曲穿漏景天成

北流市勾漏山主峰下

市内乘101路公交可达

勾漏洞位于勾漏山主峰下，这里是道书所称全国道教“三十六洞天”中的二十二洞天，由宝圭、玉阙、白沙、桃源、玉金五洞组成。两座石山把5个岩洞连通一线，全长1500米，因其勾、曲、穿、漏而得名。

洞内石柱、石笋及各类造型奇特的钟乳石纵横交错，千姿百态。主要景点有双狮迎宾、银河星座、海底世界、白沙大厅、万里长城、仙鹤含桃、龙王夜宴、蓬莱仙岛等。勾漏洞前建有亭台楼阁，皆雕梁画栋，周围绿树成荫，湖光潋滟，历代文人道士、文官武将都曾来此观光游览，并留下许多游踪墨迹，仅摩崖石刻就有120多处。

玩家 解说

勾漏洞的摩崖石刻非常多，尤其洞口石壁上石刻更多。东晋著名的医学家、道学家葛洪放弃散骑常侍的高官不做，“求为勾漏令”。据说，后来他曾隐居勾漏洞，从事采药、炼丹、修道和著书等活动。后人为纪念他，在勾漏洞前建了葛仙祠碧虚亭，现洞中还有葛洪全身像。石刻还包括唐代名将李靖的名作、明清时期名流的诗赋和当代大文豪郭沫若等人的真迹。明代地理学家徐霞客在崇祯十年（1637年）至此考察后，也在游记中有记载。

勾漏洞

玩家 攻略

如今的勾漏洞已经不再是一个单一的溶洞景观，景区内还有高山瀑布、湖心回廊、广场喷泉、观鱼池、仙乐宫、龙宫探险以及动物园、勾漏寺，还有适合成人、儿童的水上游乐系列的50个景点和项目。

都峤山庆寿岩

祈福观光的道教名山

玉林市容县石寨镇石寨村　2706882

都峤山又称南山，是著名的全国道教“三十六洞天”之第二十洞天。都峤山地貌是我国罕见的丹霞地貌，以雄伟巍峨、峰奇石怪、谷幽洞多、道险、人文资源丰富而著称。

古时都峤山上有九寺十三观，有著名的讲学所太极岩，宋代著名诗人苏东坡、名相李纲，明朝旅行家徐霞客等名人曾慕名游览题咏，而今都峤山的景点更加丰富，已经是集宗教、文化、风光于一体的名山。

庆寿岩是景区一个重要组成部分，位于都峤山西部。目前庆寿岩已建有金佛大字、南山阁、福寿桥与福寿亭、暗河佛源漂流、登山观光缆车、五百罗汉堂、庆寿岩禅寺、猴山和观猴长廊、莲池、九曲桥、望佛亭、植物园、七星伴月、九龙聚会景观以及云溪寺等众多景点。如今都峤山庆寿岩景区已经成为人们最向往的祈福、观光、游览的旅游之地。

玩家 攻略

观最大佛字：都峤山庆寿岩有世界上最大的佛字，高108米，宽88米，是中国佛教协会会长赵朴初的封笔字。写在坐佛山上，有“山是一尊佛，佛是一座山”之说，堪称奇观。

游庆寿岩禅寺：庆寿岩禅寺堪称“岭南一绝”，为景区核心景观之一，依山而立，傍洞而建，气势雄伟，仿佛是镶嵌在都峤山之上，体现了中国古代人的建筑智慧。

美食：景区内有多家农家菜馆，食材都是来自农家，绿色无污染，游客可以品尝到净炒甜麦菜、煎河鱼、黑耳炒鸡等美味的农家菜。

经略台真武阁 文

中国建筑的瑰宝

玉林市容县城东绣江北岸

经略台真武阁被誉为“我国古代建筑史上罕见的一颗明珠”。经略台建于唐代，于明万历元年（1573年）在经略台上建真武阁，真武阁与岳阳楼、黄鹤楼、滕王阁合称江南四大名楼，同时真武阁也是唯一一座没有进行重建而完整保留至今的阁楼建筑。

真武阁，阁三层，三檐，屋檐挑出很大而柱高甚低，整个建筑有强烈的韵律感和动

游庆寿岩禅寺

态感，但相比一般重檐建筑则更加从容和层次鲜明。再加屋坡舒缓流畅，角翘简洁平缓，非常清新飘逸，而底层平面比上二层大出很多，也使轮廓更显生动。整个建筑充分表现中国建筑的精妙绝伦。

玩家 解说

真武阁是一座完全木质结构的建筑物，整个建筑有三大特色：一是地基既没有坚硬的石头，也没有牢固的钢筋水泥，而全是在砖墙内填上夯实的河沙。经略台、真武阁建在沙堆上，历千年而不倒。二是全楼阁不用一颗钉子，全部是木榫结构，以杠杆原理串联吻合，数百年里却稳如泰山。三是二楼中有四根大柱子承受上层楼板、梁、柱和屋瓦的千钧重量，柱脚却悬空不落地，这也是全阁结构中最精巧、最奇特的部分。

400多年来，真武阁像一架精确的天平，经历了5次地震、3次特大台风，仍安然无恙，其结构之奇巧，举世无双，被誉为“天南杰构”“天南奇观”“古建明珠”“天下一绝”，在当地的民间故事中更是鲁班建造的“神仙楼”。

贵妃园

再现杨贵妃一生的仿唐建筑

玉林市容县杨外村

容县贵妃园是以中国古代四大美人之一杨贵妃一生经历为主题建造的旅游园区，是在容县县城梳妆楼遗址上修建的，占地15亩。贵妃园是仿唐建筑，园内展出众多的人像，配上古筝古曲，再现了杨贵妃传奇的一生：贵妃出世、梳妆容州府、云凌斑竹、册封贵妃、贵妃醉酒、贵妃起舞、贵妃出浴、妃子

笑、含冤马嵬坡等。

这些故事全部采用硅胶制的人物像和仿唐建筑，通过电动音乐和舞蹈来演绎，让游客可以真切回味到这位美人的一生荣辱。

容县近代建筑群 ㊫

中国近代建筑宝库

玉林市容县县城及黎村、杨村、杨梅、松山等乡镇

容县近代建筑种类数量较多，且较集中，是我国西南地区少有的“民国”时期建筑群。这里的建筑主要以“民国”时期国民党将军的别墅、故居建筑群为主，该建筑群风格独特、结构合理、装饰豪华、环境幽雅，多在中国特有风格上吸收西方建筑技巧，采用仿欧式建筑风格，很有中西合璧的感觉。这些建筑的主体建筑的前庭多建有清雅秀丽的庭院，院内种有各种名贵果树、花木，环境幽静。

容县共有11处（点）这样的建筑，它们分别是黄绍竑别墅、黄绍竑故居、黄旭初别墅、黄旭初故居、罗奇别墅、苏祖馨别墅、韦云淞别墅、夏威夏国璋别墅、马晓军别墅、容县图书馆旧址、容县中学旧教学楼等。

望君山

巨石群立的奇特山脉

玉林市容县北部

望君山属大容山支脉，海拔1147.8米，与桂平、北流两市接壤，延绵数十里。望君山具有“林茂、山雄、水秀、树怪、石奇、神奇迷人的气象景观”等特点。这里的植被类型属亚热带常绿阔叶林植被，森林覆盖率达95%，有各种乔木、灌木层、草本植物及各种珍稀动物。

望君山险峻，山势磅礴，连绵不绝，山体雄浑，穴中有洞，洞中有厅。登高远眺，山石千姿百态，层林叠翠，八角飘香；林间小

望君山

溪，清流潺潺。景区还有马吊尿瀑布，望君瀑布，游人索步寻幽、赏花听月，心旷神怡。

玩家 攻略

赏石： 景区内形成绚丽多彩的石景观，有些像八仙过海，有些似万马奔腾，有石羊头、雷劈石、状元山、小三片石、大三片石等，就像一个天然的奇石公园，是一个欣赏奇石的好地方。

避暑娱乐： 望君山还十分适合垂钓、露营、烧烤，同时这里植被覆盖率高，夏日十分凉爽，也是人们避暑的理想场所。

链接

望君山传说

传说在很久很久以前，天宫仙女三妹下凡周游到此，被这里迷人的景色及大山灵气所吸引，流连忘返。正好在山顶巧遇一个挖药郎，两人一见钟情结为夫妻。后来郎君远征多年未归，三妹朝思暮想，站在山顶天天望君归。终有一日盼得郎君归来，夫妻久别重逢，相拥长吻不放化为巨石，这就是望君石。望君山也因此而得名。

谢鲁山庄 AAAA ㊫

天人合一的秀美庄园

玉林市陆川县乌石镇谢鲁村寨子屯

在陆川汽车站乘前往乌石的车，再换乘摩托车前往谢鲁花园即可 ¥ 30元

谢鲁山庄始建于1916年，原名“树人名屋”，是国民党将军吕芋农的私人园林别墅，至今保存完好。它是我国保存最为完好的四大名庄之一，有“南国园林之秀”的美称。

谢鲁山庄依山构筑，因地设景，融天然景致与园林艺术于一炉，自然质朴，独具一格。数百亩红荔飘香的丛林中，亭台楼阁，古朴典雅。各种花草200多种，尤以五色茶花、胭脂树、四季绣球、百年金（银）桂花、四季玉兰、百年罗汉不老松等为珍贵。

古老茶花，奇香袭人，沿花树掩映之道，经“九曲十弯”，登上关山亭，穿过白支路，通上山顶观鹤亭，放眼对面古树，数百上千的丹鹤，起伏飞腾，更添神奇色彩。全庄贯以“一至九”的数字，取“天长地久”

谢鲁山庄

之意。

玩家 攻略

讲解： 在建造谢鲁庄园的时候，建造者将不少稀奇的想法融入园林建造中，园中诸多景点都是有典故的，所以最好请一位导游，在聆听讲解中更好地领会这座园林的精妙之处。

摄影： 在琅嬛福地牌坊后有一赏荷厅，景致十分好，站在桥的右侧拍摄，定能收获一张好片。

客家围屋： 在谢鲁山庄的大门外还有一座客家围屋，是吕芋农的祖屋，至今仍然住着吕家人的后代，游客如果想要参观一定要有礼貌。

链接

吕芋农

吕芋农（又名吕春塘），外号芋头嬷，1871年生于广西陆川县乌石镇。他曾是桂系陆荣廷部的陆军少将。他身材矮小，只有1.57米，体重80多斤。吕芋农有“三喜”，即文喜、武喜、屋喜，正因为有屋喜之嗜好，所以动用了大量财力起建谢鲁山庄。

谢鲁天堂温泉度假中心

可饮可泡的温泉水

玉林市陆川县乌石镇谢鲁村 ¥ 80元

谢鲁天堂温泉度假中心与著名的谢鲁山庄毗邻，并与谢鲁山庄联袂打造“岭南第一庄”。度假中心极具原生态的优美环境，园林式美景幽雅静谧，绿影连天，碧池潋滟，深富现代酒店韵味，又兼具浓郁古朴情调。

谢鲁天堂内的温泉是被称为“岭南第一泉”的岭南唯一的可泡可喝的飞龙山温矿泉。温泉出水温度为46℃，无色、无味，清澈透明，无任何悬浮物，硫化物含量低，水质特征达到了我国饮用天然矿泉水国家标准。它富含偏硅酸、锶、钙、镁离子，对心脏病、高血压、动脉硬化、神经功能紊乱、消化道疾病有较好的疗效，属偏硅酸和锶的重碳酸钠钙型优质饮用医疗天然矿泉水。

玩家攻略

度假中心建有别墅、酒店公寓、国际青年温泉旅馆、山顶泡池、别墅泡池、室外温泉海、人造沙滩、室内温泉娱乐馆、高尔夫练习场、酒吧、餐饮、山顶观日台、天堂钟、儿童乐园、彩弹射击场、网球场、健身休闲设施等各类娱乐休闲设施。

龙珠湖风景区

山寨洞河于一体的山水景区

玉林市陆川县珊罗镇田龙村

在玉林市或陆川县城搭乘汽车到马坡下车，然后转乘摩托车到景区

将军河漂流

龙珠湖风景区素有“桂林之山，西湖之水”和“天然小盆景”之称，是一个集山、水、洞、寨于一体的旅游景区，也是玉林市典型的山水风光景观。景区由龙珠湖和13个岩洞、5处古寨组成。

龙珠湖水面宽400亩，由9座峰峦环抱，湖水清澈，碧波荡漾，湖边垂柳飞扬，湖中华亭独立。此外景区内的岩洞钟乳石千姿百态，怪石峥嵘，也值得一游。5个古寨建筑在石山峰坳之间，煞是壮观，整个风景区湖光融为一体，有“俨然与世隔绝”之感。

更多本旅游区景点

北流大成殿：位于北流市龙桥路附近，大成殿又名孔圣殿，为两层重檐歇山式宫殿建筑。建筑设计精巧严密，体现了古代建筑艺术风格。

天堂湖温泉度假山庄：位于容县黎村镇温泉村，温泉休闲浴区设置动态浴区（水疗区）、静态浴区、汤药浴区、按摩足疗区和室内豪华浴房区共五大片区，有38个不同功能的温泉浴池。

将军河漂流：距容县县城55千米，漂流全长3.5千米，水急，潭深，河中卵石铺底，水流清澈；两岸风光秀丽，极其迷人。漂流其间，惊险刺激。

自良北山：位于容县北面，景区集崖、泉、石、瀑、藤、竹、江、树、洞、果等自然生态景观于一体。尤其是境内各种石景观迷幻奇特，十分吸引人。

立垌国兰基地：位于容县容西乡祖立村立垌屯内，是一个以兰花为主题的旅游区。基地内建有兰花历史文化长廊和兰文化书画摄影展长廊，展览了兰花的历史、品种、兰花的人文和自然景观。

大水生态旅游区：这里著名的便是“三

景点推荐 玉林西部旅游区

云天文化城 AAAA

气魄雄伟的仿古建筑宫殿

玉林市南流江畔

市内乘2路、4路、8路公交车可达

150元

云天文化城，当地人又称之为云天宫，这是一座浓缩中国古今传统文化和著名建筑风格的巨型仿古宫殿式建筑，耗时15年建成。云天文化城占地总面积70亩，建筑面积14万平方米，是我国目前单体建筑面积最大的文化建筑。

整个云天文化城主要包括雕塑艺术品展馆、民俗文化博物馆、珍奇异宝及国宝展示区三大部分。城内铁树、罗汉松等名贵花木比比皆是，石雕、木雕、铜雕三大系列雕刻艺术品巧夺天工，营造了融合自然美与古典美的艺术氛围。

玩家攻略

参观雕塑艺术品展馆：展馆将雕塑作品分为石雕、木雕、铜雕及景泰蓝百色龙四大系列。雕塑馆内的牌楼、单体结构、华表高度谓全国之最；精雕麒麟、凤凰、景泰蓝工艺五龙托葫芦等高大居世界之冠；而馆内壁雕飞龙，精雕细琢也堪称世界一绝。

赏国宝：珍奇异宝及国宝展示区收集及展览了世界各民族的收藏品，如古玩、雕塑、文物、玉石、珍珠及玛瑙等。这些所藏之物都堪称国宝级文物。

游云天古典园林：结合了中国古代皇家园林及私家园林的特长，园中以水景擅长，水石相映，构成园林主景，其建筑风格淡雅、朴素，布局自由，结构不拘定式，亭台廊榭，沿着围墙辗转两旁，龙表置于其中。龙表及水景的搭配，更显园内景物的灵秀。

赏古木：云天宫内有几百年的树林，是从日本移植而来，十分有观赏价值。

高山村 村

古民居古文化并存的乡村旅游区

玉林市北部，距玉林市区约5千米

高山村是以规模宏大的明清古建筑群为基础，以书香长传的进士文化、秀丽的田园风光为特色，乡村休闲类人文风景旅游区。高山村地势虽不高，但因周边经常发生洪灾，而此村从未被水淹，俗名“高山”。

高山村古建筑是以两广地区宗祠文化为主要载体的民居群，保存着明清古宗祠、古民居、古火砖巷道以及古墓、古井、古戏台、古剧场、古石碑、古围墙等一批古建筑，具有深厚的明清民居民俗文化底蕴。

高山村不仅古民居保存完好，而且书香之气也很浓厚。高山村被人称为“进士村”。村民明礼、诚信、好学，历代人才辈出。自清乾隆二十二年（1757年）到清末150年间，高山村共出4名进士（玉林科举时代共中进士24名），21名举人，193名秀才。整个高山村在白墙黛瓦之间透着浓浓的书卷气。

玩家 攻略

游客到高山村不仅可以赏故居，体验古村落的金石文化，还可以到村子东面的生态农业观光体验区观光体验，有千米瓜果长廊、花卉盆景园、乡村烧烤营、沙湖浴场等。此外有七星伴月景观带、文笔仙境、进士路等也值得一观。

玩家 解说

高山村的古建筑大多保存完好，以绍德祠、思成祠、致齐祠、聚星楼、拔谋故居、企岭巷为典型代表，历史文化内涵深邃，建筑风格独特。一般三进、四进或五进，壁画、木雕、石刻、泥塑工艺精美，栩栩如生。两广特有的“推笼”，以及融风水、美学、礼教文化于一体的屏风用于每座古建筑。古民居布局合理，排列整齐，鳞次栉比。这里曾为《风雨桂东南》《朱锡昂》等电视剧拍摄外景地。

云天文化城

龟山公园

功能多样的自然风景区

玉林市城区东郊5千米

市内乘5路、17路等公交可达

龟山是集自然风光、植物观赏、爱国主义教育等于一体的山岳型自然风景旅游区，现已开辟为公园。龟山又称龟头岭，山体高耸陡峭，山顶宽广平缓，因酷似一只翘首东望的巨龟而得名。龟山最为神奇的地方在于当人们从玉林沿玉北公路逐渐接近它时，可以看见乌龟头慢慢地向东方伸出，反之，则慢慢地退缩回去，惟妙惟肖。

山上有七眼山泉，龟头上有一眼，肩胛处有一眼，龟背南侧有五眼，状若七星布列，故称七星泉。此七星泉在山顶上错落有致，相互连通，同在一水平线上，不论春夏秋冬，暴雨还是干旱，从不干涸也从不溢流。景区内还有桂东南抗日武装起义纪念塔，建于1997年，塔高7层33米，琉璃碧瓦，高耸雄伟。此外，山上还有广西第一高的观音塑像和弥勒大佛以及200余种珍稀植物的植物园。

梦幻水乡

水上欢乐世界

玉林市玉州区成均镇，距玉林市城区约10千米

20元 在玉林汽车总站乘坐前往梦幻水乡的专线车即可 2259898

梦幻水乡景区是在成均镇江口水库的基础上建成的水上主题乐园。这里每到细雨迷蒙时，水面上水气蒸腾，整个水乡笼罩在轻烟薄雾之中，水雾一体，水天一色，人在雾中，只觉是漫步天庭，腾云驾雾，似梦似幻，景色甚是神秘奥妙，“梦幻水乡”也正是因此而得名。

这里水、岛、山共存，山环水绕，峰回路转，一年四季湖水碧绿，涧泉淙淙。景区内的主要景点有茶廊观鱼池、放生池、鳄鱼池、荷花池、水车坊、沙滩排球场、香荔园、龙华殿、情侣石、飞来石、骆驼岛、千龟岛等。景区内蔚蓝的天空、碧绿的湖水、缥缈的山雾、清新的空气，让这里成为旅游度假的首选之地。

玩家 攻略

水上活动：这里是一个水的世界，景区内成人游泳池、儿童水上乐园、垂钓区以及激情水上冲浪等水上活动应有尽有，游客或游泳，或垂钓，或冲浪，尽享“水上世界”的乐趣。

其他娱乐活动：景区内除了水上活动区，还设有斗狗场、欢乐谷地攀爬拓展场、卡丁车、真人CS、烧烤场等活动场地，供游客尽情欢乐。

美食：景区内设有中高档餐厅，游客还可以品尝到独特的江口水库鱼、土家鸡、纯天然的野生青菜等美食。

梦幻水乡

宴石山

山岩聚美的旅游风景区

玉林市博白县顿谷镇石坪村

在博白汽车站乘前往宴石山的旅游专线车即可

宴石山风景区是博白古八景之首，也是玉林市十大景区之一。景区属于典型的丹霞地貌，景区山体多为方山，顶平而开阔，有“山如方石”之喻。

宴石山因山顶平坦能摆千余桌宴席，故而得名。整个景区自然景观和人文景观俱佳，集山、水、岩、洞、泉、寺、园于一身，具有山峰秀、岩洞奇、石头美、江水清等特点。

目前山上建于溶洞的宴石寺是广西最久远的寺庙，这里香火非常旺，据说每年的

绿珠祠

正月初三有上万人前来参拜。此外还有“天下丹霞第一桥”的宴石大仙桥以及建于东汉的广西最早的道观——紫阳观和雕刻于隋末唐初广西现存最早的摩崖造像。

千鹤岛

白鹭鸟的家园

玉林市博白县西部的江宁镇合浦库区小江水库内

千鹤岛因岛上有成千上万只鹤和白鹭而得名，岛上常年栖息着白鹤、白鹭，春夏秋时节达五六万羽，并逐渐向周围岛屿扩展，是广西最大的鹭鸟栖息地，被称为第四代动物园的先驱。

千鹤岛岛上林木葱郁，青枝交错，绿叶涌翠，鸟语花香，四周水面旷阔，碧波荡漾。成群结队的白鹤、白鹭汇集于此，垒巢做窝，繁衍生息。白天，白鹤飞鸣，湖光闪耀，数以万计的白鹤腾空而起，追逐起舞，长达一两百米，时常可见“飞时遮尽云和月，落时不见湖边草”的壮观美景。

玩家 攻略

在千鹤岛周围是博白县最大的网箱养鱼基地，水产资源丰富，以草鱼、鲮鱼、鲶鱼、罗非鱼著称。泛舟湖中，既可以领略小江水库无穷无际的水色湖光，又可享受与鸟同乐、渔夫捕鱼的无穷乐趣。千鹤岛十分适合赏鹤、品鱼、游湖。

绿珠祠

绿萝江边绿珠魂

玉林市博白县城西南4千米处的绿珠江边

绿珠祠又名贞烈祠、绿珠庙，是为纪念我国晋代倾国美女梁绿珠而修建。绿珠祠始建于何时现已无可稽考。

据史载明永乐，清康熙、道光年间均重修过。到了“民国”初年已具三殿两横屋，红墙碧瓦，飞檐翘角，殿内彩绘山水花卉、舞鹤翔鸾壁画。正殿置雕花檀香宝座，还有容颜庄丽、光彩照人的绿珠彩塑像。不幸的是，绿珠祠于1927年毁于一场大火。现存的绿珠祠是1945年重新修建的。绿珠祠还有绿珠井、梳妆石、绿珠江、圣女岭等与绿珠相关的景点。

玩家 攻略

绿珠祠每年农历二月十四、十五均举行绿珠诞辰庆典，届时的绿珠出游、绿珠庙会，盛况空前。

链接

梁绿珠

梁绿珠是西晋时的绝代美女，传说她聪明伶俐，美丽端庄，喜吹笛，善歌舞，会吟诗，尤以唱懊侬曲和跳“昭君舞”最为出色。西晋太康年间，富翁石崇为交趾采访使时，途经博白，惊慕绿珠的美貌，遂以十斛珍珠聘她为妾，并在京都洛阳建造金谷园，内筑

“百丈高楼”，可以“极目南天”，以慰她思乡之愁。

赵王司马伦之党羽孙秀垂涎绿珠倾国姿色，使人向石崇要绿珠，石崇不答应。孙秀恼羞成怒，在赵王司马伦面前加害石崇。孙秀兵围金谷园，绿珠坠楼自尽。绿珠的死讯很快传到乡里。当时正好有一只白鹤在此悲鸣三昼夜，闻者尽皆泪下，乡人均谓此即绿珠化身，遂立祠于此，绿萝村后的双角山亦改名为圣女岭，村前的一口井叫作绿珠井。

王力故居

中国现代语言学鼻祖的童年生活

玉林市博白县新仲村岐山坡队

市内乘博白1路、博白6路公交可达

博白岐山坡队是“中国近百年来最伟大的语言学家”王力先生的出生地和童年生活的地方。故居始建于清朝嘉庆元年（1796年），是王力的祖父王紫庭所建，共3进27室，为泥砖桁桷单层体悬山顶结构，也是典型的南方客家民居建筑风格。

如今的故居是2003年修复的，修复后的故居仍然保持了故居的原貌，还有陈列馆展。陈列馆内的展示内容丰富翔实，有王力先生的家世童年，十年失学，奋发进取，出国深造的叙述；有师承国学大师梁启超、王国维、赵元任、陈寅恪和著名文学家朱自清、闻一多切磋学问的珍贵史料以及王力先生酸甜苦辣的人生经历。

此外故居内还设有“龙虫并雕斋”“王学书屋”“翰墨碑林”“王力出生地”“王力著作阅览室”“王力会客室”“花厅院落”等展厅，再现了“一代宗师”王力先生的学术生涯和个性、风采、魅力。

链接

王力

王力（1900—1986），字了一，广西玉林博白县人。著名语言学家、教育家、翻译家，中国现代语言学奠基人之一，散文家和诗人。由于小时候家境困难，他幼年辍学，但后来他开过私塾，当过家庭教师，无意中在一个学生家里发现了24箱古代书籍，拼命苦读，自学古书。

1924年，王力考上了南方大学国学专修科，1925年转入国民大学中文本科学习，1926年，没有读过初、高中的他，考上了清华大学国学研究院，随后赴法留学。就这样，一个从乡下出来的青年，开启了一段传奇求学史，最后成为我国著名的语言学家。大学中文系《现代汉语》教材就是王力先生编著的，作为中国现代语言学的奠基人，王力先生是中国语言学史上不能不提及的大师之一。

王力故居

鹿峰山风景区 AAAA

神秘的地下风光

玉林市兴业县城隍镇境内　3726068

在玉林乘城隍快巴可到　75元

鹿峰山风景区由龙泉岩和鹿峰山石林公园两大部分组成，其中龙泉岩为被誉为“岭南第一岩”，以洞奇、水清、石美为三绝。洞内宛如一个旋转型的大艺术宫殿，分上下两层，上层为旱洞，下层为水洞。水洞中有一条清溪流过，沿溪而行，十分清爽。

而石林公园具有“险”“幽”“壮”“秀”等特点。公园内奇峰迭出，树木苍翠，天然盆景比比皆是。山北有双龙崖、山南有化龙崖，后山有仙女峰、龙首崖等。此外，鹿峰山景区的主要景点还有地球心脏神秘部落、最美地下瀑布、神奇地心神泥、化龙寺、“夏威夷”水上乐园、5D电影等，每一个景点都非常引人入胜。

玩家攻略

探密远古神秘部落： 鹿峰山原始部落常年栖息在洞中，过着与世隔绝的原始生活。那里的原始部落人吃泥土、吞活物、嚼石笋等，他们以树叶遮体，有以火烧身、舔火、踩热炭等诸多惊险刺激的风俗风情。原始部落里特有的嘹亮歌声和那粗野奔放的舞步，给人以穿越时空、跨越历史的全新感受。

地球心脏地下瀑布：景区内有一个巨大的瀑布群。其中地球心脏地下瀑布是鹿峰山中最大的一个，主瀑布高24米，宽10米，瀑布涛声轰鸣，水雾升空，惊天动地，气吞山河，为地球最美的地下瀑布。

庞村清代民居群

清代民居的古风古韵

玉林市兴业县城东的庞村自然村，离县城仅1千米

庞村清代民居群始建于清乾隆四十一年（1776年），至今已有200多年历史。民居群共34幢，始建者是兴业首富梁标文。整个古民居布局严谨，排列整齐，装饰豪华，壁画、石雕、木雕、泥塑等，内容丰富，鲜艳夺目，栩栩如生。

现在庞村古屋中居住的人已很少，梁标文的后代们都在村外或县城街上建起了新的楼房，纷纷从古屋中搬出，使得整个庞村清代民居群处于一幢幢砖混结构的新楼包围之中。但是古民居设计之精巧令人赞叹。来到这里，游客会感觉整个身心都融入了浓郁的古风古韵之中。

谭村

访古探幽的农家风光

玉林市兴业县城东郊4千米处

兴业谭村是“广西特色景观旅游名村”和“广西三星级乡村旅游区”。谭村始建于南宋时期，距今已有800多年历史，历史悠久，文化积淀深厚。村里有保护完好、建筑风格独特的明、清历史名人故居、古宗祠、古文物，共有30多处。

谭村除了风格鲜明的清代古宅，原生态的岭南田园风光也十分吸引人。谭村已经成为一个集访古、探幽、生态田园观光于一体的农家乐景区。

庞村清代建筑

景点推荐 梧州东部旅游区

骑楼城

一种建筑形式一种城市景观

梧州市河东老城区

市内乘3路、7路、11路、12路等公交可达

梧州一带是骑楼聚集地，现存骑楼街道22条，总长7千米，最长街道达2530米，骑楼建筑560幢，规模之大、数量之多，国内罕见。骑楼最早起源于印度，属于英国建筑风格。梧州的骑楼融合了中国传统风格和欧洲古典建筑风格。

骑楼城最经典的建筑为梧州海关旧址、思达公医院旧址、大同酒店、新西旅社、大东酒家、粤西楼等，最有历史文化底蕴的街道是马王街和金龙巷。骑楼城的中心在骑楼城牌坊至中庭广场，里面展示有赵光、牟子等梧州历史名人雕像；而新西旅店至龙母太庙的防洪堤内墙有一段长1.4千米的梧州历史文化长廊，记载着梧州2000多年的历史。

玩家攻略

梧州老字号特色小吃街：位于骑楼城商圈五坊路段，汇聚纸包鸡、龟苓膏、艇仔粥、谭谦记、炒田螺、牛肠酸、猪脚姜、石磨粉、白斩狗等数十种梧州本土特色小吃。

梧州龙母太庙

龙母信仰者的朝拜地

梧州市城北桂江东岸，桂林路75号

市内乘19路、28路、7路、10路等公交可达

梧州龙母太庙始建于北宋初年，是一座广西少有保存至今的、具有宋代建筑风格的文物古迹。庙宇经过多次重修，当时的古貌已经无法找寻，但是富有地方民族色彩的泥塑、壁画都还保存完整。

龙母庙依山面水，占地面积5000多平方米，由牌坊、前殿、中殿、后宫、行宫、龟池、

梧州骑楼

梧州骑楼城如同一座骑楼博物城，在这里，体现水都风韵的清水墙，西式风格的铁栏观景阳台，西化痕迹较浓的罗马柱、圆拱形窗；东西方相结合的建筑形式赋予了梧州骑楼独特韵味。

梧州骑楼主要是前铺后宅，下铺上宅，住商合一。

骑楼外观上有许多经典的古建筑装饰，如花窗、砖雕、牌坊等，都十分精致。

临街砖柱上镶嵌铁环高低各一只，为泊船系缆绳所用。因为梧州地处三江水口，几乎年年有几次洪水淹街的情形，所以是特别配置的。

骑楼为钢筋混凝土结构的三四层楼房，底层商铺门面向内缩入2~3米让出来作为行人走廊，既可以替行人遮阳挡雨，又可以为商铺营造舒适环境。

骑楼城

商场等组成。每年农历五月初八和农历八月十五（相传分别为龙母诞辰和升仙日）是龙母庙最热闹的时候。这时候会有很多游客前来龙母庙参拜。

玩家 解说

龙母文化已成为梧州最重要的旅游资源。梧州每年都在龙母庙举行一系列龙母文化旅游活动，正月二十一为龙母开金库，五月初八为龙母诞辰，八月初一为龙母得道诞，十一月初一为朝龙母节，吸引成千上万的游客到龙母庙旅游。

梧州骑楼

链接

龙母

龙母是西江河神。传说龙母是秦朝祖龙皇帝时之神，姓温，藤县一都水东街孝通坊人，因养育五条小龙而被称龙母，后来死在广东悦城。龙母在西江流域做了很多造福于民的好事，如带领大家耕织渔牧，整治水患，执仗护航，惩恶扬善，治病救人，乐善好施等。龙母去世后，人们把她当作神仙来崇拜。

中山纪念堂 文

最早的中山纪念堂

梧州市冰泉西路10号的中山公园内

2024739

市内乘19路、28路、2路、12路等公交可达

梧州中山纪念堂建于1930年，是我国最早建成的中山纪念堂。纪念堂占地面积达1630多平方米，坐北朝南，素白色的外墙与四季常绿的古树相映衬，寓中山精神万古长青。纪念堂前的广场中央立有孙中山先生全身塑像。

纪念堂坐北向南，主体建筑结构呈“中山”形。采用中国古典宫殿式与西洋教堂式相结合的建筑结构设计，具有中西方相结合的建筑艺术风格。一楼两个展厅为中国民主革命的伟大先驱孙中山图片展。二楼两个展厅为孙中山的亲属与后裔图片展。

中山纪念堂

玩家 攻略

会堂展厅：陈列有孙中山生平事迹图片展览及文物复制品。展厅系统地介绍了民主革命的伟大先驱孙中山先生的生平事迹，还着重介绍了孙中山先生在1922年年初三次莅临梧州，指挥北伐，指导梧州人民建设家乡，治理西江航道的动人事迹。

明清火炮站：会堂外花园有梧州市明清火炮展。梧州市是广西火炮数量、类型最多的城市，展出的有红夷炮、将军炮、神飞炮、西洋炮等火炮。

河滨公园

英领事馆旧址前身今貌

梧州市大学路桂江一桥桥头

市内乘2路、3路、7路、10路等公交可达

河滨公园是梧州人假日休闲的好去处。公园依山傍水，环境幽雅，小巧别致。花坛鱼池与画廊舞厅错落有致，楼台亭榭及游乐设施掩映于万绿丛中。游客到这里或垂钓游泳，或嬉戏玩耍，或赏竹寻幽……

当然这里最吸引人的还是英国领事馆旧址，英国人曾经在这里生活了24年。如今的领事馆已经没有昔日之风光，但是高大圆拱装饰的回廊十分漂亮，非常吸引人，与河滨公园的环境也相得益彰。

玩家 攻略

参观梧州市博物馆：位于河滨公园内，博物馆里面介绍了很多梧州发展的历史，更有不同时代的收藏品。喜欢历史的朋友不妨去看一看。

游白鹤观：始建于唐代，目前观里只有三清殿的两个柱子是古物，还有一块寿字碑，据说是道教陈抟老祖亲手刻写的。

李济深故居 ⓧ

革命伟人的革命记忆

梧州市苍梧县大坡镇料神村

第一届中央人民政府副主席、中国国民党革命委员会主席李济深先生的故居始建于1925年。李济深先生曾在这里接待过不少的国民党军政要员，讨论国事。故居是一座融中国传统建筑艺术和西洋装饰风格于一体的、具有明显时代特征的近代建筑体。主体建筑除了厅堂和房室外，还设有炮楼、瓦面走道、射击孔等防御设施，屋内庭院四周，厅房交错，回廊曲径，层层有走廊相通，形成统一、协调的攻防体系。

故居内除了各个居室的实景陈设以外，庭院内还设置有李济深生平图片展、名人题词碑廊等陈列区，供游人参观；围墙外面，建设有凉亭、水塘、九曲十三弯溪流，还有野外烧烤场，是一个集参观瞻仰和休闲娱乐于一体的人文景观游览区。

链接

李济深

想必看过电影《建国大业》的朋友对李济深都不会陌生，电影中成龙扮演的香港记者采访的对象便是李济深。李济深（1885—1959），字任潮，广西苍梧人。北京陆军大学毕业，曾任粤军第一师参谋长、代师长，国民革命军第四军军长，黄埔军校副校长，广东省政府主席。

李济深故居

梧州龙岩

奇雄壁立的摩崖石刻

梧州市苍梧县桥镇西北500米处

龙岩岩洞状若喇叭，后有出口，洞顶有一孔通天，抬头仰望可窥见蓝天白云，故龙岩又称“通天岩”。龙岩因有众多的摩崖石刻一度成为当地的旅游胜地，至今洞内岩

壁上还有李宗仁的“奇雄壁立”、白崇禧的“破壁而飞”、黄绍竑“介然独立”等石刻题字。

洞内石床、石桌、石凳、石桥错落有致，一条小溪横贯其中，清澈见底。石壁上有不少石钟乳、石笋、石芽、石花、石幔，有的如玉兔嬉戏，有的如雄鸡报晓，无不惟妙惟肖，形象逼真。龙岩四周群山环绕，金鸡、古杭、蛤头、独秀诸峰环峙，风光秀丽，引人入胜。

玩家 攻略

龙岩除了自身优美的风光外，后面还有三星岩，石壁上镌刻有不少诗文和对联，笔画遒劲，刻工精湛。离三星岩不远有北帝殿，传说当年歌仙刘三姐传歌到石桥，在北帝岩小住，被北帝飞石打烂油瓶，溅了一地茶油，故人们称这里为“刘三姐倒泻油”。

更多本旅游区景点

太和花园：位于梧州市河西城区富民二路东山冲44号。太和花园园林布局精奇巧妙，极富南国风情特色，加上花园植被好，绿化覆盖率高，是闹市区里面一个天然氧吧和绿色乐园。☎ 5834225

西竺园：位于梧州市岗岭路珠投岭上。始建于1934年，为现代僧人妙真法师和她的师父达禅法师创建，是梧州市区著名的佛教寺庙。

四恩寺：前身是位于广西梧州钱鉴的紫竹林寺，始建于1939年。如今的四恩寺是新建的，也是岭南第一座现代寺庙。四恩寺内的大雄宝殿高16.8米，气势恢弘。

白云山公园：白云山是梧州最高山峰，于1981年建成公园。公园内有伏虎岩、风筝台、双清亭、半山亭、蘑菇亭、猴趣亭、羊餐馆等设施。

苍梧粤东会馆：位于苍梧县城，是广西现存的年代最古老的粤东会馆。原来粤东会馆建筑的主体部分为山门、关夫子殿和天后宫。现今中殿和后殿的塑像仍存，香火鼎盛，是一处名闻两广的古迹。

李济深故居

景点推荐 梧州西部旅游区

太平天国封王旧址 文

太平天国的第一个京都

梧州市蒙山县（古称永安州）城区，321国道旁

清道光三十年（1850年），洪秀全领导的太平军在桂平金田起义之后攻占了第一个州城——永安州，即现在的蒙山。

太平军在永安州留驻了半年，他们在此开创新朝，分封诸王，制定了政治、军事、经济、文化等各项制度，粉碎了清军数十次武装围剿和严密的经济封锁，取得了辉煌的胜利。永安州因此留下太平天国遗址26处，太平天国文物1500余件。这里是全国太平天国文物真品储存最多的地方。

玩家解说

太平天国旧址历史人文景观特色突出，分布集中。以天朝遗址（今蒙山县人民政府所在地）为中心，由永安州古城墙所环抱。古城墙始建于明成化十三年（1477年），现存城墙为清道光年间所修复，现墙砖上“道光”字样清晰可见。当年太平军攻城时，采用了声东击西的战术，从州城的西南角登城，一举攻克了永安州城池，取得了自金田起义以来第一次占领州城的胜利。

1851年9月至1852年4月间，天王洪秀全在武庙前的玉兰树下发布六道诏令，分封东、西、南、北、翼五王。州城的四周分别建有东西南北炮台，东炮台位于城东约500米的瞭望岭，南炮台位于城南约500米的大窖岭，西炮台位于城西半华里的团冠岭，北炮台位于城北500米的红庙（今教育局农场）。这四座炮台互为犄角，声势相连，是太平军占领州城后和清军对峙的攻防工事。现仅存一门断头真品古炮于文物展厅内。

梁羽生公园

武侠小说宗师梁羽生主题公园

梧州市蒙山县城东南角

梁羽生公园原址为鳌山宝塔（文笔塔），因宝塔建于山顶，山似巨鳌，故名。主塔始建于清乾隆二十七年（1762年），嘉庆年间续建，1985年重建。塔分五层，呈六角形，每层各有塔檐，塔顶用琉璃瓦盖成，顶尖为莲花托葫芦形陶制品。

链接

梁羽生

梁羽生(1924—2009),原名陈文统,中国著名武侠小说家,与金庸、古龙并称为中国武侠小说三大宗师,被誉为新派武侠小说的开山祖师。代表作品有《白发魔女传》《七剑下天山》《萍踪侠影录》《云海玉弓缘》等。

梁羽生出生于广西蒙山县文圩乡屯治村一个书香门第之家。梁羽生自幼跟随外祖父学习围棋、对联、填词等,熟读古文,善于对联,接受了很好的传统教育,8岁就能背诵《唐诗三百首》。

梁羽生作品

塔门两边有一对联,为蒙山县籍的香港新派武侠小说作家梁羽生先生1987年回乡所作,联曰:"文光映日,到最高处开阔心胸,看乡帮又翻新页;笔势凌云,是真人才自有眼界,望来者更胜前贤。"后来公园便改成梁羽生公园。

石表山 AAAA

综合性的山水诗画景区

梧州市藤县象棋镇道家村 ¥100元

石表山是集休闲、度假、览胜、礼佛于一体的综合性山水诗画景区,包括思罗河漂流景区、石表山寨景区和道家沙滩公园。石表山属典型的丹霞地貌,集"雅、幽、奇、险、神"于一体,城墙式的丹崖绝壁及险峻幽深的额状岩廊随处可见,巍峨雄伟,奇丽壮观。景区内有"华表双峰""飞龙在天""赤壁长廊""丹崖叠翠""长岩飞瀑""灵猿观天"等美景。

玩家攻略

思罗河漂流: 以原生态的休闲竹排漂流,漂流全程约7千米,游程约一个半小时。这里的漂流不像其他地方那样惊险刺激,比较悠闲一点。游客在漂流的途中既可以享尽两岸美景,又可以尽情戏水、打水仗。

娱乐: 景区内的道家沙滩公园堪称中国江河第一滩,这里的沙质金黄洁净,沙波连绵起伏,蔚为壮观。游乐项目有沙滩气排球、沙滩车、射箭、烧烤、爬铁链、电网、爬杆等,另外还有水上乐园项目,如冰山、岩石、土星、蹦床、跷跷板、水上步行球、碰碰船等。如果是晚上,还可以在沙滩上举行篝火晚会,或者支起帐篷在沙滩上露营,听水声,看月亮,再者还可以到戏台去看表演,或到啤酒屋里去喝酒、唱歌,品尝沙地烤鸡等沙地美食。

狮山

奇峰异石的喀斯特地貌公园

梧州市藤县太平镇2.5千米的近郊

狮山形成于7000万年前,经地壳抬升和太阳、风、雨的风化、侵蚀、冲刷,形成山顶平台、峭壁万丈、锦石奇异、峡谷幽深又有茂盛的森林植被和清澈的秀水相衬的独特地貌,是广西少见的具有丹霞地貌特色的森林公园。

"远看大石头,近看石头大。"狮山星罗棋布的巨峰奇石是其最大的看点。狮山是从低丘拔地而起,气势磅礴,雄伟壮观。山上的奇峰异石更是数不胜数,其山石仪态万千,鬼斧神工,象形之多、形象之逼真为广西少有,全国罕见。除了奇峰异石,公园内的森林景观也是丰富多样,五彩缤纷。

天龙顶国家山地公园 AAAA

山地公园的休闲娱乐

岑溪市南渡镇吉太村附近 ¥180元

天龙顶国家山地公园是我国最大的山地公园,天龙顶是梧州市最高的山峰。从天龙顶向四周伸展的山脉绵延逶迤,海拔1000米以上的山峰就有6座,峰峦叠嶂,奇峰林立。尤其是天龙顶主峰在1000米的高度突然收缩隆起,如一根巨型的圆柱,顶天立地,傲指苍穹。

天龙顶景区的自然资源多样，包括高山湖泊、原始森林、沟壑峡谷、溪谷瀑布群、海拔1000米之上的高山草甸、海拔1200多米的丹霞山峰、延绵近数十里的断层崖壁等，形成了一个具有旅游观光、休闲度假、户外运动等多功能的复合型景区。

玩家攻略

天龙顶国家山地公园优美的自然风光，独特的地质地貌以及完善的设施让它成为山地景观观赏、攀登、滑翔、野营、写生、摄影、徒步穿越、山地越野车穿越、宗教拜谒、度假疗养、漂流、采摘、滑草、探险、垂钓、山地自行车等休闲活动的最佳去处。

梧州石庙

青山绿水间的古老石山

梧州市岑溪市水汶镇西南部

在群山环绕的黄华河中上游，屹立着一座古老的石山，这就是远近闻名的石庙旅游点。它位于水汶镇西南部。石庙相对高度950米，占地面积170多亩，气候冬暖夏凉，四季宜人，山上资源丰富。

更多本旅游区景点

小娘山：位于藤县小娘山林场内，是山岳型人文景观和自然景观为一体的风景旅游区。小娘山由大娘、二娘、三娘三座山连成，森林繁茂，动植物丰富，环境幽雅。

新马村：位于藤县天平镇，是明末英雄袁崇焕的故里。新马村依珠江主干流的浔江边，山环水绕，榕树成荫，地理环境独特。有明督师袁崇焕纪念碑、袁崇焕宅基地及石柱莲花墩、明代莲花井、莲花塘、袁崇焕父亲和祖父墓、何家祠堂、袁妻投江崖等景点。

罗漫山：位于藤县天平镇罗漫村。罗漫山山林密布，森林植被丰富。有花心和尚、守岭石人、五经石、孩儿石、接吻石等以石为景的景点，此外映山红、大红油茶花也颇具特色。

爽心湖：位于藤县埌南镇黎寨村，是由藤县南部最高峰尖峰顶径流形成的12个各具特色的瀑布。

梧州石庙

景点推荐 贺州东部旅游区

姑婆山国家森林公园 AAAA

田园风景优美的天然氧吧区

贺州市八步区北部，距市区21千米

在市内乘坐前往姑婆山的专线车可到

125元 5236888

姑婆山国家森林公园是集“雄、奇、秀、幽”于一体，兼有山水的城郊型公园。姑婆山最高峰海拔1844米，是桂东第一高峰。这里沟壑纵横，终年溪水潺潺。姑婆山的森林覆盖率高，茂密的丛林中生长着1400多种野生植物，有鸟兽130多钟，可以说是一个天然的动植物宝库。

雄峰、峻岭、古树、老藤、奇花、异草、怪石、瀑布等，构成了姑婆山一幅幅自然天成的绝妙风景。姑婆山气候宜人，四季如春。公园内空气清洁度高，环境优美，空气中负离子含量高达每立方厘米65 856个，是华南地区最大的天然氧吧区，也是旅游、度假、疗养的好去处。

玩家攻略

姑婆山漂流：素有“桂东第一漂”之称。姑婆山漂流河段3000多米，此河段落差100多米，漂流时间约2小时30分。漂流河段有10多个2~3米落差的惊险刺激之处。

观瀑布：由于特殊的地形构造，姑婆山绝壁众多，形成沟沟皆瀑、有瀑必奇的独特景象。其中多姿多彩的瓦窑冲奔马瀑布、仙姑瀑布、罗汉瀑布、银河落九天瀑布、“二毫米”瀑布、母子瀑布、鸳鸯瀑布尤为有名。

娱乐休闲：人们可观瀑狩猎，可烧烤野炊，可扎帐露宿，亦可住进建在溪旁潭边的竹楼别墅，尽享大自然的美妙恩赐。

住宿：山脚下的姑婆山宾馆是一个不错的住处，标间在150元左右。

贺州温泉景区 AAAA

种类多样的温泉地

贺州市平桂区黄田镇路花村，距市区18千米

50元 市区乘开往新路、里松的车，在玉石林十字路口下，步行前往

贺州温泉景区拥有温泉区、温泉宾馆、温泉餐厅、溪流飞瀑区，是一个集食、住、游、浴于一体温泉度假区。它四面青山环抱、瀑飞溪潺、层林叠翠；地下温泉资源丰富，出口水温常年达60℃。

景区有高、中、低三种不同泉池，夏季有冰泉，温泉水量充沛。泉水中含有氡、锌、铁等38种对人体有益的矿物质。泡温泉可使全身舒畅，心情放松，改善睡眠质量。

玉石林 AAAA

地质奇迹中的人间仙境

贺州市平桂区黄田镇路花村，距市区18千米

74元 市区乘开往新路、里松的车，在玉石林十字路口下

石林就是石头林立的意思，然而这里的石林却有别于云南石林，整座山的石头黑白相间，是属于喀什特地貌的一种石头，叫汉白玉花岗岩。玉石林这个名字也因此而生。贺州玉石林也成为中国唯一的汉白玉地质公园。

贺州玉石林内石芽裸露、奇峰突兀，石笋石柱、地槽漏斗，狭缝密布，成就了“千年骆驼”“空中走廊”“一线天”等众多的奇异自然景观。它独立于四周的石灰岩山中，被游人誉为“人间仙境”，被地质学专家称作地质奇迹。

玩家解说

贺州玉石林形成于一亿多年前的寒武纪时期，经过漫长的地壳运动和长期的岩溶渗蚀，这里的底层发生了断裂隆升，燕山期花岗体侵入古生代的底层中，产生了一片蚀岩化，并有热液矿脉灌入，矿脉成分是锡、铁和石英。所以就有了从宋朝开始的1000多年锡矿开采历史。大部分的石柱被伏在其表面的苔藓类植物干枯风化，把石头染成了黑色，使石林黑白相间，十分好看。

十八水原生态景区 AAAA

景观奇特瀑布群景区

贺州市平桂区黄田镇，距贺州市区21千米

73元 5283798

十八水原生态景区是一个优美的水世界，景区内的水发源于姑婆山。景区内有飞瀑10道、水湾18处，所以景区又名“十八水”。十八水原生态景区山高林深，瀑布成群，奇石林立，古树参天，幽幽水木精华，处处藏真毓秀。

其中瀑布更是景区内的一绝。景区以独特的落差近300米的叠水式瀑布成为天下瀑布之奇观，飞瀑、碧潭、涛声、水雾更是堪称水景四绝，享“岭南九寨沟”之美誉。来到“十八水”徒步森林氧吧，欣赏景区内奇树、

玉石林

奇石，奇瀑，还可免费划竹排。

贺州客家围屋

广西第一围，江南紫禁城

贺州市八步区莲塘镇仁冲村，距贺州市区10千米

市内乘25路公车可达 30元

贺州客家围屋是目前中国保存最完整、规模最大、历史最悠久的客家古建筑之一，因围屋最早是由江姓人士所建村内也多是姓江人士，所以这里也被称为江家围屋。它是广西客家民居围屋的典型代表，与福建的客家土楼并称为中国客家民居的传统建筑。

整个围屋占地30多亩，分北、南两座，相距300米。北座四横六纵，有天井18处，厅堂9个，厢房99间；南座三横六纵，有天井16处，厅堂8个，厢房94间。四周有3米高的围墙与外界相隔，屋宇、厅堂、房井布局错落有致，上下相通。围屋是典型的客家建筑文化艺术结晶，素有“江南紫禁城”之美称。

玩家攻略

客家生态博物馆：在围屋附近有一个客家生态博物馆，里面陈列着早期客家人日常使用的农具、家具等，最有趣的是客家新娘房。

美食：当地餐厅以地道的客家酿菜为主，其中最受欢迎的有豆腐酿、辣椒酿、苦瓜酿、茄子酿、豆角酿、豆芽酿、蛋酿等一系列酿菜，让您品味一番有滋有味、风味独具的贺州地道客家菜。

链接

客家人

客家人可以说是汉族最颠沛流离的一个民族。从唐宋时期开始，由于天灾和战乱等原因，他们大量辗转南迁。他们先在闽粤赣交界的广袤山区中扎根，以后又向南方各省及海外播衍。迁徙—侨居—再迁徙—再侨居，是客家人的生活模式，客家先民历尽艰辛。但是客家人以其独特的生存方式与顽强的生命力，创造了自己独特的文化传统和广大的社会区域，从而成为汉民族一支人口众多、分布广阔、英才辈出的特殊民系。贺州客家人多是明末清初从广东梅县迁徙而来，这些移民在登记户籍时被立为“客籍”，因而称为“客家人”。

临贺故城

临贺故城 文 镇

一座古城的古老容貌

贺州市八步区贺街镇

贺州汽车西站、东站都有到贺街的班车

临贺故城所在的贺街镇历史上一直是贺县县治所在地。古城始建于西汉元鼎六年（公元前111年），是广西已发现的西汉四大城址中唯一保存完好的历史古城。

整个临贺故城包括旧县肚城址、洲尾城址、河西古城、河东古城等四个城址，六大古墓群，寺庙二座及宋代营盘一处，内存有大量富于地方特色的古建筑，包括古城墙、寺庙、祠堂、捕厅、衙门、义仓、会馆、文庙、石板街道、古井、民居、码头及水门等。

中华古石城

独具风情的天险石城

贺州市八步区铺门镇中华村

在贺州有20多座古城，其中以中华古石城最为有名。中华古石城建于明代隆庆五年（1571年），由天然陡峭石山当作城墙，西北面紧邻贺江，古人只用石块建起南北城门，易守难攻，故又被誉为举世无双的天险石城。

城中有点将台、猪笼炮台、青石板路、旧石宅基、古墙古壁，相互辉映。两旁的石山奇幻多变，如龙、如狮、如蛇、如蛙、如龟、如猴、如鸡，既神似又形似的自然天成的景点

紫云仙境

众多，让人惊叹；同时，石城内外古木参天，石峰林立，独具风情。如今，石城内仍居住着10多户人家，民风淳朴，生活悠然自得。

灵峰山

城市内的古朴山峰

贺州市八步区向阳路

如果到了贺州市区那就一定要看看灵峰山。灵峰山，又名灵峰岩、马峰岩，是一座拔地而起的石灰岩石孤山。整个山峭壁险陡，挺拔峻秀，十分古朴天然。山上有奇石怪洞，洞道四通八达，洞顶石钟乳倒悬，洞内有古生物化石，还有名人留下的石刻。

山脚北面有一石洞，深不可测。灵峰山的存在为贺州这座现代化的城市增添了几分野趣和古意。依托着灵峰山所建的灵峰山广场更是贺州非常热闹的一个地方，是贺州市民娱乐休闲的好去处。

玩家 攻略

攀登远眺：灵峰山是一个攀登休闲的好地方。找个好天气攀登灵峰山，呼吸着山内的新鲜空气，登到山顶还可以俯瞰整个贺州，别有一番趣味。

神兽麒麟尊：出土于贺州八步区沙田镇，全世界独一无二。位于灵峰山广场的是一个放大6倍的复制品，虽不是真品，但仍值得一观。

美食：灵峰山广场附近有众多的餐馆，西边的人工湖边更是小吃一条街，有着琳琅满目的美食。

紫云仙境

别具一格的溶洞景观

贺州市八步区鹅塘粟木村，距贺州市区4千米

紫云仙境是一个集岩洞观光、儿童娱乐、休闲度假于一体的综合性旅游风景区。景区内最有名的景观便是紫云洞。紫云洞风景别具一格，既玲珑秀气又气势磅礴，洞中的水帘瀑布和绚丽多彩的自然景观令人叹为观止。

洞内景致集中，钟乳石琳琅满目、形态万千，还有若隐若现的地下河、大小不一的瀑布特色群，特色景点近30个。紫云洞内有罕见的斜塔、悬塔，十几米又高又大的宝塔立于悬空的石板上，让人看后心悬；南海观音形象栩栩如生……紫云洞堪称“世界溶洞奇观”。

更多本旅游区景点

黎家祖屋：位于贺州市八步区铺门镇3千米处，始建于清嘉庆年间。其规模建制并不输江家围屋，通常人们也叫这里为“浪水庄园”。

黄洞月湾：坐落在贺州市八步区黄洞瑶族乡大宁河两岸，是一个以茶园观光和瑶族风情为主的“绿野乡居”。

景点推荐

贺州西部旅游区

黄姚古镇 AAAA 镇

古老的“梦境家园”

贺州市昭平县东北部，距县城40千米

100元

贺州汽车西站有到黄姚的直达车

黄姚古镇有着近千年的历史，始建于宋代，由于镇上以黄、姚两姓居多，故名“黄姚”。黄姚镇由于四面皆山，易守难攻，而且交通不便，所以村镇处于半封闭状态，使得古老的民居、众多的文物得以保存，如韩愈、刘宗标墨迹，中共广西省工委旧址纪念馆，钱兴烈士塑像，何香凝、高士其、千家驹等文化名人寓所，以及许多诗联碑刻。

像丽江、凤凰一样，黄姚分为古镇与新街，值得庆幸的是黄姚并没有被过度的商业化，石板街仍然是300年前的老样子，古意盎然。黄姚古镇的风景很美，它既有苏州园林的曲径通幽，也有周庄的小桥流水人家，还有丽江的古香古色，被称为“梦境家园”。

玩家攻略

参观古戏台：是黄姚最珍贵的古董，八根高大的柱子是400多年前明代的原物，而且戏台设计得十分精妙。

游带龙桥：是古镇古桥梁中最大的，是黄姚的标志，也是摄影发烧友的宝地。这里是拍摄黄姚“小桥流水人家”景致的最佳选址，不过最好不在饭点去，因为桥畔有餐馆，饭点时人来人往，最好的时候是清晨时分。

农家乐：古镇有一个农趣园，以前叫南塘，是欣赏荷花的好去处。园中有豆豉、豆腐、榨油古作坊，可以亲自参与。

住宿：在黄姚古镇想要找个住的地方并不难，像和兴驿站（三星楼43号）、泊客驿站（西门楼内20米）、古崖居客栈（金德街32号）、仙人古井客栈（仙人古井旁）等都十分不错。

美食：黄姚豆腐是当地的一大特色菜，有豆腐和豆腐酿，来黄姚一定要尝尝。

黄姚古镇

黄姚古镇戏台

黄姚古戏台始建于明朝万历三年（1524年），至今已有400多年。清乾隆、光绪年间曾多次重修。建立古戏台之后，每逢节庆，当地的民间艺人都会在台上演出助兴，这一习俗延续至今。

购物：黄姚最有名的特产是豆豉，郭家大院豆豉和天然街的老杨家豆豉都很好。

钟山十里画廊

绚丽多彩的山水画卷

贺州市钟山县公安镇和荷塘村

钟山十里画廊是以喀斯特岩溶地貌为吸引物的自然风景区，景区延绵十数里，风景如画，因而取名为十里画廊。群山环绕的景区内有数个荷塘，每逢盛夏初秋，池塘中妩媚的荷花竞放，与威武的群峰相互映衬，绘出一幅天然的绚丽多彩的山水画，所以景区亦别称为“荷塘十里画廊”。

十里画廊岩溶地貌的高峰、奇石、峰丛多为平地拔起，如千重剑戟指天，似万排玉笋铺空，与周边村落民居和田园风光相互映衬，形成绚丽多姿的天然风景画卷。十里画廊长约5000米，两边林木葱茏，野花飘香，奇峰异石，千姿百态，像一幅巨大的山水画卷。

玩家攻略

游公婆山：公婆山，两座似鬼斧神工凿成栩栩如生的石峰相依相偎，矗立在群山的环抱中格外夺目。

采药老人：又名老人岩，这座石峰活像一位腰身佝偻的老人，头戴方巾，身着长衫，背着满满一篓草药，这也是十里画廊著名景观之一。

龙道村古民居群

建筑形式独特的古村落

贺州市钟山县回龙镇

龙道村古民居群依岭而建，坐东北朝西南，背山面田，避风向阳，村前鱼塘环绕，村后山峦起伏，是一座典型的南方村落布局的古老村庄，这里的古民居保存得比较完整。

龙道村古民居有隋唐建筑封闭、密集的特点，是中原汉民族与南越土著民族相结合的建筑形式——变异干栏式建筑。它家家相连相通，户户石门雕刻对联和八卦图。村中炮楼耸立，门楼众多，巷道复杂，体现清道光、咸丰时期广西乡村社会动荡的状况；同时民居族系分明，贫富有别，也是一座典型的氏族文化与阶级划分的活标本。

链接

龙道村的石刻对联

龙道村古民居群每户正门均刻以对联，雕以八卦图及龙凤、花草图案，许多屋内画有壁画、书写诗抄，文化氛围浓郁。特别是那家家户户的石刻对联，十分醒目耀眼。

秀水村 村

人杰地灵的古村落

贺州市富川县朝东镇秀水村

秀水村建于唐开元年间，立村建寨距今

钟山十里画廊

秀水村

已有1300多年的历史，始祖毛衷，是唐开元年间进士，为广西贺州刺史。因从古到今人才辈出，所以又被人们称为“状元村”。2008年秀水村成为国家级历史文化名村。

秀水一共有石余、八房、安福、水楼4个自然村，清澈的小河穿村而过，也有着小桥流水般的清新自然。目前，村内有状元楼、古戏台、古牌坊、古泉池、古照壁等景观一批；有历朝历代皇帝赐封和官府贺赠的各式古牌匾一批，还有唐、宋、元、明、清古民居建筑群以及古建门楼等古迹一批，因而又享有“宋元明清古建筑露天博物馆”之称。

玩家 指路

贺州汽车站有直达车到富川县，2小时，票价16元，最后一班到富川的直达车是19：30。在富川县坐车到朝东镇，票价6元，搭车地方，要问当地人，坐三轮摩托车每人1元就可到。朝东镇到秀水状元村有拖拉机改装的搭客车，1元，5分钟到，而那些摩托车主搭人，则要收10元。

福溪村 村

水生福气的唐宋古寨

贺州市富川县朝东镇油沐乡，距县城约40千米

福溪村是富川瑶乡的唐宋古寨，它位于秦汉萧贺古道，楚粤通衢旁。始建于唐宋时期，至今已有1000多年的历史。古寨原名叫沱溪，有一涌泉形成一条清澈的溪水，据说是因为湖南沱江搬至此地安居而得名。后因村里人才辈出，认为是溪水赐予他们的福气，便改名为福溪村。

整个福溪村由长达2里路的大青石板街连贯着，青石板街最独特和让人惊叹的，是两侧均纵横镶嵌着长方形青石板，石板街道两旁的民房为唐宋时代结构的红砖青瓦的老式建筑，此外村里还保存着古戏台、古庙等建筑。

玩家 攻略

百柱庙又被人们叫作灵溪庙，始建于明代。其木柱均用不同的石礅托离地面，整座庙宇结构严密、气派堂皇，是全国极少见的一座木柱结构的古代寺庙。

更多本旅游区景点

大田戏台：位于钟山县公安镇大田村，戏台保存完好，以华丽精致著称，尤其是台基上的青石石雕，工艺十分精湛。

玉坡村：位于钟山县燕塘镇，村中最有名的便是“恩荣石牌坊”，始建于清乾隆年间。

古明城：位于富川瑶族自治县富阳镇，距今已经有600多年历史，城内有众多古建筑都值得一看。

瑞光塔：位于富川瑶族自治县富阳镇，是富川县城的地标，建于明代。

凤溪古瑶寨：位于富川瑶族自治县城北镇，房屋建筑都是按照明清时期的商业街市建造的，厚重而精美，村子内有风雨桥、古戏台、祠堂等古建筑。

回澜桥：位于富川瑶族自治县朝东镇，为三孔石拱桥，集我国北方的石劵桥、南方的亭、古远的阁的造型特点于一体而成石劵廊桥，在全国古建园林中比较独特。

青龙桥：位于富川瑶族自治县朝东镇，距今已经有400多年历史了，最能体现石劵廊桥的特点。桥上的青龙亭气势不凡。

景点推荐

贵港旅游区

西山 AAAA

秀美的西山风景

贵港桂平市城西1千米处 150元 3382971

市内乘桂平11路、桂平14路、桂平4路、桂平7路等公交可达

桂平西山又名思灵山，是全国七大著名西山之一，素以“林秀、石奇、泉甘、茶香、佛灵”五绝而著称。西山古树参天，浓荫蔽日，流泉飞瀑，怪石嶙峋，寺庙楼阁错落其间，摩崖石刻相映成趣，名庵古寺常有高僧驻锡。

其中老八景“官桥秋柳、云台曲水、忠勇松涛、碧云石径、龙华晚眺、乳泉琴韵、古洞仙踪、飞阁月明”久负盛名；新八景“灵湖叠翠、险峰朝阳、虹桥鼎泉、长峡会仙、龙亭观日、栈道悬碧、松海听涛、濂溪飞瀑”闻名遐迩，故有“桂林山水甲天下，西山风景秀南天”的美誉。

玩家攻略

登山：徒步登顶西山需2~3小时，坐索道缆车10分钟可登顶，单程20元，不用走回头路，而且能俯瞰棋盘亭一带美丽的茶园。

品斋菜：登高望远、参拜佛祖、品茗茶之后，游客可以在洗石庵旁的敬慈斋馆订上一桌由僧尼根据传统工艺制作的清淡斋食，围坐一起细细品尝其中的浓浓禅味，将平日里已经满负荷运转的身体清洗一下。

购物：西山最值得购买的纪念品便是西山茶。

住宿：游客可以选择在西山山脚下居住，像功德山庄、畅禅山庄都是很不错的，环境非常好。

白石山 AAAAA

丹霞地貌造就的独特自然美

贵港桂平市麻垌镇 5366056

白石山属于典型的丹霞地貌，因山体受风化作用强烈，远望呈白色，因此而得名。园内丹霞地貌十分显著，以“独秀峰”“莲蕊峰”“五佬岩画”“阳元石”“阴元石”“苍玉峡”等地质遗迹景点为代表，国内十分罕见，拥有独特的自然美，在地学方面有重要的科学研究价值。

白石山园区自然风光秀美，四季景观各

异。园区东面的水明湖与丹霞群山交相辉映，碧水丹山相得益彰。此外白石山还是道教“三十六洞天”中的第二十一洞天，园内道教文化源远流长，与壮美的丹霞、荔海风光相得益彰，具有极高的人文历史价值。

玩家 攻略

荔海风光： 每年7月，景区内红彤彤的荔枝压满枝头，微风吹过，荔枝飘香，景色蔚为壮观。

龙潭森林公园 AAAA

珍禽异兽，绿色宝库

贵港桂平市南木镇金田林场六冲分场

¥ 100元

可搭乘桂平到金田的车，在龙潭路口下即可

龙潭森林保存着亚热带常绿阔叶林最原始的生态自然景观，秀丽的森林，蕴藏着珍稀罕见的动植物，有“茶族皇后”金花茶，“植物活化石”桫椤、过江龙以及国家重点保护一、二类动物瑶山鳄蜥、猕猴、娃娃鱼等10多种。

除了珍贵的动植物，龙潭森林公园内形象逼真的奇峰怪石、峡谷、飞瀑，五颜六色的幽潭也随处可见。尤其是处于三面垂直朱红岩壁环抱、深达300多米的龙潭峡谷更值得一观。峡谷内的龙潭瀑布在山谷中腾越呼啸，声若滚雷，石泉激溅起的无数水珠，化作迷蒙的水雾，在阳光照耀下，常常变幻出一道道七色彩虹，像彩桥飞架，整个山谷也好像笼罩在一片金色轻纱之中。

如银龙飞舞的龙潭瀑布以及天造城墙奇观（瀑布周围峭壁的岩石排列得十分整齐，就像石块砌成的城墙）共同构成了多姿多彩的原生态自然景观。这些都让龙潭森林公园成为人们观光旅游的胜地、休闲度假的天堂。

龙潭森林公园

玩家 攻略

景区内负氧离子丰富，加之酚多精等植物精气的综合作用，空气清新，清幽舒适，有安神醒脑，舒心洗肺、促进细胞新陈代谢等多种保健作用。公园内水质清澈，达到国家一级标准，是人们最佳的天然泡浴场所。

最佳旅游季节：每年5—9月，雨量充沛，是到龙潭森林公园观看瀑布的好时候。

大藤峡

特色景观组成的峡谷风光

贵港桂平市城区西北约8千米的黔江下游

¥ 160元 3399155

大藤峡是广西境内最大最长的峡谷。传说古时有大藤如斗，横跨江面，昼沉夜浮，供人攀附渡江，因而得名。大藤峡已经开发了三个特色各异的景点，分别是雨丝洞、金银滩、铜鼓冲。

其中以雨丝洞风景最好，60多米高的雨丝洞瀑布有“飞流直下三千尺，疑是银河落九天”之势。重岩叠嶂，青翠相临的金银滩别有一番风味；而具典型的峡谷峰林特征，十八湾湾十八潭的铜鼓冲也十分值得一游。

玩家 攻略

游玩大藤峡的三个景点都需要乘船游览，在江面上行驶大约3.5小时，景点游玩2小时多。一次乘船只停靠一个景点，如果想全部玩遍，最好包船，价钱自己和船家商量。

大藤峡

东湖
旧貌换新颜的贵港母亲湖

贵港市港北区将被东路

市内乘9路、2路、5路、7路等公交可达

东湖是广西最大的内湖，也是贵港市的母亲湖。东湖原名东井塘，又名路云塘，俗称大塘。相传在明朝前，东湖是由大小二十多个相连的莲藕塘组成，中间嶙峋怪石上有一口井，叫“东井”。后因宋代著名诗人苏东坡游贵港时在东井口上题留石刻“东湖”二字而得名。

曾几何时，东湖因为污染而失当年的风光，如今东湖在经过改造之后以焕然一新的面貌出现在人们的眼前。沿着亲水平台，在绿树成荫的湖堤上漫步，欣赏着东湖的美景，不仅让来贵港旅游的游客多一份惬意的心情，也让每天生活在贵港的市民多了一处休闲娱乐的好去处。

延伸

翼王亭

在东湖西侧的环湖道，即东湖西街上有座20世纪30年代由白崇禧发起建造的翼王亭。翼王亭是纪念生于贵港的太平天国翼王石达开的。

达开湖景区
岛屿众多的湖光山色

贵港市港北区奇石乡境内

达开湖是一个以湖泊山水风光为特色的大型人工湖，又称达开水库，因太平天国翼王石达开的故居而得名。如今石达开故居已被淹没。翼王故居所在的岛上，有3块石碑以纪念石达开的生平和丰功伟绩。达开湖岛多、湾多、湖汊多，以水美、山秀、泉奇、人杰而闻名，其湖中有山，山外有湖，湖光山色交相辉映的景色，堪称“一湖百岛千山秀”。

达开湖不仅景美而且人更美。游览达开湖，无论您走进哪一村哪一户，都会受到热情周到的款待，村民会捧出最好的山茶，唱起热情洋溢的迎宾山歌，摆上丰盛的“翼王宴”，捧出特制的“翼王醇”，让你感受到壮族特有的热情和多情善良的温馨。

链接

达开湖奇异的泉水

达开湖景区有多处奇异的泉水，这里的泉水用来煮粥，放上4天也不变馊；用来酿酒，醉不上头；用来泡茶，格外清香。湖中部的潭两泉，传说是神仙在湖底放下了天上的沉香木，鱼类游经此泉，其味道便变得特别清香甜美，该泉汇入广阔的达开湖后催化了达开湖水，使湖里的鱼、虾、蟹、鳖也变得特别清甜美味，也使今天该湖中淡水鱼的养殖迅速发展起来。

达开湖

南山景区
历史悠久的千年古刹

贵港市南郊约3千米

南山景区以南山寺而闻名于贵港。南山景区不仅包括南山寺，还包括南山寺动物园和两层古青石楼文物陈列馆，展出罗泊湾一号大型汉墓出土文物；在南山寺东还建有烈士陵园，竖有革命烈士纪念碑，碑前有谭寿林、董铨汉两位革命烈士的塑像以及黄彰烈士墓及其塑像。南山景区已经成为贵港地区十分有名的旅游区了。

桂平东塔
屹立山间的秀美高塔

桂平市区东4千米　登塔10元

东塔，又名鹿峰塔、德星塔，位于鹿峰山

桂平东塔

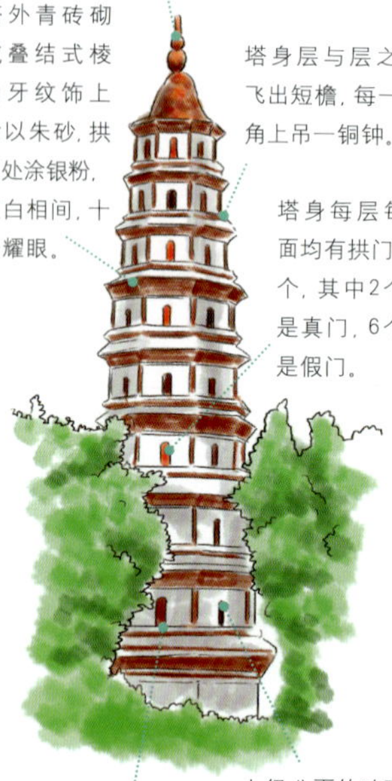

顶。宋治平年间，进士孙颀为桂阳监使时始建，后倾覆。明嘉靖十年(1531年)复建，万历元年(1573年)竣工。

金田起义遗址 文

太平天国革命的历史记忆

贵港桂平市北部金田镇金田村西侧的犀牛岭上

太平天国金田起义遗址（俗称金田营盘），是当年太平军誓师起义的地方。我国历史上规模最大的一次农民起义太平天国革命，于1851年1月11日在金田村爆发。金田村位于紫荆山南麓，村中的韦昌辉故居遗址和村边犀牛岭上的古营盘、练兵场，不远的紫荆山区以及附近的新圩三界庙、江口石头脚等处，都是当年太平天国进行重要活动的地点。

如今遗迹犹存，古松参天，绿草如茵，经多年建设，设施日臻完善，这里已成为人们瞻仰观光、学术研究、进行爱国主义教育的好场所。国内外前来参观游览的人也络绎不绝。

延伸

金田起义历史陈列室

金田起义历史陈列室建于1980年。室内陈列着洪秀全发布的诏令，太平军使用过的大刀、长矛、旗帜和打造武器留下的木炭、铁砧、铁渣，缴获清朝官员的顶戴花翎等实物和史料，再现了金田起义发生的全过程，是太平天国起义的一个缩影。陈列展出以来，吸引了大批来自国内外的史学工作者和游客。

北回归线公园

独特的世界回归线标志

贵港桂平市城区东郊6千米的石嘴镇小汶村

市内乘8路公交车可到

桂平北回归线公园是广西第一座科技公园，因北回归线穿过公园而得名。广西第一座北回归线标志塔就建在该公园内。北回归线标志塔新颖的设计、神秘的洪音，为全球已建北回归线标志中所独有。

公园内有彩色喷泉，有天文科学知识展示，介绍北回归线在全球、全国、全区的位置和北回归线标志概况，展示九大行星形状、特点及对农业、旅游的意义，整个公园融科学技术与旅游观光于一体，既是旅游的好去处，也是人们直观了解自然的科普教育基地。

玩家解说

北回归线标志塔是一座呈正东西走向，跨度18米，高17.2米的弧形建筑，弧形中心顶端托着一个直径6米的地球仪，球体正中有直径16厘米的“窥阳孔”，太阳光经此孔直射在正下方“广西壮族自治区地图”的桂平点上，正好是北回归线穿过的地方。标志的东西方向嵌有宽5厘米、长20多米的北回归线标志指示线，也是热带与温带的分界线，站在这里，可以一只脚踩在热带上，另一只脚踩在温带上；每年的夏至站在这里，将会失去自己的影子。而且站在标志正中的桂平点上发音，声音特别洪亮，好似使用麦克风一样，在该处相距32米的南北两地说悄悄话，竟似通电话般清晰，所以这也是全球9个北回归线标志中唯一有强回音的标志塔。

大桂山

自然风景与人造景观完美结合

贵港市平南县东，距县城约20千米

大桂山风景区由大桂峡谷（俗称石巷）和峡谷附近的天然森林公园两个主景点，以及附近的东平水库库区、大桂林场、团罗茶场等景点组成。大桂峡谷在大桂山最深处，长约8千米，两边是陡立的石壁，峡谷最窄处仅两三米宽，谷底为石面，泉水在石面上涓涓而流。人在峡谷穿行，踏着清凉的泉水，仰望崖壁，可见到各种绿藤怪树、奇草野花，还可听到各种陌生的鸟儿在山上发出悦耳的叫声。

大桂山除了秀丽奇险的自然风景外，还有人为开发的大面积的经济林和连片的茶场，以玉桂、龙眼、荔枝、柑橘和竹子为主。苍翠的茶林像绿色的腰带，一道道绕在山坡上。春夏晴和，采茶女散落在茶场里，鲜艳的服饰飘动在万绿丛中，偶有山歌悠扬而起，更使游人流连忘返。

畅岩山

赏景怀古的好地方

贵港市平南县县城西北15千米处的思村

畅岩山又名思石山，或二程岩，原为八景之首。畅岩山平畴突起，石势嶙峋，高数十丈，状若雄踞之巨狮。畅岩山半山腰有溶洞，非常宽敞。周敦颐（濂溪）曾为程颐、程颢延师在此讲学读书，世称周程三夫子。后来二程成为程朱理学创始人之一，如今该洞口仍有古镌“天南理窟”四字。

此外畅岩山还有犀牛滴水洞、文昌岩、遇仙岩、九重门、飞鼠岩、刘三姐渍麻洞等胜景和三夫子庙、印心亭、莲花池、三宝殿等遗址遗迹，整个景区景色优美，文物富集，非常适合赏景怀古。

白马双英

白马两英杰共聚之地

贵港市平南县丹竹镇白马圩，距平南县城约35千米

白马双英因有南汉梁嵩状元纪念馆和明督师袁崇焕“总制三边坊”而合称为白马双英。梁嵩纪念馆，房屋为仿古建筑。馆内大厅绘有梁嵩画像、梁嵩苦读图。碑廊里镌刻有梁嵩中状元时所作《荔枝诗》和辞官时写的《代母作倚门望子赋》。

在梁嵩纪念的另一侧，建有袁崇焕“总制三边坊”，原坊建于1628年，即明崇祯元年，袁崇焕任兵部尚书，指挥河北、辽宁、山东的军队，即总制三边。原坊已毁，现在的是重建的。坊碑上有仿古图案。

白马双英由一个总门进入，门联为“八桂风光推白马，千秋群众仰双英”，白马双英与巍巍辰岭、悠悠碧水互相辉映，不仅风景秀丽壮观，也是很好的爱国教育基地。

链接

梁嵩

梁嵩是广西历史上仅有的8位状元的第2位，为五代南汉时人，经苦学状元及第，仕至翰林学士，因不满虐政，辞官归里，过白马东濠河溺殁，州人感其请蠲（请求免除田赋）免龚州丁赋之德，立庙以祀。

北回归线公园

攻略资讯

- 交通
- 住宿
- 美食
- 购物
- 娱乐

交通

飞机

梧州西江机场是梧州长洲岛机场的迁建机场。目前开通北京、上海两条航线，飞北京南苑机场每天一班，飞上海虹桥机场每天一班，梧州至北京直飞，梧州至上海经停长沙。 咨询电话为0774-3833222。

火车

●玉林

玉林市内只有一个火车站即玉林站，为客货一体的火车站。车站每天有发往北京、上海、广州、深圳、湛江、成都、郑州、昆明等外省市的列车，此外，还有发往广西自治区内城市以及玉林所辖市县的火车。玉林站位于玉州区中秀路168号，市区乘坐1路、2路、5路、9路等公交车可到，电话为0775-3122562。

●梧州

梧州火车站即梧州站，洛湛铁路从此经过，列车主要发往北京、上海、武汉、湛江、南宁等城市。梧州站位于长洲区站前大道，乘坐31路、46路公交车可到。

●贺州

贺州火车站即贺州站，列车主要发往北京、上海、武汉、南宁、桂林等城市。贺州站

玉林风光

位于贺州市北侧黄田镇境内，距市区5千米，乘坐9路公交车可到。由于贺州火车站离市区稍远，游客如果需要买票可以在代售点买，如贺州灵峰南火车票代售点地址为贺州灵峰南路8号远东国际文华苑南105—106号商铺。

●贵港

贵港火车站现位于贵港市老城区中心区域，是贵港市区内唯一的铁路客运站。新建设的南广铁路也将经过该站，贵港进入高铁时代，届时贵港至广州、南宁分别只需2.5小时、1小时左右。贵港站位于贵港市港北区江北大道，咨询电话为0774－3124242。

汽车

●玉林

玉林市内一共有4个汽车站，分别是玉林汽车总站、玉林东郊车站、西城客运中心和玉林汽车北站。

玉林汽车总站位于玉林市玉州区大北路194号，乘4路、6路、11路、17路等公交可达，电话0775-2833398。

玉林东郊车站位于玉州区五里桥中段，乘3路、16路公交车可到。

玉林西城客运中心位于玉州区大北路570号，乘3路、13路公交车可到。0775-2085532

●梧州

梧州有两个汽车站，一个是金晖梧州汽车站也就是人们常说的河西站，一个是龙船冲客运中心也就是人们常说的河东站。

金晖梧州汽车站位于梧州市长洲区红岭路5号，乘12路、13路、24路公交车可到。

龙船冲客运中心位于梧州市东出口321国道，乘3路、4路、6路、11路、24路等公交车可到。

●贺州

贺州一共有3个汽车站，分别是汽车东站、城西客运站、汽车总站。

贺州汽车东站位于贺州市八达中路50号，乘3路公交车可到。0774-5291268

贺州城西客运站位于贺州市八达西路，靠近大光明道，乘1路公交车可到。0774-5282218

贺州汽车总站位于贺州市南环路与光明大道交叉口，乘9路公交车可到。0774-5283263

●贵港

贵港市一共有4个汽车站，分别是汽车总站、东站、西站、南站，直达快班都是在总站的。从贵港火车站到汽车总站5分钟不到，汽车总站就在火车站对面。

贵港汽车总站位于贵港市区磅港北区和平路，乘3路、8路公交车可到。0775-4228007

贵港汽车东站位于贵港市港北区金港大道507号，乘3路、4路、10路公交车可到。

贵港汽车南站位于贵港市港南区江南大道，乘6路、7路公交车可到。0775-4327822

贵港汽车西站位于贵港市港北区仙衣路，乘3路、6路、10路、11路、13路公交车可到。

住宿

玉林

玉林市内宾馆、旅店非常多，主要集中在十字街、人民路以及东郊车站到文化广场一带，这一带非常热闹繁华。如果喜欢安静，江滨路的酒店、旅馆是首选。

●玉林部分酒店信息

酒店	位置	电话（区号0775）	类型
玉林宾馆	公园路133号	2285555	四星级
森雅精品酒店	玉林市国际购物中心	2292222	经济型
城市之星酒店	玉州区人民中路58号	2883888	经济型
半岛假日酒店	玉州区江滨路476号	3162008	经济型
众庭酒店	玉州区金港路113号	2865778	经济型
汇美酒店	玉林市容县城北路98号	5330888	商务型

梧州

梧州市内的酒店、旅馆一般都集中在河东的中山路、鸳江丽港一带以及河西的新兴路和政府广场等地。平时梧州市内的住宿并不紧张，随时来随时住，但在每年10月底到11月初国际宝石节举行的时候，房间就比较紧张，所以这个时候来最好提前预订。

●梧州部分酒店信息

酒店	位置	电话（区号0774）	类型
江滨国际大酒店	长洲区奥奇丽路3号（市政府旁）	3869888	商务型
城市便捷酒店	长洲区新兴珠宝路19号	3904777	经济型
环球大酒店	万秀区文化路28号	2038888	商务型
新世纪大酒店	万秀区中山路8号	2812388	经济型

贺州

贺州虽然不大，但是住宿还是非常方便的，市内酒店，旅馆一般集中在灵峰北路到建设中路一带；如果喜欢安静，平安西路上的酒店是不错的选择。因为到贺州多是短途旅游和自驾游，所以周末房间要稍微紧张一些。

丹霞假日酒店

●贺州部分酒店信息

酒店	位置	电话（区号0774）	类型
利源酒店	贺州市建设中路14号	5103999	三星
贺州上郡SOHO酒店	贺州市鞍山路1号盛隆百货1楼	5219988	三星
城市便捷酒店（平安西路店）	贺州市平安西路155号	5666999	经济型
丹霞假日酒店	贺州市光明大道122号	5619668	经济型
7天连锁酒店（客运西站店）	贺州市光明大道229号	5288777	经济型

贵港

贵港有多家旅社，类型多样可以供不同需求的游客选择，而且住宿的价格不是很高，所以在贵港花不多的钱就能住得很好。中心市区（港北区）邻近火车站和大部分市区景点，可以选择在这里住宿。

●贵港部分酒店信息

酒店	位置	电话（区号0775）	类型
雅斯特酒店中央广场店	港北区建设东路59号中央广场3号楼	6802666	四星级
万丰商务酒店	港北区仙衣路51号	2912688	三星级
星岛商务酒店	港北区江北大道中段	4259788	经济型
城市便捷酒店世纪广场店	港北区金田路水利大厦	2939888	经济型
桂平德安商务酒店	桂平市郁江路中段	3338088	经济型

玉林牛巴

田螺煲

美食

玉林

玉林也是一个美食遍布的地方，这里的美食从玉林特色菜到各种小吃以及全国各种菜式应有尽有。玉林毗邻广东，口味偏粤味。

●牛巴

正宗玉林牛巴，色似咖啡，油亮，香味浓郁，咸甜适口，韧而不坚，越嚼越有味。牛巴为下酒、馈赠亲朋挚友的佳品。

●肉丸

玉林人称肉蛋。玉林肉丸洁白、嫩滑、松脆、无渣，味鲜美，富弹性，从高处扔下，可弹起10~20厘米。肉丸汤、炒肉丸是筵席的佳肴。

玉林肉丸

●牛腩米粉

玉林牛腩米粉在新中国成立前已出名。新中国成立后，玉林饮食业发展加快，熟食粉摊渐增，其中牛腩米粉更负盛名。因为牛腩米粉原汁原味，吃起来松软、滑脆，美味爽口。

●田螺煲

是玉林喝夜茶的主打项目，任何一个酒吧或茶庄都备有。小锅里装着田螺、海鲜、酸笋，用酒精火苗煲着，边吮田螺边喝汤，还可以烫菜吃，十分美味。

●贵妃宴

贵妃宴是以容县本地的特产为原料，比如霞烟鸡、沙田柚、红茄、黑色食品、本地野菜等，经过厨师的妙手，配成各种美味佳肴。

●福绵鸭

采用白切做法，浇上上等的生抽王、花

生油，及特制的调料凉拌而成。肉质鲜嫩，味美可口，是下酒饭之佳肴。

●陆川凉拌猪脚

陆川凉拌猪脚在玉林特色小吃中可谓是一枝独秀，选用享誉全国的陆川香烛香猪蹄白切，是许多游客来玉林必尝的佳品。

陆川凉拌猪脚

梧州

梧州市毗邻港澳和广东，其口味主要以粤菜为主，也掺和了广西本土及湖南、四川的口味，形成了历史悠久的饮食文化，吸引了来自四面八方的食客，有“食在梧州”的美誉。

●龟苓膏

龟苓膏原产地就在梧州，梧州的男女老少，常年食用龟苓膏来降火祛湿。最常见的牌子是双钱、致中和等，口味也分很多种，有原味、红豆、椰子、芦荟……为了平时方便食用，还生产出了龟苓膏粉，在家足不出户就可以吃到正宗的龟苓膏了。

●梧州纸包鸡

梧州纸包鸡相传已有近百年历史，采用纯正三黄鸡，切开调味后，以纸包裹，用花生油浸炸而成。气味芳香，鲜嫩可口，制作工艺独特，名扬海内外。

●冰泉豆浆

选用优质黄豆，用当地独特的名泉“冰泉”水浸泡，经磨、滤、煮，制成豆浆，以汤匙舀而滴下如串珠，誉为“滴珠蜜味”，汁浓味香。

●生炒田螺

是梧州的风味小食之一。做法是将活田螺配上蒜泥、姜末、豆豉、紫苏和少量辣椒或胡椒粉，炒至近熟后加入猪骨汤熬，田螺肉鲜美可口，田螺汤美味无穷。

●田螺鸡煲

是一种将田螺与三黄鸡混合在瓦撑锅内煲的美食，配以甜笋、生姜、紫苏等料，肉嫩汤鲜，香味诱人。这也算是梧州的风味小吃，所以在很多餐馆和消夜店都有，而且味道均不错。

梧州酸菜

贺州

贺州是湘、粤、桂三省交界地区，云集了如桂林米粉、柳州螺蛳粉、南宁老友粉和白粥拌小菜等各地名吃，而且贺州地区也有自己的特色菜肴。餐馆以粤菜为主，川菜、湘菜、鲁菜等中国国内名菜亦兼容杂陈，各式的餐馆、酒楼、大排档分布大街小巷，各种菜肴和地方风味小吃琳琅满目。

●黄田扣肉

贺州的扣肉数黄田最有名，黄田扣肉与众不同的地方是“双扣”，也就是用两块没有切断的五花肉将油炸过的芋头包在里面。一般采用的都是五花肉，看起来似乎很肥，但是吃起来清爽不腻，入口即化。

●瓜花酿

是贺州客家特色菜肴，味道鲜美清甜，属家常菜谱。瓜花酿的特点是香滑鲜嫩，饱食不腻，瓜花本身的味道清甜，花梗爽口。

●酸菜

在梧州什么东西都可以拿来泡酸菜，常见的有萝卜、白菜、黄瓜。不常见的有苹果、李子、梨、桃、蔬菜、莲藕，甚至西瓜皮也可以。可以说，只要你能想到的果蔬，都可以拿来泡酸菜，梧州到处都是酸菜摊子。

贵港

贵港的饮食以桂系风味为主，兼有壮族、瑶族等少数民族的特色小吃，具有鲜明的地域特点。贵港当地的菜肴选料讲究、制作精细，在烹调技法上深受粤菜的影响，口味以鲜、香、麻、辣为主，著名的桂平浔江鱼是贵港最具代表性的佳肴。贵港小吃也极具特色，热闹的夜市上，各种口味的美食琳琅满目，炒田螺、螺蛳粉、烤鱼、绿豆沙、桂林米粉、海鲜粥香气四溢。

●贵港浔江鱼

贵港一带的浔江水产非常丰富，几乎每个餐馆酒楼都会特别推荐浔江鱼这类菜肴，味道特别鲜美，有"不吃浔江鱼，就没有到过贵港"的说法。

●豆腐角

这是由肉丸子、油豆腐、葱花等做成的，是贵港非常独特的小吃。

●贵港藕粉

用贵港本地所产大红莲藕制成的藕粉，略带赭红色，是一种营养价值高、滋味好的食用淀粉，为广西四大名吃之一。

玉林羽毛画

玉林红菇

购物

玉林

玉林气候良好、物产丰富，桂圆、荔枝和沙田柚、香蕉、大蒜、野生红菇、三黄鸡等土特产不胜枚举，此外玉林人制作的羽毛画、芒竹编等工艺品无不细腻精致、美观大方，而三环瓷器、陆川铁锅、石南小刀等生活日用品不但品种造型多样，而且结实耐用，深受各地游客的喜爱。当然除了这些特产，玉林牛巴也是不能少的。

●桂圆

博白县是桂圆主要产地，有"中国桂圆之乡"的美称。博白桂圆肉以色泽黄亮、肉厚、糖分较多著称，泡开果肉呈梅花形，汤色微黄透彻，气味芳香，清甜可口。

●红菇

其味清甜可口，胜于香菇、草菇，更胜于其他野生菇，它含多种人体所需的营养元素，有祛湿、解毒、健脾胃、滋补等功效。

●羽毛画

羽毛画是我国历史悠久的工艺美术品，玉林羽毛画颇具岭南画派的绘画艺术风格，尤其是平贴画，风格独特，大有水墨画效果。

●茶泡

玉林茶泡是一种味道清甜的泡茶甜品，又是一种选用"老水"冬瓜和木瓜经精雕细錾后制作出来，耐人观赏的工艺品。

●芒竹编织

芒竹编织品是博白县的传统工艺产品，造型美观，做工精致。用芒竹编织的飞禽、走兽，惟妙惟肖，栩栩如生，既能用来盛装物品，又可装饰美化居室。

●石南小刀

兴业县石南镇凤山村大庙屯是玉林市著名的“小刀村”。这里的小刀锋利坚韧，美观大方，质量上乘。

梧州

梧州资源丰富，盛产竹木、松脂、茶叶、水果、甘蔗、木薯、肉桂、八角中草药等亚热带农副产品。黑叶古凤荔枝、六堡茶远近驰名。而梧州龟苓膏、豆浆晶、蜜枣号称梧州“三宝”。

贺州

●昭平茶叶

贺州市昭平县是位于桂东粤西结合地带的山区县，在亚热带季风气候的影响下，气候温和，雨量充沛；峰高雾缭，甘泉潺潺；山地较多，土地肥沃，土壤呈酸性至弱酸性，适宜茶叶生长，被茶叶专家称为最适宜绿茶生长的地方。

●八步红瓜子

八步红瓜子是贺州传统的特产。籽实丰腴饱满，色泽鲜红透亮，味道芳香，皮薄肉厚。保存时间久，久藏而不褪色、不霉变生虫，“南国红瓜子，八步独称魁”。

●芳林马蹄

芳林马蹄皮薄肉嫩，清甜多汁，渣少脆口，个大色赤紫，生津止渴，消炎化气。

芳林马蹄

贵港

贵港地区集市上、大街上到处都是西山茶、藕粉、罗秀米粉等当地特产。不过街上大多是冒牌货，可以请当地人带领购买，既能买到正品又可以砍价。

●覃塘毛尖茶

该茶产于海拔1100多米的平天山西麓，茶叶颜色绿而明亮，滋味清香鲜美。

●西山茶

产于桂平西山风景区而得名。选料讲究，制作精湛，香气沁人。

●罗秀米粉

罗秀米粉是桂平最著名的特产之一，以条细匀称，外观洁白、油亮，质地柔韧，耐煮，细腻，润滑，食之爽脆而闻名遐迩。“桂平十八奇”中“米粉当作秋千骑”说的就是罗秀米粉。

●罗汉果

罗汉果是名贵中药，又是高级饮料，主要产于桂平中沙、金田，是传统的出口产品。用西山泉水制成的罗汉果冲剂，在国内外都有较高声誉。

●桂圆肉

贵港三区两县市盛产龙眼。将龙眼果肉烤干，或生晒成桂圆肉，其色泽黄亮、肉厚透明，泡开呈梅花状，是滋补佳品。

娱乐

玉林

在玉林市中心不乏KTV、酒吧、咖啡馆等休闲娱乐场所，为城市人在夜晚提供一个放松的场所。当然，真正吸引人的是当地的一些传统表演，玉林有一种舞蹈，叫作舞麒麟，此外还有一种戏剧叫“木傀戏”，一般都是当地人有喜事才会表演，十分精彩。

梧州

梧州的娱乐项目最吸引人的是这里的乡土文化，由东诗、南戏、西球、北歌，加上中央粤曲五大板块构成。除了众多传统娱乐项目，梧州也拥有众多歌舞厅、酒吧、电影院等现代化的休闲娱乐场所。

中央粤曲：梧州市的粤曲在粤港澳和东盟地区颇负盛名。每逢周末，梧州的大街小巷、河堤旁，聚集了一批批粤剧发烧友，他们自弹自唱，陶醉其中。

南戏岑溪：在岑溪市，岑溪的广场文化必定有牛娘剧等传统剧目。

北歌蒙山：在蒙山县，每月的8日、18日、28日都有圩场对歌，香港的游客称之为“魅力”歌坛。

东诗苍梧：在苍梧县，新春节日期间，民间成立的农民诗社和易安诗社总免不了唱酬一番，赞颂新生活的美好，妙趣盎然。

西球藤县：在藤县的少年武术舞狮队以精彩的表演世界闻名，舞龙和球类等文体活动春节期间定能让人大饱眼福。

贺州

贺州市区各种现代化的娱乐方式是应有尽有。每到夜幕降临的时候，整个贺州市内就热闹起来了，夜总会、KTV、迪厅、酒吧、咖啡馆等各种娱乐场所，灯火辉煌。除了市区现代化的娱乐活动类型，在贺州的一些民族村、古镇又有着别样的节庆活动，十分热闹。

贵港

虽然贵港不是一个很大的城市，但是城内却是一个非常热闹的地方，贵港人有着多样的娱乐活动，像KTV、酒吧都非常多。贵港酒吧主要集中在北江桥头一带，如果在贵港住宿，晚上的时候可以到这些地方坐坐。

节日和重大活动

节日	位置	时间
玉林荔枝狗肉节（非官方）	玉林市区	每年夏至
玉林沙田柚节	玉林容县	每年10月
梧州龙岩花炮节	梧州苍梧县	每年4月
梧州国际宝石节	梧州市区	每年11月
贺州客家开春节	贺州平桂区黄田镇	每年农历二月初二
贺州牛节	贺州八步区南乡镇	每年农历四月初八
贺州禾黄节	贺州八步区莲塘镇	每年农历六月初六
贺州浮山歌节	贺州城区	每年农历五月十五
贺州龙灯节	贺州昭平县黄姚镇	每年农历七月十五
贺州盘王节	贺州富川县	每年农历十月十六
贵港观音诞	贵港市桂平西山	每年农历二月十九

舞麒麟

发现者旅行指南

北部湾

（含北海、钦州、防城港）

概览

亮点

银滩

沙滩平长、沙质细白、波浪柔软、无鲨鱼出没，被誉为风光优美的“中国第一滩”。

涠洲岛

涠洲岛是火山喷发堆凝而成的岛屿，有海蚀、海积及岩溶等景观，尤其南部的海蚀火山港湾更具特色。

三娘湾

景区以碧海、沙滩、奇石、绿林、渔船、渔村、海潮、中华白海豚而著称，拥有“中华白海豚之乡”美称。

十万大山

十万大山分布着完整的原始状态的亚热带雨林，可谓无山不绿、无峰不秀、无石不奇、无水不飞泉。

金滩

北海有银滩，防城港有金滩。金滩散发着金光闪闪的阳光味道，已经成为防城港热门的滨海旅游点。

必逛街道

北海老街：老街是指中山路和珠海路，现今游览较多的是珠海中路，最吸引人的便是老街沿街独具特色的中西合璧骑楼式建筑，这些建筑见证了北海曾经的繁华。

一马路至五马路：是钦州市现存的最古老的街道，带有典型的滨海建筑风格。老街道的房子多为各具风格的骑楼建筑。

线路

北海三日游

第一天上午前往海洋之窗、海底世界，领略海洋世界风光；下午可以闲庭漫步于北海老街，体验老街的历史风韵。第二天可以到银滩，用一整天的时间好好享受这座美丽的海滩。到北海一定要到涠洲岛，游客可以花一天的时间游览涠洲岛景点，也可以体验不同的涠洲岛玩法，比如徒步、骑行、潜水、海钓等。

钦州市二日游

第一天上午游玩刘冯故居景区；下午前往八寨沟，到原始森林享受清凉。第二天前往三娘湾，观海豚，玩转风情渔村。

防城港二日游

第一天到达东兴，上午可以到东兴口岸转一转；下午到京岛旅游区，好好感受一下京族风情。第二天到达江山半岛，游客可以花一天时间游玩岛上景点，比如怪石滩、月亮湾、白浪滩景区等地。

为何去

北部湾位于中国南海的西北部，三面为陆地环抱，是一个半封闭的海湾。特殊的地理环境使得这里气候温暖，不仅海产丰富，而且涠洲岛、莺歌海等海底石油、天然气资源也很可观。作为天然的深水港，这里景色宜人，白浪滩钛沙浴具有天然美白功效，更是吸引着远方游人。

北海金滩傍晚

何时去

北部湾地处热带和亚热带，气候温暖，一年四季都适合游玩，但夏季多台风，若要夏季前往，需做好防备措施。

银滩

区域解读

区号：北海0779
　　钦州0777
　　防城港0770
面积：约20 342km²
人口：约660万人
主要少数民族：
壮族、京族

地理 GEOGRAPHY

北海下辖3区（海城区、银海区、铁山港区），1县（合浦县）。

钦州下辖2区（钦南区，钦北区），2县（灵山县，浦北县）。

防城港下辖2区（港口区，防城区），1市（东兴市），1县（上思县）。

地形

北部湾是中国广东雷州半岛、海南岛和广西壮族自治区及越南之间的海湾，全部在大陆架，包含北海、钦州、防城港等城市。这里河网稠密，湖泊众多，海岸线长，水域资源十分丰富。

气候

北部湾地处热带和亚热带，冬季受大陆冷空气的影响，多东北风，海面气温约20℃；夏季，风从热带海洋上来，多西南风，海面气温高达30℃，时常受到台风的袭击。

用“海”诠释的城市

北海是一个用“海”来诠释的城市，当你来到这个南国风光无限的亚热带城市，会发现到处充斥着海水淡淡的咸味，它们无时无刻不在努力地霸占着你的视觉、触觉、听觉、嗅觉、味觉，那种无法言表的幸福感会把旅行中的苦和累都比了下去。

“朝沧梧而夕北海”，北海的名字很早就有了，“北海”一名来自其海城区地角镇的同名渔村“北海村”。由于此地最早的居民是疍家渔民，他们长年集中居住在靠近避风港的村落，该避风港面向北面海域（北海市是个半岛），所以得名“北海村”。

北海的海质真心很赞，海水很蓝，深蓝的海水与海滩、海岛构成了一幅海天相接的优美画卷。北海拥有着众多的海洋景观，有被誉为“天下第一滩”的银滩，有“南海蓬莱岛”之称的涠洲岛，以及斜阳岛、外沙海鲜岛等。这些地方不仅有着优美的自然景观，还有着丰富多样的水上活动，而这一切都离不开北海的“海水”。

除了多样的海岛、海滩景观，在北海你的舌头一样也离不开海。作为一座沿海城市，北海有着众多的海产品，海鲜种类齐全。椒盐弹虾、清蒸笠鱼、白灼沙虫、姜葱花蟹、白灼中虾、清蒸插螺、梅子蒸普鱼，各种海鲜美食应有尽有。尤其是这里的白灼沙虫，沙虫形似肠子，又名沙肠虫，生活在海边的沙地里，味道鲜美脆嫩，胜过海参、鱼翅等海鲜，是北海一带的特产。

北海是静态的海（优美的海岛风光），是动态的海（丰富多彩的水上活动），也是游客舌尖上的海（美味的海鲜）。

涠洲岛

历史 HISTORY

北海历史大事记

汉武帝元鼎六年（公元前111年），汉朝在北海设立合浦郡，管辖今天的海南省、广西南部地区。从那时起，北海港就成为我国“海上丝绸之路”的始发港之一。

清康熙元年（公元1662年）设北海镇标（军事建）。乾隆年间，北海市开始形成。

光绪二年（公元1876年）中英签订《烟台条约》，北海被辟为通商口岸。

1949年12月4日北海解放，当时为镇，归合浦县管辖，属广东。

1965年6月划归广西，1983年10月提升为地级市。

1984年4月与防城港作为一个整体被国务院确定为进一步对外开放的14个沿海城市之一。

2011年，北海被列为国家历史文化名城。

钦州历史大事记

钦州，古称安州，秦始皇三十三年（公元前214年），秦朝统一岭南，置南海、桂林、象郡。钦州市属象郡辖地。

隋开皇十八年（公元598年）安州易名为钦州，取“钦顺”之义，此为钦州的最早得名。之后一直沿用此名。唐武德五年（622年）改宁越郡为钦州总管府，元改为钦州路，明初改为钦州府。

1907年孙中山领导潮州、惠州、钦州、廉州和镇南关起义，很可惜失败了，但是这也是孙中山生涯中唯一一次亲历的战斗。

1949年12月钦州解放，先隶属广州，1965年7月再隶属广西壮族自治区，改为钦州地区行政专员公署，下辖上思、防城、钦州、灵山、浦北、合浦、北海7个县市。

1994年6月28日，经国务院批准，撤销钦州地区，设立地级钦州市，钦州之名一直沿用至今。

防城港历史大事记

●远古时期

防城港茅岭乡小陶村杯较遗址、江山乡新基村亚婆山、江平镇郊东村社山出土的贝丘遗址、居民点遗址；上思县出土的石铲、石斧等生产工具，证明了早在4000多年前的新石器时代，防城港一带就有人类在劳动生息了。

●汉朝时期

汉时，防城港和钦州等县市同属古合浦郡，作为古代海上丝绸之路始发港的合浦港也辐射到防城沿海岸线一带，特别是东汉马援将军平叛开凿“马援通道”以后，海上丝绸之路亦从此打开。因此，防城港与古代海上丝绸之路有了深厚的渊源关系。

●宋朝时期

宋朝时期，防城港隶属钦州管辖，并开始有“防城”之称。自10世纪起，安南（今越南）独立后多次与宋朝交恶，侵犯宋边境地带，今防城港东兴一带为主要冲突地。

●元明清时期

元、明、清时隶属钦州或廉州；至清光绪十四年（1888年）划出钦州西部设置防城县，隶属广东省。

●近现代

1938年5月，爱国知识分子巫摩白、廖俊清、黄荡天、何华表、薛代旦、刘镇原及梁孝刚等7人，组成防城抗日救亡运动领导小组，史称“防城七君子”。

1945年6月，那良抗日起义成功举行。它建立了防城县第一支党领导的人民抗日武装队伍，点燃了武装斗争之火。

1984年国务院批准防城港区与北海市等一起列为全国14个沿海开放城市。

古代海上丝绸之路的起点——合浦

丝绸之路是古代对中国与西方所有来往通道的统称，实际上并不是只有一条路。除了陆上交通以外，还有一条经过海路到达西方的路线，这就是所谓的海上丝绸之路。现北海所辖的合浦，就是古代海上丝绸之路的始发港之一。

北海对外开放历史源远流长。北海合浦自西汉元鼎六年（公元前111年）设置合浦郡，是汉朝南海对外海上贸易的中心和枢纽，是中国南方重要的对外开放窗口，还是中国走向东南亚、南亚、欧洲的最便捷的海上通道。

独特的地理位置，使得北海在2000多年前，成为了中国与亚洲、欧洲通商往来的重要门户。2000多年前，在张骞通西域、陆地丝绸之路出现之前，汉武帝凭借海路拓宽贸易规模，派遣商船队从合浦、徐闻等地起航，通都元国、夫甘都卢国、黄支国、皮宗国、已程不国，随船送去了丝绸和黄金等物。

此后，此航道也被中西贸易用作交易之道，商船经常往来于南洋和印度洋之间，频繁地进行航海贸易。这条闻名遐迩的“海上丝绸之路”，既是古代中国与外国交通贸易和文化交往的海上通道，也是已知的最为古老的官方往来的海上航线，在东西方经济文化交往中发挥了重要的作用。

名单 钦州历史名人

壮族先民首领宁长真

清代壮族大文豪冯敏昌

晚清抗法名将冯子材

黑旗军将领刘永福

民国将领黄明堂

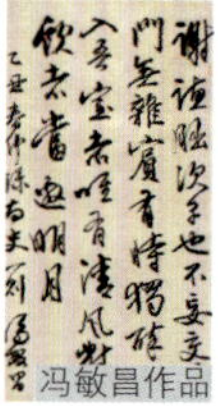

冯敏昌作品

文化 CULTURE

漂泊的水上疍家

疍家，是北海很具特色的一个水上群

名单

北海历史名人

著名爱国人士陈铭枢

著名语言学家岑麒祥

名单

防城港历史名人

辛亥革命元老关仁甫

广东三军统帅陈济棠

著名军旅作家黄谷柳

黄谷柳

体。它不是一个独立的民族，而是我国沿海水上居民的一个统称，乃属汉族。疍家，这一称谓有人认为是因为疍家人常年以舟为家，生活在海上，如蛋壳漂泊于海面，所以称为疍家；也有人认为疍家人常年在海上与风浪搏斗，处于险恶的生存环境，生命无保障，如同蛋壳般脆弱，故称为疍家。

疍家人主要从事沿海港湾的渔业和水上运输，他们祖祖辈辈浮家泛宅，以水为伴，长期与风浪搏斗，被人称为中国古代最伟大的航海家，也被人称作“疍家贼”。因在海面漂泊，又被称为海上的“吉卜赛人”。新中国成立之初还差点成为中国第57个少数民族。

而北海的疍家人从珠三角移泊到北海南湾，以捕鱼和采珠为业。疍家人的渔船就是他们的家。渔船里设备齐全，渔具、厨房生活用具、草席被褥、衣柜等，甚至还养鸡鸭狗猫，俨然就是一个陆上人家。出海捕鱼时船是他们在瞬息万变的大海上生存生活的工具；回到岸边，船就是他们的家，他们在船上喝茶斗酒、打牌聊天，为下一次的海上“搏命”休养身心。

“出海三分命，上岸低头行”这样的生存状态使得疍家人更加孤独，他们逐渐形成了自己独特的“疍家文化”，服饰、饮食、性格、婚俗、丧葬、宗教等都有自己的特点。疍家人性情豪爽，热情浪漫，长期漂泊海上，更多了淡泊、轻松、知天命。他们唱的是“咸水歌”，但他们不是说“唱”，而说“叹”，用“叹歌”来表达身世凄凉，在茫茫的大海上慰藉自己的灵魂。

由于常年居住海上，环境潮湿，易患风湿病，疍民们用海马、海蛇、海参等海珍炮制出各种海珍酒，这些海珍酒具有祛风、除

北海水上疍家

湿、壮腰健肾等功效，形成独特的酒文化，具有代表性的如北海疍家风情酒。

北海疍家是独具特色的北部湾海洋文化的一个重要组成部分，到北海一定要领略疍家风情，才算是完整的北海之旅。

自然窑变的陶瓷精品——坭兴陶

钦州坭兴陶，古称越陶（与江苏宜兴陶素有吴陶、越陶之分），威名远播海内外，与江苏宜兴紫砂陶、四川荣昌陶和云南建水陶一起被誉为“中国四大名陶”。

两广南方人，口语爱讲“时兴”二字，钦州陶器原是泥器，“坭兴”即是钦州的泥器为时俗喜爱的意思。坭兴陶以钦州江东西两岸特有的紫红陶土为原料，东泥软为肉，西泥硬为骨，按软六硬四混合，骨肉得以相互支撑方为上品。

钦州特有的陶土，无须添加任何陶瓷颜料，当炉温上升到1200℃的临界点时，偶有发现极少部分胎体发生变化自然形成各种斑斓绚丽的色彩和纹理，须打磨表层氧化物后才发现其真面目。古铜、虎纹、天斑、墨绿等意想不到的诸多色泽，可谓“火中求宝，难得一件，一件在手绝无类同”。所以人们称之为“坭兴珍品”，具有较高的艺术价值。

成品后的坭兴陶器古色古香、光润柔和、音质铿锵、晶莹似玉、耐酸耐碱、绝无毒性（铅镉释出量为零）。此外，它独具透气和不透水的天然双重气孔结构使得器皿内氧分子充足，还有利于食物长久储存。

实践证明，茶叶置于坭兴陶罐数年无霉变，茶具泡茶，溢香芬淳，隔夜而色味不变，久用的茶具还可生成茶芽，即使不放茶叶，冲入开水仍有芳香茶味。花瓶插花，花艳叶茂，经久不谢，尤其桃李更可开花结果。坭兴陶的“窑变”艺术在国内陶瓷行业中绝

钦州坭兴陶

京族舞蹈

无仅有，艺术价值极高，故有“中国一绝”称号。

钦州坭兴陶驰名中外，历代名人辈出，特别是近百年来，多次参加国际和国家博览会，先后40多次获国际和国家级金、银奖；其历代作品，珍藏于20多个国家博物馆。

京族的唱哈文化

京族是中国唯一一个海洋民族，也是中国南方人口最少的少数民族之一，他们的家园是由东兴市的澫尾、巫头、山心3个海岛连起来的。

京族原为“越人”，历史上亦称为“京人”，1958年正式定名为“京族”。京族三岛的京族是15世纪末16世纪初从越南涂山迁徙来的，至今约500年历史。京族最具代表性的民俗风情是每年一度的哈节。

哈节是京族最隆重的节日，也称“唱哈节”。“哈”是京语译音，含有“歌”的意思。各地哈节的举办日期不完全相同，澫尾、巫头两地在农历六月初十，山心是八月初十，红坎是正月十五。哈节历时7天，主要分为迎神、祭神、乡饮和送神四大部分，是京族一年当中最重要、最热闹的节日。2006年，京族哈节被列入国家首批非物质文化遗产。

关于哈节有很多美丽的传说，其中比较有代表性的传说称：古代有位歌仙来到京族三岛，以传歌为名，动员群众起来反抗封建压迫。她的歌声感动了许多群众。后人为了纪念她，建立了“哈亭”，定期在哈亭唱歌传歌，渐成节俗。各村的哈亭是节日活动的中心。

链接

独弦琴

独弦琴是京族古老的民间乐器，早在8世纪，就已流行于缅甸、越南和东南亚各国。独弦琴是京族人民喜爱的民间乐器，不论节日喜庆还是农闲之时，人们都要在它的伴奏下，唱起即兴编成的民歌。由于它的发音与京族民歌音调极为相似，装饰音又富有吟唱般的韵味，所以在为民歌伴奏时，琴声歌声交融，两者浑然一体。独弦琴既是优美的独奏乐器，也是出色的伴奏乐器，还可参加重奏或合奏。

景点推荐

涠洲岛

涠洲岛位于北海市南方北部湾海域，是中国最大、地质年龄最年轻的火山岛，也是中国最美的海岛之一。岛上植被茂密，风光秀美，尤以奇特的海蚀、海积地貌，火山熔岩及绚丽多姿的活珊瑚为最，素有南海“蓬莱岛”之称。

涠洲岛风光壮美，比较著名的景点有“滴水丹屏”“龟豖拱碧”“芝麻滩”“法国传教士人头像”“火山弹荟萃”及三婆庙、圣丹庙、天主教堂和汤显祖观海处等。涠洲岛西南端，是涠洲最富特色的游览区，其火山口景观、海蚀景观、热带植物景观、生物和天象景观独特，并具有很高的科研价值。

北海市银海区涠洲岛 ¥98元，潜水180元

玩家 指路

从北海到涠洲岛约67千米，游客可以通过水路前往涠洲岛，在北海买涠洲岛的船票一般需提前一天。黄金周期间，一般需提前3天到售票窗口购买。从涠洲返回的船票需在涠洲买，可以交代渔家帮你买好返回的船票。

玩家 攻略

最佳旅游季节：去涠洲岛旅行最好避免在七八月，风急浪高会停航，但此时却是欣赏日出日落的绝佳时机。建议游涠洲岛最好是停留一个晚上，可以领略太阳初升的神韵和夜间海上活动的乐趣。

就餐：岛上以吃海鲜为主，青菜和肉比海鲜贵。建议到码头附近的菜市场买爱吃的海鲜请大排档的人加工，加工费很便宜。早上7:00左右渔民卸船时海鲜最新鲜，也最便宜。

住宿：涠洲岛住宿方便，主要集中在码头附近，山顶上的蓬莱酒店（涠洲岛的最高点）和南油宾馆（南湾街），条件较好，费用150~200元。

要想真正体验岛上风情和渔民生活，首选住在渔民旅店，条件虽一般，但店家热情且淳朴。猪仔吧（南湾街，距码头800米）气氛不错。安德旅社（码头售票处附近）、金海湾招待所（镇政府金港大厦三层）也可选择。

小贴士：上岛一定留意天气预报，如因天气或风浪的原因不能开船，会被迫在岛上滞留数日。另外，岛上没有银行，唯一的邮政储蓄点在前两年撤走了，所以上岛一定要带足现金。

鬼斧神工。

玩家 攻略

去涠洲岛火山国家地质公园最好是在刮风的时候，那种惊涛骇浪的感觉永远都忘不了。沿着火山国家地质公园一直走，大概半个小时后会看到有条路上山。也可以沿着海边一直向右走，玩穿越，岩石的形态也会有不少变化，路不算太难走，和溯溪差不多。但在这里穿越要注意潮水的涨退时间和穿越时间，潮水退的时候路是很好走的，但如遇涨潮，就不能走这条路了。

火山国家地质公园 AAAA

火山熔岩造就的奇特景观

北海市涠洲岛西北端 3182181

涠洲岛火山国家地质公园在涠洲岛的西南边，鳄鱼山脚下，所以又称鳄鱼山公园、火山口地质公园。涠洲岛火山口因其壮观的火山熔岩而出名，是涠洲岛上最主要的景区之一。这里的火山岩石千姿百态，各种形状都有，奇妙极了，让人不得不感叹大自然的

天主教堂

别具一格的海岛教堂

北海市涠洲岛盛塘村

涠洲岛天主教堂是法国文艺复兴时期哥特式建筑，建筑材料全取自岛上的珊瑚、岩石、石灰拌海石花及竹木。100多年来，涠洲岛天主教堂虽经历了不少风雨的冲刷，但仍保存完好。高大雄伟的天主堂，在四周低矮民居的衬托下，显得规模庞大，颇有气势。

涠洲岛天主堂

滴水丹屏

滴水丹屏

景色优美的徒步佳地

北海市涠洲岛西南端鳄鱼山景区旁

滴水丹屏在涠洲岛滴水村南岸边，原名滴水岩。绝壁上部绿树成荫，壁上层间裂隙常有水溢出，一点点往下滴，如朱帘垂挂。由于海蚀作用，岩石的外表形态犹如一有眼、有鼻、有嘴、有发的巨型侧面“人头像”（现已倒塌），景致优美。

滴水丹屏的海滩非常不错，靠近水边的沙子很细腻，中间铺满了碎珊瑚，再往岸边就是松树林。在这里游泳的人很多，在海里随着海浪的涌动时而跳跃，时而漂浮。

玩家攻略

赏日落：滴水丹屏是赏日落的绝佳位置。在晴天的时候，每当傍晚时分，降落的太阳会绽放出一天中最后的灿烂，为游客呈献出最绚丽的晚霞。

徒步旅行：滴水丹屏景区景色优美，非常适合徒步旅行。这里也是涠洲岛徒步线路重要的一环。

石螺口海滩

原始自然的浪漫海滩

北海市涠洲岛西南端鳄鱼山，石螺口

石螺口海滩既有其他地方海滩的那种浪漫，又有涠洲岛特有的原始与自然。石螺口海滩的沙子很漂亮且很松软，在阳光的照射下很白，刺得人睁不开眼睛。天空与白云，海水与浪花，沙滩与茅草棚，渔船与远处的风景自然地构成一幅无法言说的美景。

石螺口海滩沿岸火山岩、海蚀岩丰富、奇特、怪异。海滩西北部一名“望夫石”的海蚀岩，似身背婴孩的美丽少妇站立海岸盼夫归来。她身后遍野的水绿仙人掌、绿树野花迎风摇曳，美不胜收。

玩家攻略

赏珊瑚：这里的海水清澈如镜，十分适合赏海底缤纷的珊瑚世界。晴好天，海中瑰丽珊瑚、各色海鱼如画显现。撒满五彩贝壳的洁净沙滩呈铲状温柔地伸入大海母亲的怀抱。

潜水：石螺口海滩是涠洲岛上最佳的潜水基地，如果您有兴趣，穿上潜水服，跟着潜水教练一起潜入神秘的海底，与美丽的珊瑚来个亲密接触，肯定会让您的涠洲之行终生难忘。

涠洲岛地质博物馆

高科技再现火山爆发的壮丽景观

北海市涠洲岛南部海湾　6013998

涠洲岛国家地质博物馆，是我国第一座建在海岛上的火山地质博物馆。馆内建成多个火山演变及遗迹展示的功能区域。馆内采集有106块涠洲岛火山岩的标本和50块广西的火山岩。此外还有涠洲岛附近海域贝壳、珊瑚标本50多种。

整座地质博物馆内最具吸引力的是运用高科技建成的火山喷发演示系统，通过现场演示平台游客们可以亲自感受一万年前令人惊心动魄的火山喷发过程。在高科技建成的火山喷发演示系统厅内，伴着隆隆的声响，火山口不断地冒出烟雾，火山口渐渐变红，随后一股褐红色的火山岩浆从火山口中喷涌而出，一条条火舌从山顶一冲而下，在海水冷却下形成一块块形状各异的火山岩石，场面极其壮观。

斜阳岛

纯自然的海岛风光

北海市涠洲岛东南方向

游客需提前3天预约，包船前往

斜阳岛是一个东西长、南北窄的长条形的岛，四周多是陡峭的悬崖，站在码头的东面往西远眺，映入眼帘的是一头将出海的

涠洲岛的玩法

● 徒步

涠洲岛景色优美，十分适合徒步旅行。涠洲岛徒步基本都是沿海岸而行，从火山公园到滴水丹屏的一段线路是很多游客的首选。这条线路沿海而走，不会迷路，风景十分迷人。游客需要穿一双防滑防水鞋，避免在涨潮时间滑倒落水。

● 骑自行车岛游

涠洲岛并不大，游客来这里可以租用一辆自行车（在镇中心旧码头附近可以租到自行车，此外岛上的旅馆也可以租到），边骑车边欣赏涠洲岛的风景。当然，如果想要省力也可以选择租一辆摩托车。最受欢迎的骑行线路是从镇中心前往天主教堂，然后返回时去五彩滩，大概需要骑行4小时。自行车租用价格20元/辆，押金150元。

● 海钓

涠洲岛是一个四面都是海的岛屿，这里的很多人都是以捕鱼为生。如果你想体验一下岛民的生活，出海捕鱼那是必不可少的。游客不仅可以捕鱼，累了的话也可以观赏海底的美妙世界，捕到了鱼虾还能自己动手做成美味的海鲜佳肴。这样的海钓活动是涠洲岛的特色，火山公园附近的海域是涠洲岛最佳的钓鱼位置，3月和4月是当地的最佳海钓季节。

● 潜水

涠洲岛潜水有多种选择。主要分为浮潜、水肺潜水、船潜等方式。

潜水价格：需要和当地景点工作人员具体商议，一般120~200元/人。

● 露营

在涠洲岛上，无论是住在农家，还是住在青年旅舍或者酒店，都没有露营更加贴近海洋。自己生火烤海鲜，晚上抬头望星星，还有比这更浪漫的吗？带上帐篷，更加亲近地体验涠洲岛的海岛风情吧。

"绿背龟"。向南伸向海面的山脉就是"龟"的头部，它正缓缓地把头伸进海里，后面拱起半圆状的小山，就是"龟"的背，上面覆盖着郁郁葱葱的树木，使这头"出海龟"焕发出青春的活力。此"龟"还有龟足，即下面的礁石，一副跃跃欲爬的架势。

从码头上岸，矗立在游人面前的是昔日数次火山喷发岩浆形成的火山口。拾级而上，沿路许多形态各异、错落有致的岩石，它们大多有被火烧过的痕迹，如炼钢出炉的焦炭，是火山喷发后留下的景观。

更多本旅游区景点

猪仔岭：位于涠洲岛月牙形海湾的中心部位，与岛相离100米，有乱石堆成的小路通往小岛，但涨潮时，这条路会被海水淹没。这座耸翠的小岛酷肖一头匍匐着的肥猪，小小的双眼、短短的耳朵、高高的前额，身躯丰盈，彪悍粗犷，惟妙惟肖，叫猪仔岭。

五彩滩：位于涠洲岛东南部，也叫芝麻滩，因沙滩上有相当多像芝麻一样的黑色的小石粒而出名。退潮后的五彩滩分外美丽，巨大的火山岩石一层一层的，在阳光的照耀下非常壮观。

涠洲岛灯塔：是涠洲岛的标志性建筑。涠洲岛外墙面贴白色仿石砖，远看洁白如雪；灯塔的灯光射程可达18海里；塔上设有瞭望台，游人极目远眺，全岛风光可尽收眼底。

涠洲岛灯塔

景点推荐

北海旅游区

银滩 AAAA

有“天下第一滩”之美誉

北海市银海区银滩

可以乘出租车到银滩，15~20元　3880999

北海银滩原来叫“白虎头”，因为从地图上看整个区域像一个张开嘴的大白虎。银滩西起侨港镇渔港，东至大冠沙，由西区、东区和海域沙滩区组成，东西绵延约24千米，面积超过大连、烟台、青岛、厦门和北戴河海滨浴场沙滩的总和，而平均坡度仅为0.05°。

沙滩均由高品位的石英砂堆积而成，在阳光的照射下，洁白、细腻的沙滩会泛出银光，故称银滩，北海银滩以其“滩长平、沙细白、水温净、浪柔软、无鲨鱼”的特点，被誉为“天下第一滩”。所以在广西人们常说“北有桂林山水，南有白海银滩”，将银滩与桂林山水并称。

北海银滩容纳国际上最大规模的沙滩运动娱乐项目和海上运动娱乐项目，是我国南方最理想的滨海浴场和海上运动场所，所以海内外游客被深深地吸引。

玩家攻略

娱乐活动：银滩附近海域每年有9个多月可以入水游泳。沙滩上有沙滩排球、沙滩足球、沙滩卡丁车、水上蹦极、水上摩托、快艇、水上单车和乘坐小型帆船等各项娱乐项目。还可以海底潜水观赏美丽的珊瑚和奇妙的海底世界。

就餐：银滩附近公路的边上一排连续二三十家海鲜店可随意选择，只是海鲜的价格非常贵。如果想要省钱可以到一些快餐店，价格比较实惠一点。

住宿：如果到银滩不是为了在海边好好地放

松几天，那就可以住在市内，因为银滩的住宿比较贵。如果要感受海边生活，可以选择银滩附近的，比如海滩大酒店（0779－3898899）属于四星级的全海景房，景观非常好，房价300元。而隐藏在别墅区的苏福比画廊酒店（0779－3808777），十分有艺术气息，而且价格适中，也是一个很好的选择。其他的像东方夏威夷酒店（0779－3896656），银滩度假村（0779－3899088）都是不错的选择。

小贴士： 银滩的太阳很厉害，12月的紫外线就能把人变黑，7月和8月就更不用说，去玩的话，可要注意皮肤防护。另外，最好穿短裤、凉鞋或拖鞋，这样可以随意在海里嬉戏。游泳时要注意安全，游到深水区或无救生员的看守区是比较危险的，一旦起风涨潮要马上上岸。

金海湾红树林旅游区 AAAA

红树林与金滩构成的欢乐世界

北海市东南方向15千米处　105元

北海金海湾红树林生态旅游区与北海银滩相连。整个景区由红树林观光带、金滩和主园区三部分构成。区内拥有一片2000多亩的“海上森林”——红树林，百种鸟类、昆虫、贝类、鱼、虾、蟹等生物在此繁衍栖息，是我国罕见的海洋生物多样性保护区。在这里，游客可欣赏群鹜飞天，蓝天碧海，红日白沙的诗意画卷，诗人王勃的“落霞与孤鹜齐飞，秋水共长天一色”千古名句在这里可得到验证。

玩家 攻略

红树林观光带： 金海湾沙地平坦、阳光充足、降雨充沛，非常适宜红树林的生长。红树林是陆地与海洋间特有的景观，也是鸟类的天堂。景区的红树林里栖息着各种各样的海鸟，其中数量最多的是白鹭鸟，群群白鹭在林间觅食玩耍，怡然自得。

围海捞鱼： 是当地渔民一种捕鱼的方式，也称“捞箔”或“疍箔”，即在海边用800多米的渔网围成圆形迷宫，潮起时鱼顺水往网里钻，退潮时鱼被困出不来，游客可直接用网勺捕抓，是最具有北海疍家特色、最受游客欢迎的体验渔家生活的新玩法。

金海湾红树林

海洋之窗 AAAA

栩栩如生的海洋世界

北海市银海区四川南路中段，四川路与新世纪大道交会处　乘3路、5路公交车直达景区正门

138元/人（儿童、老人88元/人），10个成人以上才可以订购团队票　3886666

海洋之窗是一座融养生、文化、高科技、

艺术以及科普教育为一体的大型综合性海洋博览馆；同时也是座引领海洋科技时尚、探索海洋神奇奥秘、传播海洋文化品位、领略海洋无限风光的海洋博览大观园。

北海海洋之窗运用声、光、电等高科技来展示海洋景观，拥有国际先进的养生技术、高品位的海洋文化内涵、亚克力玻璃构筑的巨型深海圆缸和令人震撼的四面通透缸体隧道等多项国内首创。游客可以真正领略生动的海洋世界。

北海老街 AAAA 文

中西合璧的骑楼老街

北海市海城区珠海西路一带

乘2路公交车到外沙桥站下可到

北海老街一般指中山路和珠海路，老街形成于1927年前后，但它的起源却要追溯到19世纪中叶。其中珠海路是一条有100多年历史的老街，始建于1883年，沿街全是中西合璧骑楼式建筑。

这些骑楼建筑经过半个多世纪的文化融合，最终形成了今天的骑楼老街。这些建筑大多为二至三层，主要受19世纪末英、法、德等国在北海建造的领事馆等西方券柱式建筑的影响，临街两边墙面的窗顶多为券拱结构，券拱外沿及窗柱顶端都有雕饰线，线条流畅，工艺精美。

骑楼的方形柱子粗重厚大，颇有古罗马建筑的风格。北海老街骑楼并不是西洋建筑的简单翻版，它还结合了中华传统建筑的色彩，它体内流动着的是中华民族灿烂文明的血液，是东西方文化碰撞的一个美丽的结晶。

玩家解说

1927年以前，珠海路曾是北海最繁华的商业街区，店铺鳞次栉比，中段的店铺主要经营来自苏杭的绸缎，东段的店铺主要经营鱿鱼、沙虫、虾米、鱼干等干海货，西段接近外沙港口，所有店铺全部经营缆绳、渔网、鱼钩、渔灯、风帆布、船钉等渔民用品。

随着时间的推移，珠海路逐渐失去了昔日的繁华，除了还有屈指可数的几间店铺经营渔具外，其他店铺都成为民居，街道建筑日渐老化，但由于珠海路尚算保存完整，仍被历史学家和建筑学家们誉为“近现代建筑年鉴”。著名作家舒乙（老舍之子）认为，珠海路和新加坡国宝级的老街一模一样，十分值得保护。

链接

北海近代建筑群

在北海老街的周边，至今保存完好的北海建筑群仍然散发着属于自己的美丽。北海近代建筑群包括英国领事馆旧址、海关大楼旧址、女修道院旧址、普仁医院旧址等15座近代西式建筑。

北海老街

北海海底世界 AAAA

壮丽的海底世界景观

北海市海城区茶亭路27号

市区可乘3路、9路公交车到达

¥ 138元（成人），88元（1.1~1.4米儿童、70周岁以上老人），1.1米以下儿童免费　☎ 2069973

北海海底世界是以展示海洋生物为主，集观赏、旅游、青少年科普教育为一体的大型综合性海洋馆，分为A、B两区。A区就是原来的北海水产馆，与青岛水族馆并列为中国最早、最大的水族馆。现在A区主要为淡水鱼展示区，这里有珊瑚生态区、海底失落城、世界大观、亚马孙雨林、玛雅山岗、亚马孙科普区、中华水世界、鳄鱼池、海龟岛、南中国海珍稀标本馆等展区。

B区为海洋生物区，是西南地区最大的海底观光景点。这里有总高度超过三层楼的北海海底世界珊瑚巨型鱼池，内有装备重型潜水器械的潜水员做深潜水表演，以及数十种上千条珊瑚礁鱼争彩斗艳，缤纷夺目；最激动人心的是上演人鲨共舞的海底隧道，还有吴哥雨林、水晶宫、海豹表演区、魔鬼鱼表演区、鲨鱼码头、北部湾原生态海岸等。

冠头岭

朝观日出，夕赏落日

北海市银海区西部尽端

乘6路公交车可达

冠头岭国家森林公园因其海奇岭秀及深厚的文化底蕴而出名，是北海八大旅游景点之一。北海八景中的“冠峰览胜”“海涯观涛”“龙岩潮音”三景即在此，这里既是科考、野营、教学的主要场所，又是旅游观光、避暑度假的理想胜地。

公园西、南、北三面临海，景区内有8座山峰呈一字形自西南向东北摆开。整个景区山清水秀，树木郁郁葱葱，森林资源非常丰富，主要有马尾松、木麻黄、相思树、鸭脚木等森林植物。

同时这里还是大批候鸟的迁徙停留栖息地，其中有数百只白鹤长期留守山上，形成景区内独特的景观。冠头岭主要景观有龙王岩洞、三婆庙、观海楼、古炮台、普度寺、珍珠养殖场等。冠头岭历史上为海防要塞，创设炮台于主峰之侧，遗迹尚存。目前岭巅灯塔已增高，登山公路可直达岭巅。朝可观日出听浪花拍岸，夕可赏落日潮声如雷。

玩家攻略

就餐：景区内有具有 家风情特色的南方渔港美食城，提供各种美食。此外，这里有很多村民自己开的小餐馆，一边吹着海风，一边吃着海

冠头岭

鲜，非常惬意。

购物：冠头岭还有许多经营北部湾特有的海产品、各种珍珠首饰及工艺品的购物点。

星岛湖

星罗棋布的梁山英雄岛

北海市合浦县西北部24千米处的洪潮江水库

在合浦客运中心直接乘坐合浦客运中心始发到星岛湖的10路公交车，票价6元

星岛湖生态休闲庄园138元　7101188

大大小小1026个岛屿宛如一颗颗璀璨的星星散落在方圆600平方千米的绿水碧波上，星岛湖因此得名。星岛湖上湖、岛、山、林的组合形成了湖广、水秀、岛屿众多、水道幽深、山青林茂、野生动物繁多的优美自然景色。中央电视台《水浒传》外景拍摄基地“水泊梁山寨”就设在此地。

星岛湖冬暖夏凉，湖面宽阔，湖水清澈湛蓝，水道幽深，峰回水转，四面青山环绕，漫山花果，鸟语花香，百花争妍，星罗棋布的岛屿依偎相望。这里水依岛，山绕水，水在林中流，山在林中长，湖、岛、山共存，山、岛、水媲美，形成了一幅优美的山水画卷。

玩家 攻略

游水浒城：是中央电视台大型电视连续剧《水浒传》的外景拍摄基地。整个建筑基地分东西两大景区。东景区有“跑马道”“梁山水寨”“忠义堂”“断金亭”“梁山后寨”“五台山文殊院”。西景区有古色古香的苏杭水街，包括水街、石桥、宝塔，在街道两侧还有栩栩如生的水浒人物塑像。

农家乐：星岛湖的农家乐种类非常多，分为种植区、养殖区和综合游乐区。其中种植区分四季果园和野菜园，有荔枝园、龙眼园、蟠桃园、艺果园，设有绿色长廊（用果树、翠竹、藤蔓、百香果、葡萄等设置），贯穿其中。来到这里的游客仿佛进入绿色的世界，花果的海洋。

水浒城

东坡亭
一代文豪苏东坡的北海回忆

北海市合浦县廉州镇合浦师范学校内

东坡亭建于清乾隆四十一年（1776年），属于歇山顶二进亭阁式砖木结构建筑，亭东约30米有东坡井，均为纪念北宋文豪苏东坡而建。

东坡亭主亭正门上端挂着“东坡亭”的大字匾额，为广州六榕寺铁禅和尚所书，正面壁上嵌有苏东坡石刻像及其他诗文碑刻10余件。东坡亭东面约30米有东坡井，为廉州四大名井之一，井水清澈甘美，相传为苏东坡亲自所挖，喝井中之水后，赴考文士可金榜题名。

文昌塔
修旧如新的古塔

北海市合浦县城南郊

文昌塔，当地人又称之为文笔峰、番塔，距今已有近400年的历史了。如今的文昌塔在1981年时经过一番修缮，已经没有多少沧桑的韵味了，但是还可看出当年的神韵。

文昌塔全塔由底层向上呈尖锥状逐层收缩，显得峻秀挺拔。塔尖原为密檐式塔刹，后遭雷电击毁，修缮时改为葫芦宝顶。塔基以长条青砖石板构筑，塔身用青砖里外三层粘砌。每层塔内墙壁上均砌有6个佛龛，佛龛内曾安放有佛像。

塔的底层原本有东西向券顶风门供人进出。塔内各风门均与阶梯相连，登塔者可沿阶梯逐层环绕登至塔顶。立于塔顶，向南，可望茫茫大海乃至北海市区；向北，可将合浦这座“廉州古城”尽收眼底；向东、向西，则是茫茫林海，秀媚川岭。只可惜为了保护文物，不能够登塔赏景。

合浦古汉墓群 ㊡
规模宏大的古汉墓群

北海市合浦县廉州镇东南3千米处

合浦古汉墓群东西宽约5千米、南北长12千米，有4700多座汉墓，分为土坑墓和砖坑墓。其中地上封土堆汉墓就有1200多座。这里是中国国内发现的规模最大、保存最为完整的古汉墓群，也是研究中国汉朝尤其是岭南社会生活的极为珍贵的历史物证。

汉代厚葬风盛行，南来的官吏、将佐及移民等，死后葬于合浦的都有较多陪葬品。出土的文物有铜凤灯、铜屋、珍珠、玛瑙、琥珀及陶屋、陶瓷等多件。这些文物对研究我国古代军事、文化艺术、政治、经济以及我国人民同东南亚各国人民友好往来的历史和贸易关系，提供了实物史料。

山口红树林生态保护区
天然红树林保护区

北海市合浦县沙田半岛东西两侧

山口红树林生态保护区地处亚热带，是

中国第二个国家级的红树林自然保护区。它由沙田半岛东侧和西侧的海域、陆域及全部滩涂组成。东侧是火山灰发育的土壤，滩涂淤泥肥沃，红树林生长特别茂盛。

西岸滩涂全为淤泥质，适宜红树林生长。而且保护区所处地理位置光热条件较好，冬季低温影响小，海湾侵入内陆，封闭性好，风浪、潮汐、余流的作用较弱，岸滩比较稳定，海水污染程度很低，水质洁净，是红树林大面积分布和生存的理想区域。这里的红树林是我国大陆海岸红树林的典型代表，发育良好，结构独特，连片较大，保存较完整。

更多本旅游区景点

北部湾广场：位于北海市区中心，广场上的大型喷泉雕塑“南珠魂”，为著名雕塑家叶毓山所作，设计新颖、独特、美观，体现了珠城特色。电话0779-3050137。

普度震宫：位于北海市海城区茶亭路，始建于清光绪二十四年（1898年），又称普善堂，是一座集佛、道、儒文化于一体的古庙宇。

侨港度假浴场：位于北海银滩西部侨港镇，滩宽500米左右，滩面平缓宽广而无礁石，由纯净的高品位石英砂经千年堆积而成。其沙子雪白如银，细腻柔滑，为天下罕见。浴场内游乐项目多样，有海上游艇、骑马、冲浪、沙滩足球等。

白龙珍珠城遗址：位于北海市营盘镇白龙村。珍珠城又名白龙城，是一座古老的城池。此地历代盛产珍珠，质优色丽，以“南珠”之称闻名于世。

大江埠越南边关风情村：位于北海市银海区银滩镇大江村境内，由疍家风情区、海洋古船文化长廊、神秘聚落区和购物休闲区四大部分组成，这里将多民族的民俗、民风、民情交融在一起，令人称奇叫绝。

大士阁：位于合浦县山口镇永安村，因过去在阁楼上曾供奉观音大士而得名。始建于明，整座亭阁共有36根柱、72条横牵、108个矮仔顶，其中一根柱悬空不落地，是这座建筑中最奇特的部位。

海角亭：位于合浦县廉州镇廉州中学内，是北宋时为纪念汉代孟尝而建。亭以海角为名，是因此地当年濒临大海，有“南海之角”之称。

北部湾广场

景点推荐

钦州旅游区

刘冯故居 ㊢

民族英雄的钦州回忆

📧 钦州市钦南区

刘永福与冯子材都是我国著名的民族英雄，景区一景两点，即刘永福故居——三宣堂（含墓地）和冯子材故居——冯宫保第（含墓地）。这里是钦州缅怀伟大民族英雄最好的地方，同时也是进行爱国主义教育的重地。

刘永福故居

刘永福故居位于钦州市钦南区板桂街10号，名“三宣堂”，建于清光绪十七年（1891年），是钦州市现存最宏伟、最完整的清代建筑群。刘永福故居非常宽敞，除主座外，有头门、二门、仓库、书房、伙房、仆人房、马房等一批附属建筑以及戏台、花园、菜圃、鱼塘、晒场等设施。

故居内的设施以防卫设施最具特色，整座建筑像一座巨大的碉堡，有炮楼，有围墙。头门至二门30多米的通道、二门与主座之间的开阔地带，均受到炮楼和楼房的火力保护。故居头门临江向东，有醒目的“三宣堂”大字匾额。刘永福当年援越抗法有功，被越王封为“三宣提督”，主管越南宣光、兴化、山西三省军事。“三宣堂”的命名是为了纪念这段光荣历史。

链接

刘永福

刘永福（1837—1917），字渊亭，汉族客家人，钦州人，祖籍博白东平，清朝时期赫赫有名的军事人物。刘永福最引人注目的战绩便是中法战争中取得的伟大胜利。清同治四年(1865年),刘永福带领的队伍以七星黑旗为军旗,称黑旗军。同治十二年(1873年),法国侵略军进攻越南河内等地,他应越方要求,率黑旗军与越军联合作战,在河内西郊大败法军,斩法军首领安邺上尉等数百人,乘胜收复河内。次年,越南国王授予他三宣副提督之职,让他管理宣化、兴化、山西三省。

冯子材故居

冯子材故居又名宫保第,是冯子材退居时住所,位于钦州市钦南区钦州镇白水塘村。冯子材故居坐北向南,建于清光绪元年(1875年),坐落于三座山丘之上,周围有墙垣,院内有碑林,字迹清秀,笔势遒劲,整个居所古意盎然,沧桑古朴,别具一格。

冯子材故居屋分三进,每进三栋,每栋三式,构成富有古风特色的"三排九"的建筑模式。建筑牢固实用,没有豪华的装饰,但质高艺精。还有宗庙、塔、宇、马厩、鱼塘、水井、花园、果园等附属建筑。

链接

冯子材

冯子材(1818—1903),钦州人,字南干,号萃亭,清末将领,历任广西、贵州提督。清光绪十一年(1885年)中法战争时,已年近70岁高龄的冯子材,在镇南关(今友谊关)"短衣草履,佩刀督队",浴血奋战,打得法军落花流水,歼法军1000多人,取得了历史上著名的"镇南关大捷"。其死后葬于钦州市东,1905年建墓,墓前有碑刻、石人、石马、石牌坊,规模宏大。

三娘湾 AAAA

中华白海豚之乡

钦州市钦南区犀牛脚镇的东南面,距离钦州城区40千米 ☎ 3816068 ¥ 50元

美丽的三娘湾是著名电影《海霞》的拍摄基地,是众多摄影家创作的宝地。同时,三娘湾海域也是"海上大熊猫"——中华白海豚的故乡,是一个极富滨海风情和历史文化内涵的休闲旅游度假区。

三娘湾景区主要有中华自由风情渔村、伏波庙、极乐寺、乌雷观海山庄等景观。景区内地形高低起伏,错落有致,海岸线蜿蜒绵长,波涛不惊,滨海沿岸防风林带绿树成荫、草木竞秀,自然气息十分浓郁。

玩家攻略

观潮节:每年的6月和7月是三娘湾海域海潮潮位最高的月份,这个时候三娘湾旅游区均举办观潮节。在观潮节期间旅游区邀请各方宾客观潮并举办系列活动。

观海豚:三娘湾海域栖息着上千头野生海豚,以中华白海豚为最。这些被誉为"海上大熊猫"的中华白海豚将这儿当作了自己的家园。游客可以到中心景区指定地点购票乘坐快艇出海观海景、觅海豚,欣赏海上精灵的曼妙舞姿并与之亲密接触。

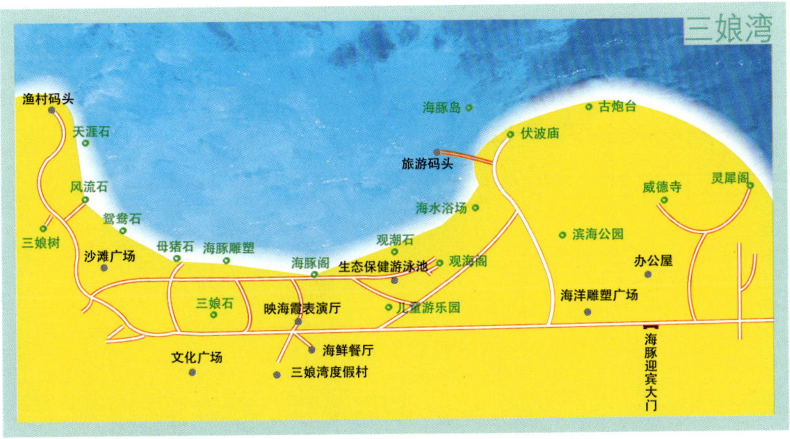

渔家乐： 三娘湾旅游区中心景区为风情渔村，为此向游客推出了游文明渔村、入住渔家旅馆、撒网捕鱼、赶海拾趣、海中垂钓、挖蚝蜊、捉沙蟹等为主要内容的渔家乐活动，让游客亲自参与渔民出海捕鱼，摘渔网，亲手加工刚打捞上来的海鲜，体验渔民打鱼的乐趣和生活方式。

登乌雷岭： 是广西沿海地区的最高峰，登上乌雷岭，极目远眺，豁然开朗，这一带的滨海风光尽收眼底，是游客登高观海的最佳去处。

八寨沟 AAAA

探险、猎奇、避暑观光

钦州市钦北区贵台镇垌利村

八寨沟在钦州大寺镇至上思县四级公路往贵台乡方向的路边。从高速路口下经大寺往贵台乡走约20千米，路边有明显指示牌 ￥50元

八寨沟是八角山上的一条8千米长的大峡谷，这是一个夏日幽谷探险、放飞心情的好去处。整个峡谷内遍布着大大小小近百个石潭，这些石潭由低到高呈阶梯式排列，形成了一个个天然浴池，大的深达三四米，可容上百人同时戏水；小的如浴盆，只容一两人入浴。

八寨沟景区生态保护完好。峡谷植被茂盛，树木葱茏，藤蔓缠绕，清清泉水时而从石板上汇成瀑布，时而从石隙间潺潺流过，景色诱人。景区植被基本属于原生态的原始灌木林，分布着湖榕木等数十种珍稀树种，以及金银花、黄杞子、枸骨藤等上百种珍稀药材。谷内空气清新，整个八寨沟俨然一个巨大的天然氧吧，炎热的夏天，进入谷内，犹如走进了一个清凉世界，呈现在眼前的尽是一片原始森林的绿色世界。

龙门群岛

群岛相连的海岛景观

钦州市钦州湾龙门港镇内

龙门群岛是集自然景观和人文景观于一体的滨海型旅游区。龙门群岛由100多个大小各异的岛屿镶嵌在方圆约50平方千米的钦州湾海面上形成。

景区内山环水绕，扑朔迷离，风光旖旎，奇特秀丽，享有“南国蓬莱”之盛誉。龙门群岛主要由仙岛公园、七十二泾、茅尾海、龙门岛、亚公山、青菜头、绿岛、五马归槽等景点组成。

玩家攻略

游七十二泾： 景区内，100多个大小各异的岛屿镶嵌在波平如镜的海面，岛与岛之间是无数曲折奇诡的水泾，其中主要水泾有七十二条，因而得名“七十二泾”。

参观龙门岛： 为龙门镇所在地，是广西沿海最大的渔业生产基地之一，在龙门群岛中为最大岛屿。岛上至今仍保存有清代修筑的炮台遗址及“民国”时期修建的“将军楼”。

绿岛度假： 岛上沙滩、奇石、树林，富有热带风情，岛上度假木屋、酒吧、亭台楼阁鳞次栉比，是一个别有情调的度假小岛。

大芦村外翰第

大芦村 ⓦ ⓒ

果香四溢的古建筑群保留地

钦州市灵山县大芦村，县城东郊外8千米

在灵山县城可搭三轮车前往景区 6301180

大芦村是"中国荔枝之乡的荔枝村""水果之乡的水果村"。村里村外，从山坡、田垌到农家的庭院，满目果树葱茏，一年四季花果飘香。

大芦村也是广西最大的古代民居建筑群保留地，这些建筑群由大芦村劳氏先辈自明清嘉靖至清朝道光年间建造，主要包括镬耳楼、三达堂、双庆堂、东园别墅、劳克忠公祠等群落。其规模之大，构造之巧妙，气势之宏伟，保存之完好，实属罕见。

在古建筑中，楹联是大芦村古宅群文化中的一大特色，目前留存楹联共350副，为明清创作留存，其内容几百年沿用不变，年抄录更新，固定位置张贴，绝不允许混淆。由于楹联众多，历史文化积淀丰厚，因此，大芦村于1999年被广西楹联学会授予"广西楹联第一村"的称号。

玩家 攻略

农历八月十八的庙节，又叫"岭头节"或"跳岭头"，是大芦村最热闹的节日。庙节这天除了看戴面具的祭祀性民间舞蹈外，最重要的莫过于宴请亲朋好友到家中做客，品茶尝果，还有在饮酒、吃饭前吃这个节日最具代表性的小吃牛红生……

六峰山

六座山峰造就的一处美景

钦州市灵山县城西

市内乘灵山101路、灵山106路、灵山808路等公交可达 20元

六峰山拔地横空，气势磅礴，峰峦嵯峨，古称石六山，明朝时曾以"石六锦屏""龟峰旭日"之名分别入选"灵山八景"和"灵山十景"，可见六峰山成为旅游胜地由来已久了。

六峰山由龙头、凤尾、鹤立、龟背、宝幛、冲霄6个主要山峰构成，诸峰峻险，仪态万千。景区内钦江碧水环秀，平桥卧波，山水映衬，风光旖旎，自然景观和人文景观相得益彰。山上古木参天，怪石嶙峋，奇岩迭出，曲径通幽，自然景观美不胜收。此外山上还有"石关"、牌坊、庙宇、石刻、碑林等古迹多处，大小岩洞64个，人文景观极其丰富。

玩家 攻略

登高： 虽然六峰山的海拔不是非常高，但是绝对是一个登高的好去处。登上六峰山便可以一览整个灵山县的美景。

拜北帝庙： 坐落在六峰山山腹悬崖下的北帝庙，建于明朝正德五年（1510年），是闻名遐迩的道教庙宇之一。据民间传说，庙的神灵可管东南亚，长期以来此庙宇已成为善男信女朝拜的圣殿。

六峰山

大郎书院

精美岭南建筑中的琅琅书声

钦州市浦北县小江镇

大郎书院是浦北县清代兴建的16所书院中保存较完整的两所书院之一，展现了清代时期浦北县的教育风貌和岭南建筑艺术。大郎书院是一道古朴的人文景观，既没有古代四大书院建筑气势恢宏的壮阔景象，又没有一般院落布局中那种中轴对称、层层递进的庄严幽深的感觉。

大郎书院基本保存完好。旧址建筑面积约2000平方米，整座书院设计结合园林特点，高雅别致。在正门上方，花岗岩阴宋体"大郎书院"匾额依然清晰可见，两旁嵌挂有"大成声振尼山铎、朗润文方浦水珠"

的对联。石勒字碑、木雕楹柱成了书院的一绝。院内共有方石柱10条，圆形楠木柱4条，全部阳刻有“大郎”字头的对联。观者既可欣赏其秀逸雄健的墨迹，又可揣摩其中蕴含的深意。

浦北县博物馆
馆藏丰富的年轻博物馆

钦州市浦北县小江镇解放北路 8213262

浦北县历史悠久，历史文化遗产极其丰富，已查明的不可移动的文物509处，如“越州古城遗址”“大郎书院”“余屋镬耳楼古民居建筑群”“香翰屏将军故居”等较具代表性的文物。

浦北县博物馆虽然是一个比较年轻的博物馆，但是馆藏文物珍贵、丰富。比如汉代“羊角钮铜钟”“变形鸟纹铜盘”，唐代“乾宁五年款铜钟”，南北朝“冰裂纹六系罐”，宋代“青瓷魂瓶”和汉代的“货泉”“五铢”以及从唐、五代、宋、元、明、清至“民国”时期的货币共504个品种，43 000多枚。这里还收藏有珍稀的大熊猫——剑齿象动物化石、亚洲象骨架化石和丰富的啮齿类小哺乳动物化石。

玩家攻略

浦北博物馆最具特色的藏品有战国至南北朝时期的羊角钮铜钟7件以及东汉时期的铜鼓12面。还有一面汉代盆型铜却（又称鼓盆）也十分特别。此盆盆面和盆身遍饰常见的铜鼓纹饰，盆底中央铸有七芒太阳，靠盆底两侧，对称地铸有悬钮各一只。据此推测，此器的用途正置为盆，倒悬为鼓，据悉，国内仅此一件。此外还有唐代乾宁年间铭文铜钟和众多中外铜钱币等。

更多本旅游区景点

茅尾海海上公园：茅尾海是富饶美丽的半封闭的内海，以“海阔、浪静、泾幽”等特点著称。壮观的海景、秀丽的小岛、旖旎的水泾交融一起，令人陶醉。

沙督岛：位于钦南区犀牛脚镇沙角村南面，岛上沙滩清洁，海水清澈见底。与蓝天、白云、金沙、绿水、白浪，以及漫天飞翔的海鸟，构成了一幅美丽的海上家园画。

麻兰岛：位于钦南区犀牛脚镇境内，岛呈长湾形，外形酷似一弯明月。该岛集沙滩、礁石、红树林于一体，岛国风味浓郁。这里产的沙虫、沙钻鱼、沙蟹号称“三沙”，名扬海外。

莲科坪古村：位于灵山县太平镇，始建于乾隆年间，村内以古宅民房居多，其中“荣封第”至今已有150多年的历史。村中保留着很多传统文化遗产，具有很高的考古价值和文化艺术鉴赏价值。

灵山苏村：位于灵山县石塘镇，现存明清建筑15个群落，这些建筑中以刘氏祖居规模最大，属岭南风格建筑。其中有太平天国女杰苏三娘故居遗址。

福多堂生态旅游村：位于浦北县北通镇境内，整个村庄宛如一个巨大的天然盆景，田园风光十分迷人。村里拥有4个古荔园，新荔连片绵延，以盛产黑叶荔闻名。电话：0777-6322368。

五皇岭：位于浦北县境内，由人头石等10多个山峰组成，主要景点有奇石群落、飞瀑溪流、高山草坪、原始森林、山林梯田等，这里是集登山锻炼、观赏奇石、品尝珍果，避暑纳凉于一体的人间仙境。

五皇岭

景点推荐

防城港旅游区

怪石滩

怪石嶙峋的海上赤壁

防城港市防城区江山半岛南端

怪石滩坐落在江山半岛第二高峰灯架岭脚下，因怪石滩是海蚀地貌，石头呈褐红色，经海浪千百万年的雕刻，形成今天形态各异、奇形怪状的天然石雕群，所以当地百姓将这里称为怪石滩。怪石滩崖高岩矗，酷似内陆江河边上悬崖，故游人又赋名“海上赤壁”。

怪石滩怪石嶙峋，形态栩栩如生，有的像怪兽，有的似花木，有的如战阵，有的似迷宫，其中最逼真的要数“笔架山”“金龟望海”“袋鼠观海”“鳄鱼跳水”“雄狮守海疆”“蘑菇石”等，惟妙惟肖，引人入胜。

涨潮时，游客更可观赏到“乱石穿空，惊涛拍岸，卷起千堆雪”的壮观场面。站在灯架岭上，朝可看日出，目睹红日冲破黑暗，从东方海中喷薄而出的壮观情景；晚可观日落，远望碧海映红霞，海天一色，恍如散银碎金，闪烁跳动，美不胜收。

玩家攻略

观潮：怪石滩受到区内外游客的热捧，大量的游客自驾车来到此地，观赏大自然的鬼斧神工，欣赏涨潮时巨浪拍岸的壮观景象。

摄影：这里是摄影发烧友的胜地，这里也激发了摄影师们无限的创作灵感。怪石滩是全国罕见的奇异景点，是人间少有的婚纱摄影天堂，这里天高，海蓝，石奇，是海誓山盟、海枯石烂、沧海情深、深情似海等主题婚纱摄影的最佳场所。每天都有众多的情侣在这“海枯石烂”的壮美景色前拍摄婚纱照，见证他们的爱情。

月亮湾海滩
浪漫柔情的月亮湾

防城港市防城区江山半岛东侧的牛头山脚下

月亮湾东面与防城港隔海相望，相隔仅几百米，因其形似弯月而得名。月亮湾由3个湾组成，分为一湾、二湾、三湾，皆为半月形。三个“半月”同为下弦月，并列相连，如三张首尾相连的弓。

这里沙滩平缓，沙质细软，洁净金黄，酷似一轮金黄色的弯月。人们经常来到月亮湾游泳、戏水、观海，以度过炎热的夏日，因此月亮湾被称为“盛夏的情侣”。

白浪滩 AAAA
规模宏大的滨海娱乐中心

防城港市防城区江山半岛中段，离防城港约7千米

3398069

白浪滩因其极为宽广而平坦又名大平坡。白浪滩宽1~2.8千米，长6千米。沙滩沙质细软，因含钛矿而白中泛黑色。十里长滩，坦荡如坻，一望无际，可同时供几十万人活动，是开展海滨体育运动的最佳场所。

不到白浪滩，不知海滩之宽。北部湾沿岸多台地丘陵，而白浪滩（大平坡）却是平原的延伸，它一马平川，在湛蓝的大海中有如此一大片十数千米只高出海面少许的偌大滩涂，远望分不清哪里是海，哪里是沙滩。其实它是海上有滩，滩边有海。怪不得有人说，不到白浪滩，不知海滩之宽平，不知海滩之奇美！白浪滩因沙质含钛矿，略显赭色。

白龙古炮台群 文
海防要塞的军事设施

防城港市防城区江山半岛濒临海滨的4个小山包上

白龙炮台既是海防线上的军事设施，也是庄严而坚固的建筑群体。每个炮台正面门楼全用方条石砌成，门楼前设有多层阶梯。每个炮台蝙蝠式的门楼中央，都镶嵌着用楷书镌刻炮台名称的青石板，显得气势蔚为壮观。

从大门往里走，左右两边是厢房。厢房内装有窗棂，设有穿岭而出的透气孔。再往里走，从左右分道拾级而上，便到了露天炮座。露天炮座为椭圆形，长约9米，宽约5米，高约0.8米。炮台均为混凝土结构，相当坚固。炮台均配有英国造的大型火炮，共6门。每门火炮长约4米，重约六七吨，口径约20厘米。

玩家 解说

自鸦片战争爆发后，中国闭关自守的大门被

链接

马援南征古战场

据史志载，汉光武帝建武十六年（40年），交趾征侧、征贰叛乱；两年后，朝廷派遣伏波将军马援率军平叛；建武十九年（43年），平定交趾叛乱。东汉伏波将军马援南征平叛，江山半岛（原称白龙半岛）是其主要活动地，还留下了无比丰富的历史文化遗证。

白龙古炮台

打开，西方列强不断入侵。清政府为了巩固海防，于光绪十三年（1887年）由两广总督张之洞亲自率部对东兴市的竹山、江平、白龙尾半岛进行勘察，并在白龙尾半岛的4个小山包上筑建了“白龙台”“民坑台”“龙珍台”“龙骧台”4座炮台，总称“白龙炮台”。

明珠广场

防城港市标

防城港市跨海大桥中段

明珠广场是防城港有名的人文景观。广场在跨海大桥中段，广场中心建有一尊珠光闪闪、神龙欲跃的双龙戏珠大桥标志，名曰“龙珠坛”。珠高12.88米，直径8.99米，由230块选自著名石都福建惠安的花岗岩，经精雕细凿相缀而成。构思独特，寓意深邃，顺观沧海，乐趣良多。广场四周环海，环境幽雅。每当夜幕降临，灯火闪耀，景致美丽非凡。广场现已成为人们休闲、观光的重要场所，并免费向游客开放。

仙人山公园

闹市中的娴静之地

防城港市港口区北部湾大道南段

市内乘3路、103路、104路、105路等公交可达

在防城港闹市内有一处幽静的休闲地，那便是仙人山公园。虽然说身处闹市，这里

仙人山公园

却是风景独好，环境分外幽雅娴静。漫步林中小径，花香扑鼻，鸟语呢喃，心情豁然开朗，仿佛走进人间仙境。置身高处，面对大海，海风拂面，海涛声声，让你生出无穷的遐想。

若登上山顶，再登上观景楼观海，视野开阔，心旷神怡。站在这里，既可鸟瞰现代化大港的雄伟壮观，又可领略南国山水相连、海天一色的美景。

金滩 AAAA

金光闪闪的天然海滨浴场

京族三岛中的万尾岛的南边

金滩是景岛旅游区的重要组成部分，因海滩的沙子呈金黄色而得名，全长13千米，与越南著名的风景名胜区万柱岛隔海相望。这里沙细、水清、坡缓、浪平，且无海藻、无鲨鱼、无污染，沙滩由海岸缓缓斜入海中，形成大海沙滩珠联璧合、浑然天成之景，是中国沿海值得一去的天然海滨浴场。

金滩空气清新自然，负氧离子含量极高，温度适宜，可谓“春秋相连，夏长无冬”。岸上有20多千米郁郁葱葱的木麻黄防护林带，海风沙沙，海浪哗哗，荫可蔽日，林可观花。

链接

金滩的传说

关于金滩的来历有一个古老而美丽的传说。相传，海龙王带着心爱的小龙女巡海到了海岛，看见一个英俊的小伙子正在泥泞的海滩上耙螺。小龙女一见钟情，示意父王搭桥问路，促成姻缘。于是海龙王问小伙子：“你要金吗？”小伙子摇摇头。海龙王又问：“你要银吗？”小伙子还是摇摇头。“那你要什么呢？”小龙女不解地问。“我要一片没有泥泞的海滩，以后好做海。”小伙子答道。

海龙王和小龙女听后深受感动，急令虾兵蟹将火速回宫，捣碎库中金子，然后均匀地撒在海岛的滩面上。转眼间，泥泞的海滩不见了，出现在眼前的是一片金灿灿的大沙滩。从此，小伙子和小龙女天天在这金色的金沙滩上拉网、耙螺、冲浪、唱歌，日子过得如神仙般快活。

金滩

京族博物馆
展现京族文化的窗口

东兴市江平镇万尾岛

东兴市京族三岛是京族的唯一聚居地。在漫长的历史长河中，聪明勤劳的京族人民创造了灿烂而独特的民族文化。

京族博物馆就是一家展现京族文化的博物馆，博物馆面积3000平方米，集中展示了京族的民族服饰、生产生活工具、哈节、独弦琴、居住环境、民间信仰、婚恋礼俗、地图资料等，全面反映了京族人民的生产生活历程，不仅具有展示、教育、科研等功能，而且成为展现京族传统文化魅力的窗口。

玩家攻略

京岛风景名胜区京族文化气息浓厚，民俗风情淳朴奇特，列入中国首批非物质文化遗产名录的京族“哈节”，更是京族风情的精华展示。

哈亭 AAAA
京族三岛的标志性建筑

东兴市江平镇万尾岛

哈亭是京族过哈节祀祖先、祭神灵和民间娱乐、议事的公共场所，是京族三岛的标志性建筑。哈亭，专司唱哈的亭子，京族三岛都建有哈亭，风格大同小异，规模不相上下。建筑形式已由过去以竹木为桩柱、以茅草盖顶的简易哈亭变为钢混结构的宽敞楼阁。圆圆红柱，弯弯亭角，屋顶双龙戏珠，亭内雕梁画栋，既古朴典雅，又别具特色。

哈亭的建筑形式虽几经改造变化，但哈亭的内在功能和主要布局却始终一脉相承。其结构一律为正厅加左右偏厅。正厅的里厢安放神位，设主祭坛。正厅的外厢是宽敞的厅堂，是开展祭祀和娱神的地方。与正厅连在一起的左右偏厅则设坐席，两个偏厅可容纳三四百人。

万鹤山湿地公园
万鹤齐聚的小西双版纳

东兴市江平镇京族三岛之一的巫头岛南边

万鹤山湿地公园南临天鹅湾，西接榕树头，面积3平方千米，素有海边“小西双版纳”之称，是广西保存最完好的滨海湿地。万鹤山湿地公园在湿地公园的南面，有一片郁郁葱葱的原始森林，树种繁多，野趣浓郁，靠山临海，物华天宝。这里亚热带水果随处可见，珍稀植物杂居岛中。

每年清明节到冬至期间，都有2万多只白鹭在这里栖息繁衍，因而得名万鹤山。据当地人说，万鹤山有鹳鹤、翎鹤、白鹤、银鹤、蓑羽鹤、黄嘴鹤、马褂鹤等7个品种；按史书上说这些鹤分属两大家族，即白鹤与苍鹭。京族人民酷爱自然，视鹤如命。在这里，处处闻啼鸟，人鹤是一家，留下了一个个爱鸟护鸟的动人故事。多少文人骚客，为万鹤山舞文弄墨，吟诗作词。

屏峰雨林公园 AAAA

避暑漂流好去处

东兴市马路镇平丰村

屏峰雨林公园分为红石谷、石门谷两大景区，坐落在海拔900多米高的罗华山脚下。公园内森林覆盖面积超过72%，空气中负氧离子是中国大城市的500~1000倍，堪称“天然氧吧”，养生胜地；且雨季时间长，雨量充沛，集雨面积广，平均年降雨量4200多毫米，位居全国降雨量前三甲。河水是从罗华山上流下来的纯正山泉，水质清澈，富含矿物质及对皮肤有益的微量元素。

高质高量的水资源，独特的国门屏峰的地理位置，为领略亚热带雨林风情，体验红石谷激情漂流，尽享石门谷移步换景观光瀑布群，提供了得天独厚的条件。

玩家 攻略

石门谷漂流分为逍遥漂和勇士漂，河水是罗华山上流下来的纯正山泉，清澈见底。勇士漂河道总长度约3.2千米，全程隐蔽在绿色河道中，两岸奇峰耸立，河道落差大、水势急、险滩多，一路巨石险滩，神秘动感，激流澎湃。

石门谷漂流

东兴口岸

中越边境的热闹地带

东兴市与越南交界处

东兴口岸处于北仑河与越南哥龙河交汇处，相距越南芒街口岸仅100米，是我国唯一与越南海陆相连的国家一类口岸。

东兴口岸也是东兴市最热闹的地方，从东兴口岸中越大桥出境，可到越南下龙湾旅游，也可经越南的河内、胡志明市到柬埔寨、老挝、缅甸、泰国去观光。中越大桥中间的一道红线是中越分界线，人们出境便在此“跨一步而出国”。这里主要景点有大清国五号界碑、胡志明亭、口岸联检区、中越友谊大桥、越南免税店等。

竹山村

广西最有标志意义的村落

东兴市北仑河口竹山村

竹山村位于祖国大陆海岸线最西南端，也是祖国大陆海岸线的起点。竹山村与越南芒街隔江相望，以盛产竹子得名。

竹山村作为东兴市的旅游景区之一，拥有得天独厚的自然及历史人文资源，大清国一号界碑、北仑河口风景名胜区、红树林、广西沿边公路零起点标志、三圣宫等旅游景点，每年都吸引了成千上万的国内外游客前来参观。

十万大山 AAAA

连绵壮阔的森林公园

防城港市上思县西南部

十万大山森林公园位于十万大山的核心区，园内分布着完整的原始状态的亚热带雨林，山峰层峦叠嶂，连绵耸立。十万是个概数，可想而知这片森林的壮阔。这里不仅山清水秀石头美，而且植物种类有1890多种。空气异常清新，负氧离子含量也极高。

公园建设极有特色，办公楼、宾馆、水上餐厅、木楼等建筑既具有现代建筑的便利性，又具有民族建筑的特色，显得古朴、新颖、别致、美观。开辟的旅游景点，如天然盆景、天然游泳池、仙女浴池、沉香玉潭、佛光宝座、人间仙境、千古石阶等，都尽量不加人工雕琢，使人置身其间，能领略到大自然的神奇造化。

更多本旅游区景点

珍珠湾：位于江山半岛西侧海湾，面积70多平方千米。这一带海水咸淡适宜，自古以来就是我国南珠的主要产地，号称“珍珠之乡”。这里出产的珍珠以颗粒圆润、凝重结实、色彩艳丽而著称于世。

亚婆山贝丘遗址：是新石器时代文化遗址，位于江山半岛临海地带的山冈上。此类遗址以海生斧足类和腹足类软体动物的硬壳堆积为特征。对亚菩山、马兰嘴2处遗址做过试掘，出土了打制石器、磨制石器、骨器、蚌器和陶片。

石角红树林：位于江山半岛西侧，是北仑河口国家级自然保护区的重要组成部分，已被列入国际重要湿地名录，拥有世界第三、我国大陆海岸连片面积最大的红树林，各种鱼类、鸟类在这里嬉戏觅食，繁衍生息。

十万大山

攻略资讯

- 交通
- 住宿
- 美食
- 购物
- 娱乐

北海市区

交通

飞机

地处北部湾的三个城市中，只有北海设有机场。北海福成机场位于北海市东北部，距离北海市中心约24千米。北海福成机场为广西三大机场之一，已经开通往返于北京、上海、哈尔滨、广州、海口等国内各主要城市及自治区首府桂林的航班。游客可以乘机场大巴和出租车往返于市区和机场之间。咨询电话为0779－85127770。

火车

●北海

北海火车站于2011年7月正式开通北海至桂林直达普速旅客列车，并于2013年开通北海至桂林高铁列车，至此北海跨入了高铁时代。

北海火车站位于北海市南京路路尾，市内乘2路公交车可到，电话为0779－2208373。

●钦州

钦州有两个火车站，一个是东站（钦州东站），有两趟动车往返桂林和北海之间；另一个是西站（钦州站），有两趟动车可到南宁、桂林、防城港等地。

钦州火车东站位于永福东大街行政中心往东，钦州火车站位于钦州永福西大街世纪新城往西。

●防城港

目前防城港主要的客运火车站为防城

北海火车站

港北站。防城港北站是广西沿海高铁线路上第一个建成的高铁车站，只有一趟往返于桂林的动车在这里停靠。防城港北站位于防城港市新城区北侧，乘6路、115路、205路等公交可达。

汽车

●北海

北海共有3个汽车站，分别是南珠汽车站、北海和信客运中心以及北海二运汽车站。

北海南珠汽车站位于北海市北海大道与南珠大道交会处，乘坐15路公交车可到。电话：0779-2030133。

北海和信客运中心位于北海市北部湾路（北部湾广场旁），乘2路、3路、5路等公交可达。电话：0779-2210211。

北海二运汽车站位于北海市海城区广东路60号，乘坐3路公交车可到。电话：0779-2023428。

●钦州

钦州主要有3个汽车站，分别是钦州新汽车总站、钦州汽车南站和钦州汽车北站。

钦州新汽车总站位于钦州市钦南区金海湾西大街，可乘k8路、19路等公交前往。

钦州汽车南站位于金海湾东大街（南区政府对面），乘灵山101路、灵山202路等公交可达。电话0777-2109977。

钦州汽车北站位于钦州湾大道南北进城路口，乘1路、3路39路等公交车可到。电话：0777-2103967。

●防城港

目前防城港市内只有1个主要的长途汽车站就是港口汽车站，车站位于防城港市港口区桃源路（阳光海岸附近），可乘102路公交车到金湾小区下，然后步行过去。

住宿

北海

北海和其他城市一样，各类酒店、宾馆、招待所很多。北海的住宿点主要集中在海城区和银海区，另外合浦县内也有一些酒店，但选择不多，所以到北海旅游，最好的选择是住在海城区，不仅交通方便且价格适宜。此外，如果是到涠洲岛旅游，涠洲岛的住宿也十分方便。

北海风光

●北海银滩度假村

这家酒店适合休闲，环境比较安静，房间也很宽敞，光线好。床较大，适合一家三口，有宽带，卧室布置比较温馨，酒店内还有游泳池。度假村离银滩不是很远，大约有1千米的样子，很方便。✉ 北海市银海区银滩大道8号路 ☎ 0779—3899088

北海银滩度假村

●皇帝大酒店

酒店位于闹市区，距离北部湾广场、老街都非常近，周边的小吃和购物的地方都非常多，非常方便。酒店内的设施齐全，价格也适中。✉ 北海市海城区贵州路30号 ☎ 0779—3033388

●北海天一角主题客栈

这是一家比较有情调的主题客栈，客栈五楼有一个有情调的小露台，适合在夜幕降临的时候，看看星星，十分有感觉。✉ 北海市海城区北海大道嘉福文华苑西侧 ☎ 0779—3968666

●城市便捷酒店北部湾广场店

位于繁华热闹的北部湾广场，这是一家非常舒适的酒店。酒店房间干净、整洁、宽敞，服务周到，总的来说，这是一家十分不错的快捷酒店。✉ 北海市海城区贵州路32号 ☎ 0779—2236888

●北海苏福比画廊酒店

酒店由7栋独立建筑组成，其中5栋滨海别墅为客房及画廊。而且酒店配有室外游泳池、棋牌室、茶艺室、免费网吧、免费书吧，设施十分全面。✉ 北海市银海区银滩恒利旅游度假中心中三前区别墅 ☎ 0779—3801777

●凯旋国际商务大酒店

北海最高的酒店，地处市中心繁华地

凯旋国际商务大酒店

带，交通十分便利。房间装饰奢华，酒店房间的视野也十分开阔。酒店顶楼上有个旋转餐厅，可以把北海的全景浏览一遍。✉ 北海市海城区北部湾中路58号 ☎ 0779—6808888

●涠洲岛猪仔吧国际青年旅舍

这是一家YHA官方国际青年旅舍，是涠洲岛名气最高的旅舍。这里常年聚集着背包客和学生族。旅舍面朝大海，环境幽雅，是放松休闲的首选。猪仔吧还提供潜水服务、自行车租赁服务等。价格为每个床位35元起。✉ 涠洲岛南湾三婆庙侧海边 ☎ 0779—6013610

●涠洲岛海驿国际青年旅舍

这同样是一家官方国际青年旅舍，位于涠洲岛的中心区南湾，距大海只有5米。旅舍是个4层高的小楼，靠山临海，提供有限的精品客房和海景多人间，价格为每个床位40元起。✉ 北海市涠洲岛南湾158号 ☎ 0779—6012298，18977939761

●北海涠洲岛滴水海景酒店

这是新建、综合设施较为完善的海景度假休闲酒店，离滴水丹屏景区约100米，火山口景区约250米。酒店拥有双标房、情侣大床房，房间宽阔、舒服，均有独立卫生间，非常适合旅客休闲度假居住。价格为海景标间160元。✉ 北海海城区滴水丹屏景区内 ☎ 0779—6016438

●涠洲岛港岛酒店

它坐落在南迈街上，依山面海，背靠60米高峻峭的火山壁，离大海不足10米。北海涠洲岛港岛酒店所有海景房均拥有达180度观海窗口，可饱览港湾旖旎全景。酒店门前，是观赏港湾景色和拍摄日落的理想位置。

北海市涠洲镇南迈街海堤路 0779-6013983

钦州住宿

钦州市内星级酒店比较少，中小型旅社和招待所较多，大多集中在市中心的钦州湾大道、人民路、南珠大道和文峰路等地。

●钦州部分酒店信息

酒店	位置	电话（区号0777）	星级
雅斯特酒店	钦南区南珠西大街45号	3893366	三星级
紫荆花城市酒店	钦南区南珠西大街59号	3239888	经济型
金湾大酒店	钦南区人民路13号	2133288	四星级

防城港住宿

防城港的主要住宿区域在港口区，这里风光明媚，古迹众多，交通便利。宾馆档次参差不齐，住宿条件比较一般，价格多在160元上下。档次较高的星级酒店稀缺，逢节假日床位很紧张；但中小型招待所、旅社很多，价格都很便宜。

●防城港部分酒店信息

酒店	位置	电话（区号0777）	类型
天之龙酒店	港口区贵州路4号	6106888	三星级
华程之星酒店	港口区四川路13号	2801988	经济型
阳光假日便捷酒店	港口区凯乐路三街十号	2205111	经济型
城市便捷酒店东兴口岸店	东兴市教育路310号	2232222	经济型
金滩大酒店	东兴市京岛旅游区	7222967	经济型

美食

北海

北海近海边，自然是以吃海鲜为主，肥美生猛。北海有许多依滩傍海的海鲜大排档，各类鱼虾贝蟹置池中饲养，任客挑选。海边就餐，是很多来北海的游客的首选，把酒临风，涛声助兴，吃海鲜、观海面、沐海风，个中情趣，妙不可言。而在涠洲岛上吃海鲜要比北海便宜得多，还能吃到刚收渔回来的自然新鲜货。

●海鲜

北海海鲜

北海的海鲜品种主要有龙虾、班节虾、花虾、弹虾、石斑鱼、鲳鱼、泥猛鱼、彩衣、鱿鱼、墨鱼、八爪鱼、沙虫、泥丁、花蟹、青蟹、膏蟹、圣子螺、花甲螺、香螺、响螺、黄帝螺、油鳝、鲍鱼……而烹饪方法多样，蒸煮焖炒均可。

●石斑鱼头汤

石斑鱼属深海鱼，大条的俗称鲈鲀，皮较厚叫鲈鲀皮，传统珍品“燕翅鳖鲀”中的鲀就是鲈鲀皮，很珍贵。石斑鱼鱼头大，肉细幼嫩滑，煮汤当属海鲜上乘之汤。虽然北海一般饭馆很少能做得细致，但石斑鱼的鲜美还是不要错过！

●越南卷粉

据说是当地人从越南带回来的一种特色小吃，经过世代的变迁后更具北海特色。越南卷粉味道鲜美，口感润滑，非常好吃。

●鸡饭

所谓的“鸡饭”，就是把杀完鸡后取出

的脂肪加点盐放进大米饭一起煮，风味独特，鲜香可口。做此菜比较出名的饭店有九叔、坤记、金生美食等。

●猪脚粉

猪脚粉是北海的一种特色小吃，以猪脚做配料而得名，香辣鲜爽。猪脚粉要采用精心挑选的猪前蹄，配以几十种名贵中药材熬制。这样熬熟的猪脚肥而不腻，脆而不硬，汤料既保持原味又鲜美，价格实惠。

北海猪脚粉

●香煎鱿鱼筒

香煎鱿鱼筒中的鱿鱼筒即小鱿鱼，因其呈筒形，所以得名。也有一说法叫鱿鱼童，是北海的特色菜品，几乎在每家饭店都能吃到。用韭菜和洋葱丝爆炒鱿鱼的嘴和须，香脆可口。

钦州

●猪脚粉

这是“老钦州”早餐之必备佳品，柔滑美味的白米粉，配以脆、甜、鲜的猪脚，真正是色香味俱全。油而不腻，厚而不韧，香而不火的特点令其成为钦州美食的代表。

●海瓜

海瓜是钦州非常有特色的小吃，素以鲜、嫩、香、脆、爽口而著称。

●海红薯

海红薯也是钦州非常有名的小吃，因肉质甜润、松软滑口而别具风格。

防城港沿边靠海，这里的海鲜很有特点，受近邻越南菜的影响，许多菜式都颇具东南亚风味，在市中心的兴港大道、靠近港口的渔港路等地都有许多餐厅和小吃摊铺，有名的菜有鸡屎藤粑、葵花扣鲜鱿、珍珠串、白切光坡鸡、水鱼炖翅等。

防城港

●白切光坡鸡

光坡鸡是防城港的一种优良肉鸡种，肉质鲜美，骨细肉多，以白切光坡鸡蘸食沙虫酱最为有名。当地很多饭店都有这道特色菜，可以点来品尝。

●风吹饼

风吹饼是一种防城港人人喜爱的大米制小吃，以炭火烘干而成。烘干后其重量更轻且更薄，几乎近于透明薄膜一般，风吹即起，故名“风吹”，俗称风吹饼。

白切光坡鸡

●葵花扣鲜鱿

防城港的鱿鱼品质上乘，含有大量的蛋白质和少量脂肪，富含多种维生素，鲜食和干制均可。当地最有名的鱿鱼菜品就是葵花扣鲜鱿，是宴会上不可缺少的海鲜珍品。

●春梅红烧海参

以防城港当地北部湾所产优质海参为主料，配以虾胶瓤冬菇而成；在瓤制冬菇时用芫荽及火腿末点缀成花形，故名“春梅”。菜品软而不糜，滑溜可口，鲜味浓郁。

春梅红烧海参

购物

北海

北海盛产亚热带水果、蔬菜和花卉，品质优良，深受人们喜爱；北海的贝雕、角雕、竹编工艺品美轮美奂，使人爱不释手。

●北海珍珠

北海盛产“南珠”，有“南珠之乡”之称。所产“南珠”以凝重结实、硕大圆润、晶莹夺目、光泽耐久而驰名中外，自古享有“东珠不如西珠，西珠不如南珠”的盛誉。一直是外地游客热衷购买的特产之首。

●干海产

北海市面临的北部湾有丰富的海洋资源。主要海特产有海马、珍珠、海参、带子、鲍鱼、鱼翅、沙虫、石斑、青蟹、石鲛、鱿鱼、墨鱼、大蚝、对虾等及各种贝类。建议到水产市场底层（云南路）选购。

●海洋工艺品

海洋工艺品即贝雕、珍珠项链、手链、贝壳风铃、手机链等，样式齐全，色彩斑斓，是一种有特色的精致的挂摆饰品，适合做纪念品留念或送朋友。在老街等景点处都有散摊摆卖，价格不贵，最好适当砍价。

钦州

钦州盛产的主要水果有龙眼、荔枝、香蕉和菠萝等。由于钦州盛产的荔枝汁肥味美、品种众多而享誉国内外，此外钦州还有众多的海产品以及闻名遐迩的坭兴陶，都是非常好的钦州特产。

●坭兴陶

钦州坭兴陶已有1300多年历史，曾于1915年在美国巴拿马旧金山举办的国际博览会上获得金奖，与江苏宜兴紫砂陶、云南建水陶、四川容昌陶名列中国四大名陶。

●钦州四大名产

钦州的海产品特产主要有被誉为“钦州四大名产”的牡蚝、对虾、石斑鱼以及青蟹。

●钦州南珠

钦州盛产珍珠，这里产的“钦州南珠”不仅在古代是进奉给皇帝的贡品，到了现代，更是远销海内外，为钦州赢得了极高的赞誉。

●钦州红荔枝

这是一种特大荔枝。它的果实硕大，属于特大型果树，品质优良，并且肉厚汁甜，十分爽口。

钦州红荔枝

●浦北香蕉

广西是我国重要的香蕉生产基地之一。而钦州市是目前广西最大的香蕉生产地，被誉为“中国香蕉之乡”。

防城港

●防城石雕

防城石雕用当地出产的石头经雕琢加工而成。防城石色泽丰富，制成的石雕典雅别致，色泽自然，造型优美，是防城港最有特色的纪念品，在各大商店和旅游景点都可以买到。

●海鲜

防城港海鲜品种繁多，主要以虾蟹为主。特色的如大蚝肉可鲜食，素有“海中牛奶”的美称，还可加工成蚝豉、蚝油。

●金花茶

茶族皇后金花茶是花中珍品，除有很高的观赏价值外，其叶子可泡茶，颜色翠绿，味甘甜、香郁。防城港许多商场内还有用金花茶树枝制作的雕刻、算盘珠、玩具等工艺品，工艺精湛，价格便宜，是独具特色的旅游纪念品。

娱乐

北海

北海是沿海城市，因而海滩运动成了北海市民的主要娱乐活动。说到海滩那就一定要提到银滩，银滩游泳是前来北海旅游的游客最喜爱的娱乐项目。另外，银滩的沙滩排球、沙滩足球、沙滩卡丁车都很好玩，海上的快艇、水上蹦极和小型帆船也别有趣味。如果海底潜水，可以观赏美丽的珊瑚和奇妙的海底世界，而且一般都有专门的教练负责带领，比较安全。

钦州

由于钦州境内居住着壮族、苗族等众多少数民族，每年的中秋前后或者农历三月、十月，在少数民族聚居的村寨边都会举行盛大的跳岭头节。风格独特的祭祀活动、戏曲和武术表演让整个节日热闹非凡。

作为美丽的海滨城市，钦州市区内的勒沟海湾广场、钦州湾广场等地不但景色迷人，还有各种娱乐设施供人们游玩使用，离海滩不远的酒吧饭店则能在玩耍疲劳的时候为人们提供可口美食补充体力，让人们尽情享受这里的海滨风情。

防城港

京族是防城港特有的少数民族，世代生活在海岛上，每年的六月初十是京族最隆重的哈节，这时哈族人都会聚在一起，表演唱哈、竹竿舞、独弦琴等民族节目，内容淳朴自然、风格别致。

节日和重大活动

节日	位置	时间
北海国际珍珠节	北海市内	每年9月
钦州灵山荔枝节	钦州灵山县	每年6月或7月
钦州三娘湾观潮节	钦州市区	每年6月或7月
钦州浦北香蕉节	钦州浦北县	每年11月
钦州蚝情节	钦州市区	每年11月
防城港京族哈节	万尾、巫头、山心	每年农历六月初十
防城港中越边境旅游节	东兴市	每年10月28日至30日

北海沙滩

发现者旅行指南

崇左

概览

亮点

友谊关

中国九大名关之一，地处边防要塞，气势磅礴，是我国保存比较完整的明、清时期的南疆边关要塞。

友谊关

德天瀑布

鼎鼎大名的跨国瀑布，以变幻多姿的美著称，四时节令、晨夕一刻德天瀑布都展现出了不同的瑰丽美景。

花山壁画

是宁明县规模最大，发现最早的壁画，花山壁画古朴粗犷的笔法和风格，体现了古代壮族人民的审美情趣和高超的艺术水准。

必逛街道

江南路：江南路是崇左最繁华的一条街道，也是崇左的中心街道。这条街上汇聚了崇左市内大部分的美食餐厅和购物中心。

线路

崇左郊县三日游

第一天上午前往宁明县的花山景区，欣赏花山壁画；下午前往凭祥一览友谊关的磅礴气势。第二天花一天的时间前往龙州，游览龙州起义纪念馆、红八军军部旧址、小连城，追寻红色之旅。第三天可以去大新县，到跨国瀑布德天瀑布、龙宫仙境一游。

大新两日游

第一天到达大新，前往德天瀑布，观气势恢宏的德天瀑布，到中越53号界碑拍照留念。第二天上午到明仕田园赏田园风光；下午到硕龙地下长城玩军事游戏，体验军事作战的乐趣。

左江斜塔

为何去

左江河畔的崇左市风景秀丽，南国边关风情神秘迷人。崇左喀斯特地貌发育完美，花果飘香，有宁明花山、德天瀑布、友谊关等著名胜景。

德天瀑布

何时去

宜人的气候使崇左一年四季都是游人喜爱的旅游目的地。需要注意的是，崇左的降雨多集中在夏秋季节，此时出行应注意天气变化，携带雨具。

明仕田园

区域解读

区号：0771

面积：约17 440km²

人口：约245万人

主要少数民族：壮族

地理 GEOGRAPHY

区划

崇左市辖1区（江州区）、1市（凭祥市）、5县（扶绥县、大新县、天等县、龙州县、宁明县）。

地形

崇左市地形特点是山地多，平地少，石灰岩地层分部广。市内有山地、丘陵、谷地，也有河谷冲积成的平原。

崇左西部为大青山山脉，南部为公母山山脉和十万大山余脉。地势大致为西北及西南略高，向东倾斜，中部被左江及支流切割，形成错综的丘陵平原。境内最高峰为南部宁明县与防城港市接壤的十万大山余脉浦龙山（海拔1358米）。

气候

崇左地处北回归线以南，属亚热带季风气候区，气候温和，雨量充沛。年平均气温20℃，年降雨量1200毫米以上。崇左全年光照充足，且光、水同季。这里全年夏长冬短，作物一年三熟，林木四季可长，发展亚热带经济作物具有得天独厚的自然条件，素有“绿色宝库”之称。

历史 HISTORY

历史大事记

自古以来崇左为壮族先民骆越民族聚居之地。秦始皇三十三年（公元前214年）秦统一岭南地区后，设桂林、象、南海三郡，象郡治所临尘（今崇左市区）。今崇左、宁明、龙州、大新、靖西、德保等地都属象郡。

唐贞观元年（627年），政府置左江镇，分领思同、万形、万承、波州、上下恩城州。唐末设邕管羁縻太平州、左州。宋初沿袭唐制。仁宗年间，侬智高“大南国”起义，后被朝廷派狄青镇压。太宗太平兴国年间设左江道置太平寨（治今崇左）、永平寨（治今宁明县城）、古万寨（治今扶绥县西北）、永乐寨、横山寨等5寨。

1928年，撤销土江州、罗白县，并入崇善县。对实行土州制的地方继续“改土归流”，土司制度逐渐瓦解。1930年2月1日，在邓小平等领导下，举行了龙州起义，建立左江革

名单 崇左历史名人

南越国丞相吕嘉

现代学术泰斗黄现璠

抗日民族英雄钟毅

龙州起义革命者谢鹤筹

钟毅像

德天瀑布

命委员会，下辖龙州、崇善、凭祥、上金、养利、龙茗等县革命委员会。

中华人民共和国成立之初，左江地区属龙州专区。1951年4月，崇善县与左县合并为崇左县，“崇左”因此得名。

文化 CULTURE

美女抚琴，演绎壮家风情

在广西边境地区，流传着这样的俚语：“下冻好细米，龙州好妹子。”出美女的便是龙州县金龙镇与越南接壤的板池屯。2003年的南宁国际民歌艺术节上，一曲《唱天谣》，让人们见识了板池屯的15名天琴美女。2013年10月，在龙州取材取景的电影《天琴美人》上映。

“一群壮族黑衣美女，手抚千年古琴，笑靥如花，清脆的嗓音犹如天籁……”这是壮族天琴美女演绎的一个场景。天琴是壮民族民间艺术的代表，2003年，壮族音乐家范西姆等人将天琴艺术从龙州县金龙镇板池屯挖掘出来，经过加工、整理，使其内容和形式得到升华，在当年南宁民歌艺术节上一鸣惊人，天琴成为中国知名的文化品牌。

走进龙州板池屯“美女村”，只见这里山清水秀，竹木茂盛。村边有一眼“美女泉”，泉水四季涌流，清澈甘甜。村里时常可见到眉目清秀、身材苗条的美少女，且大多能弹善唱。当地人把自己制作的天琴叫鼎叮。这种具有独特民族风情的民间弹弦乐器，传说是人与上天沟通的一种工具，所以得名天琴。美女村不但盛产美女，更演绎着浓郁的壮家风情。据了解，这一带还保留着浓厚而独特的壮族习俗，每年正月十一举行侬垌节。在侬垌节上，身着黑色壮族服饰的天琴女子，淡妆素裹，手抱二弦天琴，脚摇铃铛，边弹边唱。歌唱上天赐福，歌唱丰收果实，歌唱男女爱情，歌唱美好……

走进美女村板池屯，欣赏眼前的美景、耳边的歌声，感受生活的美好。

越境逛庙会，别样边境风情

农历正月初十是越南同登的庙会日，在这天，中国公民不用办手续，凭身份证或者户口簿就可以出国。同时凭祥市也将在正月初九举行凭祥庙会，因此，广大中国游客可以连续两天玩足中越边关庙会，开开心心过大年。

越南庙会与中国的很多庙会风俗习惯相同。每年农历初十是越南人民拜祭自己祖先的传统节日，他们把它称作为庙会，祈求一年的生活幸福，来年能够丰收发财。越南开关后每年都有很多中国人前往参加庙会。

越南同登离友谊关约7千米，游客如果从凭祥的弄怀边贸点出去，大概有4千米。同登举办庙会已有七八年的历史，对中越两国边境地区的人民影响甚广，慕名而去的中国游客一年比一年多。游客只要交25元左右的出入境管理费就可以顺利出关。

逛同登庙会最要紧的事儿是拜同登灵祠。这座已有300年历史的灵祠寺庙看上去跟中国的寺庙相差无几，据说也是中国人建的，“春光普照”之类的汉字楹联刻满了里里外外的门柱。烧香拜佛后，沿街闲逛，沿途可见富有法式风格的建筑物，很特别很漂亮。

在同登，除了赶庙会，逛花市也是一大享受。沿街摆卖的鲜花看得人眼花缭乱，除了玫瑰、百合、剑兰，还有颜色各异的菊花，价格不贵。另外在街边的小店里，还有越南咖啡、香水、糖果等物件儿沿街摆卖。有意思的是在同登庙会上通用人民币，通说中国话，完全是无障碍的出境游。

另外，正月初九凭祥市将举办规模壮观的凭祥庙会，让广大游客在初九这天过足庙会瘾。凭祥庙会活动的主要内容有在观音正法寺举办玉皇大帝诞旦斋天祈福法会，在市区休闲广场举办中越山歌歌王大赛、舞狮表演及游园活动，在烧烤街举办凭祥美食小吃展示活动等。

如果你有去广西过春节的想法，可别错过了这个机会。正月初十的越南同登庙会，是个看边境风情的好地方。

同登庙会

景点推荐

德天旅游区

德天瀑布 AAAAA

亚洲第一大跨国瀑布

崇左市大新县，距县城68千米

大新德天瀑布发源于中越边境交界处的归春河，气势磅礴、蔚为壮观，与紧邻的越南板约瀑布相连，横跨中国和越南两个国家。德天瀑布是世界第二大跨国瀑布，也是亚洲第一大瀑布。

清澈的归春河是左江的支流，也是中越边境的国界河，德天瀑布则是它流经浦汤岛时的杰作。浩浩荡荡的归春河水，从北面奔涌而来，高崖三叠的浦汤岛，巍然耸峙，横阻江流，江水从高达50余米的山崖上跌宕而下，撞在坚石上，水花四溅，水雾迷蒙，远望似缟绢垂天，近观如飞珠溅玉，透过阳光的折射，五彩缤纷，那哗哗的水声，震荡河谷，气势十分雄壮。

玩家攻略

最佳游季：每年6—11月，此间由于进入降雨季节故水量大且水质清，是欣赏德天瀑布万马奔腾般咆哮的最好时节。德天瀑布的夏季水量充足，周围植被茂盛，可谓绿意葱茏。

游玩方式：来到德天瀑布既可以登上观景台一览雄伟壮观的瀑布胜景；也可以乘竹筏畅游归春河，欣赏沿岸如诗如画的美景，如果以中央航道为中心，游客便可以轻松多次出国。此外游客还可以徒步观赏瀑布景区美丽的自然风光。

三级瀑布

德天瀑布横跨中越两国，宽约200余米，高约60米，纵深约70米，年均流量50立方米/秒，是黄果树瀑布的5倍，终年有水。瀑布四周古树参天，花草掩映。瀑布由多道高低不齐、大小不一的湍流穿过丛林直落而下，呈三级跌落。

第一级：湍流穿过丛林直落天池，连成高约30米、宽约75米的半圆形水幕。天池面积约2000平方米，深约7米，水质清澈，水雾迷蒙。从天池左侧处冲下多道水帘，形成落差约23米的第二级瀑布。

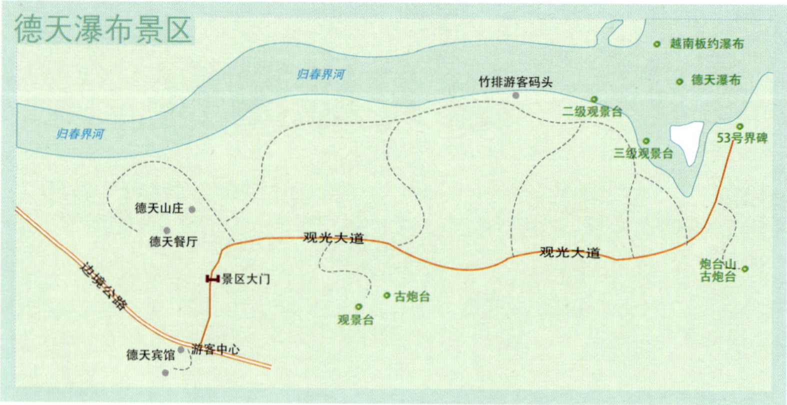

第二级：几道较大的急流参差奔涌，一同注入龙潭，构成高约12米、宽约120米的瀑布。

第三级：水帘崖下，有一宽约3米、高约4米、深约20米的水帘洞，洞道崎岖，石笋、石柱遍布，洞口观瀑，别有情趣。洞外有深潭，潭中还有一洞，曰龙潭洞，出水入洞，又是一番景象。其左侧另有一小瀑布，完全在越南境内，名为“板约瀑布”。

德天深潭

在飞流的瀑布下面是一个30多米深、200多米宽的深潭。深潭里，生活着种类繁多的鱼类。这些鱼相当肥硕，且味道鲜美。周围的农民经常到潭里撒网打鱼，渔舟在瀑布下漂荡，把瀑布衬托得更加富有诗意和生气。渔夫们粗犷的山歌，融进瀑布的轰鸣声里，奏出一支动听的山野之歌。

中越53号界碑

在德天瀑布山上矗立着中越边境的53号界碑，此碑为1896年清政府所立。界碑虽经多年风侵雨蚀，历经沧桑，但“中国广西界”五字的刻纹仍工整有力，清晰可辨。游人到此，总喜欢骑着马在界碑前做出一副驰骋疆场、保家卫国的模样照相留影。

归春河

中越两国从德天瀑布至大新县硕龙镇以14.5千米的归春河为天然国界。归春河发源于广西靖西市，全长150千米，途经越南，迂回35千米后又复入我国的大新县硕龙镇德天村，遇断崖倾泻而下，形成德天瀑布。河岸一边是颇具特色的异国风光，另一边是别具一格的边民小楼或壮族特色的“干栏”房，其景其情，令人陶醉。

绿岛行云

绿岛行云位于硕龙至德天沿边公路西南，距公路约100米的归春河中，公路边有观景台。归春河流经此处，水势渐缓，形成浅滩；滩中石块大小不等，形成横竖弯曲、高低不同的石级；滩中小岛，绿翠如茵，中有奇石，奇拙可爱，稀疏点缀在嫩绿的草地上。

沙屯叠瀑

沙屯叠瀑又称稔底瀑布，位于黑水河与下雷河的交汇处，为德天景区内一著名瀑布，是国家二级景点。瀑布似银练般分成7级，恰似水幕织成的梯田，明丽可爱，较之德天瀑布之雄奇，沙屯瀑布显得温婉而抒情，较为平缓。两岸崇山峻岭，树木繁茂，古藤缠绕，时有竹筏渔人于瀑布间出没，更增加其自然古朴的神韵。

龙宫仙境 AAAA

中越百里画廊上的洞中仙境

崇左市大新县那岭乡那岭社区伏旧屯，离大新县城18千米　120元

“龙宫仙境”原名龙宫洞，属喀斯特地貌自然溶洞，被誉为中越边境上第一座“喀斯特博物馆”。龙宫洞由隧道、前厅、金龙迎宾厅、龙宫宝藏厅、龙宫仙境厅、龙母后宫和仙人遗址等7部分组成。

溶洞内不断生长的钟乳石是龙宫洞内最令人称奇的景观，洞内的滴水活动非常活跃且洞内的钟乳石非常密集，有很多分布在游步道两侧。远看仿佛是层层“春水梯田”，错落有致，泉水下沿，形成挂帘。近看犹如“小游龙”四伏，姿态各异，形象逼真。小龙群附近一条长约30米、气宇轩昂的巨龙在水潭中游动，鳞爪毕现，栩栩如生。在彩色灯光的照射下，宛如神话中的龙王宫殿。

玩家 攻略

龙门观景台：龙宫洞内有观景台，登上高高的观景台，太子石林、龙潭、龙女、夜明珠、舞台、灵芝等喀斯特地质地貌密集展现，尽收眼底。

龙宫宝藏厅：厅内的龙宫宝藏洞，洞中有水，洞中有洞，景点密布，景观奇特，可谓步步有景，处处藏珍。更为称奇的是还有孙悟空的定海神针，高约15米，直径0.12米，上下大小均匀，游人到此无不惊呼“绝了”。

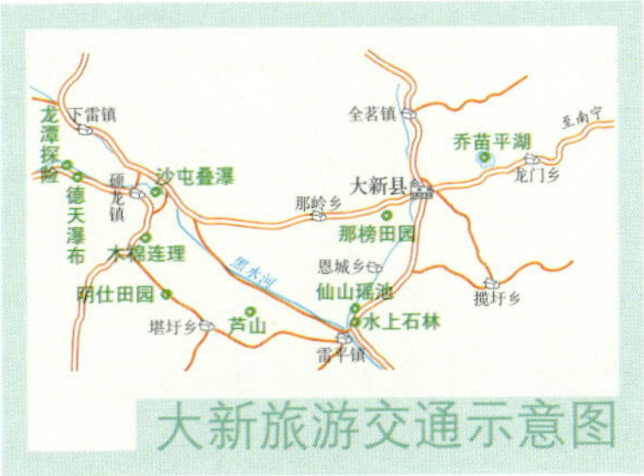

大新旅游交通示意图

明仕田园 AAAA

山清水秀的田园风光

崇左市大新县，距县城53千米　120元

大新明仕田园山清水秀，山环水绕，素有小桂林之称。这里翠竹绕岸，农舍点缀，独木桥横，稻穗摇曳，农夫荷锄，牧童戏水，风光俊朗清逸，极富南国田园气息。

大新明仕田园风光美丽的山峰，明镜似的小河，划入天际的扁舟，满山的翠竹，绿油油的稻田，乡土风味十足的水车、水渠与独木桥，让您泛舟河上，感受竹丛山峰蓝天白云倒影如镜，再衬以小桥流水，百鸟啼鸣，以及村舍中的鸡鸣狗吠，一派令人迷醉的田园风光。这里是《酒是故乡浓》的拍摄地。

玩家 攻略

摄影：明仕田园的山总是傍着水，水总是环

明仕田园

绕着山，山总是点缀着水，水总是倒映着山，形成了处处奇峰、山水相映的中国山水。在名仕田园，不管你是不是真正的摄影家，都可以拍出最美的大片。因为随便一拍，皆是风光旖旎的水墨山水。

硕龙地下长城

旧貌换新颜的地下军事迷宫

崇左市大新县硕龙镇

硕龙边关有一条被人们称为“地下长城”防御工程，又名“7812地下防炮工事”，与越南只有一河之隔。它是20世纪70年代修建的地下军事防御工程，深藏于硕龙街周围数米深的地下。工程设计科学，布局合理，地道纵横交错，与四周的山峰、泥岭界河、民房贯通，形成了格局离奇的军事迷宫，是中越边境上一道坚不可摧的“地下长城”。

地道内哨兵岗、指挥所、武器弹药库、军用物资供应室、战时地下医院等设施一应俱全。拾级而上，登到山的最高处，是地道的瞭望台，此处视野开阔，由此远眺，归春河对面的异国风光就能收入眼底。

玩家攻略

这里不仅是一个极好的爱国主义教育基地，而且也是和平年代下的人们真正体验枪林弹雨战争场面的竞技场。景区内的真人CS野战训练营，利用独特的地理位置，让历代戍边抗敌的英雄事迹在眼前重现，让人们可以回首战争，珍爱和平。同时，这里的户外拓展、篝火晚会、自助烧烤等服务项目，让人们在秀美的山水画廊、独特的边关风情中感受一种别样的生活。游客在游览了地下长城后，还可以到镭战一显身手。

黑水河

大新县的徒步圣地

崇左市大新县那岭乡约屯，距县城35千米

黑水河在历史上两岸茂林修竹，河水清而深。黑水河在大新县境内，长45.5千米，属左江支流，为岩溶峰丛峡谷景观自然风景区。黑水河是由断层控制走向的一条峡谷型河流，两岸峰丛叠嶂，山体高差300米左右。黑水河以峰丛体量之雄、峡谷之险、河湾之幽、洞穴之奥为特色。

黑水河河水蜿蜒，水面如镜，倒映出远方一座座像人像物的山峰，两岸树木葱郁，水至清，沿河岸边田园平铺，田间小路、稻田、竹丛、果树、农舍掩映，似锦似画。

链接

黑水河徒步

黑水河两岸怪石嶙峋，可谓鬼斧神工冠绝造化；树木葱茏，神秘旖旎，更显其名。两岸优美的自然田园风光更让这里成为许多驴友徒步的首选。黑水河徒步一般分为两段。

恩城至巴兰：恩城—安平村—上利—那兰电站—弄碰屯—巴兰村。这条线路沿途河道平静，山水秀美，可徒步也可露营，一天就可以完成。

巴兰至硕龙：巴兰—下雷硕龙路口—沙屯叠瀑—稔底电站—硕龙。这一段徒步比较自由灵活，沙屯叠瀑是这一段徒步过程中最惊艳的一段。

黑水河

景点推荐

崇左北部旅游区

左江石景林风景区

石林艺术世界

崇左市城南区5.5千米处

石景林风景区山低石奇，景区内虽石峰如林平地拔起，但最高的不足40米，矮的不足2米，山石或连绵成丛，或孤峰挺立，自成盆景。石峰层层叠叠，高低相衬，形态优美。石山之间，大小水池纵横，绵延成片，面积达1500亩，不愧全国少有、广西第一之美誉。

踏入石景林，曲径通幽，路面凹凸不平，石级上野藤古蔓荫蔽，左右两面时时扑来一股清爽气息，令人心旷神怡。整个左江石林就像一个艺术世界：满目石山大小不一，高低起伏，一峰连一峰，一座接一座，形状千姿百态。

石峰之中多有洞室，幽奇如宫，窄似线天；石山上部，挺拔俊秀，石山下部，透露瘦皱，犬牙交错，似太湖明石，鬼斧神工，千姿百态；石山之间，大小水池穿插，回肠小道曲径通幽，山花映衬，鸟语虫鸣，山清水秀，似一幅幅色彩缤纷的天然水彩画。

弄官生态公园

不经修饰的原生态公园

崇左市罗白与板利两乡交界处，距县城35千米

崇左弄官生态公园内群峰嵯峨，山清水秀，风奇洞异，环境幽雅，气候温和，是我国典型亚热带岩溶地貌和自然资源保存得比较完整的地区之一。生态公园内有60多

种哺乳动物、100多种鸟类、30多种爬行动物、20多种两栖类动物以及上千种特产植物，其中可供药用的超过100种，生长有“茶族皇后”金花茶。在多种哺乳动物中，属国家一类保护动物的白头叶猴就有18群240多只。

左江斜塔

蔚为壮观的江边斜塔

崇左市城东北2千米处

左江斜塔，又名归龙塔，它与苏州虎丘塔、辽宁绥中塔、上海松江护珠塔、湖北当阳铁塔、意大利比萨斜塔、德国肯道塔、英国议会大厦方塔共誉为世界八大斜塔。左江斜塔建在左江中的石头岛鳌头峰上，始建于明朝。

宝塔呈歪斜欲倒之势，加上宝塔孤单地屹立在高出水面2丈多的鳌头峰顶，而鳌头峰处在左江90度转弯处，湍急的左江奔腾而来，更增加了宝塔摇摇欲倒的危势。然而，虽经年长日久的风雨侵袭，砖面被蚀出斑斑凹痕，青苔蕨隐生其上，但宝塔仍纹丝不动，巍然屹在鳌头峰上，蔚为奇观。倾斜的宝塔，世上不多见，而坐落在左江的激流漩涡中间，更属奇观。

丽川秀峰景区

交相呼应的秀丽山川

崇左市天等县城北面约1千米处

丽川秀峰景区由丽川独秀峰和丽川河组成。独秀峰矗立于丽川村莹坡屯旁，高约60米，因孤峰独秀而得名。独秀峰周围古树参天，1200级台阶环山而上直达山顶，山顶上有一古堡和一个六角凉亭，站在山顶上可俯瞰县城的全景。

丽川河发源于宁干乡，全长10多千米，河水从独秀峰脚下绕山而过，河上有一座明末清初修建的五拱石桥，现在保存完好。在桥上游有一拦河坝，水从坝上飞泻直下，远看很像瀑布，非常壮观。整个景区犹如一幅优美的立体山水画卷。

逐羊景区

人文气息浓厚的多功能景区

崇左市扶绥县的广西城市职业学院内　¥ 60元

逐羊景区以一流的山水园林式人文景观为依托，以双狮峰为载体，致力于营造一个充满人文气息的美丽园林式旅游景区。景区内的女娲补天、逐羊园、禅园、沧海桑田、世界音乐广场、九龙八凤壁、山荷园、万物生涧源、人参谷、福园广场等具有浓郁华夏传统文化的人文景观，与山上优美的自然风光、天然质朴的山石相映成趣。

游客到此，不仅可以享受到秀丽风光和优美园林所带来的愉悦，还可以在充满哲理

链接

白头叶猴

白头叶猴是世界珍稀动物，全球现仅存700只左右，全部分布在我国广西西南部的崇左、宁明、龙州、大新和扶绥等县，崇左罗白与板利交界处为重要的分布区。1996年10月至今，以北京大学潘文石教授为首的13位专家组成的科研组进驻保护区，对保护区内白头叶猴进行不间断的观察和研究，研究结果表明，保护区是全球白头叶猴分布最集中、密度最大的地方。在保护区内，每天早上天亮时到上午10时左右，下午从18时到天黑前游客均可观赏到跳跃在悬崖峭壁之上，嬉戏在树枝藤条之间的白头叶猴。

白头叶猴

绿岛行云

的人文景观群里拓展思维，感悟人生。景区内还设有标准游泳池和休闲泳池，供游客休闲游泳或进行比赛；设有标准足球场、风雨篮球场、室内体育馆等，给游客提供开展其他各种体育运动的场地。逐羊景区是一个集旅游观光、休闲度假、体育竞技于一体的多功能旅游景区。

更多本旅游区景点

沙屯叠瀑：位于大新县硕龙镇，又称稔底瀑布，瀑布宽约60米，总落差约20米，分7级奔流而下。两岸高山峻岭，丛林繁茂，古藤盘绕。

绿岛行云：位于大新县硕龙至德天沿边公路西南，距公路约100米的归春河中。归春河流经此处，水势渐缓，形成浅滩，滩中有几个小岛绿翠如茵，黑褐色的奇石疏落点缀在嫩绿的草地上，活像一个个精致的盘景。滩中石块大小不等，形成横竖弯曲、高低不平的石坝。

乔苗平湖：位于大新县城东北部，距县城8千米，交通方便。湖水湛蓝透明，烟波浩渺，登高远眺，宛若一面巨大的明镜镶在群山之中。湖中秀山亭立，凉风习习，划船游览，山水相融，如在画中。

景点推荐 崇左南部旅游区

龙州起义纪念馆 AAAA

反帝革命的伟大纪念

崇左市龙州县红八军纪念广场

市内乘龙州1路可达 8812446

龙州起义纪念馆，原名中国红军第八军革命纪念馆，成立于1985年，坐落在纪念广场的南端，2004年落成，并更名为龙州起义纪念馆。

龙州起义纪念馆内收藏着龙州起义时期中国红军第八军许多珍贵的革命文物和历史资料。“赤色龙州”专题陈列共分21个部分，展线长680多米，陈列立体文物400多件，平面文物图片、图表800多张，内容丰富翔实，全面反映了龙州起义和红八军反帝、反封建的光辉战斗历程和左江各族人民为夺取民主革命胜利前赴后继、英勇奋斗的伟大业绩。在陈列形式上打破传统的陈列手法，利用文物、图片资料、场景等多种表现形式，提高了陈列的整体效果，是人们接受爱国主义和革命传统教育的重要场所及旅游观光的好地方。

链接

龙州起义

龙州起义是中国共产党在土地革命战争时期领导的唯一一次高举反帝旗帜的起义，它沉重打击了法帝国主义的嚣张气焰，向全世界展示了中国人民不畏强暴的钢铁般的傲骨，鼓舞了中国人民反帝的士气，实现了中国共产党之反帝国主义政纲，开辟了中国革命的新纪元。

龙州中山公园

人文历史内涵丰富的中山纪念园

崇左市龙州县利民街

市内乘龙州5路等公交可达 8814754

龙州中山公园是广西最早的纪念孙中

山先生的中山公园，此地原为东汉“马伏波营垒遗址”。公园三面临江，园内山明水秀、湖光山色，修建有一山、五亭、一池、二湖、三洞、两桥以及动物园、中山纪念堂、图书馆等。1927年韦云淞将军驻师龙州县，将之建成公园，并命名为“中山公园”以纪念孙中山先生。

如今中山公园分为虎石、别有洞天、天桥、箕山4个景区，山光水色，钟毓灵秀，极少人工雕琢，既有砺山带河的奇山秀水景观，又有玲珑俊秀的亚热带园林特色，还有丰富的人文历史内涵。

红八军军部旧址 文

红军第八军的光荣历史

崇左市龙州县城新街19号　8825069

市内可乘龙川1路、龙川2路、龙川3路等公交可达

红八军军部旧址原为龙州乃至广西西南地区有名的“瑞丰祥钱庄”，由一幢法式建筑风格的楼房和一幢中式传统建筑组成，是龙州起义前后党的领导机关和红八军军部所在地。红八军军部旧址由红八军军部旧址、左江革命委员会旧址和新建的展览陈列大楼构成。

1929年年末、1930年年初，邓小平同志作为中共中央代表先后两次到龙州领导和发动龙州起义，开辟左江革命根据地，创建中国红军第八军，都在这里居住、办公。红八军成立后，在瑞丰祥钱庄设立红八军军部，以指挥广西左江地区的革命斗争和军事行动，瑞丰祥钱庄因此被称为“红军楼”。

龙州小连城

气势雄伟的古炮台群

崇左市龙州县城西部4千米处　10元/人

市内乘龙川2路公交可达

龙州地处祖国南疆要塞，有184千米的中越边境线。边境线上有许多古营垒、古炮台、古战场，在距龙州城西边10里处的将山上，有一条“灰色长龙”蜿蜒伸展在峰峦之间，绵延数十里，这便是有名的古炮台群小连城。

小连城为清末广西提督、抗法将领苏元春所建。中法战争后，为更好地防御外敌入侵，他在山巅筑左、中、右3座炮台，左可阻挡镇南关孔道，右可控制水口关隘口，与下冻、水口炮台连成一体，气势雄伟壮观，成为“南疆长城”。

花山风景区 AAAA

壁画群中的佼佼者

崇左市宁明县距县城25千米

花山风景区是宁明县闻名遐迩的旅游景点，花山风景区有神秘的原始森林、世界罕见的崖壁画群、独具特色的民族山寨、秀

龙州起义纪念馆

花山

丽的左江风光。左江河岸曲折，峭壁兀立，沿江河岸景色娟秀，山寨民族风情浓郁，别有一番趣味。

玩家 攻略

花山民族山寨：是由既具有文物价值又有欣赏价值的壮族土司官、侗王、苗王、瑶寨寨主等的数幢百年古老木楼旧居组成。民族活动多样，十分丰富多彩。

花山壁画

左江沿岸200多千米长的陡峭崖壁上，有着规模巨大的原始崖壁画群。整个画群分为79个点、178处、287组。其中宁明花山壁画是画群中画幅最大、图像最多、分布最密、形象最高大的一幅，可谓左江原始崖壁画之王，是左江原始崖壁画的代表作，故人们把左江沿岸的崖壁画统称为花山崖壁画。

玩家 攻略

游览花山壁画的最好的方式就是乘船。从驮龙桥头上船，沿左花山距宁明县城30多千米，乘机动船2小时可到达。从驮龙桥头上船，沿左江顺流而下，两岸平畴沃野，蔗林郁郁，禾苗青青，秀竹房舍相掩映。之后，便进入花山地带，但见群峰耸立，山回水转，两岸青峰绿树倒映在澄碧的江水中，真可谓“船行山影动，人在画图中”。

花山原始森林

花山原始森林很早就辟为陇瑞自然保护区。森林中植物茂盛、古木参天，尽显季节性热带雨林风采。珍贵树木如桉木、金丝李、椎木、密花美登木和“茶族皇后”金花茶等就多达10多种。这里还有各种濒临绝迹的珍贵动物，如列入国家一级保护动物的珍贵白头叶猴400多只；国家二级保护动物黑叶猴、冠斑犀鸟，以及猕猴、大灵猫、麝、苏门羚、白鹇、原鸡等。

明江风光

恬静舒适的山水风光

崇左市宁明县

明江发源于广西西南部的上思十万大山，全长170多千米，流到宁明县城就注入了左江，是左江的最大支流。奇峰排列、峭壁临江，一会儿挡拦弯曲江水的去路，一会儿弯成90度角，诱导江水向右回流。每转一道弯，江水都被峭壁拦截去路，令人感到“山重水复无流处，船到崖壁又一川”它是明江风光最大的特点。

然而，明江吸引人的还是恬静舒适的氛围！与久负盛名的桂林漓江相比，明江没有过多过滥的游船以及游人如织的场景，游客可以静下心来慢慢欣赏沿江景色，使自己摆脱浮华和喧闹而得到真正的休息，真正融入到山水之中。

阴阳河

神秘的山间河流

崇左市宁明县那楠乡东北部的紫站村

阴阳河是一条神秘的河流，以山清、水秀、石怪等独特的山水风光吸引着热爱大自然的人们。河流自南向北蜿蜒而下贯穿整个村庄，在距村庄北边约1000米处的河段，河道突然下陷，河水沿着陡峭的悬崖峭壁倾泻而下，垂挂成美丽壮观的瀑布。然而飞瀑落处，河流突然隐于地底，消失得无影无踪，取而代之的是一段堆满巨大卵石的干涸河床，从耳边传来的震撼人心的轰鸣声，告诉人们脚下是一条激情飞奔的河流。

河流脚下是一些褐色的如房子般巨大的石块，或立，或侧，或卧，堆叠延绵。巨石间的缝隙里偶尔还长出一两棵小灌木。河两岸青竹摇曳，绿树婆娑，让人们难以想象脚底下竟是一段汹涌的河流。这段堆满奇形怪状乱石的干涸河床向前延伸约1000米后，河水又从巨石缝下缓缓流出，恢复了原来清秀动人的旖旎风光。

友谊关 AAAA 文

形势险峻的中国名关

崇左凭祥市区西南18千米处 5973866

市内乘凭祥8路公交可达

友谊关是中越边境上最大、最重要的关防，也是中国九大名关之一。友谊关两边高山矗立，形势险峻，卡在峡谷通道上。

友谊关历史上曾叫镇南关，始建于明代洪武年间。1885年，清军名将冯子材率军在此痛击法国侵略者，取得举世闻名的镇南关

玩家 攻略

中越边关国际旅游节： 友谊关每年都有中越边关国际旅游节，但是日期不定，大都在11月、12月举办。

购物： 友谊关附近的浦寨，有越南烟、香水、木雕等很多越南货卖，讲价余地很大，价格比德天中越边境的更便宜，还可兑换越南纸币和硬币。

住宿： 凭祥市区各类宾馆、招待所很多，大多价格便宜，条件不错。祥兴宾馆位于凭祥市南大路7号；凭祥宾馆位于凭祥市北大路1支37号；凭祥汽车站旁还有凭祥农资宾馆、凭祥南方大酒店等。

友谊关木雕家具

友谊关

圆拱形的木质窗户，上部雕琢花格图案，镶以彩色玻璃，玲珑典雅。

楼顶高插的旗杆上，五星红旗迎风招展，显得庄严而豪壮。

关口正上方镶嵌一块白大理石，镌刻着陈毅元帅书写的“友谊关”三个大字。

城墙上造三层关楼，二、三层四面都有围栏，围栏距楼壁两米，形成露天回廊。

关前约1800平方米的广场两旁各种一排整齐的柏树。

城楼总高22米，底部城墙全用正方形或长方形料石砌叠，极为牢固。

大捷，如今这里还留有中法战争古战场，所以这里也被称为镇南关。新中国成立后，为彰示中越两国人民“同志加兄弟”的深厚情谊，关名改为“友谊关”。

大连城

连成天险的边防中心

崇左凭祥市，距市区1.5千米

市内乘凭祥18路公交可达 5元

大连城景区是苏元春督办广西边防军务时的指挥中心。大连城周围山头筑有中型炮台8座，犹如联合起来的环形长城，有“连成天险”之称，这就是“大连城”的由来。在山谷中，有当年修筑的规模宏大的建筑群：提督衙门、演武厅、庆祝宫、练兵场、军械局、选锋、牛蓬、公馆、戏台、武圣庙、财神庙、灶王庙。还挖了“福”“禄”“寿”“禧”不同用途的4口井，均用料石砌就。

更多本旅游区景点

陈勇烈祠：位于龙州县龙州镇南门街，南临水口河，北邻龙州粮库，东西面为民居，又名“追忠祠”，是为纪念在中法战争中牺牲的名将陈嘉而建的祭祀专祠。

胡志明展馆：位于龙州县城南街，馆内收集了胡志明以及部分越南革命者的珍贵历史实物60多件，图片资料600多张。

法国驻龙州领事馆旧址：位于龙州县城利民街，楼房层高5米，单体长25.66米，宽15.2米，面积780平方米，两幢楼房总面积1560平方米，整个建筑坚固而别致。

独木成林：位于宁明县明江镇，这里原是一棵古榕，起始由一棵榕树的枝条长出气根，气根落地生根后长出子树，子树又长出孙树，经过上千年的不断生长延续，形成根连根、枝连枝一气呵成的整体，被称为“独木成林”，是壮乡人民“三月三”歌圩情恋的好场所。

蓉峰塔：坐落在宁明县城西郊，始建于清朝道光初年。此塔共五层，从二层起，分别提名为“珠联”“璧合”“梯云”“取月”，配有“苍龙布水”“彩凤独立”“瑞鹿含芝”“金鲤朝龙”为题的壁画。塔顶为尖嘴葫芦状，瓦檐六角各 垂吊一个风铃。

宁明周元将军纪念碑：位于宁明县明江镇洞廊村，为了纪念壮族精英周元将军，弘扬周元将军忠贞报国精神并激励后人所建。此碑与地处宁明县洞廊村的周元故居一起成为崇左市爱国主义教育基地之一。

凭祥炮台

攻略资讯

- 交通
- 住宿
- 美食
- 购物
- 娱乐

崇左夜景

交通

火车

崇左火车站即崇左站，位于崇左市江州区太平镇，隶属于南宁铁路局。湘桂铁路从东北至西南贯穿崇左，并在边境重镇凭祥友谊关与越南铁路相连接，直通越南首府河内。崇左火车站每天都有两列往返于南宁和凭祥的客运列车。

崇左站位于崇左市江州区太平镇江南路45号，乘1路、2路、4路公交车可到，电话为0771－5968252。

汽车

崇左市内只有一个汽车站，便是崇左长途汽车总站。崇左长途汽车总站位于崇左市江州区沿山路左江民族医院对面，乘72路、4路、7路、8路等公交可达，电话：0771-7827995。

住宿

崇左市内各种类型的宾馆也比较多，游客可以根据自己的需求进行选择。如果是白天到达这里，很多游客不会选择在市内住宿，因为崇左市内的景点一般半天时间就可逛完。大部分的游客可以选择离景点较近的

德天瀑布

旅店就近入住。

●崇左部分酒店信息

酒店	位置	电话（区号0771）	类型
左江宾馆	江州区新民路43号	5967890	三星级
大新亿东海派酒店	崇左市大新县桃城镇民生街24号	3626488	经济型
飞扬商务酒店	崇左市龙州县独山路94—2号	8835666	经济型
时代商务宾馆	崇左市凭祥县北大路87号	8585828	经济型

美食

崇左市内没有什么特别的美食，但是崇左管辖的县区，倒是有不少当地的特色小吃，游客可以尝一尝。

红薯糍粑

竹筒饭

屈头蛋

●屈头蛋

屈头蛋是越南一带和广西边境一带流行的小吃。将已经孵18天的鸭蛋煮熟，去壳，淋上新鲜的柠檬汁，撒上炸葱头子、姜丝、生盐、香菜，吃起来香、辣、酸、脆，据说可以提神补脑，可治偏头疼，具有清补作用。当然敢不敢品尝这个美味就全凭您的勇气了。

●红薯糍粑

红薯糍粑是崇左市扶绥龙头乡一带壮家的独特风味食品。可以油炸和蒸笼蒸，油炸后的红薯糍粑黄灿灿的，散发着诱人的香味；用蒸笼蒸出来的红薯糍粑则呈淡黄，有亮泽，口感润滑爽口、柔软细嫩，香而甜的天然味道让人百吃不厌。

●把荷鱼丸

把荷鱼丸是崇左市天等县地道的地方风味小吃，汤煮、酥炸、煎蒸均可，韧而不硬，营养丰富，清爽不腻，味道别具一格，深受人们青睐。

把荷鱼丸

●竹筒饭

崇左凭祥有着悠久的种竹、用竹和加工竹子的历史。竹筒饭是把大米和水放到竹子的节中，密封后烤熟，更能保留竹子的香味。

●壮家烤乳猪

壮家烤乳猪是崇左壮族的特色菜、广西的传统佳肴，不过各地的选料、做工不同，所

天等指天椒

壮家烤乳猪

以风味也略有不同。乳猪肉质细软爽口，入口酥脆，食后口有余香。

艾糍

●猪肠糕

猪肠糕是广西崇左天等县最具地方特色的小吃，由于它味香可口，多吃不腻，且很耐饱，因而深受天等人的喜爱。

●艾糍

艾糍是广西崇左大新县的小吃。每年农历二月初二是大新县壮乡山村的“艾糍节”。村民们将捏好的艾糍包，放进芭蕉叶中包成一包包，蒸笼蒸熟即成。

购物

●天等指天椒

天等指天椒是在天等县特定的土质和气候条件下种植的名优辣椒。该椒果小朝天，肉厚，色泽鲜红，辣叶十足，醇香浓郁，品质独特，曾荣获1983年国家外经贸部“优质产品”的称号，被誉为“天下第一辣”而名扬海内外。

●苦丁茶

苦丁茶过去曾是人们进贡达官贵人的佳品。近年来经国内外医学界测定，苦丁茶不仅含有普通茶叶中的氨基酸、儿茶素成分，还含有熊果酸、B-香树脂醇等药用成分，被国际上誉为“美容茶”和“益寿茶”。近年来，产品畅销港澳台地区及沿海各省市，享有较高的声誉。

●肉桂

肉桂又名玉桂、牡桂，是广西亚热带芳香药料植物中的“三宝”之一。肉桂品种有黑油桂和黄油桂，品质上黑油桂优于黄油桂。

苦丁茶

肉桂

发现者旅行指南

百色

概览

亮点

旧州

旧州山水如画，田园似锦，人文古迹众多，壮民族民俗风情浓郁，历史悠久，有“壮族活的博物馆”之美誉。

通灵大峡谷

整个峡谷总长10多千米，通天彻地，灵动飘逸，犹如地球上一道美丽的伤痕。

大石围天坑

是乐业天坑群内最具特点的天坑，为世界所罕见的天坑奇观，是一块鲜为人知的秘境。

旧州

必逛街道

解放街：是一条青石板铺成的小街，仅有四五百米长。街道两边是灰白色骑楼，从街灯到楼层分布都保留明末清初的风格。如今这些楼已成为百色的时尚购物之地，将百色的古老与现代完美结合。

线路

百色市内一日游

上午参观百色起义纪念馆，缅怀革命英雄；下午前往澄碧湖，享受湖光山色。

百色郊县三日游

第一天上午前往靖西通灵峡感受峡谷的灵动之气。第二天前往乐业世界地质公园，先到大石围天坑再到穿洞天坑、黄猄洞天坑，好好领略神秘的天坑之景。第三天上午可以前往凌云县的水源洞；下午可以去田阳县的敢壮山布洛陀文化旅游区。

百色郊县四日游

通灵大峡谷

第一天参观百色起义纪念馆，瞻仰百色起义纪念碑，之后乘船游览山清水秀的澄碧湖、松林岛民族村；下午前往凌云，沿途欣赏当地壮瑶民居。第二天游览具有“亚洲第一洞”美誉的凌云纳灵洞，下午游览乐业美轮美奂的罗妹洞。第三天游览世界最大的天坑群代表——大石围天坑。第四天早餐后从乐业往靖西，游览通灵大峡谷风光。

为何去

百色是红色革命根据地，留下了很多红色遗迹。百色不仅有众多的人文景观还有很多自然景点，像澄碧湖、乐业天坑群、通灵大峡谷等。这些丰富多彩的景点都吸引着八方的游客。

黄猄洞天坑

何时去

百色一年四季景色各不相同，尤以春秋季节为最佳。春秋季到百色，可以尽情地欣赏大石围天坑、古龙山大峡谷等壮美的自然风光。夏季的乐业天气凉爽，是避暑纳凉的胜地。

水源洞

百色旅游示意图

区域解读

区号：0776

面积：约36 300km²

人口：约411万人

主要少数民族：壮族

地理 GEOGRAPHY

区划

百色市位于广西西部，百色市辖1个区（右江区）、10个县（田阳县、田东县、平果县、德保县、那坡县、凌云县、乐业县、田林县、隆林县、西林县）和1个市（靖西市）。

地形

百色位于广西壮族自治区西部，右江上游。百色地形东西长320千米，南北宽230千米，地形为南北高中间低，地势走向由西北向东南倾斜，属于典型的山区。在总面积中，山区占95.4%（石山占30%，土山占65.4%），少部分的丘陵、平原，仅占4.6%。

气候

百色气候属亚热带季风气候，光热充沛，雨热同季，夏长冬短。百色年平均气温20℃，年平均降雨量1114.9毫米，无霜期为357天。冬无严寒，夏无酷暑，草经冬而不枯，花非春而怒放。

百色市区四面山峰环抱，是个典型的小盆地城市，而百色市下辖的乐业县，夏天白天不热，晚上较冷，不开空调，还需盖被子，是旅游、避暑的好地方。乐业县还是百色唯一一个冬天会下雪的地方，平均每年雪期3~6天，具有“小东北”之称。

雾深不知处的神秘天坑

天坑是一种典型的喀斯特地貌，由大型洞穴崩塌而成塌陷露头，就像是从非常深的地下拔地而起，宽度和深度高达数十米甚至数百米，周围都是陡峭的绝壁。世界上有众多的天坑景观，而百色乐业县的天坑群是世界上极为罕见的喀斯特溶洞群。

它形成于6500万年前，形状犹如一个个巨大漏斗，隐藏在群山峻岭之中，经过初步考察已经认定这是目前世界上最大的天坑群。乐业天坑群由近20个天坑组成，几乎囊括了各种类型的天坑和溶洞的景观，具有极高的科考、探险价值，被专家称为“天坑博物馆”和“世界岩溶圣地”。

目前乐业天坑群中，已发现有大石围、白洞、风岩洞、穿洞等20多个天坑。这里的“天坑”四周皆被刀削似的悬崖绝壁所围，形成一个巨大的竖井，底部是人类从未涉足过的几十万平方米的原始森林，并有地下河相通。森林中有大量珍贵的动植物品种。其地下原始森林面积为世界第一，深度居世界第二，容积居世界第三，具有极高的科研价值。

乐业天坑群中最大的大石围天坑，垂直

百色水库

深度613米，南北宽420米，东西宽600米。大石围天坑（又名乐业地下龙宫天龙口）位于乐业县同乐镇刷把村百岩脚屯。

历史 HISTORY

历史大事记

秦始皇在岭南置三郡（桂林郡、南海郡、象郡），今百色属象郡。

秦末汉初，百色为南越国属地；汉武帝平定南越国后，今百色属郁林郡增食县地。

雍正七年（1729年）分田州土州地设厅制，迁思恩府理苗同知驻百色谓百色厅，翌年建城。这是百色得名之始。光绪元年（1875年）田州改土归流，升百色厅为百色直隶厅（厅治驻今百色镇）。

1912年，百色直隶厅改称百色府，1913年废府设百色县。1918年12月11日，成立百色县苏维埃政府。1919年，广西始建民国制度，百色县属百色民团区。

名单 百色历史名人

北宋壮族名将侬智高

明朝抗倭英雄瓦氏夫人

一门三总督岑毓英、岑毓宝、岑春煊

岑毓英

1929年12月11日，中共中央代表邓小平和共产党人张云逸、雷经天、韦拔群等，领导在共产党掌握和影响下的广西警备第四大队、教导队和右江农民军，在广西右江百色县举行起义，占领了右江区域内的百色、田东等10余县，建立了红军第七军，张云逸任军长，邓小平任前委书记兼政委。接着，红七军在平马召开右江工农兵代表大会，成立了以雷经天为主席的右江苏维埃政府。

文化 CULTURE

靖西的绣球，壮家的情

“绣球虽小走天下，千年手艺传下来，红黄青绿十二瓣，绣龙绣凤又绣花。姐妹啊，靖西绣球情意重。”这是靖西市传唱绣球的一首山歌。靖西旧州是远近闻名的绣球之乡。绣球系广西壮家人的定情物和吉祥物，又称为“堆绣绣球”，由老艺人采用“堆绣”这一古老而复杂的刺绣工艺制作而成。日本国立民族博物馆收藏了广西制作的超大绣球；为迎接港澳回归、庆祝申奥成功以及中国—东盟博览会胜利召开，艺术家们分别制作了一批超大型绣球。壮锦是明清时期公认的名织品，同湘绣、蜀绣、苏绣一样驰名

旧州绣球

国内。

据史料记载，旧州绣球制作已有700多年的历史，但是，直到20世纪80年代初期，在旧州街上，来客还是看不到一个绣球的，因为作为定情信物的绣球，都珍藏在年轻姑娘的闺房里，连家里人都难得一见。

20多年前，一个偶然的机会，从小跟家人学做绣球的朱祖线（人称绣球王）发现，绣球也是有市场的精美手工艺品。于是，他尝试改进绣球工艺。在朱祖线的带领下，旧州家家户户开始生产绣球，使得如今的旧州街形成了绣球街，成为广西的绣球文化之乡。

舞狮技艺的奇葩——田阳舞狮

舞狮是一项民族民间体育活动，深受广大群众喜爱。田阳舞狮有着悠久的历史，相传早在1000多年前，在田阳这片古老的土地上就有舞狮活动。明嘉靖三十四年（1555年），瓦氏夫人抗倭胜利归来，田阳群众扶老携幼到城府外面去迎接，舞狮助兴。田阳群众逢年过节舞狮为乐的习俗一直沿袭至今。

田阳舞狮队早在20世纪80年代已闻名遐迩，他们的表演遍及百色内外，近的在本县及邻县表演，远的到国内各大城市以及港澳台地区和东南亚国家表演。1992年，田阳舞狮艺术团曾代表中国参加在德国波恩举行的国际文化体育艺术活动，两次表演都获得最高荣誉表演证书，还曾荣获广西首届八桂“狮王”大赛，有“团体狮王团”“北狮王”称号。

田阳舞狮，有高难、惊险、奇美的特点，体现浓郁的民族特色。田阳舞狮逐渐由新中国成立初期以拜年、庆典、助兴为主的地面舞狮发展到拥有“狮子上金山”“狮子过天桥”“刀尖狮技”“高桩飞狮”“金狮雄风”等一系列绝技的高空表演，并频频涉足体坛，誉满海内外。

田阳舞狮

景点推荐 乐业世界地质公园

乐业世界地质公园占地约20平方千米，是一个世界上极为罕见的喀斯特溶洞群，当地人把它们叫作“大石围”。目前世界上只有俄罗斯、澳大利亚、巴布亚新几内亚发现过天坑，近年来重庆南川地区发现了3个深约300米的天坑。

而乐业天坑群，由近20个天坑组成，最深的达600多米，浅的也有300多米。乐业天坑群几乎囊括了各种类型的天坑和溶洞的景观，具有极高的科考、探险价值，被专家称为“天坑博物馆”和“世界岩溶圣地”。

链接

飞猫队

“飞猫队”在乐业县里无人不知，无人不晓。这是一支因爱好天坑探险而自发组织起来的民间探险队，一共有6名成员。他们在多次天坑科考中发挥了重要的作用，几乎每一座天坑的调查都是由他们作为先遣队和向导，而且大部分进入天坑群进行科学考察的专业人士，也是在“飞猫队”的训练下学会了吊绳技术，并依靠他们的保护进入天坑中考察。为什么叫“飞猫队”呢？是因为大石围里发现了一种生活在岩壁洞穴间的动物“飞虎”，能在岩壁间滑翔，极为机敏，可是“飞虎队”的名称又与“二战”时期美国的一支空军部队重了名，于是改称“飞猫队”。

大石围天坑 AAAA

乐业地质公园最有代表性的天坑

百色市乐业县同乐镇刷把村百岩脚屯 ￥90元

7920585

大石围天坑群是乐业天坑群最有代表性的天坑群，大石围天坑形成于大约6500万年以前，垂直深度约为613米，东西长为600米，南北宽为420米，其容积约0.8亿立方米，有世界“天坑博物馆”之美称。其坑底原始森林的面积达十几万平方米，居世界第一位；垂直高度和容积仅次于小寨天坑，居世界第二位。

大石围底部有人类从未涉足过的地下原始森林，面积约9.6万平方米，是世界上最大的地下原始森林。地下原始森林树木粗壮、高耸，有好多酸枣树要3人合抱才行。天坑底部青苔遍布，灌木丛生，发现有比世界上与恐龙同期生长的国家一级保护植物桫椤还古老的短肠蕨类植物，还有稀有绿色兰花以及许多稀有动物，像盲鱼、白色毛头鹰、透明虾、中华溪蟹、幽灵蜘蛛等，其中中华溪蟹、幽灵蜘蛛被确认为新物种。

穿洞天坑

可览坑底神秘风光的天坑

百色市乐业县刷把村竹林坝屯，距县城8千米

75元

穿洞天坑呈多边形，由6座山峰围成，是乐业天坑群中峰体最多的天坑，属世界六大超大型天坑之一。天坑平均深度175米，最深312米，容积约1172.15万立方米，西南侧有一个直通坑底的溶洞，穿洞天坑因此而得名，也因此穿洞天坑成为大石围天坑群中唯一可通过溶洞进入底部的天坑。

穿洞天坑坑底西南端的厅堂式洞穴顶部有一个小天窗，如月牙镶嵌在洞顶，形成“天使之吻”的奇特景观，光柱自108米高处射下，映衬洞厅的宽大与空旷，令人赞叹。该景点集溶洞、地下河、光柱、原始森林于一体，是寻幽览胜的绝佳去处。

黄猄洞天坑国家森林公园

天坑、森林、瀑布、神话的完美结合

百色市乐业县，距县城30千米

黄猄洞天坑国家森林公园是乐业世界地质公园的重要组成部分。公园集天坑、溶洞、高山、森林、瀑布于一体，具有“奇、秀、幽、野”等景观特色。公园气候温和，夏无酷暑，是游览观光、休闲度假、科普考察最为理想的场所。

黄猄洞天坑国家森林公园由黄猄洞天坑景区、风岩天坑景区、花坪景区、盘古王

玩家攻略

最佳旅游季节：到大石围旅游的最佳时间是夏季，乐业很凉爽，夏天去不会很热；冬天探险地下河、进岩洞可能会感觉很冷。

旅游活动：游览天坑，可选择洞外观光、坑底森林观光、探险地下河、大石围周边观光、岩溶洞穴观光等多种旅行活动方案。

安全提醒：在游玩时，不要有到坑底的想法，专家提醒“没有专业设备，下去是很危险的”。每两分钟，上面会掉下一块风化石（大、小概算），从坑口堕落到坑底，坑底会凹下一个小坑，周围1平方米的植物都会因冲击而毁坏。没有高空滑降绳，凭手拉手的力量下坑，更是危险，一个人失误会造成几个人的伤亡。

住宿：乐业县城有旅社可以住宿，但条件比较简陋。距县城10千米的央林村火卖屯，是离天坑群最近的一个村，那里的少数民族木阁楼蛮有特色，住宿方便，还提供农家饭菜，可品尝到野菜、河鱼等乐业当地美食，最好吃的当数河水煮活鱼。

大石围天坑

景区、一沟景区和西南民俗风情园组成，拥有6大天坑。其中黄猄洞天坑最为独特，天坑地貌惊险壮观，坑口森林茂密，坑底大面积地下森林栖息着大型野生动物，坑内西侧有落差100多米的季节性瀑布，坑内有神秘天坑金刚、天坑仙鸽和黄猄神像等29个自然风景点，堪称天坑、森林、瀑布、神话的完美结合。

玩家 攻略

目前在天坑内建立了天坑攀岩基地，开发有3条国家级攀岩线路和2条170米高的速降线路。爱好攀岩的游人可以一试。

罗妹莲花洞

叹为观止的莲花溶洞景观

百色市乐业县，距县城约1千米 　80元

罗妹莲花洞原名罗妹洞，经中外专家联合考察发现，洞内发育的莲花盆数量及规模堪称世界之最，故将洞名改称“罗妹莲花洞”。此洞分上、下两层。上层洞为化石洞（干洞），由西至东呈狭长的S形廊道状展布。洞内分为8大景区，约有50多个景点，景观以复合型为主，形态各异，栩栩如生，有高山飞瀑、石柱林、盾帐、飞禽走兽、花鸟虫鱼、渔家村寨、古树参天、天山雪景等景致，令人叹为观止。

下层洞为现代地下河廊道，总体上呈多级之字形展布，有8个景点，暗访地宫、仙人开道、神舟直上、九曲天宫、银河西流、重放光彩、罗妹挥手、溪水常流，整个洞内景观奇绝，是目前世界上少有的莲花洞景，旅游价值极高，开发潜力极大。

玩家 攻略

罗妹莲花洞以莲花盆、穴珠和石田最具特色，洞内莲花盆共有200多个，盆中盆计算有600多个，较大的莲花盆集中在洞中段，最大的莲花盆直径达9.4米，称为莲花盆之王，排名世界第一。最引人入胜的是莲花盆与石钟乳的珠联璧合，景观奇绝，国内为冠，世界无双。穴珠分布也较普遍，莲花盆内外均有分布，大者如板栗，小者似黄豆，大多呈浑圆状。石田阡陌纵横，延绵不断，在斜坡上的石梯田层层叠叠，步步高升，边坝平行洞壁蜿蜒展布，风光旖旎。

罗妹莲花洞

火卖生态文化村

独具特色的生态文化村

百色市乐业县同乐镇西部，距县城8千米

火卖生态村是一个民族风情浓厚的村落，生态村是一个由于长期的岩溶地质作用形成的四周高、中间低的喀斯特小漏斗式的盆地，保存了独具特色的自然生态和淳朴古雅的民风民俗，是乐业世界地质公园开发众多景点中的一颗绿色明珠。

火卖生态村有古朴的染布、制香、造纸等民俗，木房结构独具特色。周边飞虎洞、老虎洞、迷魂洞等岩溶洞穴中生长着各种形态奇特的石笋、石柱、石“头盔”、石盾、莲花盆等洞穴奇观。此外，在东南方的观音山上可观旭日东升与莽莽云海。

玩家 攻略

美食：火卖村是很多游客到乐业天坑的歇脚点，这里最吸引人的便是充满野趣的农家菜。包括土鸡汤、香肠腊肉、野菜等，每一样都透着农家美食的香味。

赏桂花：乐业由于气候适宜，十分适合栽种桂花。每到8月，乐业县火卖生态文化村的桂花纷纷吐蕊，星星点点的花朵缀满枝头，花的清香弥漫在整个火卖，很多慕名而来的游客进入火卖观赏桂花。

景点推荐 百色中部旅游区

百色起义纪念馆 AAAA

百色革命历史的记忆

百色市东北郊迎龙山

乘坐1路、4路等公交车可到

百色起义纪念馆原名“右江革命文物馆”，于1996年11月经江泽民同志题写，正式改名为“百色起义纪念馆”。百色起义纪念馆远看像一个巨大的三角形，仿佛从山中长出来，又欲冲出山体的感觉。纪念馆虽然只有3层，但看起来却气势磅礴，雄伟高峻，难怪有人用“山的雄姿，海的尊容”来形容它。

百色起义纪念馆一共有起义厅、英雄厅、将军厅3个展厅，分布在3个不同的楼层。馆内采用声、电、光、实景等多种先进展示手段，在2200平方米的展厅里，有声有色、立体和全方位地把百色起义的情景展现出来，把百色各族人民艰苦奋斗建设新百色的成果展现出来。

玩家解说

1929年12月11日，邓小平同志成功发动百色起义，同时，中国工农红军第七军在百色成立。军部设司令部和政治部，司令部就设在粤东会馆，司令部所属的参谋处、经理处、副官处、军医处等就在这里办公。邓小平、张云逸的办公室和住室摆设十分俭朴，每人一张办公桌和一张床铺，坐着床铺办公。他们的床铺也是由松木板和长条凳搭建而成的，他们和其他指战员穿一样的衣服，盖一样的铺盖，吃一样的饭菜，为全军树立了艰苦奋斗的良好风范。

百色起义纪念馆

右江民族博物馆

百色民族文化展示的窗口

百色市城东路后龙山12号　2932787

始建于1985年的右江民族博物馆展示了百色80年以来悠久的乡土历史以及壮、汉、苗、瑶、彝、仡佬等民族创造的多姿多彩的民族文化。主楼采用壮族古典廊院重檐的建筑形式，独具民族风格。

右江民族博物馆内收藏了大量的少数民族历史文物，设有8个展厅，展品400多件（套）。“少数民族历史文化陈列”和“民族民俗文化陈列”是右江民族博物馆的两大陈列内容。馆内陈列的旧石器时代的砍砸器、石核、石片、尖状器反映了百色的祖先在这片土地上生活的印迹。

百色粤东会馆 文

红七军军部旧址

百色市解放步行街

市内乘10路内环、10路外环可达

粤东会馆是1929年百色起义的宣布地，也是中国工农第七军的诞生地。百色粤东会馆是一座砖木结构的古建筑，具有南方古建筑的艺术传统和风格。会馆坐西向东，以前、中、后三大殿宇为主轴，两侧配以相对称的四进厢房和庑廊，构成“日”字形封闭式独立建筑群。

大王岭景区 AAAA

中国原始森林第一漂流

百色市右江区大楞乡龙和村　180元

从百色市汽车站搭乘至泮水、大楞、东陵方向的巴士至景区，行程约1小时

大王岭是广西水源林保护区，景区内山峰连绵，最高海拔1433米，属亚热带山原气候，冬暖夏凉。大王岭森林覆盖面积93.5万亩，森林景观苍翠原始，生态系统保存完好，是国内首个原始森林漂流峡谷，也是广西最具魅力的漂流景区，拥有“中国原始森林第一漂流”“最防晒的漂流”等众多美誉。漂流全程5千米，起点到终点落差126米，一路上

粤东会馆

屋顶横脊上饰有石雕和泥塑，精美的花纹伴以生动的飞禽走兽。

会馆的艺术装饰非常讲究，运用了木雕、砑刻、泥塑、壁画等多种建筑装饰形式。

屋顶灰色的石瓦紧密地排列，整齐有序。

门楼下方石基坚实稳固，外层立面均施以花纹彩绘。

正门上方悬有粤东会馆四个黑体大字。

门楼的梁枋之上施以花草纹路的精美石雕，两条横枋间雕有精美石狮。

飞瀑深潭、古树奇石、桫椤世界、蕨类奇观、藤蔓部落等独特原始神奇的峡谷景点让你大开眼界。

穿峡谷、渡险滩、越激流、转漩涡、冲浪尖……迂回于雄伟壮丽、惊心动魄之中，切身感受大王岭澎湃激昂的心灵震撼；也可以在晨晖中于满山层林尽染的森林中轻松漫步，贪婪地呼吸如此纯粹天然的空气；更可以在著名品牌餐饮好友缘美食山庄歇一歇脚，享受山野风味美食的大厨级水准。

澄碧湖 AAAA

璀璨的平湖风光

百色城东北3千米处　50元

从市内乘7路公交车前往；乘出租车，约10元

澄碧河原是一条地下河，在云贵高原边缘的崇山峻岭中潜流，到凌云县兰金岭水源洞突然奔腾而出。全长127千米，湖面面积39平方千米，被誉为“大海的女儿”，也被誉为桂西的一颗“璀璨明珠”。

风景区以自然山水为主体，湖水终年清澈碧绿、湖中岛屿星罗棋布、湖岸群山青翠延绵、湖面常年飞鸟云集，湖中自然景观别具特色：有神奇的天然雅芒崖像、孔雀迎宾林、松林岛、枫树岛、情人岛、鲸鱼岛、水果绿洲等风景点。湖区周围溪流盆道水湾曲折，幽静，如玉带环绕伸向深山峡谷，风景煞是好看。

玩家攻略

湖区急流险滩极为刺激，集山乡野趣与平湖风光为一体，可度假、商务旅游和水上娱乐。景区曾经多次成功举办游园活动、岛上寻宝、民族风情歌舞表演、大型篝火晚会、舞狮、杂技马戏魔术表演等精彩活动。

敢壮山布洛陀

古老壮族的原生态文化基地

百色市田阳县百育镇六联村那贯屯，距县城8千米

敢壮是壮语，敢是指岩洞，壮是指洞穴，敢壮山意为有岩洞和洞穴的山。敢壮山是传说中布洛陀居住的地方。布洛陀是珠江流域原住民族的人文始祖布洛陀的圣地，是展示以布洛陀文化为核心的壮族原生态文化的基地，是探索珠江流域文明起源的园地。

敢壮山上有布洛陀、姆六甲居住的岩洞姆娘岩，布洛陀守护神居住的岩洞——将军洞等多处遗址及通天洞、连理树等奇观异景。此外，敢壮山也是重要的革命纪念地之一，1927年黄治峰等领导的“二都暴动”就在敢壮山下举行。

玩家攻略

敢壮山歌圩：敢壮山歌圩是广西最早、规模最大、最古老的歌圩，每年农历三月初七至初九，

澄碧湖

都有来自周边十多个县十几万群众汇集到这里。

杧果风情园：山上的杧果风情园现已开发3000多亩，还有龙眼、荔枝等水果品种。景区还建有香杧庄、金穗庄、桂香庄3个大庄园。

链接

敢壮山布洛陀文化旅游节

田阳县是布洛陀壮民族文化的发祥地，敢壮山歌圩是广西最古老、最大的歌圩，千百年来长盛不衰。如今，在田阳县境内每年三、四月都会举行布洛陀民族文化旅游节，节日集民间传统习俗与现代文明于一体，这期间会有壮民族原生态歌舞和民间竞技表演、原汁原味壮族山歌大比拼，还有多姿多彩的民族服饰展示及针对当地特色产品开展的商贸活动等。

横山古寨风景区

恬静、繁华的乡村古寨

百色市田东县城西郊3千米处

田东横山古寨旅游区是历史上鼎鼎有名的茶马大集，是茶马古道东端起点站，它始建于宋开宝四年（971年），是宋代在西南少数民族地区设置的一个军事管理单位，也是宋时广西四大古寨之一。

古寨包括十里莲塘和古城区遗址两大景点。1000多年前，宋朝曾在这里设置军事管理单位，风光秀美的十里莲塘就是当年古寨的外护城河。古城区遗址景点现存古城墙、内护城河及部分房屋地基原貌。千年古寨集繁华城市和恬静乡村于一体，身临其境总能让人忆古抒怀，心旷神怡。

玩家攻略

十里莲塘风景点包括在古茶马大集原址上修建的仿古建筑群和重点打造的“莲花世界”，以旅游购物、特色餐饮、客栈、休闲娱乐为主，配套有民族风情表演、奇石展示等，集中体现壮民族建筑、手工艺、饮食等文化精髓。

福星棋盘滩

形如棋盘的天下第一滩

百色市田东北部山区那拔镇，离田东县城45千米

在那拔镇莲花山脚下河段，河床上摆着

福星棋盘滩

长约210米、宽约120米的方块石，这些方块石横成排、竖成线，整整齐齐，状如大棋盘，相传是古时候八仙登莲花山品赏仙果，在此小憩下棋而留下的棋盘，故称棋盘滩。

棋盘滩分为上滩和下滩，上下棋盘上都整齐地摆放着大小1~2平方米的黑色石块，棋道中的涓涓细流汇集到下滩尽头，突然跌落几米深的断壁，直射壁下深潭，其声悠扬深沉，如诉如歌，情趣无限，不愧为天下第一滩。福星棋盘滩旅游景区还有莲花山、寄情谷、六柳古榕等素有诗情画意的几个景点。

红军岩通天河风景区 AAAA

青山绿水间的红色记忆

百色市平果县北部黎明乡境内，距平果县城88千米

¥ 160元　☎ 5807777

红军岩通天河风景区原名“敢沫岩”，是红七军部队曾经战斗过的地方，现今洞内仍存留有红军战士围砌的石床、凿造的石磨等，洞中石壁上留有红军战士写下的《国际歌》。为了纪念当年红军艰苦卓绝的斗争事迹，后人因此也把敢沫岩称为“红军岩”。

红军岩通天河风景区属于典型的岩溶峰丛地貌，青山、绿水、翠竹、溶洞构成一幅山水风景画。洞内石景颜色多样，尤以晶莹透亮的乳白色为奇特，极富美感和观赏价值。洞中有多个宽阔大厅，其中最大的面积达3.37万平方米。地下河贯穿整个主通道，河宽3~10米，河道落差小，水流平稳，构成了理想的水陆交错结合的洞穴游览，以钟乳石景及地下河探秘最为著名。

景点推荐 百色南部旅游区

通灵大峡谷 AAAA

灵动蜿蜒的峡谷景色

百色市靖西城东南部32千米的湖润镇新灵村

90元

通灵大峡谷起源于古龙山水源林自然保护区的南端，由念八峡、铜灵霞、古劳峡、新灵峡、新桥峡组成，总长10多千米。整个峡谷通天彻地，灵动飘逸，犹如地球上一道美丽的伤痕。峡谷原来是一个盲谷，由于地质运动的影响，天行地运，盲谷顶部陷落，形成了一个大天窗，四周悬崖峻峭，气势壮观。

峡谷内呈现一派生机盎然的盛景，多种名贵古生植物生机勃勃，高深的峡谷、清澈的溪流、绿色的植被，与落差188米、亚洲单级落差最高的瀑布通灵大瀑布交相辉映，使整个峡谷充满了活力与灵性。

“石井洞天”是峡谷的一大特色。峡谷内荟萃了举世罕见的古崖葬、古石垒、洞中瀑布、地下河、峡谷溪流，以及形状奇妙的钟乳石和地下涌泉等，特别是珍稀的原始植物苍翠茂盛，把整个峡谷渲染得翠绿如茵，被誉为中国最绿的峡谷。

玩家攻略

观瀑布：景区内的通灵瀑布是亚洲最高的单极瀑布，气势恢宏的瀑布从峭壁间飞流直下，成就了人们眼中的旷世奇观。这样的瀑布在通灵大峡谷的各个区域内都有，且神奇之处各不相同，游客置身其中无不赞叹大自然的鬼斧神工，竟在这个边陲地带打造了这么一个人间仙境。

古悬洞藏：这是通灵大峡谷一个神奇的景观。在峡谷的一个洞顶上面，有一个悬棺，传说这个悬棺是宋朝时代放置的，棺木是黑褐色的，距离洞底有两层楼高，令人仰观称奇。

通灵山庄：坐落于广西通灵大峡谷风景区内，设有30多间客房，全部是按三星级以上标准装修且具有壮民族特色。通灵山庄得天独厚的地理优势和具有浓郁民族特色的阁楼，让您身处物种丰富的植物宝库中，沐浴在天然的氧吧里，品着壮家妹子为您奉上的和着淳朴山歌的壮家美酒，不是在仙境，胜似在仙境。

古龙山峡谷群 AAAA

山水小桂林，气候小昆明

百色靖西市湖润镇境内，距城区28千米

在百色汽车站有长途汽车可达景区，票价110元

古龙山峡谷群由古劳峡、新灵峡、新桥峡3个峡谷组成，全长6.8千米。峡谷与峡谷之间由峡谷河流与3个地下溶洞贯通，构成世界罕见的三洞三峡连通的自然奇观。古龙山峡谷群景区融"山、水、林、峡、洞、瀑、石"于一体，具有"雄、奇、险、幽、秀、奥、野"等特点。

这里不仅有幽深的峡谷风光、气势磅礴的瀑布、千姿百态的悬崖绝壁、苍莽浩瀚的原始森林，还有刺激惊险的暗河漂流。峡谷群内植物多达2000种以上，其中数十种为濒临灭绝的珍稀植物。专家称这个峡谷群为"中国最大的原生态洞穴峡谷群""国内原生态峡谷的代表"。

百色旧州 AAAA

人文景观丰富的旧州

百色靖西市城南9千米

旧州古名那签、顺安峒、归顺土州，这里曾是归顺州(今靖西)州治所在地，清顺治六年(1649年)，为抵御外敌入侵，州治北迁计峒(今靖西城区)兴建州城，原归顺州址改为旧州。

旧州以制作绣球而闻名于世，家家户户都会制作绣球，所以旧州街也被称为"绣球街"。旧州街群众把绣球作为旅游工艺品推向市场，使绣球随着游客漂洋过海，产品远销欧美各国。如今旧州被修葺一新，但是还是有很多古建筑如壮音阁、文昌阁、土司墓群等。

旧州古城文昌阁

靖西鹅泉

名泉之源

✉ 百色靖西市新靖镇鹅泉村

鹅泉为中国西南部的三大名泉之一（大理的蝴蝶泉、桂平西山的乳泉），又是德天瀑布的源头，还是中南地区母亲河珠江的源头之一。

鹅泉风景区含鹅泉景点（由地下河出口的泉水聚成的大湖潭）和叫喊岩景点（为一串珠状深岩）。现主要景点有鹅泉跃鲤、古桥、岂搭书、叫喊岩等。鹅泉河漂流游更是令人流连忘返。鹅泉的民间文艺表演古朴浓郁，参与性强。鹅泉的牛车、水车把人带入古老的民风民俗中，令人回味无穷。

玩家 攻略

到鹅泉除了饱览美丽的风光外，还可以尽情享受鹅泉的美食。有用鹅泉水草为主料并获美食金奖的泉草煎蛋，获银奖的鹅泉螺，获铜奖的鹅泉烧鹅、鹅泉神蚌等。

矮马风情园

矮马、音乐、奇石编制的风情世界

✉ 百色市德保县

矮马风情园是一个环境幽雅、景色别致、内容独特的旅游景点，主体由世界上最矮最吉祥的马——德保矮马、原汁原味的百色乡村音乐和几十座石质坚硬、形态各异的大型重量级百色奇石组成。德保矮马名扬海内外，是百色市德保县的特产，也是世界上稀有珍贵的自然形成马种。

德保矮马

玩家 攻略

德保矮马其生长成熟体高为86~106厘米。据专家认证，它低于世界闻名的英国“谢兰特”矮马，是世界上最矮的马。自北宋起，德保矮马就备受封建帝王宠爱。据载，镇安每三年都要给皇上进贡矮马三匹。朱元璋称帝第一年，德保人岑天保不远万里，亲自骑着矮马进京朝见。朱元璋见到后不亦乐乎，并授予冠带和镇安土知府世袭官职。

那坡黑衣风情园

古朴的黑衣壮族风情

✉ 百色市那坡县城北部山区，距县城14千米

¥ 黑衣壮表演400元/场

那坡黑衣壮是一个自称为“敏”的壮族族群，是壮族最小的支系，居住在那坡西南部的大石山区。黑衣壮的生活形态在壮族各支系中保留得最古朴最传统，人类学专家称之为壮族的“活化石”。奇特的礼仪节庆、饮食居所、服饰装束、山歌舞蹈、宗教信仰，无不展示了黑衣壮古朴的风土人情。

这里奇特的民俗风情与越南相连的边关风貌已经足以引人入胜，而游览黑衣壮的故乡，你更会被他们的建筑所吸引。依山傍林的小山丘上，一排排、一行行的小木房错落有致。他们的居所用木材、石头建成，分三层，屋顶为双斜面。虽然这种干栏式民居在我国南方其他少数民族地区也能见到，但是像在黑衣壮居住的那坡这样连成片、建筑风格统一的很少见。

玩家 解说

以黑为美是黑衣壮的传统，黑头巾、黑衣服、黑裤子、黑布鞋、黑里透红，原味无穷；黑衣壮的房屋为典型的干栏式建筑，别具一格；黑衣壮的山歌旋律悠扬飘逸，曲调高亢嘹亮，享“天籁之音”美誉。

目前那坡正在开发“尼的呀”黑衣壮之旅。“尼的呀”是广西那坡壮语里“好的呀”的意思，在黑衣壮生活地区流传的民歌中是常用的衬词。“尼的呀”山歌曲调清新明丽，艺术魅力独特，已经成为壮族音乐的标签。不仅能歌，在那坡县的一些黑衣壮聚居的村屯，从3岁小孩到古稀老人都能够伴着古乐翩翩跳起迎宾舞、黑枪舞、婚礼舞、末将舞等古代壮族的舞蹈，场面蔚为壮观。

景点推荐

百色北部旅游区

水源洞 AAAA

凌云之冠，中国十大溶洞之一

百色市凌云县泗城镇百花山下

水源洞是中国十大溶洞之一，洞内有泉涌出，汇入澄碧河，流入珠江，为珠江之源头，故名水源洞。景区分第一洞天问心庙和内洞探奇两部分。

第一洞天最宽处31米，最高处20.8米，清澈透明的泉水由此涌出，涛奔雷怒，气势磅礴。洞口崖壁上有历代名人骚客留下的石刻近百幅。问心庙以天然大厅为佛殿，始建于康熙年间，历史悠久，香火旺盛。水源洞的内洞全长1500米，由天地灵气孕育，自然造化而成。其间地下河碧水长流，岩花层叠，钟乳石奇光异彩，千姿百态、惟妙惟肖。

链接

凌云石刻

凌云石刻是百色最具石山区特色和州府治地特色的人文景观之一。主要分布在县城周围，以汾洲、五指山、水源洞、云台山、翠屏山、独秀峰、寿桃山为多，尤以水源洞摩崖石刻最多，共50余幅。

纳灵洞

南国第一洞

百色市凌云县泗城镇迎晖山北1千米，与水源洞遥遥相望

纳灵洞与水源洞遥遥相望，属典型的喀斯特岩溶地质地貌景观。纳灵洞洞内有河，目前洞内开发的旅程1500米，有7大景区32个景点。尤其是那218个“莲花盆”，形状、规模、品位、数量都远远胜于世界地质界公

认的桂林阳朔“莲花洞”，堪称“南国第一洞”。电视风光片《奇洞胜景话凌云》中还详细介绍了这一天然造化的溶洞奇观。此外，纳灵洞千奇百怪的钟乳石，在国内外洞穴中十分罕见，有“亚洲神奇第一洞”之美称。

玩家攻略

美食：纳灵洞周围没有可以吃饭的地方，可直接到凌云县城吃狗肉粉（1.5元/碗）、白糕、黄牛肉、山羊肉等，很是正宗。云耳、笋心、香菇等当地土特产也不错。

住宿：纳灵洞附近都是一些山，没有旅店，住宿只能到凌云县县城。县城旅馆价格都比较低，双人房一般40~60元，而且住多少人也没有关系。

小贴士：不要在雨季的时候到纳灵洞，因为这个时候纳灵洞地下河的水会上涨，淹没洞里的观赏区，景区是暂时封闭的。

茶山金字塔 AAAA

绿色“金字塔”茶园

百色市凌云县加尤镇案相村　30元

7536008

茶山金字塔由大大小小50余个茶峰组成，因景区犹如一座座绿色“金字塔”而得名。目前，景区开发了茶王阁、茶仙亭、茶圣亭、游客采茶园区等景点，可以参观茶叶加工工艺、体验制茶的过程，感受茶道、山歌表演等旅游项目，是集采茶、制茶、品茶、生态农业观光、旅游购物和休闲度假等于一体的综合性旅游景区。

玩家攻略

祭祀茶圣活动：每年春茶采摘前，茶农们都要举行祭祀茶圣陆羽的盛大活动，祈求来年的丰收，然后鸣锣开采，开始一年的茶事活动。

游茶王阁：在茶王阁，游客可以细品有1000多年历史的凌云瑶家么罐茶，聆听凌云原生态壮、汉、瑶敬茶山歌，参与吟诗作画等活动。

登茶圣亭：景区最高处，空气负离子含量高，向四方远眺，云海翻滚，众山犹在脚底。

采摘：在这里游客可以亲自采摘和手工制作茶叶，在劳动中体验欢乐，在欢乐中增长知识。此外，在茶叶加工厂，游客还可以参观凌云白毫茶各茶类的全部加工工艺流程。

住宿：茶园中建有10栋小型别墅，每栋别墅设4个床位，别墅里的设施按三星级宾馆要求配置，娱乐设备齐全，住宿环境优美，住宿条件优越。

美食：景区建有一栋餐饮楼，设有“农家乐”餐厅和6个包厢，主要提供凌云地方特色菜肴，

凌云纳灵洞

如各类野菜、凌云狗肉等。其中“农家乐”饭菜为每人15元。

岑王老山景区

“桂西层脊”

百色市田林县东部境内，距县城38千米

岑王老山是广西十大水源林自然保护区之一，主峰海拔2062.5米，是桂西第一高峰，广西第四高峰，被称为“桂西层脊”，素以春岚、夏瀑、秋云、冬雪四季美景不同而著称。

岑王老山自然保护区内野生动物、植物资源丰富，有多种国家一、二、三类保护动物、植物，是众多河流的发源地，其中东坡有47条溪流汇入布柳河，东南坡有85条溪流汇入澄碧湖。岑王老山山势雄伟，地形复杂，民谣颂“上下天梯明月送，往来岭路白云随”，身置其中，犹入人间仙境，是集科研、考察、探险、旅游度假于一体的避暑胜地。

岑氏古建筑群

壮民族文化的一个缩影

百色市西林县城东约50千米的那劳乡那劳村内

百色客运站乘百色到西林的汽车

岑氏古建筑群是明上林长官司土官岑

茶山金字塔

密的庄园旧址，也是岑密的后人清云贵总督、受封“太子太保”的抗法将领岑毓英和清四川总督、云贵总督、两广总督岑春煊父子的故居，同时这里也是该县唯一一座明代建筑。

岑氏古建筑群依山而建，宫保府、南阴书院、增寿亭、岑氏祠堂等古建筑因地形地势和建筑的功能分布在村落的山坡不同位置上。岑氏古建筑群是桂西、桂西北壮族地区规模最大、延续时间最长、影响最大、保存最完整的一处古建筑群，也是壮、汉民族文化交流、融合的结晶，从建筑文化侧面反映了中华民族大融合的历史。

玩家 攻略

春季满山青翠，山花烂漫，万里绿涛随山势连绵起伏，四五月间盛开的杜鹃花，有紫色的、白色的、红色的，争奇斗艳。夏季溪水潺潺，飞流直瀑尤为壮观。山上气温最高27.5℃，与山下温差8℃～10℃，是绝妙的避暑胜地。秋季登高远眺，云海茫茫，山峦连绵，一望无际。冬季在海拔1500米以上的山峰常有积雪冰封，若遇雪花纷纷扬扬，在此可领略北国风光。

天生桥旅游度假区

“金山角”旅游中心

百色市隆林县天生桥乡南盘江畔

烟波浩渺的隆林天生桥旅游度假区是一个面积广阔的湖水景区，相当于3个滇池、10个澄碧湖、72个西湖，把滇、黔、桂三省(区)紧紧地连为一体。

天生桥景区内有堪称“亚洲第一坝”的面板堆石坝高坝，有“全国之最”的人工飞瀑，有被誉为“水上森林公园”的金钟山原始森林，有广西最大的辉绿岩地貌保护区大烘豹林区，有被称为“鬼门关”的“雷公滩”及鬼斧神工的“天生桥”遗址，还有被水文地质专家称为“世界第一奇观”的岩场雪莲洞等名胜景点。

岑王老山景区

攻略资讯

- 交通
- 住宿
- 美食
- 购物
- 娱乐

百色壮乡歌舞

交通

飞机

百色巴马机场位于广西百色市田阳县中山一路，距百色市38千米。兴建于1965年，之后一直为军用机场，2003年才实施军民合用。如今百色机场已正式开通百色至广州、重庆、桂林、昆明航线。游客可以乘机场大巴/出租车往返于市区和机场。电话：0776-3233666。

火车

目前，百色只有一个火车站即百色站。百色站是南昆铁路上的一个大站，火车站每天有开往南宁、昆明、广州、湛江等地的列车。

百色站位于百色市右江区站前大道，乘1路、4路、8路、6路、9路等公交车可到，电话为0776-2687222。

汽车

百色市内只有一个汽车站即百色汽车总站，离城中心比较近。这里有发往各县和省内外的各种班车。百色汽车总站位于百色市右江区城北一路29号，乘1路、2路、4路、9路、13路等公交车可到。

住宿

百色市内住宿的地方很多，种类多样，价格也比较实惠。除了市内，一些旅游发展比较好的地区像靖西、乐业的住宿条件也不错。

百色汽车站

●百色部分酒店信息

酒店	位置	电话(区号0776)	类型
川惠大酒店	右江区新兴路35号	2966688	商务型
城市便捷酒店百色拉域店	百色市拉域大桥头拉域商贸城	2685000	经济型
雅斯特酒店(靖西店)	百色靖西市城东路北段591号	3056000	经济型
民政商务酒店	百色乐业县城南开发区近三乐南路	2552222	经济型
东恒便捷酒店	百色凌云县伏龙桥头	2616999	经济型

美食

百色饮食以桂西风味为主，具有口味厚重、制作精细的传统。除了各种大餐，百色的小吃也极具特色，可以算是桂西北各地小吃的代表，大多数小吃都用酸笋做配料。当地人喜好鲜香微辣，大排档里的炒田螺、烤肉、炒粉虫、炒煲粥、海带绿豆粥都好吃又实惠。

●蕉叶烤鱼

带着清香的芭蕉叶包裹着用黄姜、香叶、香茅等十几种香料腌制而成的鱼，再用慢火烤炙出别样风情。

蕉叶烤鱼

●卷筒粉

卷筒粉是百色最美味的食物之一，卷筒粉内的馅料可以自选，有纯肉和肉末豆芽，随着时令季节不同有不同种类的馅。放甜酱油和黄皮酱，吃完了还可以喝骨头汤。

卷筒粉

●百色脆皮狗

百色脆皮狗是将皮毛内脏处理过的整只乳狗，经稻草熏、吊炉烤，再经油锅过油制成。整只狗通体呈红色，皮薄而脆；而后按照食客所需卸下足量狗肉，辅以广西特制的10多种酱料，入锅炒制。做出来的狗肉嫩而香。

●甜云吞

甜云吞是用碱水面皮包的，用豆沙做馅，包好后用油炸熟，吃的时候泡姜糖水。

甜云吞

购物

无论是本地的特产凌云极品白毫茶、田东七里香猪、德保矮马、蛤蚧酒(神鞭酒)、靖西绣球、壮锦、刺绣，乐业花菇、百色云耳和木竹类根雕、藤竹编制品，还是附近云南、贵州甚至西南面越南的各种土特产在百色的市场上都可以买到。

●凌云极品白毫茶

举世闻名的白毫茶，在凌云栽培已有300多年的历史。经过精细采摘和加工后制成的白毫茶，汤色嫩绿，香气馥郁持久，滋味浓醇鲜爽，回味清甘。

●田东七里香猪

田东县七里香猪是历史悠久的一种优良地方土种猪，因其早熟易肥、皮薄骨细、肉质鲜嫩、肥而不腻、芳香扑鼻而得名。

●田东香油

田东香油选用吸尽天然养分的山茶树果仁经土法压榨提炼而成，色泽金黄，油质新鲜，芳香透明，是一种理想的木本食用油脂。

田东香油

●旧州绣球

旧州绣球是靖西最有名的工艺品，结构独特、选料讲究、小巧玲珑、色彩鲜艳，且全部手工制作，堪称广西绣球之上品。

娱乐

百色地区居住着壮族、瑶族、苗族等众多少数民族，独特的民族风情是百色旅游的一道亮丽风景。壮族的扁担舞，瑶族的山歌、龙凤舞、铜鼓舞、丰收舞，苗族的跳坡，彝族的跳弓等都是当地少数民族同胞最传统和普遍的娱乐方式。这些娱乐活动在各族居住区都可以体验，也是去百色旅游的一大乐趣。百色市区和其他中小城市一样，娱乐场所众多，但主要以酒吧、KTV为主，主要分布在中山路附近。

凌云极品白毫茶

旧州绣球

节日和重大活动

节日	位置	时间
隆林苗族跳坡节	隆林县德峨乡	每年正月初二到十五
敢壮山歌圩	田阳县敢壮山	每年农历三月初七至初九
朝里歌圩	凌云县朝里乡	每年农历三月十六
田林壮族歌节	田林县	每年农历三月十九
洛陀民俗文化旅游节	田阳县	每年4月
那坡彝族跳弓节	那坡县	每年农历四月
隆林彝族火把节	隆林县德峨乡	每年农历六月二十四
隆林仡佬族吃新节	隆林县德峨乡	每年农历八月初十

索引

A

B

C

D

F

Y

Z

我们的理念

做发现者，才能走得更远。发现秀美景色、探寻历史痕迹、体验文化脉络、寻找地理起源等深层次的旅行知识，是我们不停脚步的动力。我们不仅是在做一本旅行指南，能为旅途上的行者做出一部内容丰富、态度严谨、值得边走边读的行囊书，是我们永恒不变的追求。

《发现者旅行指南》编辑部

总 策 划 丁海秀
执行策划 李荣强 安颖侠

项目统筹 周国宝 龚道军
内容编辑 刘 挺 王叶青 方明杨
刘秀红 丁天丰 张文齐
商子微 张亚飞 苏雪莹
沈 皓 魏建飞 张灵燕
许晨晨 杨康健 张 鑫
刘晓璐 刘慧慧 王春雪
刘智勇 李荣强
美术总监 左小文
美术编辑 侯心如 王春晓
图片编辑 朱盼盼 马志鹏
插图绘制 尚祖山 李秋红
排 版 水长流 赵媛媛

图片提供 微图网 汇图网
中国图库网 全景网
锐景创意 集成图像
站酷海洛 shutterstock
fotoe dreamstime
孙西国 马林宏 徐 行
高应胜 薛 冬
西部老马 钱多多

出炉过程

在编辑部成员的共同努力下，这套耗时两年有余的旅行指南终得以付梓。其间，我们亲历景点，翻遍资料，只为确保撰写的内容准确有效；我们实地考察，联系景区，只求绘得一幅精美的景区图；我们花尽心思，几易版式，只为呈现出前所未有的阅读体验。如今，这套精心打造的旅行指南，能放到您的行囊或书架，我们深感荣幸。我们期待与您一起走向远方，重新发现旅行的价值。

联系我们

我们的成长需要您的支持。您对本书的每一条意见我们都会珍视。同时也欢迎您与我们一起分享旅游体验，稿件一旦被采用，您将会获取相应稿酬。您可以将意见和稿件投递到我们的邮箱（tepfx@163.com）。

丛书策划　丁海秀
责任编辑　安颖侠

图书在版编目（CIP）数据

广西／《发现者旅行指南》编辑部编. -- 北京：旅游教育出版社，2016. 6（2019.8）
（发现者旅行指南）
ISBN 978-7-5637-3372-9

Ⅰ. ①广…　Ⅱ. ①发…　Ⅲ. ①旅游指南—广西
Ⅳ. ①K928.967

中国版本图书馆CIP数据核字（2016）第082669号

广　西（第2版）
《发现者旅行指南》编辑部／编

出版单位　旅游教育出版社
地　　址　北京市朝阳区定福庄南里1号
邮　　编　100024
发行电话　（010）65778403　65728372　65767462（传真）
本社网址　www.tepcb.com
E-mail　tepfx@163.com
印刷单位　北京华联印刷有限公司
经销单位　新华书店
开　　本　905毫米×1100毫米　1/32
印　　张　13
字　　数　489千字
版　　次　2019年8月第2版
印　　次　2019年8月第1次印刷
定　　价　78.00元

特别提醒

本书信息在出版前已经认真核实过。但由于现实发展太快，旅游信息随时可能发生变化，我们无法承诺保证本书信息的准确性和完整性，并只能在法律规定范围内承担责任。如因此给读者带来不便，我们深表遗憾。

中国地图

审图号：GS(2016)1582号